张圣翠 ◎著

Research on the Reform of
Arbitration Legal System in China

中国仲裁法制改革研究

图书在版编目(CIP)数据

中国仲裁法制改革研究 / 张圣翠著 . —北京:北京大学出版社,2018.4
ISBN 978-7-301-27946-5

Ⅰ.①中… Ⅱ.①张… Ⅲ.①仲裁法—司法制度—体制改革—研究—中国 Ⅳ.① D925.704

中国版本图书馆 CIP 数据核字(2017)第 012626 号

书　　　名	中国仲裁法制改革研究 ZHONGGUO ZHONGCAI FAZHI GAIGE YANJIU
著作责任者	张圣翠　著
责 任 编 辑	朱梅全　刘秀芹
标 准 书 号	ISBN 978-7-301-27946-5
出 版 发 行	北京大学出版社
地　　　址	北京市海淀区成府路 205 号　100871
网　　　址	http://www.pup.cn　　新浪微博:@北京大学出版社
电 子 信 箱	sdyy_2005@126.com
电　　　话	邮购部 62752015　发行部 62750672　编辑部 021-62071998
印 刷 者	北京大学印刷厂
经 销 者	新华书店
	880 毫米 ×1230 毫米　A5　13.25 印张　356 千字 2018 年 4 月第 1 版　2018 年 4 月第 1 次印刷
定　　　价	49.00 元

未经许可,不得以任何方式复制或抄袭本书之部分或全部内容。
版权所有,侵权必究
举报电话:010-62752024　电子信箱:fd@pup.pku.edu.cn
图书如有印装质量问题,请与出版部联系,电话:010-62756370

前　言

　　本书是在笔者作为负责人的国家社会科学基金项目研究报告的基础上修改完成的,该项目于 2013 年 3 月正式结项。书中关于我国仲裁实践的资料,主要来自笔者参加的 2008 年在长沙举办的"仲裁法学论坛"和在北京举行的中国国际私法学会年会暨仲裁与司法年会、2010 年 6 月召开的国际商会国际仲裁院上海站会议、2011 年在厦门召开的中国国际经济法学会年会和在昆明举办的国际私法学年会、2012 年在上海举行的中国国际经济法学会年会和在江苏同里召开的中国国际经济贸易研究会上接触到的百余名来自全国各地的学者、律师、法官、企业界代表,通过在会议期间的主题发言、公开提问、私下交流等方式获得。

　　2008 年 9 月至 2011 年 3 月,笔者分别在上海、安徽、河南、四川、广西等地进行了现场调研,与当地仲裁机构负责人、律师和企业界代表进行座谈,以直接获取有关信息。同时,为了避免不必要的重复劳动,以腾出更多时间梳理所得信息,笔者也十分重视其他学者或实务部门工作者调研报告的价值,包括刘武俊的《仲裁业发展存在的问题及对策——对福建、安徽、吉林三省部分仲裁机构调研分析报告》(载《北京仲裁》2007 年第 2 期)、王亚新的《关于仲裁机构问卷调查的统计分析》(载《北京仲裁》2007 年第 3 期)、冷海东等的《最高人民法院建立和完善多元化纠纷解决机制调研课题——商事仲裁子课题项目调研报告》(载《北京仲裁》2008 年第 3 期)、袁发强等的《中国仲裁机构往何处去——国内部分仲裁机构运行情况调研报告》(载《北京仲裁》2010 年第 1 期)、陈福勇的《大众化还是专业化?——从业务定位看仲裁机构转型》(载《司法改革论评》2009 年第 9 辑)和《仲裁机构的独立、胜任和公正如何可能——对 S 仲裁委的个案考察》(载《北大法律评论》2009 年第 10 卷)。

　　在境外,笔者利用 2008 年 12 月至 2010 年 1 月在美国波士顿大学做访问学者的机会,不仅利用了该校和同城的哈佛大学仲裁法学方面的研究成果,而且借助波士顿大学法学院的威廉·W.帕克(William W. Park)教授兼任伦敦国际仲裁院院长所拥有的人脉优势,得以多次与国际商会美洲部及美国仲裁协会负责人或工作人员面对面地交流,从而能够有针对性地制订解决我国仲裁法制中一些关键性问题的方案。回国以后,笔者也有数次机会与到访上海财经大学的意大利、美国、加拿大等境外学者进行相关的交流。

同时,笔者从波士顿大学和哈佛大学所获得的英文文献,上海财经大学图书馆丰富的中文仲裁法学藏书、校内外都可以便捷查阅的中国期刊网和万方数据库及 *Westlaw*、*HeinOnline* 等中英文电子期刊里的相关论述,以及亲友到美国参加学术交流时收集带回的相关资料,构成了本书研究的丰富理论素材。

此外,互联网上可查阅的众多国家或地区现行仲裁制定法等的中英文版本,既大大地开拓了笔者的研究思路,又为本书的最终研究成果提供了可靠的实证依据。换句话说,本书中援引的境外相关仲裁制定法的条文都是经过核实的,避免了转引自其他学者的中英文论述可能产生的错误。同时,本书把全球范围内近五十个国家或地区的仲裁制度纳入研究视野,所参考的境外仲裁制定法数量比国内学者通常反复参考的多了好几倍甚至十几倍,且所依据的立法条文及相关论文更为新颖,避免了诸如国内一些学者对国外相关法制的修改了解不及时,并因此得出错误结论的问题。

由于只熟练掌握英语这一种外语,笔者参考秘鲁、西班牙等国家最新的仲裁立法情况时,就只能依据学者们的英文论述。同时,囿于精力有限等因素,本书难免存在不足之处,欢迎读者批评指正。

目 录

第一部分 概述 …………………………………………………… 1
  一 本书的总体说明 ………………………………………… 3
  二 仲裁法制改革的指导理论 ……………………………… 16

第二部分 我国规范仲裁机构法制的改革 …………………… 29
  一 我国规范仲裁机构法制的发展历程 …………………… 32
  二 我国规范仲裁机构现行法制存在的缺陷 ……………… 36
  三 我国规范仲裁机构法制的改革对策 …………………… 42

第三部分 我国规范仲裁协议法制的改革 …………………… 51
  一 我国仲裁协议形式规范的改进 ………………………… 54
  二 我国仲裁协议内容规则的完善 ………………………… 59
  三 我国仲裁协议其他效力要素规范的修改 ……………… 64
  四 仲裁协议的独立性与效力确认规则的完善 …………… 70
  五 仲裁协议与诉讼关系规范的改进 ……………………… 74

第四部分 我国规范仲裁保全措施法制的改革 ……………… 79
  一 我国仲裁保全措施法制的缺陷及改革方式 …………… 82

二　我国关于仲裁庭发布保全措施规范的合理构建 …………… 88
　　三　我国规范人民法院与仲裁保全措施关系制度的重构 …… 105

第五部分　我国规范仲裁裁决撤销法制的改革 ………… 111
　　一　撤销裁决请求受理法院和时限制度的改进 …………… 115
　　二　裁决撤销理由制度的修改 ……………………………… 120
　　三　重新仲裁制度的完善 …………………………………… 125
　　四　撤销仲裁裁决其他制度的修改 ………………………… 128

第六部分　我国规范仲裁裁决承认与执行法制的改革 …… 133
　　一　仲裁裁决分类规范的完善 ……………………………… 136
　　二　仲裁裁决不予承认与执行理由制度的改进 …………… 141
　　三　裁决承认与执行及其异议程序规范的完善 …………… 150

第七部分　我国涉外仲裁法制的完善 …………………… 155
　　一　我国涉外仲裁法制现状及其缺陷 ……………………… 159
　　二　我国涉外仲裁法制的形式改革 ………………………… 167
　　三　涉外仲裁法制专门内容的完善 ………………………… 173

第八部分　我国《仲裁法》修改建议稿及逐条说明 ……… 183
　　一　第一章　总则 …………………………………………… 185
　　二　第二章　仲裁协议 ……………………………………… 221
　　三　第三章　仲裁员与仲裁庭 ……………………………… 232
　　四　第四章　保全措施 ……………………………………… 257
　　五　第五章　仲裁程序的开始与进行 ……………………… 265
　　六　第六章　裁决与仲裁程序的终止 ……………………… 286
　　七　第七章　裁决的撤销 …………………………………… 308
　　八　第八章　裁决的执行 …………………………………… 317
　　九　第九章　涉外仲裁的特别规定 ………………………… 322
　　十　第十章　附则 …………………………………………… 331

第九部分　已发表的阶段性研究成果 ………………………… 335
- 一　仲裁民事责任制度探析 ………………………………… 337
- 二　我国仲裁员独立性和公正性及其保障制度的完善 …… 351
- 三　改革开放三十年的仲裁法制回顾与展望 ……………… 369
- 四　论我国临时仲裁制度的构建 …………………………… 384
- 五　仲裁员与调解员身份互换规范的比较与借鉴 ………… 397

附　录　本书所引用境外仲裁制定法的来源 ………………… 411

第一部分

PART 1

概 述

一

本书的总体说明

（一）本书的研究对象和目的

我国含有"仲裁"之用语的现行法制规范根据情况可以适用于民商事、劳动、农村土地承包三种不同领域的仲裁活动，这些法制规范在广义上都可以被称为"中国仲裁法制"。但是，考虑到适用条件和内容的差异性与问题的突出性，本书的研究对象限于中国规范劳动、农村土地承包仲裁以外的基于当事人之间仲裁协议的法律制度。书中的"中国"或"我国"一词，除特定上下文显示不同的范围以外，是指除我国台湾、香港、澳门地区以外的中华人民共和国全境。

中国仲裁法制主要由我国参加的国际条约如《纽约公约》、1986年我国批准的《联合国国际货物销售合同公约》①、1991年制定并于2017年6月27日修正的《民事诉讼法》、1995年生效并于2017年修正的《仲裁法》、1999年通过并自2000年7月1日起施行的《海事诉讼特别程序法》②、2006年通过并自2007年6月1日起施行的《企业破

---

① 如该公约第81条的"宣告合同无效不影响合同中关于解决争端的任何规定"表明：缔约国应当承认宣告合同无效不影响合同中关于解决争端的仲裁条款的效力，即"仲裁协议独立性"原则。

② 如该法第11条规定："当事人申请执行海事仲裁裁决，申请承认和执行……国外海事仲裁裁决的，向被执行的财产所在地或者被执行人住所地海事法院提出。被执行的财产所在地或者被执行人住所地没有海事法院的，向被执行的财产所在地或者被执行人住所地的中级人民法院提出。"

产法》①、1997年10月1日生效并于2017年11月4日第十次修正的《刑法》②与有关的行政法规或规章及各级人民法院相关的司法解释③等构成。

理论上,这种法制下的仲裁以当事人之间存在协议为基础,最终的仲裁裁决在通常情况下对当事人有约束力,以区别于无须仲裁协议和/或仲裁裁决的约束力具有很大局限性的强制仲裁,如我国的劳动仲裁和农村土地承包仲裁。本书的写作目的就是要针对上述法制中的缺陷提出改革方案并予以论证。

(二) 本书的研究背景

1. 我国仲裁法制及其仲裁业实践背景

我国现行的仲裁法制曾对促进我国仲裁业的发展及履行《纽约公约》义务等起到过重大作用。然而,由于历史的局限性,该法制的基本规范部分存在着很多严重的缺陷,不能适应我国国内经济快速发展和对外经济日益增长的需要。最高人民法院相关的司法解释在一定程度上弥补了制定法中的某些缺陷,却因现行制定法中的各种原则限制等而无法从根本上解决问题,同时,司法解释中的一些突破也受到了学者的批评。④ 因此,我国亟需改革现行的整个仲裁法制。

自《仲裁法》1995年生效以来,我国经济一直维持着高速增长的态势。截至2015年,我国的经济总量已居世界第二。如此迅速的发展和越来越大的经济总量也带来了无数的纷争和随之而来的纷争

---

① 如该法第20条规定:"人民法院受理破产申请后,已经开始而尚未终结的有关债务人的民事诉讼或者仲裁应当中止;在管理人接管债务人的财产后,该诉讼或者仲裁继续进行。"

② 如该法第399条关于"枉法仲裁罪"的规定,即:依法承担仲裁职责的人员,在仲裁活动中故意违背事实和法律作枉法裁决,情节严重的,处三年以下有期徒刑或者拘役;情节特别严重的,处三年以上七年以下有期徒刑。

③ 如国务院办公厅关于印发《仲裁委员会登记暂行办法》的通知(1995年7月28日国办法〔1995〕44号)、最高人民法院于2004年7月13日发出的《关于现职法官不得担任仲裁员的通知》、江苏省高级人民法院《关于审理民商事仲裁司法审查案件若干问题的意见》(2007年)等。

④ 参见宋明志:《仲裁协议若干问题研究》,载《北京仲裁》2008年第1期,第82—83页。

解决活动。2008 年全国各级人民法院共受理案件 10711275 件就是一个例证,①2014 年全国各级人民法院共受理案件数竟达到了 1565.1 万。② 按理说,我国很依赖仲裁这一能促进内部发展的和平与公正的纠纷解决方式,③事实情况却是,仲裁在我国定纷止争的整个活动中总体上并未起到应有的作用。据统计,截至 2003 年底的近十年时间里,全国 173 家仲裁机构的 3 万多名仲裁员,共仲裁了 9 万多件经济纠纷案件,每个仲裁员平均 3 年才仲裁 1 件案件。④ 2004 年以后,随着全国仲裁机构数量的增加及仲裁界的更加努力,我国的仲裁受案量有所增加,但在绝对数量上与全国法院的一审民商事诉讼总是在 300 万件以上的受案量相比,大约有 80—100 倍的差距。⑤ 特别是在我国贸易依存度一直居高不下且当事人偏好选择仲裁作为国际或涉外争议解决方式、全国仲裁机构数量已发展到 220 多家的大背景下,仲裁机构受理的涉外仲裁案件总数却不尽如人意,如在 2010 年仅为 1219 件,与境内仲裁案件的数量也相差了约 80 倍。⑥ 情况特别严峻的是,我国境内如此多的仲裁机构中,没有一家可算得上有较大吸引力获得纯境外纠纷案源的国际或涉外仲裁中心。⑦

---

① 参见韩红俊:《仲裁裁决不予执行的司法审查研究》,载《河北法学》2010 年第 7 期,第 95—96 页。

② 参见周强:《2014 地方各级法院受理案件 1565.1 万件同比升 10.1%》,http://lianghui.people.com.cn/2015npc/n/2015/0312/c394473-26680861.html,2015 年 3 月 19 日访问。

③ 参见 Mark R. Shulman, Lachmi Singh:《中国通过仲裁机构履行〈联合国国际货物销售合同公约〉》,王琬璐译,载《中国政法大学学报》2011 年第 1 期,第 66 页。

④ 参见谭兵:《试论我国的仲裁环境及其优化》,载《法学评论》2006 年第 1 期,第 118 页。

⑤ 参见刘加良:《论仲裁保全程序中的诉讼谦抑》,载《政治与法律》2009 年第 1 期,第 154 页。

⑥ 参见张维:《我国商事仲裁年受案量近 8 万件涉外案件仍是短板仅有 1200 件》,http://news.cntv.cn/20110530/101281.shtml,2013 年 6 月 20 日访问。

⑦ 参见汪闽燕:《中国成为国际仲裁中心还有多远》,http://news.enorth.com.cn/system/2013/05/21/010980843.shtml,2015 年 3 月 29 日访问。

对我国立法起草者进行过多次培训的波士顿大学的 Seidman 教授曾指出,法律规范并非我国法律人所常表述的那样仅规定当事人之间的权利与义务,而是具备改变人们行为和意识功能的强大工具。① 为此,笔者强烈地感到我国应当采取积极的法制规范改革措施,以发展国内和国际仲裁。

2. 境外仲裁立法竞争的背景

由于成为最佳仲裁地或成为具有吸引力的国际或涉外仲裁地能带来巨大的经济利益和提升国家良好的声誉等诸多好处②,同时认识到良好的法律规范是竞争获取最佳仲裁地的最根本前提之一,境外很多国家或地区近年来争相更新完善其仲裁制定法。如我国香港地区 1998 年《仲裁条例》并无多大问题,却不到两年就酝酿完善修改,经过 10 年精益求精的过程终于在 2010 年制定出新《仲裁条例》。同样的情况是意大利 1994 年《民事程序法典》在 2006 年修订,新西兰 1994 年《仲裁法》在 2007 年更新,西班牙 2003 年《仲裁法》在 2011 年修订,葡萄牙 2003 年大幅度修改的《仲裁法》在 2011 年再次作出实质性更新③,以及爱尔兰、澳大利亚、苏格兰、法国、比利时、荷

---

① See Ann Seidman, Robert B. Seidman & Nalin Abeysekere, *Legislative Drafting for Democratic Social Change*, Library of Congress Cataloging-in-Publication Data, 2004, p. 11. 笔者在参加 Seidman 教授及其夫人的诊所法律教育课程"Legislative Drafting"时就听到他们多次阐释此种观点。

② 参见向阳:《最受欢迎国际商事仲裁地之析》,载《北京仲裁》2009 年第 4 期,第 66—67 页。同时参见张晓玲:《国际商事仲裁协议法律适用问题探究——兼论中国国际商事仲裁协议法律适用制度设计》,载《政治与法律》2007 年第 1 期,第 123 页。

③ See Bernardo M. Cremades, Spain's New Arbitration Law: A Model of Clarity, *Dispute Resolution Journal*, May-July, 2011, pp. 88-89. See also Miguel Pinto Cardoso, Portuguese Arbitration Law: A Gateway to Portuguese-Speaking Countries? http://kluwerarbitrationblog.com/blog/2012/03/07/portuguese-arbitration-law-a-gateway-to-portuguese-speaking-countries, visited on 2015-3-29.

兰等在过去的几年内纷纷修改其仲裁制定法等。据报道,印度①等国也计划在近期修改其仲裁制定法。

3. 国内外理论研究背景

关于仲裁法学的中文著作有数百部,中文论文数以千计,从因著名的 Park 教授在此任教而在仲裁法学方面藏书可与哈佛大学法学院媲美的波士顿大学法学院馆藏情况来看,英文著作有几千部,论文有数万篇,但是针对本书研究对象的著作和论文则少得多。

就本书研究对象的国内研究现状而言,我国学者发表了众多具有相当见地的成果。从基础性或综合性理论方面来看,代表性著作有韩健的《现代国际商事仲裁法的理论与实践》(法律出版社 2000 年版)、刘想树的《中国涉外仲裁裁决制度与学理研究》(法律出版社 2001 年版)、张斌生主编的《仲裁法新论》(厦门大学出版社 2002 年版)、乔欣主编的《比较商事仲裁》(法律出版社 2004 年版)、谭兵主编的《中国仲裁制度的改革与完善》(人民出版社 2005 年版)、邓杰的《商事仲裁法理论与实务》(兰州大学出版社 2005 年版)、高菲的《仲裁理论与实务》(中国方正出版社 2006 年版)、黄进与宋连斌及徐前权的《仲裁法学》(中国政法大学出版社 2008 年版)、叶青主编的《中国仲裁制度研究》(上海社会科学院出版社 2009 年版)、刘晓红主编的《国际商事仲裁专题研究》(法律出版社 2009 年版)、杜新丽的《国际商事仲裁理论与实践专题研究》(中国政法大学出版社 2009 年版)、赵秀文的《国际商事仲裁现代化研究》(法律出版社 2010 年版)、汪祖兴的《中国仲裁制度的境遇及改革要略》(法律出版社 2010 年版)、马占军的《仲裁法修改新论》(法律出版社 2011 年版)、黄亚英的《商事仲裁前沿理论与案例》(中国民主法制出版社 2013 年版)、池

---

① See Tom Birch Reynardson & Rupert Talbot-Garman, The Consultation Paper on Amendments to the Indian Arbitration and Conciliation Act 1996—Does It Go Far Enough? *International Arbitration Law Review*, 2011, p. 92. See also Karan Gandhi & Shweta Vashist, India: The Proposed Amendments to the Arbitration Act, http://www.mondaq.com/india/x/382370/trials+appeals+compensation/The+Proposed+Amendments+To+The+Arbitration+Act, visited on 2015-3-29.

漫郊的《国际仲裁体制的若干问题及完善：基于中外仲裁规则的比较研究》(法律出版社 2014 年版)等。代表性论文则有赵健的《回顾与展望：世纪之交的中国国际商事仲裁》(《仲裁与法律》2001 年第 1 期)、汪祖兴的《效率本位与本位回归——论我国仲裁法的效率之维》(《中国法学》2005 年第 4 期)、王红松的《〈仲裁法〉存在的问题及修改建议》(《北京仲裁》第 52 辑)、赵秀文的《论中国仲裁法的改革与完善》(《中国国际商事仲裁年刊》2005 年卷)、宋连斌的《理念走向规则：〈仲裁法〉修订应注意的几个问题》(《北京仲裁》第 52 辑)、沈四宝等的《论我国商事仲裁制度的定位及其改革》(《法学》2006 年第 4 期)、卢云华的《关于修改〈仲裁法〉的几个基本问题》(《仲裁研究》2006 年第 8 辑)、叶永禄的《以〈仲裁法〉完善为视角：论司法与仲裁的关系》(《华东政法大学学报》2007 年第 2 期)、张艾清的《从〈纽约公约〉的适用范围看我国仲裁立法与实践》(《政法论丛》2007 年第 4 期)、梁慧星的《论仲裁法的修改方向》(《北京仲裁》2007 年第 3 期)等。

　　属于专论性质的代表性著作有赵健的《国际商事仲裁法的司法监督》(法律出版社 2000 年版)、李虎的《网上仲裁法律问题研究》(中国民主法制出版社 2005 年版)、池漫郊的《多方多合同仲裁的主要法律问题研究》(厦门大学出版社 2006 年版)、林一飞的《中国国际商事仲裁裁决的执行》(对外经济贸易大学出版社 2006 年版)、任明艳的《国际商事仲裁中临时保全措施研究》(上海交通大学出版社 2010 年版)、宋朝武的《仲裁证据制度研究》(中国政法大学出版社 2013 年版)、邓建民与曾青的《仲裁程序若干问题研究：基于理论前沿和实务规范的思考》(民族出版社 2014 年版)等。专门性论文则包括陈安的《中国涉外仲裁监督机制评析》(《中国社会科学》1995 年第 4 期)、韩健的《仲裁协议中关于仲裁机构的约定——兼评我国仲裁法中有关条款的规定》(《法学评论》1997 年第 4 期)、宋朝武的《我国仲裁制度：弊端及其克服》(《政法论坛》2002 年第 6 期)、肖永平和胡永庆的《加入 WTO 与我国仲裁法律制度改革》(《中国法学》2001 年第 2 期)、翁国民和黄字凯的《仲裁的自裁管辖及其与仲裁管辖权司法监督的程序竞合》(《法律适用》2001 年第 11 期)、李广辉的《入世与中国临时仲裁制度的构建》(《政治与法律》2004 年第 4 期)、杜新丽的《论国际商事仲裁的司法审查与立法完善》(《现代法学》2005 年第 6 期)、宋连斌的《枉法仲裁罪的批判》(《北京仲裁》2007 年第 2 期)、陈福勇的《我国仲裁机构现状实证分析》(《法学研究》2009 年第 2 期)、丁伟的《国际商事仲裁中适用司法解释的悖论性现象透析》(《政法论坛》2009 年第 2 期)、万鄂湘的《再论司法与仲裁的关系——关于法院应否监督仲裁实体内容的立法与实践模式及理论思考》(《法学评论》2004 年第 3 期)、潘勇锋的《试论仲裁程序中案外利害关系人之保护》(《北京仲裁》2010 年第 3 期)、汪祖兴的《仲裁机构民间化的境遇及改革要略》(《法学研究》2010 年第 1 期)、傅郁林的《中国仲裁员职业群体的发展和自我定位》(《北京仲裁》2010 年第 3 期)、陈力的《ICC 国际仲裁院在我国作成仲裁裁决的承认与执行》(《法商研究》2010 年第 6 期)、周江的《论仲裁裁决撤销中的几个问题》(《北京仲裁》2009 年第 3 期)、石现明的《仲裁机构的民事责任与豁免问题研究》(《河北法学》2011 年第 3 期)、宋连斌与颜杰雄的《申请撤销仲裁裁决:现状·问题·建言》(《法学评论》2013 年第 6 期)、赵昭和杜家明的《追问与选择:我国海事仲裁制度的现实困境与完善路径》(《河北法学》2014 年第 12 期)、王兰的《我国仲裁协议法律适用的理论反思与制度完善》(《甘肃社会科学》2014 年第 2 期)、赖震平的《我国商事仲裁制度的阙如——以临时仲裁在上海自贸区的试构建为视角》(《河北法学》2015 年第 2 期)等。

与此同时,我国一些学者也在境外的学术刊物上发表了多篇论文成果。如 Li Hu 的 Setting Aside an Arbitral Award in the People's Republic of China(*The American Review of International Arbitration*/2001),Wang Shengchang 的 Towards a Higher Degree of Party and Transparency:The CIETEC Introduces Its 2005 New Rules (*International Arbitration Law Review*/2005),Duan Xiaosong 的 Criminal Liability of Arbitrators in China:Analysis and Proposals for Reform (*Pacific Rim Law & Policy Journal*/2014),

Fan Yang 的 Applicable Laws to Arbitration Agreements Under Current Arbitration Law and Practice in Mainland China (*International & Comparative Law Quarterly*/2014)等。

境外学者一般关注各自国家或地区的仲裁法制或与该国家或地区有关的国际仲裁法制问题。不过,由于我国市场的日益国际化及我国对外交往的不断扩大,近年来,研究我国仲裁法制特别是与我国有关的国际仲裁法制的国外学者逐渐增多,并出现了数篇有一定深度的学术成果,如 Stephan W. Schill 的 Tearing Down the Great Wall: The New Generation Investment Treaties of the People's Republic of China(*Cardozo Journal of International and Comparative Law*/Winter 2007),Bryant Yuan Fu Yang 的 Diane Chen Dai, Tipping the Scale to Bring a Balanced Approach: Evidence Disclosure in Chinese International Arbitration(*Pacific Rim Law and Policy Journal*/ January 2008),Cohen 的 Settling International Business Disputes with China: Then and Now(*Cornell International Law Journal*/2014)等。同样,境外一些学者的成果被翻译成中文或直接以中文形式发表,如 Mark R. Shulman 和 Lachmi Singh 合著且由王琬璐翻译的《中国通过仲裁机构履行〈联合国国际货物销售合同公约〉》(《中国政法大学学报》2011 年第 1 期)和顾维遐的《我们信赖仲裁吗?——关于中国仲裁研究的英文文献综述》(《北京仲裁》2010 年第 2 期)等。

特别值得一提的是,在纸质刊物或网上发表的针对我国现行《仲裁法》修改的全面性建议稿至少四份,分别由黄进教授、宋连斌教授、马占军博士、郑金波先生和王红松女士等起草。[①] 此外,一些学者或实务界人士在其研究成果中也提出了具体部分修改的建议,如冷海东等的《最高人民法院建立和完善多元化纠纷解决机制调研

[①] 三份建议稿分别载于《民商法论丛》(法律出版社 2003 年版)、《仲裁研究》第 8 辑(法律出版社 2006 年版)、《仲裁研究》第 19 辑(法律出版社 2009 年版)。网上的一份建议稿可下载于:http://ielaw.uibe.edu.cn/admins/edit/UploadFile/2008227105215174.pdf。

课题——商事仲裁子课题项目调研报告》(《北京仲裁》2008年第3期)等。

(三) 本书的研究意义

如前所述,我国目前仲裁业总体上十分的不景气与法制规范不健全或不科学是紧密相关的,中外学者在以上的成果中对我国仲裁法制存在的多方面问题及其解决等都进行了关注,很多成果也有一定的深度。然而,这些成果的水平与我国仲裁法制的适当改革要求仍有较大差距,同时,更由于仲裁理论界和实务界努力程度不够等原因,我国立法机关在2008年末将已有很大缺陷的《仲裁法》的修改列入立法规划,由此导致了针对本书研究对象的理论成果大幅度地减少。2012年党的十八大明确提出要坚定改革方向,推进科学立法。[①] 其后,党和国家最高领导人在多种场合也强调要继续解放思想,全面深化改革开放,同时指出"改革还是最大的红利!"[②] 笔者深感此种环境下不仅要积极地向仲裁业界发出改革的呐喊之声,而且更要加倍努力地创造出更高质量与更具科学性、系统性和可操作性的改革理论成果。

在此思想的指导下,通过下一目所述方法产生的本研究成果的理论和实践意义在于:通过全面、系统地研究我国仲裁制度,尤其是针对当前业界所关注的仲裁机构的自治性权力与税收待遇、仲裁协议效力制度、临时仲裁制度、仲裁保全措施制度、仲裁程序规范、仲裁司法审查制度和涉外仲裁特别规范等诸多理论问题,提出观点鲜明、连贯、综合性兼具体可操作性的建议和理论依据,力图在勾勒出整个仲裁法制改革理论框架的基础上,着重阐述与论证主要具体事项中的重点、难点理论和实践问题及其解决方案,为我国现行《仲裁

[①] 参见《十八大报告》(全文),http://wenku.baidu.com/view/5c8e92785acfa1c7aa00cccd.html,2012年11月22日访问。

[②] 参见《习近平在常委见面会上的讲话》,http://finance.sina.com.cn/stock/t/20121115/124213686580.shtml,2012年11月26日访问。同时参见《李克强强调以改革为动力促进经济持续健康发展》,载《新民晚报》2012年11月23日A2版。

法》的修改、其他形式的仲裁法制规则的完善提供可供参考和借鉴的成果。

(四) 本书的基本构架和研究方法

本书的基本构架是:第一部分首先进行有关方面的总体说明,不仅交代本书的研究对象以明确研究范围,而且阐释本书的研究目的、概况、背景、意义、方法和基本构架等,以使读者快速地对其形成大致的了解,接着便探讨我国仲裁法制改革的指导理论。第二部分至第七部分分别探讨涉及仲裁机构、仲裁协议、仲裁保全措施、仲裁裁决撤销、仲裁裁决承认与执行、涉外仲裁的法制改革问题。我国关于仲裁员及仲裁庭、仲裁程序等的法制规范当然也需要改革,但是,这些法制规范主要体现于现行《仲裁法》之中。本书第八部分关于该法修改建议稿中相应法条的案文及详细说明可作为清晰的指南。同时,本书第九部分所收录的部分笔者单独或合作发表的论文也能充当佐证。

本书采用比较借鉴、实证、数据分析、交叉学科、归纳、规范分析等方法,着重采用以下四种方法:

1. 理论与实践相结合的方法

关于我国仲裁法制的改革问题,学者们提出了很多理论,这些理论的可靠性不仅需要其他相关理论和逻辑推论加以论证,而且更需要实践的检验。本书中所提出的新理论同样需要立足于实践才具有说服力。仲裁法制运作实践的本身也存在很强的实践性和操作性问题,我国及世界上其他国家或地区都出现了很多生动的实例,因此本书中提出改革方案时就必须充分依赖这些实例,以支持笔者的观点或结论。

2. 比较的方法

对各种法律规则进行比较的比较法学可以像化学一样,既可以是纯科学也可以是应用科学。比较法学中所描述的法律解决方案犹如"一块巨大的试验田,使人们可以观察到不同的文明国家里所尝试改革的效果。"①因此,本书根据不同的情况和上下文的需要进行比较研究,从而在参照各国经验和教训的基础上为我国提出最佳的改革方案。

3. 规范分析的方法

我国仲裁法制中的一些重要问题源于规范本身的缺陷,如本书的第八部分和第九部分关于现行《仲裁法》争议可仲裁性规则修改建议的说明或论证中除了兼用其他方法外,还同时采用了规范分析的方法,指出该规范本身表达方面的缺陷,并在此基础上提出恰当的改革建议。此外,我国现行法制中关于仲裁协议形式的规则及一些司法审查规则等,也都需要结合规范分析的方法发现缺陷和提出完善方案。

4. 交叉学科的方法

这是由本书的研究对象涉及多元的利益主体且问题非常复杂的特征所决定的。本书所涉及的问题不仅与仲裁法学直接相关,而且也与诉讼法学和国际法学等紧密相连,同时源于大法学部门的共性而使其他法学领域的很多研究成果同样具有适用性或启示性。因此,本书在以仲裁法学学科研究方法为主的基础上,于必要时也引入诉讼法学、国际法学、商法学学科等研究方法或研究视角,以提高对复杂问题透视的全面性。

(五) 本书的创新之处

本书的主要创新点可以分为以下五大方面:

1. 提出和论证了在世界上具有新颖性的"区别赋予说"理论

笔者曾在《强行规则对国际商事仲裁的规范》一文(载《法学研究》2008年第3期)中提出了"分项区别说"的观点,由于该观点的新颖性和论述与论证的质量较高,该文分别于2009年和2010年获得了司法部优秀论文奖和上海市第十届哲学与社会科学优秀论文三

---

① See Pan R. Dubinsky, Human Rights Law Meets Private Law Harmonization: The Coming Conflict, *Yale Journal of international Law*, Winter 2005, pp. 219-220.

等奖。本书中的"区别赋予说"理论则是在该观点的基础上经过进一步思考发展完善而得的,具有更准确、更科学的特征。

2. 阐释和说明了完善我国仲裁法制中各项法律规则的对策建议

我国也有个别的学者所领导的团队采用专著的方式较深、较广地阐述了我国仲裁法制的改革问题。[①] 数年后的今天,得益于更丰富、更新颖、更广泛研究材料的本书,对我国仲裁法制中各项法律规则提出了更全面、更深入细致的完善对策和建议。

3. 本书列入的《仲裁法》修改建议稿在体例、内容方面都有新颖性,并作出了详细的说明和论证

之前的多数《仲裁法》建议稿在体例、内容方面由于历史或视野的局限性而基本上仍很陈旧,且未逐条说明和论证。个别建议稿只简单说明了新增加或修改的条款,对意图删除的条款未阐释任何理由。本书列入的《仲裁法》修改建议稿不仅在体例方面实质性地突破了现行《仲裁法》,而且详细地指出了正当理由,同时还较深入地说明和论证了各条新增、删改规则的依据。此外,该建议稿中的保密性规则、仲裁调解规则、仲裁保全措施规则、涉外仲裁规则等的表达与论证在国内均具有创新性或领先性。

4. 在各个具体部分的相关问题研究中引入或推导出了新的理论

由于本书采用了比较、实证、规范分析和交叉学科等多种研究方法,多处引入或推导出了新的理论。如关于仲裁机构性质的理论,我国内地学者普遍为其贴上了"非营利性"标签。笔者通过参考大量的英文文献和在美国的实地调查却发现,单就该国而言就有很多营利性仲裁机构,并由此提出仲裁机构可以具有营利性的理论等。[②] 再如本书第八部分建议稿第 4 条说明中的更改性规则理论,就是首先由境外的公司法、信托法、家庭法等学科的学者提出或采

---

① 如谭兵教授主编的《中国仲裁制度的改革与完善》,人民出版社 2005 年版。
② 详见本书的第二部分。

用的,却至今仍为境内外的仲裁法学者所忽视。① 该理论非常有助于分析和完善仲裁正当程序、仲裁争议司法审查等方面的某些规则。

5. 依据了更多、更广、更可靠的新论据

为了完成本书,笔者不仅尽可能全面、广泛地查阅甄别了体现于中英文著作和论文中已有的理论成果、亲自调研获得的第一手感知资料,同时注重与中外学者的直接交流,而且直接地参考了可靠网站上可获得的超越其他学者关注范围数倍或十多倍的境外国家或地区的现行立法条文②,既避免了不少学者未直接查阅境外仲裁制定法条而仅参考实际上引用不正确或信息已过时的论著所连续发生的错误或不当等,又能参考、借鉴或吸收最新、最智慧且最适合我国的法律规则,从而确保有关表述的可靠性和妥当性。

---

① 笔者在中国期刊网、Westlaw、LexisNexis 上的仲裁法学的电子论文中都未找到这种理论。笔者就该理论在波士顿大学当面请教 Park 教授时得到的也是"不知道"的答复。

② 单就笔者完成本书所直接查阅参考的境外仲裁制定法而言,至少包括美国 1925 年《联邦仲裁法》、联合国国际贸易法委员会 1985 年版和 2006 年版《国际商事仲裁示范法》、瑞士 1987 年《联邦国际私法法规》、尼日利亚 1990 年《仲裁和调解法》、俄罗斯 1993 年《国际仲裁法》、埃及 1994 年《民商事仲裁法》、英国 1996 年《仲裁法》、印度 1996 年《仲裁与调解法》、比利时 1998 年《司法法典》、德国 1998 年《民事程序法典》、中国澳门地区 1996 年第 29/96/M 号(仲裁)《法令》和 1998 年《涉外商事仲裁法规》、瑞典 1999 年《仲裁法》、韩国 1999 年《仲裁法》、阿塞拜疆 1999 年《国际仲裁法》、尼泊尔 1999 年《仲裁法》、美国 2000 年修订的《统一仲裁法》、孟加拉 2001 年《仲裁法》、克罗地亚 2001 年《仲裁法》、新加坡 2002 年《仲裁法》和 2009 年《国际仲裁法》、日本 2003 年《仲裁法》、挪威 2004 年《仲裁法》、阿富汗 2005 年《商事仲裁法》、丹麦 2005 年《仲裁法》、马来西亚 2005 年《仲裁法》、波兰 2005 年《民事程序法典》、奥地利 2006 年《民事程序法典》、意大利 2006 年《民事程序法典》、柬埔寨 2006 年《商事仲裁法》、亚美尼亚 2006 年《商事仲裁法》、塞尔维亚 2006 年《仲裁法》、新西兰 2007 年修订的《仲裁法》、迪拜 2008 年《仲裁法》、卢旺达 2008 年《商事仲裁与调解法》、毛里求斯 2008 年《国际仲裁法》、加拿大 2009 年修订的《仲裁法》、文莱 2009 年《仲裁法令》及《国际仲裁法令》、美国佛罗里达 2010 年《国际仲裁法》、爱尔兰 2010 年《仲裁法》、英国苏格兰 2010 年《仲裁法》、爱尔兰 2010 年《仲裁法》、澳大利亚 2010 年《国际仲裁法》、澳大利亚新南威尔士 2010 年《仲裁法》、中国台湾地区 2009 年修订的"仲裁法"、中国香港地区 2010 年《仲裁条例》、法国 2011 年《民事程序法典》、美国加利福尼亚 2011 年《民事程序法典》、葡萄牙 2012 年《自愿仲裁法》、比利时 2013 年《司法法典》、荷兰 2015 年《民事程序法典》等。

二

仲裁法制改革的指导理论

目前我国的大多数仲裁法学者和仲裁实务工作者都主张改革现行的仲裁法制,[①]但对于这项改革的指导理论仍然存在着不同的看法。笔者认为,我国现行仲裁法制改革的指导理论应当主要包括仲裁性质和仲裁法制价值取向等仲裁方面的理论,它们对该法制的整体性改革思路和具体规范事项上的添补、改善方法等方面都起着至关重要的引领作用。

(一) 仲裁性质理论

有学者指出,仲裁性质"是仲裁理论中不能回避而又较为复杂的问题,且和仲裁实践息息相关。"[②]笔者认为,我国仲裁法制的改革也不能回避该理论,因为它决定着仲裁法制改革的战略性理念。

归纳起来,具有世界影响性的关于仲裁性质的认识理论主要有司法权论、契约论、混合论和自治论等。

司法权论的代表人物有 Mann、Lainé、Klein 和 Pillet[③] 等。他们主张:国家具有控制和管理其域内所有仲裁的权力,虽然仲裁来自于当事人的合意和协议,但是其性质属于诉讼契约,应当受到诉讼法(公法)范畴的规则规范;判案通常是国家法院实施的主权或公共职能,仲裁来自国家审判权的授予。仲裁员和法官相似,其本身及

[①] 参见冷海东等:《最高人民法院建立和完善多元化纠纷解决机制调研课题——商事仲裁子课题项目调研报告》,载《北京仲裁》2008 年第 3 期,第 25 页。
[②] 参见黄进、宋连斌、徐前权:《仲裁法学》,中国政法大学出版社 2002 年版,第 8 页。
[③] 参见韩健:《现代国际商事仲裁法的理论与实践》,法律出版社 2000 年版,第 34—35 页。See also Hong-lin Yu, Explore the Void—An Evaluation of Arbitration Theories: Part 1, *International Arbitration Law Review*, 2004, pp. 181-184.

由其组成的仲裁庭、仲裁程序、仲裁裁决的承认和执行等都必须符合严格的法定条件才具有法律效力。

司法权论在仲裁法学史上曾一度处于支配地位,[①]很多现代国家或地区的仲裁法和司法判决在对某些仲裁问题适用法律规则时依然以它们为指导,1958年的《纽约公约》等国际条约中对仲裁地或执行地国家法院控制作用的承认也体现了对其具有一定程度合理性的确认和支持。然而,英国等国的历史教训表明:完全或主要地依靠司法权论构筑仲裁法制只会束缚国内或国际仲裁。[②]

很多当代的学者对该理论持强烈的批评态度,他们认为该种理论过于强调国家对仲裁的干预和监督,忽视了仲裁的特殊性。不过,多数批评者也没有声称仲裁不受任何外部的控制,他们一般也承认国家可以对仲裁协议效力、至关重要的仲裁程序和裁决可执行的条件等少部分问题采用法制规范约束。[③]

以 Merlin、Foelix 等为代表的契约论者认为,仲裁只具有契约性,因为:第一,无仲裁协议则无仲裁可言,任何一方当事人不能强迫另一方当事人参与仲裁;第二,仲裁的组成体系是当事人协议确定的,权力来自于当事人的仲裁员实际上是所有当事人的代理人,其裁决相当于代表所有当事人订立的一种协议,当事人有义务自动执行之;第三,由于仲裁协议的约束力,当事人有义务参加仲裁并承认和自动履行仲裁裁决,否则,另一方当事人可以申请有管辖权的法院强制执行,但是,当事人诉诸法院执行仲裁协议契约或裁决并不使争议解决转变成公共职能,而仅仅为强制执行一项未履行的合同。[④] 由于不能解释各方当

---

① See Pippa Read, Delocalization of International Commercial Arbitration: Its Relevance in the New Millennium, *American Review of International Arbitration*, 1999, pp. 185-186.
② 参见赵健:《国际仲裁法学》,法律出版社2000年版,第14—15页。
③ 参见黄进、宋连斌、徐前权:《仲裁法学》,中国政法大学出版社2002年版,第9页。See also Pippa Read, Delocalization of International Commercial Arbitration: Its Relevance in the New Millennium, *American Review of International Arbitration*, 1999, pp. 185-186.
④ See Sarah Rudolph Cole, Arbitration and State Action, *Brigham Young University Law Review*, 2005, pp. 43-45.

事人利益不一致的情况下仲裁员如何以代理人身份忠诚于所有当事人利益的问题,一些契约论者放弃了上述关于仲裁员是当事人代理人的观点,但仍然坚持契约是仲裁的本质属性。①

从司法实践的角度看,多年来不少国家或地区的法院判决承认仲裁员与当事人之间在某些方面存在契约关系,同时,不少国家晚近仲裁法制规范的制定或修改过程中仍然受到了契约论的重大影响,使得最终的法条大多表现为供当事人协议选择或排除的任意规则。②但是,如果任何仲裁问题都可以由仲裁员与当事人契约约定而不提交法院解决,则仲裁与协商③或调解就没有任何区别;同样,如果任何仲裁问题都可以由仲裁员与当事人契约约定通过法院解决,则仲裁与诉讼也没有任何区别。因此,意图使仲裁成为一种独特的争议解决制度的当今世界上的大多数国家或地区,并非在确定任一仲裁法规范时都以契约论为依据。

代表人物为 Surville 和 Sauser-Hall 的混合论者认为,仲裁具有司法和契约的双重属性。一方面,仲裁源于私人契约,仲裁员的权力基础为当事人的协议;另一方面,仲裁员的工作具有司法性,同时,法院对仲裁协议的有效性和仲裁裁决的可执行性有最终的决定权。④混合论受到了中外大量学者的支持。⑤从实践情况来看,混合

---

① 参见邓杰:《商事仲裁法》,清华大学出版社 2008 年版,第 20—21 页。同时参见谭兵主编:《中国仲裁制度的改革与完善》,人民出版社 2005 年版,第 44 页。

② See Hong-lin Yu, Explore the Void—An Evaluation of Arbitration Theories: Part 1, *International Arbitration Law Review*, 2004, pp. 185-186.

③ 如果将仲裁员与一方或所有方当事人的关系视为契约关系,则他们之间为解决问题而进行的联系过程就可以视为协商。

④ See Philippe Fouchard, et al., *On International Commercial Arbitration*, 中信出版社 2004 年影印版, pp. 600-626. See Also Hong-lin Yu, Explore the Void—An Evaluation of Arbitration Theories: Part 2, *International Arbitration Law Review*, 2005, pp. 14-16. 同时参见杜新丽:《论国际商事仲裁的司法审查与立法完善》,载《现代法学》2005 年第 6 期,第 165 页。

⑤ See Philippe Fouchard, et al., *On International Commercial Arbitration*, 中信出版社 2004 年影印版, pp. 600-626. See Also Hong-lin Yu, Explore the Void—An Evaluation of Arbitration Theories: Part 2, *International Arbitration Law Review*, 2005, pp. 14-16.

论对现代多数国家或地区仲裁法制规范的制定或修改有着重要的指导作用,从而使最终的法律文本包含了契约性和司法性两种规范。但是,也有学者对混合论持批评的态度,指责该论没有说明对仲裁中的司法性和契约性要素是否应等量齐观,对这两种要素的区分也不适当,且对这两种要素的范围没有特别地划定,从而不能为仲裁法中的缺口问题及仲裁法的改革提供指南。[1] 笔者赞同这些批评者的观点,混合论太过于抽象和粗线条,远远不能满足可操作性必须强且运行效果应当好的现代立法或修法要求。

不满于上述三种学说的 Rubellin-Devichi 提出了自治论,声称:仲裁的性质既不是司法、契约,也不是二者的混合,而是自成一类,是商人们注重实效的实践结果;仲裁协议和仲裁裁决之所以具有强制性,并不是因为它们是契约或国家特许,而是商人们顺利地处理商事关系的基本需要;对仲裁规范的制度应当是一种超国家的独创自治制度,仲裁界应当立足于其效用和目标,关注创造友好的仲裁环境。[2] 自治论也影响着很多国家仲裁法规范的废改立,不仅宣示允许当事人自治或仲裁员自由裁量的事项,而且注意必要的简约,为当事人、仲裁机构或仲裁员的自治提供足够的空间。然而,自治论同样遭到不少中外学者的强烈批评。他们指出:仲裁必须根植于某一国家或地区的法律制度,多数仲裁的使用者也偏好使其争议根据一国家或地区的国内法而不是跨国的商人自治法解决;该论过于强调跨国商人自治法的作用,现实的情况却是不少国家明确反对这种法律的适用并拒绝承认与执行根据这种法律作成的仲裁裁决;即使是在那些不反对跨国商人自治法适用的国家,其中的绝大多数也仍然坚持对仲裁程序实施某些司法监督;仲裁协议的强制执行、代指定仲裁员、采取保全措施、指示合并审理等仲裁中的问题往往也

---

[1] See Philippe Fouchard, et al., On International Commercial Arbitration, 中信出版社 2004 年影印版, pp. 600-626. See Also Hong-lin Yu, Explore the Void—An Evaluation of Arbitration Theories: Part 2, International Arbitration Law Review, 2005, pp. 14-16.

[2] 参见邓杰:《商事仲裁法》,清华大学出版社 2008 年版,第 23 页。

需要法院协助解决;自治论的完全贯彻将会导致仲裁与诉讼外的协商、调解等争议解决方式很难区别。①

除了评述以上主流理论外,我国一些学者近年来在论证对我国某一项或几项仲裁法制规范的应然修订时,结合我国的特殊现象,用"民间性"和"专业服务性"等类名词阐释其对仲裁性质认识的理论。其中,"民间性"论的主要内容是:仲裁所解决的争议是私人性质的,当事人诉诸仲裁的意思表示构成一个私法性的协议;部分财产性质的家事纠纷应当具有可仲裁性;应当允许临时仲裁;仲裁员是以个人而不是国家机构代表的名义独立地裁断私法上的纠纷;仲裁机构属于独立于司法、行政等国家机关的非官方且非营利的民间组织;国家的权力应尽可能少地介入仲裁。②"专业服务"论的主要内容则是:仲裁具有专业服务性,可以作为商品交易的对象,仲裁的发展应当遵循市场经济客观规律,尊重争议当事人的意思自治;国家不应当对仲裁实施直接的行政管理和干预;应当允许临时仲裁和仲裁庭自行决定管辖权;仲裁机构管理费和仲裁员报酬由市场决定,同时应建立仲裁服务责任赔偿制度。③

此外,值得关注的是,我国另一些学者为调和以上矛盾而提出了仲裁具有契约性、准司法性、民间性和自治性的所谓广义混合论。该论的基本观点是,应基于以下两点,将仲裁的性质理解为兼具契约性、自治性、民间性和准司法性的一种争议解决方式:仲裁制度赖以建立的基础是当事人的自由意志,不需要国家或他人的强迫;国家法律赋予仲裁协议和仲裁裁决的强制效力,只不过是国家出于其利益和秩序的考虑,对当事人的这种自由意志的确认、尊重与支持,

---

① 参见黄进、宋连斌、徐前权:《仲裁法学》,中国政法大学出版社2002年版,第12页。

② 参见钟琴:《论家事仲裁在我国适用的必要性》,载《法制与经济》2008年第5期,第48页。同时参见王红松:《中国仲裁的坎》,载《中国改革》2008年第2期,第71页;陈建:《论仲裁员在市场经济中的定位》,对外经济贸易大学2007年博士学位论文,第37、68—69页。

③ 参见赵秀文:《中国仲裁市场对外开放研究》,载《政法论坛》2009年第6期,第70页。同时参见康明:《论商事仲裁的专业服务属性》,对外经济贸易大学2004年博士学位论文,第37—40、115—123、178页。

只要这种自由意志本身是合法的和有效的。①

笔者认为,学者们理论上主张的上述仲裁性质总体上都属于应然性质,而不是必然的或现实的性质。必然性质是一个国家或地区的立法当局赋予的,因为即使最初的仲裁具有纯粹的契约性或自治性,②到后来也在很多或某些方面被国家或地区的立法当局赋予了司法性,在我国甚至曾强加了纯粹的行政性,并至今仍在大范围内保留着浓烈的行政性。③ 当然,我国目前法制下的仲裁也混杂着契约性、司法性和自治性等特征。④

应该说,上述的应然性质的理论对我国仲裁法制的改革具有重要的启示意义,特别是我国学者提出的广义混合论、民间性论和专业服务性论等具有更直接的参考价值,尤其是对消除或减少不利于我国市场经济和仲裁本身长期健康发展的行政干预当然产生有益的指导作用。但是,其中的主流理论亦如其批评者所言,它们将所有仲裁事项定性为单一的司法、契约、司法与契约的简单混合或与任何其他因素无瓜葛的"自成一类"等都是非常偏颇的。我国学者所提出的新冠名理论实际上分别是原先的混合论和契约论在某种程度上的翻版,其中的专业服务论倡导者甚至直接承认契约性是仲裁服务性在法律上的体现。⑤ 因此,这些稍稍有些新色彩的理论依然也没有摆脱前述主流理论固有的缺陷。至于广义的混合论,同样"令人遗憾的是,它仍未就上述司法性、契约性和自治性的关系作一

---

① 参见陈治东:《国际商事仲裁法》,法律出版社1998年版,第9页。
② 参见刘俊、吕群蓉:《论仲裁庭组成与仲裁之价值》,载《仲裁研究》2006年第4期,第15页。
③ 参见王红松:《中国仲裁面临的机遇与挑战》,载《北京仲裁》2008年第1期,第4—10页。同时参见陈福勇:《大众化还是专业化?——从业务定位看仲裁机构转型》,载《司法改革评论》2009年第9辑,第98—105页。
④ 参见康明:《论商事仲裁的专业服务属性》,对外经济贸易大学2004年博士学位论文,第29页。
⑤ 同上。

了断。"①

笔者在多年研究的基础上曾初步提出和论证了名为"分项区别说"的国际商事仲裁性质理论。② 经过进一步研究与思索，尽管笔者仍然认为这种"分项区别说"比以上的各种理论更科学一些，且其基本原理也适用于国内仲裁，却悟出"分项赋予说""区别赋予说"或"区分定性说"等才是更为精确的名称，同时必须对其内容作出相应的更正后才能适当地指导我国《仲裁法》的具体修订。

"区别赋予说"的基本原理是：仲裁应当被区分为仲裁协议、仲裁程序、仲裁员或仲裁机构、司法审查等诸多事项及其诸多分项或环节；此一事项或其某一分项或环节在其他国家或地区的仲裁法的历史上或现在被赋予了司法、契约、自治、民间、专业服务中的一种或几种性质，应当探究这些国家或地区如此定性的原因及定性后的效果，总结其经验教训，以便为我国仲裁法制规范在同样事项上的定性修改提供参考借鉴；除了履行在国际条约下的义务之外，对某些仲裁事项的定性应当考虑到我国的国情，特别是我国发展健康的市场经济和仲裁业的迫切需要，并以此决定有关法制规范是否改革或如何改革。

（二）仲裁法制价值取向理论

仲裁法制的"价值取向"在一些学者的论著中又称"价值目标"，指立法者对当事人选择仲裁的目标追求作出的判断和选择，这种判断和选择应当并且只能取决于当事人对仲裁的价值追求。③

同样，直接影响着仲裁法制中有关具体规范改革的价值取向理论，在我国学者中也存在着很大的分歧，主要形成了公正说、效率说、双重价值取向说和三重价值取向说等几种不同的理论。

---

① 周江：《刍议国际体育仲裁的司法监督问题（上）》，载《仲裁研究》2008年第1期，第52页。

② 参见张圣翠：《强行规则对国际商事仲裁的规范》，载《法学研究》2008年第3期，第98—100页。

③ 参见谭兵主编：《中国仲裁制度的改革与完善》，人民出版社2005年版，第59页。

公正说和效率说各持一个极端。前者声称仲裁法制的价值取向是程序与实体双公正而不是其他。后者则主张仲裁法制所追求的唯一目标是效率而不是公正。①

持双重价值取向说的学者在我国学界可以被分为两派。一派属于少数方,主张仲裁法制的价值取向共有两个,即意思自治和效率。②另一派在人数和论著上占主导地位,他们将仲裁法制规范的价值取向也限定为两个,名曰公正和效率。③然而,在具体内容上,后一派的理论并非是铁板一块的共识,而是可以被进一步地区分为同等重要论、公正优先论和效率优先论等三种不同的观点。其中,持同等重要论者认为:公正和效率在仲裁法制的价值取向上同等重要,不存在谁为第一性或第二性的问题;没有了公正的仲裁法制就不能被认为是好的仲裁法制,同样,无效率的仲裁法制在实践中无生命力。④公正优先论和效率优先论的倡导者都主张,公正和效率在仲裁法制的价值取向上有时存在冲突关系,因此要排清次序。其分歧点在于两种价值取向发生冲突时:前者认为应当公正优先;后者则坚持效率优先。⑤

持三重价值取向说的学者们认为,除了公正和效率外,仲裁法

---

① 参见曾建国:《从督价值取向、仲裁文化来讨论〈仲裁法〉修改的思路》,载韩健主编:《涉外仲裁司法审查》,法律出版社2006年版,第78—79页。
② 参见池漫郊:《从"效率至上"到"契约自由"——基于合并仲裁评当代仲裁价值取向之变迁》,载《仲裁研究》2008年第4期,第9页。同时参见王小莉:《英国仲裁制度研究——兼论我国仲裁制度的发展完善》(下),载《仲裁研究》2007年第4期,第89页。
③ 参见石现明:《国际商事仲裁价值取向之检讨——以当事人的价值追求为视角》,载《学术论坛》2007年第9期,第133页。
④ 参见石育斌:《国际商事仲裁第三人制度比较研究——兼论中国〈仲裁法〉修改中的第三人问题》,华东政法大学2007年博士学位论文,第229页。
⑤ 参见曾建国:《从督价值取向、仲裁文化来讨论〈仲裁法〉修改的思路》,载韩健主编:《涉外仲裁司法审查》,法律出版社2006年版,第79页。同时参见石现明:《国际商事仲裁价值取向之检讨——以当事人的价值追求为视角》,载《学术论坛》2007年第9期,第133页。

制的价值取向还应当包括意思自治。① 有学者明确反对三重价值取向说,认为意思自治不是或不应当是价值取向,其理由是:意思自治只是仲裁制度的特点,而不是人们选择这一制度的目的。②

笔者支持三重取向价值说,原因在于:

其一,意思自治对仲裁当事人具有满足其需要的效用,且在很多方面是当事人选择国内或国际仲裁的根本原因,如可以自主地选择仲裁员,在不违反根本性程序公正标准的情况下一般可以自主地决定仲裁程序。因此,持双重价值说的学者在将一种制度的价值界定为人们倾心于该制度的着眼点和根本原因③的同时,否定被当事人偏爱的意思自治是仲裁制度价值取向的论证过程,是不具有说服力的。

其二,单纯的某价值取向说或者笼统地谈论某价值取向优先论既不科学,也不利于仲裁法制的良性改革。如单纯采用意思自治说为全部仲裁法制规范的价值取向,允许当事人对所有的仲裁程序及其他仲裁纠纷问题甚至是一般的实体问题司法审查进行随意约定,则不仅使仲裁与协商、调解或诉讼等无任何区别,而且还会使一些纠纷因徒增了这种不伦不类的仲裁环节增加了解决的成本,这对当事人或社会都是有害的。同样,如果所有法制规范在任何仲裁问题上简单地强调效率、效率优先或快速结案,完全不顾当事人的自主意愿或最低的程序公正性和实体公共政策,则至少会使一方当事人的法律权益处于极大的风险之中。这可能比该方当事人单方弃权或在协商与调解中选择让步的成本还要高,因为这种仲裁也会像其

---

① 参见谭兵主编:《中国仲裁制度的改革与完善》,人民出版社 2005 年版,第 63—85 页。此外应予说明的是,有几位学者在其论著中隐含了三重价值取向说的论述,具体可参见王定贤:《也论仲裁的价值取向》,载《北京仲裁》2004 年第 3 期,第 21—23 页;石现明:《国际商事仲裁价值取向之检讨——以当事人的价值追求为视角》,载《学术论坛》2007 年第 9 期,第 137—139 页。

② 参见石育斌:《国际商事仲裁第三人制度比较研究——兼论中国〈仲裁法〉修改中的第三人问题》,华东政法大学 2007 年博士学位论文,第 233—235 页。

③ 同上,第 234 页。

他仲裁一样发生仲裁成本。这种单纯的效率说或一味的效率优先说,说白了就相当于任一方当事人立即接受仲裁中一切不利后果也是效率,按照该理论所导致的上述荒谬的结局肯定使众多的当事人对仲裁望而却步。一些国内外有声望的组织的调查数据和不少学者的研究结论已充分地说明了这一点。①

可见,我国仲裁法制的改革应当以三重价值取向说为指导。从总体上讲,该法制中的多数规范,应当以当事人真实的意思自治为价值取向进行改革。仲裁毕竟是当事人共同协议选择的争议解决方式,因此,只要不损害第三人利益和社会公共利益,对仲裁的繁荣发展没有负面作用,未遭受强迫、欺诈或不当影响的当事人有正当的意思自治权利约定仲裁中诸多事项问题的解决。符合上述条件的意思自治一般情况下也是正当的或者说是公正的,同时对多数理性的当事人而言,也是有效率的。承担我国仲裁法制改革任务的立法者当然要支持这种兼备了公正和效率的意思自治。但是,如前所述,如果在仲裁的所有事项上任由当事人随意约定,难免会让一些不理智或恶意的当事人滥用,从而不仅导致仲裁失去生存特色,而且会让其中的不讲究最低公正性或效率的仲裁败坏仲裁的整体声誉或浪费社会资源。因此,该法需要修订的部分条款,必须否定那些不理智或恶意的当事人的意思自治,转而以公正或效率为价值取向,作出添删或改动,从而引导我国仲裁业的健康发展。

此外,与应用仲裁性质的理论一样,承担我国仲裁法制改革任务的立法者应当进一步地考察仲裁的各细小环节,从而决定每一具体规范改革的一种或数种价值取向或考虑哪一种价值取向优先。

---

① See William W. Park, Private Disputes and the Public Good: Explaining Arbitration Law, *American University International Law Review*, 2005, p. 904. See also Gabrielle Kaufmann-Kohler, Globalization of Arbitral Procedure, *Vanderbilt Journal of Transnational Law*, October 2003, pp. 1321-1322. 同时参见王宝闽:《国际商事仲裁价值取向新论》,载《鸡西大学学报》2010 年第 2 期,第 67 页;《全国人大法制工作委员会王胜明副主任在"中国仲裁论坛第六次会议"的发言》,http://www.bjac.org.cn/news/view.asp?id=2142,2012 年 11 月 11 日访问。

瑞典等国仲裁法的修订已为我国立法者提供了这种理论指导思路的典范。① 当然,我国《仲裁法》的修订不应当简单地吸收一两个成功国家或地区仲裁法现成条文中的价值取向,而是应当基于理论界和实务界所反映的我国仲裁中具体的事项或环节问题,尽可能多地参考有代表性国家或地区的相应规范,再结合我国的实际情况决定价值取向的选择。笔者的这种观点可谓是"三重价值取向区分说"。

例如,对我国学术界广泛议论的《仲裁法》中仲裁协议必备内容规范修订的价值取向问题,按照"三重价值取向区分说"审视,就会得出应当采用兼备了大体上公正和效率的意思自治价值取向的结论。首先,当事人对法律赋予了可仲裁性的纠纷共同表明了提交仲裁的意愿,在有《仲裁法》以外的其他法律规范保障临时仲裁的过程不被滥用于损害个人或社会正当法律权益的情况下,这种意愿就是公正的,或者说是具有被认可为合法性的理由,立法者不应当否定其效力。其次,目前的《仲裁法》第 16 条和第 18 条要求仲裁协议不仅必须明确仲裁事项,而且还必须列明具体的仲裁委员会。这两条规范实质上是反对在我国境内进行临时仲裁,使当事人在我国境内选择临时仲裁的意思自治意愿落空。国内外众多的学者已经证明,对成熟的商人们解决彼此间的争议尤其是海事等特殊类型的争议而言,临时仲裁比机构仲裁更有效率。② 临时仲裁可能为普通的当事人带来意想不到的麻烦,但是,这类当事人常常想不到选择任何仲裁,③自然也不会遇到这些麻烦。我国少数机构的领导及被说服的行政部门官员却公然以各种可反驳的理由④反对临时仲裁,其目的无疑是维护仲裁机构一时垄断的私利。从实际效果来看,该目的

---

① 参见李健男:《论瑞典的新仲裁机制——兼论现代国际商事仲裁的价值取向》,载《法学评论》2002 年第 4 期,第 126 页。

② 参见杨良宜:《国际商务仲裁》,中国政法大学出版社 1997 年版,第 139—141 页。

③ 参见陈建:《论仲裁员在市场经济中的定位》,对外经济贸易大学 2007 年博士学位论文,第 69 页。

④ 可参见本书第九部分"已发表的阶段性研究成果"之《论我国临时仲裁制度的构建》,原载《华东政法大学学报》2010 年第 4 期。

并没有真正实现,因为大多数仲裁机构严重地依赖地方财政支持,没有发展仲裁的动力和压力,从而使我国两百多家仲裁机构的年受案量不及与临时仲裁一直处于竞争状态中的美国仲裁协会这一家机构。[1] 因此,废除《仲裁法》中关于仲裁协议必须列明仲裁委员会的要求等于承认临时仲裁的合法性,这种意思自治的价值取向将会使一些有重要经济地位的当事人有机会减少争议解决的成本,推动他们更多地投资,以繁荣我国的经济,同时也有利于我国仲裁业的竞争和发展。

然而,对《仲裁法》实体审查问题规范进行修订时,就应当至少考虑到以下几项因素:禁止当事人就实体公共政策之外的实体问题向法院请求司法审查是不少国家或地区仲裁制定法[2]的态度;英国、我国香港地区等一些国家或地区以意思自治为价值取向允许当事人协议选择司法审查仲裁中的实体问题,却同时施加了较严格限制[3]的情况表明,对这种司法审查不应无视效率等原则而一味地支持;我国经济飞速发展,大量的民商事纠纷已给法院造成了巨大的负担,且有愈益加重的趋势,允许仲裁中的一般实体问题提请人民法院司法审查将会使这种局面进一步地恶化。为此,除前文已提到的实体公共政策外,我国《仲裁法》修订者显然应当立足于我国的以上国情,同时借鉴前一类国家或地区的做法,抛弃意思自治的价值取向,不允许当事人对实体问题请求司法审查。

---

[1] 参见陈福勇:《美国仲裁发展模式考察》,载《北京仲裁》2009 年第 2 期,第 144 页。同时参见刘奋宇编译:《美国仲裁协会概述》,载《仲裁研究》第 12 辑,第 70 页;张维:《我国商事仲裁年受案量近 8 万件 涉外案件仍是短板仅有 1200 件》,http://news.cntv.cn/20110530/101281.shtml,2011 年 6 月 20 日访问。

[2] 如美国 1925 年《联邦仲裁法》、德国 1998 年《民事程序法典》、瑞典 1999 年《仲裁法》、我国台湾地区 2002 年"仲裁法"、日本 2003 年《仲裁法》和奥地利 2006 年《民事程序法典》等。

[3] 如英国 1996 年《仲裁法》第 69—71 条、中国香港地区 2010 年《仲裁条例》第 81 条第 2 款 c 项及表 2 第 5 条等。

第二部分

―――― **PART 2** ――――

我国规范仲裁机构法制的改革

我国仲裁机构①法律制度及其改革问题多年来是我国理论和实务界争论达到"白热化"程度的焦点之一。② 本部分在分析我国仲裁机构法制规范的发展历程、现行法制缺陷的基础上，探讨其改革的方案和依据。

---

① 这里的"仲裁机构"是指拥有特定名称、章程、固定的办公场所，主要任务在于制定仲裁规则和监督仲裁规则的实施，并为仲裁庭解决争议提供服务的常设"仲裁机构"。在此予以说明的是，我国一些学者和立法者对"仲裁机构"概念存在着认识误区。前者在其论著的少部分段落中有时将临时仲裁中的"仲裁庭"称作"临时仲裁机构"，与常设意义下的"仲裁机构"并称为"仲裁机构"。笔者认为，这种分类方法或提法是不妥当的，应尽量避免，因为：与中文"仲裁机构"对应的英文中的"arbitral institutions"是指"常设仲裁机构"；临时仲裁中的"仲裁庭"和"常设仲裁机构"负责或协助组建的"仲裁庭"除了组建方式可能不同外，其权能是完全一样的，而在英文中被同称为"arbitral tribunals"，这两类"仲裁庭"与"常设仲裁机构"在性能上是完全不同的；我国法律尚不承认未选择"仲裁机构"的境内仲裁协议，若将临时仲裁中的"仲裁庭"包含在"仲裁机构"的概念范围之内，就不能将临时仲裁协议视为未选择"仲裁机构"的无效协议，从而与我国法律规范现状相违背。关于"常设仲裁机构"与其管理下的"仲裁庭"及临时仲裁中的"仲裁庭"的权能实然或应然差异的论述非常丰富，如赵秀文的《从奥特克案看外国临时仲裁裁决在我国的承认与执行》（载《政法论丛》2007年第3期，第25页）、张泽平的《国际商事仲裁中的责任制度探析》（载《当代法学》2001年第8期，第47页）等。实际上，将临时仲裁中的"仲裁庭"与常设意义下的"仲裁机构"并称为"仲裁机构"的学者在其他段落或论著里使用的"仲裁机构"一语，虽并未说明却可以从上下文中看出是指常设意义下的"仲裁机构"，并将"临时仲裁机构"完全与常设"仲裁机构"管理下的"仲裁庭"同称为"仲裁庭"，且在适用规则方面不加区别地描述。最后，我国一些立法者的认识误区表现在《民事诉讼法》中使用了"国外仲裁机构"这一不当的概念。从我国的司法实践情况来看，该"国外仲裁机构"应当包括国外的临时"仲裁庭"，否则，就无法根据《民事诉讼法》第283条执行国外的临时仲裁裁决，从而违背我国在《纽约公约》下的义务。

② 参见宋连斌、杨玲：《我国仲裁机构民间化的制度困境——以我国民间组织立法为背景的考察》，载《法学评论》2009年第3期，第49页。同时参见黄亚英：《我国仲裁机构的发展定位探讨——兼谈仲裁机构的"国际化"新视野》，载《北京仲裁》2008年第2期，第88—89页。

一
我国规范仲裁机构法制的发展历程

据考证,我国仲裁机构法制规范的最早萌芽应为民国时期北洋政府颁发的1912年《商事公断处章程》和1913年《商事公断处办事细则》。由于我国历史上习惯地将仲裁称作"公断",因此根据这两个法律文件在商会内成立的商事公断处就是我国最早的仲裁机构。商事公断处的权能是基于当事人各方的合意处理商事争议,由此产生的仲裁裁决在当事人各方的同意下发生法律效力。1927年,南京国民政府成立后,暂准援引这两个法律文件。后来,这两个法律文件虽经多次修改,但基本内容并没有太大的改变,并适用于南京国民政府控制的地区。[①]

我国具有社会主义性质的关于仲裁机构法制规范的发端可以追溯到1926年10月2日制定的《中国共产党湖南区第六次代表大会之农民政纲》,其中的第7条规定:"由乡民大会选举人员组织乡村公断处,评判乡村中之争执。"20世纪30—40年代,中国共产党领导的革命根据地民主政府也相继制定了一些关于仲裁机构的法制规范,如1943年4月9日晋察冀边区行政委员会发布的《关于仲裁委员会的工作指示》和天津市人民政府1949年制定的《天津市调解仲裁委员会暂行组织条例》等。[②]

中华人民共和国成立至今,仲裁机构的法制规范基本上可以分为以下三个阶段:

[①] 参见谭兵:《中国仲裁制度的改革与完善》,人民出版社2005年版,第5—6页。同时参见康明:《论商事仲裁的专业服务属性》,对外经济贸易大学2004年博士学位论文,第20—21页。

[②] 参见叶青主编:《中国仲裁法制度研究》,上海社会科学院出版社2009年版,第10页。同时参见谭兵:《中国仲裁制度的改革与完善》,人民出版社2005年版,第7页。

第一阶段始于20世纪50年代初,一直到改革开放前。本阶段的总体情况是:企业、经济组织均实行国家经营,丧失了财产、经营管理等方面的自主权,更不能自主地选择通过具有民间性质的仲裁途径解决争议纠纷,同时,法院审判人员严重不足。为此,人民政府颁布了数个处理国内经济纠纷的行政法规,明确地规定各级行政部门中的经济委员会为经济合同纠纷的"仲裁"机构。如1962年国务院发布的《关于严格执行基本建设程序、严格执行经济合同的通知》中就要求:"在执行合同中发生的纠纷,由各级经济委员会予以仲裁。各地人民银行或者建设银行,负责执行各级经济委员会的决定,扣付货款"[①]。

对于涉外贸易争议纠纷,为了打破少数西方国家对仲裁的垄断,促进中外经贸关系的发展,新中国政府很早便认识到建立涉外仲裁机构的重要性,[②]先后于1954年和1958年通过了《关于中国国际贸易促进委员会内设立对外贸易仲裁委员会的决定》和《关于中国国际贸易促进委员会内设立海事仲裁委员会的决定》,成立了对外贸易仲裁委员会和海事仲裁委员会。这两家仲裁机构分别于1956年和1959年制定了《仲裁程序暂行规则》,确定了其受理涉外争议的范围。[③]

第二阶段可以从1978年年底实行改革开放政策时算起,至1995年我国《仲裁法》实施之前。本阶段关于受理国内经济纠纷仲裁机构的法制规范先后体现于1979年国家经济委员会等三个部门共同发布的《关于管理经济合同若干问题的联合通知》、1981年的《经济合同法》第48条、1983年的《经济合同法仲裁条例》、1987年的《技术合同法》第58条、1991年的《民事诉讼法》第111条等。根据这些法

[①] 全国人大常委会法制工作委员会及中国经济贸易仲裁委员会共同编制:《中华人民共和国仲裁法全书》,法律出版社1995年版,第9页。同时参见袁忠民:《中国仲裁制度》,上海人民出版社1991年版,第1页。

[②] 参见谭兵主编:《中国仲裁制度研究》,法律出版社1995年版,第262页。

[③] 参见袁忠民:《我国仲裁机构演变的研究》,华东政法学院2006年博士学位论文,第9页。

律、法规设立并拥有国内经济纠纷仲裁权的仲裁机构属于典型的行政仲裁机构,其组成人员也是行政人员,这种仲裁机构分为不同的行政级别,对案件实行级别管辖。①

鉴于改革开放需要引进外资和扩大对外经贸,约束国内商务的法制尚未健全,为顾及外商信赖,本阶段制定的近百个涉外经济法律及法规多明文宣布可以通过仲裁方式解决涉外济纠纷。涉及中国涉外仲裁机构的法制规范主要体现于 1979 年的《中外合资经营企业法》第 14 条、1980 年和 1988 年国务院批准的《关于中国国际贸易促进委员会内设立的涉外仲裁机构更名和扩大受案范围的决定》、1982 年的《民事诉讼法(试行)》第 192 条、1985 年的《涉外经济合同法》第 37 条、1991 年的《民事诉讼法》第 257 条等。本阶段,受制于这些法律、法规的我国涉外仲裁机构虽然实际上属于行政机构,但是对其管理下的涉外或国际仲裁实行"协议管辖""一裁终局"等原则,与在其他国家或地区通行的国际仲裁法制原则是基本一致的,并为 1994 年《仲裁法》的制定和实施提供了宝贵经验。②

第三阶段发端于 1995 年 9 月 1 日起开始生效的现行《仲裁法》,并延续至今。现行《仲裁法》涉及仲裁机构的规范主要有第 6 条、第 9 条、第 10 条、第 11 条、第 12 条、第 14 条、第 15 条、第 16 条、第 18 条、第 66 条、第 75 条等,原先 5000 多家行政性仲裁机构③因不符合这些条文的规定而被全部被撤销。然而,由于这些条文的抽象性和我国国情的特殊性及发展性等因素,我国中央或地方有关行政机关陆续颁行了很多针对仲裁机构的法规或规章,如:1995 年 7 月国务院办公厅发布的《重新组建仲

---

① 参见康明:《论商事仲裁法的专业服务属性》,对外经济贸易大学 2004 年博士学位论文,第 25 页。
② 参见胡伟良:《两岸仲裁法之修法建议》,中国政法大学 2006 年博士学位论文,第 27 页。
③ 参见张晋兰、张企平:《〈仲裁法〉的实施与存在问题的探讨》,载《兰州大学学报(社会科学版)》2002 年第 6 期,第 89 页。有学者根据其他的统计标准称 3500 多家,可参见王红松:《贯彻党的十七大精神,加快推进仲裁机构体制改革》,载《北京仲裁》2008 年第 2 期,第 77 页;陈福勇:《仲裁机构的独立、胜任和公正如何可能——对 S 仲裁委的个案考察》,载《北大法律评论》2009 年第 2 辑,第 453 页。

裁机构方案》《仲裁委员会登记暂行办法》和《仲裁委员会仲裁收费办法》(国办发〔1995〕44号);1996年国务院办公厅颁布的《关于贯彻实施〈仲裁法〉几个问题的通知》;1998年国务院台湾事务办公室与法制办公室联合下发的《〈关于聘请台湾地区专业人士担任仲裁员试点工作的意见〉的通知》(国台发〔1998〕9号);1998年国务院法制办公室公布施行的《国务院法制办公室关于做好仲裁委员会换届工作的通知》(国法〔1998〕27号);2001年5月建设部与国务院法制办公室联合下发的《关于在全国建设系统进一步推行仲裁法律制度的意见》(建法〔2001〕91号);2003年5月9日财政部、国家发改委、监察部、审计署等四部委下发的《关于加强中央部门和单位行政事业性收费等收入"收支两条线"管理的通知》(财综〔2003〕29号);[1]2009年12月17日财政部与中国人民银行联合颁发的《关于将按预算外资金管理的全国性及中央部门和单位行政事业性收费纳入预算管理的通知》(财预〔2009〕79号);[2]2010年4月1日财政部、国家发展改革委员会共同发布的《关于调整仲裁收费管理政策有关问题的通知》(财综〔2010〕19号);[3]广东省物价局的《关于明确仲裁机构仲裁收费问题的通知》(粤价函〔2010〕1074号)、海南省物价局2010年的《转发财政部、国家发展改革委关于调整仲裁收费管理政策有关问题的通知》(琼财非税〔2010〕661号)。[4] 此外,2001年10月1日中国加入世界贸易组织(WTO)的《工作组报告书》等国际条约中的有关规范,也应被视为本阶段仲裁机构法制的一部分。[5]

---

[1] 参见陈福勇:《我国仲裁机构现状实证分析》,载《法学研究》2009年第2期,第86—93页。

[2] 参见梁慧星:《关于财政部应迅速纠正继续将仲裁收费作为"行政事业性收费"进行预算管理错误的建议》,http://www.china-arbitration.com/news.php? id=1736,2011年6月12日访问。

[3] 资料来源:http://www.ahcz.gov.cn/portal/zwgk/zcfg/wj/1277542483803580.htm,2010年12月26日访问。

[4] 资料来源:http://www.chinaacc.com/new/63_74_201011/22su801784560.shtml,2010年12月26日访问。

[5] 参见王红松:《关于〈关于深化仲裁机构体制改革试点方案(讨论稿)〉的说明》,载《北京仲裁》2007年第3期,第37页。

二

我国规范仲裁机构现行法制存在的缺陷

我国规范仲裁机构的现行法制由上述第三阶段产生且仍在实行的法律、法规和规章制度等构成,从其内容和实施效果来看,主要存在着以下几种缺陷:

(一)《仲裁法》中的规范体现了极大的历史局限性

除了国际条约中的有关规定以外,在目前其他更高阶位的法律没有规定的情况下,可以说现行《仲裁法》中关于仲裁机构的法律规范在我国具有最高的法律效力。然而,由于制定时的理论认知水平与国内政治、经济环境等因素的局限性①,该法中关于仲裁机构的数条法律规范非常模糊,并有一些不妥或矛盾之处。

例如,就《仲裁法》第14条而言,该法主要起草者之一费宗祎先生在数种场合明确地声明②,该条采用隐喻式的否定措辞规定"仲裁委员会独立于行政机关,与行政机关没有隶属关系",原意是要确立仲裁机构的民间性和非行政性。然而,截至目前的现实情况仍然是仲裁机构民间性和非行政性的这一立法原意和依据第6条的仲裁不实行地域管辖的原则在很大程度上落空,其典型表现是:相当高比

---

① 可能是出于对立法前辈的尊重,国内学者一般不将现行《仲裁法》中关于仲裁机构规定的缺陷归因于当时的理论认知水平。笔者也非常尊敬这些立法前辈并承认他们的卓越智慧,然而,不可否认的是,当时有关仲裁法学的论述非常稀少,关于我国《仲裁法》应然规范的阐释更为罕见,因此这些立法前辈们非常难以获得高水平的理论协助。至于当时的国内政治与经济环境方面的局限性,可参见陈福勇:《模糊化还是明确化——也谈仲裁机构的性质问题》,载《北京仲裁》2007年第3期,第88—90页。

② 如2008年的长沙仲裁论坛上的发言《费宗祎先生谈仲裁法的修改》,载《北京仲裁》2007年第2期,第2页。

例的仲裁机构自我定性为行政性机构或行政支持类机构,不仅由政府部门出资组建,而且长期依靠行政拨款生存;大多数仲裁机构的负责人及最高决策部门组成人员由行政部门的领导兼任,其中甚至不乏由此获取不当利益者;①不少仲裁机构高度依靠政府机关发文获得仲裁案源;绝大多数省、自治区人民政府所在地的市和其他设区的市实际上设立且只设立一家仲裁机构,并体现出独家运营的局面。②

理论界和实务界的一些人士认为,我国仲裁机构目前多数为行政性机构的局面应当归因于《仲裁法》第14条中的上述高度模糊化的非正面规范方法。③ 笔者认为,该条充其量只是我国很多仲裁机构不具有民间性的次要因素之一,更为关键的因素当推为与该条相矛盾的第10条及匹配不当的第12条,原因在于:《仲裁法》第10条第2款仅仅规定仲裁机构由有关市的人民政府组建,对民间组织或个人创建仲裁机构的权能未作明确授权;《仲裁法》第12条没有明确规定政府机关的行政人员不得在仲裁机构兼职,同时对该条中"法律、经济贸易专家"的概念也没有作出明确的界定。

同时,《仲裁法》缺乏适用范围的条款也是不可忽视的因素之一。由于这种适用范围不明的模糊规定,一些地方政府鉴于《消费者权利保护法》第34条中关于消费争议可以仲裁的规定,在行政机关内或官方色彩很浓的消费者委员会内成立了仲裁机构,按照《仲裁法》其他方面的规定组建仲裁庭,作出"一裁终局""有终局法律效

---

① 参见陈忠谦:《二次创业:中国仲裁发展的必由之路》,载《仲裁研究》2005年第3期,第2—3页。同时参见宋连斌、杨玲:《我国仲裁机构民间化的制度困境——以我国民间组织立法为背景的考察》,载《法学评论》2009年第3期,第50页;王红松:《贯彻党的十七大精神,加快推进仲裁机构体制改革》,载《北京仲裁》2008年第2期,第73页。

② 参见陈建:《论仲裁员在市场经济中的定位》,对外经济贸易大学2007年博士学位论文,第222页。同时参见肖永平、胡永庆:《加入WTO与我国仲裁法律制度改革》,载《中国法学》2001年第2期,第16页。

③ 参见陈福勇:《模糊化还是明确化——也谈仲裁机构的性质问题》,载《北京仲裁》2007年第3期,第88—90页。

力"的仲裁裁决。①

此外,显示出不妥或其他历史局限性特征的条款还有如《仲裁法》第 15 条和第 66 条等。后者特别提及在该法实施后的第二年就过时的"涉外仲裁机构"概念,②且由于对"涉外仲裁机构"的登记备案等问题没有规定,以致有仲裁人士认为:根据国务院 1998 年 10 月 25 日国务院令第 252 号发布的《事业单位登记管理暂行条例》,中国国际经济贸易仲裁委员会于 2003 年在国家事业单位登记管理局的登记行为属于违法行为。③

(二) 其他法规的内容违反上位法或不适当

目前,中国加入 WTO 的《工作组报告》等国际条约和《仲裁法》在我国关于仲裁机构的法制中当属处于效力顶端的上位法。然而,由于多种原因,一些下位的关于仲裁机构的法律或规章明显地违反了这些上位法。

如前面提及的 2003 年 5 月财政部等四部委发布的财综〔2003〕29 号文将"仲裁收费"定性为"行政事业性收费"并纳入"收支两条

---

① 如杭州市工商局下城区工商分局就设立了这样一家仲裁机构(本消息来自:http://zj.takungpao.com/zjyw/0986757413.htm)。类似性质的仲裁机构还出现于福建、河南安阳等。其中,福建省于 1994 年颁布且至今仍实行的《消费者委员会消费纠纷仲裁办法》规定,县级(含县级)以上的消费者委员会都可依法设立仲裁机构。有学者声称此种规定违反了《仲裁法》。可参见刘晓蔚:《论消费者纠纷仲裁解决机制的构建》,载《宁夏社会科学》2007 年第 3 期,第 126 页。笔者认为,由于《仲裁法》无适用或不适用范围的规定,特别领域的特殊性仲裁机构援引该法其他规定作出一裁终局的规定,很难说是否违反了该法的某项规定。不过,1995 年国务院办公厅发布的《重新组建仲裁机构方案》确实规定:"依法可以设立仲裁委员会的市只能组建一个统一的仲裁委员会,不得按照不同专业设立专业仲裁委员会或者专业仲裁庭。"据此可以说,某些地方在该地一般性的仲裁委员会之外设立的做法违背了该行政法规。
② 根据国务院办公厅于 1996 年 6 月 8 日颁布的《关于贯彻实施〈仲裁法〉需要明确的几个问题的通知》,我国所有的仲裁机构都可以受理涉外仲裁案件。参见缪剑文:《我国国际商事仲裁制度若干问题的思考》,载《政法论丛》1997 年第 5 期,第 11 页;马占军:《商事仲裁制度的完善与和谐社会的构建(下)》,载《仲裁研究》2009 年第 4 期,第 18 页。顺便指出,连 2007 年和 2012 年两次修正的我国《民事诉讼法》仍然同样使用"涉外仲裁机构"这一不符合我国现行涉外仲裁的实际情况的提法。
③ 参见郑金波:《中国仲裁机构定位研究》,载《仲裁研究》2010 年第 3 期,第 83 页。

线"财务管理的规定,就违反了中国加入WTO的《工作组报告》中关于仲裁服务收费"属于中介服务收费"和将适用国家计委等六部委发布的《中介服务收费管理办法》的承诺。① 虽然后来经一些政协或人大代表的呼吁,2010年初,财政部和国家发改委联合印发了《关于调整仲裁收费管理政策有关问题的通知》(财综〔2010〕19号),规定自2010年1月1日起中国国际经济贸易仲裁委员会收取的仲裁收费转为经营服务性收费,却未顾及我国必须在全境统一实施加入WTO下承诺义务的要求,仍允许省(自治区、直辖市)财政、价格主管部门自行决定对当地仲裁机构的仲裁收费是否继续定性为"行政事业性收费"及采取"收支两条线"管理。这便使得一些省级政府部门对部分或所有仲裁机构仍然实行违反中国加入WTO的《工作组报告》中承诺的规定。②

又如,1995年国务院办公厅发布的《重新组建仲裁机构方案》中,"第一届仲裁委员会的组成人员,由政府法制、经贸、体改、司法、工商、科技、建设等部门推荐"并"由市人民政府聘任"的规定,以及国务院后来有关部门的其他文件要求,加上1998年8月4日国务院法制办公室《关于做好仲裁委员会换届工作的通知》(国法〔1998〕27号)等,使得到目前为止的大部分仲裁机构最高决策部门——委员会中的"法律、经济贸易专家"根本没有达到《仲裁法》第12条第2款"不得少于三分之二"的标准,相反却是行政官员的比例超过三分之二。③

此外,关于仲裁机构的一些下位法规范在内容方面也很不适

---

① 参见梁慧星:《关于财政部应迅速纠正继续将仲裁收费作为"行政事业性收费"进行预算管理错误的建议》,http://www.china-arbitration.com/news.php?id=1736,2011年6月12日访问。

② 如广东省物价局根据财政部的这一规定通过的《广东省关于明确仲裁机构仲裁收费问题的通知》(粤价函〔2010〕1074号),对广州、汕尾、云浮、湛江四市以外的所有仲裁委员会仲裁收费仍按行政事业性收费管理。资料来源:http://www.chinaacc.com/new/63_74_201011/22su801784560.shtml,2011年5月16日访问。

③ 参见谭兵:《试论我国的仲裁环境及其优化》,载《法学评论》2006年第1期,第117页。同时参见王红松:《〈仲裁法〉存在的问题及修改建议》,载《北京仲裁》2004年第2期,第21页。

当,具体表现为:内容含混或不符合国家的改革政策等。

以涉及仲裁机构收费的行政规范为例,1995年国务院颁发的《重新组建仲裁机构方案》规定:"仲裁委员会设立初期,其所在地的市人民政府应当参照有关事业单位的规定,解决仲裁委员会的人员编制、经费、用房等。仲裁委员会应当逐步做到自收自支。"然而,由于该规定没有明确仲裁机构收支自理的具体时限,导致多数仲裁机构至今不能"自收自支"却仍能存活。① 同时,早在1993年,党的十四届三中全会进一步作出了《关于建立社会主义市场经济体制若干问题的决定》,其中就将仲裁机构视为"市场中介组织",并"依据市场规则"立即着重发展。② 1999年国家计委等六部委发布的《中介服务收费管理办法》也将仲裁收费纳入"中介服务收费管理"范围。财政部等四部委2003年却违背十四届三中全会就已确立的这项改革政策,发布了上述财综〔2003〕29号文,认定仲裁收费性质上是"代行政府职能、强制实施、具有垄断性质的行政事业性收费",进一步强化了大多数仲裁机构实行的收支两条线管理制度。③ 特别不妥的是,在中央机构编制委员会办公室2004年前即已释放相关信号,而且之后年年都有改革文件草案出台,并且最终于2008年11月印发并内部传达了《关于事业单位分类试点的意见》的情况下,④财政部与中国人民银行仍然不顾此项最新的改革政策,于2009年通过上文中所称的财预〔2009〕79号文再次将仲裁收费列入"行政事业性收费",并纳入财政预算内管理。2010年初财政部和国家发改委联合发布上文中所称的财综〔2010〕19号文件虽然反映了改革政策的精神,却仍未能摆脱内容含混的缺陷,即没有明确那些省级主管部门

---

① 参见王红松:《仲裁机构应定位为民间组织》,载《理论前沿》2008年第20期,第36页。
② 参见胡建平:《谈谈民商事仲裁机构在我国经济和社会发展中的角色定位问题》,载《北京仲裁》2008年第2期,第82页。
③ 参见陈福勇:《我国仲裁机构现状实证分析》,载《法学研究》2009年第2期,第92页。
④ 参见王红松:《关于〈关于深化仲裁机构体制改革试点方案(讨论稿)〉的说明》,载《北京仲裁》2007年第3期,第37页。同时参见罗科:《事业单位改革路径框定》,http://news.ifeng.com/opinion/meiti/ph/200902/0225_1901_1033035.shtml,2013年6月4日访问。

自行决定仍定性为"行政事业性收费"的仲裁机构的仲裁收费和"收支两条线"管理何时纳入改革对象。

总之,目前我国仲裁机构法制的最突出缺陷是行政性色彩依然非常浓重,由此导致的弊端是:难以保证仲裁所需具备的"中立"这一本质条件。我国目前的商事活动中有大量的国有企业参与,在行政机关卷入商事活动有关的纠纷时,由其组织成立的仲裁机构的中立性很难保障;[1]助长很多仲裁机构对财政的依赖,沦为地方行政机关的附属组织及实行地方保护主义的工具等。[2]

---

[1] 参见马忠法、刘国明:《论我国国内仲裁机构设置存在的问题及其完善》,载《行政与法》2007年第6期,第38页。同时参见《纪念仲裁法颁布20周年高端论坛暨中国政法大学仲裁研究院共建签约仪式成功举办》,http://zcw.dl.gov.cn/info/69_14024.html,2015年3月21日访问。

[2] 参见顾维遐:《我们信赖仲裁吗?——关于中国仲裁研究的英文文献综述》,载《北京仲裁》2010年第2期,第11页。关于仲裁机构法制行政性色彩浓重的更具体弊端可参见陈福勇:《我国仲裁机构现状实证分析》,载《法学研究》2009年第2期,第87—93页。

三

我国规范仲裁机构法制的改革对策

我国仲裁机构法制的改革对策包括改革内容和改革方式两个方面。

(一) 改革内容

对于我国仲裁机构法制的改革内容,我国的学者和实务界人士提出的观点主要涉及仲裁机构的设立与组织构建、性质定位和税收优惠等。

就仲裁机构的设立与组织构建的法制而言,我国目前的规定都是由政府负责的。学界和实务界不少人士主张改革的方向应当是由商会等民间力量负责设立仲裁机构事宜,仲裁机构的负责人及最高决策部门的成员都不应当再由政府部门负责任命。[1]

在性质定位方面,迄今为止的改革理论建议包括在法律上认定仲裁机构为公益性非政府组织、非营利的民间社团组织、非营利的社会团体法人、由市场配置资源的公益组织等。这些建议的一个共同点是赋予仲裁机构非营利性和非行政性。但是,在仲裁机构应否为法人的问题上,第一种理论未予明确。[2] 第二种理论主张仲裁机构采用法人或非法人形态均可。[3] 后两种理论却要求赋予仲裁机构

---

[1] 参见叶永禄、李琴:《回归本原:中国仲裁发展路径探析》,载《北京仲裁》2010 年第 3 期,第 54 页。

[2] 参见郑金波:《中国仲裁机构定位研究》,载《仲裁研究》2010 年第 3 期,第 85 页。

[3] 参见宋连斌、杨玲:《我国仲裁机构民间化的制度困境——以我国民间组织立法为背景的考察》,载《法学评论》2009 年第 3 期,第 49 页。

法人资格。①

在税收优惠方面,目前最具影响力的主张要数梁慧星教授的改革方案:对自收自支并"仲裁收费按经营服务性收费"的仲裁机构,第一年至第五年免征企业所得税,第六年至第十年按照25%的法定税率减半征收企业所得税;待事业单位分类改革完成后参考国际惯例,根据仲裁机构性质制定有利于仲裁行业发展的税收政策。②

笔者认为,学者们关于仲裁机构设立与组织构建法制的改革理论已达到了成熟的水平,我国的立法机关应当尽快地将该理论付诸实践。但是,在仲裁机构的性质定位方面,我国的不少人士还存在着一些理论上的偏差,如认为仲裁机构全部应是非营利性的组织或具有法人资格,且以为这是世界各国家或地区的通例。③ 实际上,在其他国家或地区,仲裁机构可以选择具有营利性或非营利性、法人或非法人资格。如世界上最大的争端解决服务提供者——美国的"司法仲裁和调解服务公司"(Judicial Arbitration and Mediation Service, Inc., JAMS),就是一家以营利为目的仲裁机构,仅在洛杉矶至少就有另外三家这样的仲裁机构。④ 又如,新加坡的专职仲裁院和精诚仲裁院就是非法人性质的合伙制仲裁机构。⑤

单就仲裁机构的营利性与非营利性分类形态方面的具体选择

---

① 参见王红松:《仲裁机构应定位为民间组织》,载《理论前沿》2008年第20期,第36页。同时参见马占军:《1994年中国〈仲裁法〉修改及论证》,载《仲裁研究》2006年第2期,第66—67页。

② 参见梁慧星:《关于对仲裁机构实行税收优惠政策的建议》,http://www.china-arbitration.com/news.php? id=2087,2011年8月5日访问。

③ 参见冷海东等:《最高人民法院建立和完善多元化纠纷解决机制调研课题——商事仲裁子课题项目调研报告》,载《北京仲裁》2008年第3期,第45页。

④ See Arno L. Eisen, Felix Lautenschlager, I Like JAMS on My Toast: The JAMS International Arbitration Rules in a Nutshell, *Vindobona Journal of International Commercial Law & Arbitration*, 2007, p. 118. See also Kim Karelis, Private Justice: How Civil Litigation Is Becoming a Private Institution—The Rise of Private Dispute Centers, *Southwestern University Law Review*, 1994, p. 626.

⑤ 参见林一飞:《再论中国仲裁机构改革》,http://www.whac.org.cn/plus/view.php? aid=81,2013年8月5日访问。

来看,是与其宗旨及税收、员工收入等因素具有高度关联性的。为此,有关的改革可以综合地一并考虑。一般而言,非营利性仲裁机构的宗旨更着眼于公益性,从而可以获得免税或减税待遇。[①] 然而,不能就此认为营利性的仲裁机构不具有任何公益性,因为营利性的仲裁机构需要纳税,它对国家的税收和就业机会的贡献无疑具有公益性。同时,各国家或地区的法律也不禁止营利性的仲裁机构附设非营利性组织。有鉴于此,一些著名的营利性仲裁机构,如前述的JAMS为了提升社会形象或履行社会责任,不惜投入巨资下设了纯粹公益性的组织。[②] 可见,我国对仲裁机构性质定位的改革方向锁定为非营利性是不可取的。

同样,一味地要求仲裁机构具有法人资格也是不妥的,因为合伙制之类无法人资格的仲裁机构像合伙制之类律师事务所等法律服务提供者一样,尽管对投资人没有有限责任的优势,却可能对外享有更高的信誉和避免缴纳投资利得与公司所得的多重税负。投资人基于这两方面的考虑投资于无法人资格的仲裁机构,如同投资于任何其他合法的无法人资格的组织,对扩大就业、增加合法服务的提供量、促进消费者的福利等同样是有价值的。在境外,也有合伙制的仲裁机构,如新加坡的专职仲裁院和精诚仲裁院就具有个人合伙性质。[③]

从我国的现状来看,非营利性也并非适合所有的仲裁机构,因此,我国的一些仲裁机构已选择或希望定性为"实行企业化管理的事业单位""经营性或经营开发服务类事业单位",对仲裁收入按一定的税率纳税。[④] 我国目前的仲裁机构如此定性的好处是避免行政

[①] 参见王红松:《关于〈关于深化仲裁机构体制改革试点方案(讨论稿)〉的说明》,载《北京仲裁》2007年第3期,第39页。

[②] 参见陈建:《论仲裁员在市场经济中的定位》,对外经济贸易大学2007年博士学位论文,第146页。

[③] 参见林一飞:《再论中国仲裁机构改革》,http://www.whac.org.cn/plus/view.php?aid=81,2010年8月5日访问。

[④] 参见陈福勇:《我国仲裁机构现状实证分析》,载《法学研究》2009年第2期,第84—85页。

干预,将来还可以避免非营利仲裁机构的以下局限性:经营性剩余收入不能作为利润在成员间进行分配;有关资产不得以任何形式转变为私人资产;①员工工资根据社会平均水平必须偏低或控制在合理范围内。② 当然,如果强制地赋予我国所有的仲裁机构营利性质并按照一般营利组织的同样比例纳税,其中的多数将难以为继。③因此,我国在允许少数竞争力特别强的仲裁机构自选为营利性组织外,更要准许其他大多数的仲裁机构选择非营利性,并给予减免税待遇。当然,那些选择为非营利性的仲裁机构在享受减免税待遇的同时,应当按照非营利性组织法的约束规则运作,如员工工资不能高得很不合理。

总之,在考虑仲裁机构的组建及决策部门人员构成、性质定位和减免税等问题时,我们应当有更广阔的视野,即不应当局限于我国学者反复提及的如国际商会仲裁院(ICC)、伦敦国际仲裁院(LCIA)、新加坡国际仲裁中心(SIAC)、香港国际仲裁中心(HKIAC)等境外几家屈指可数的仲裁机构,④而是要一并考察境外实行不同制度的其他仲裁机构及有关法制对仲裁机构性质类别的包容性。同时,也不能孤立地看待仲裁机构,还应当考虑公证机构和律师事务所等法律服务机构的组织设立、实然和应然定性、财务管理和税收待遇等。⑤ 改革内容应当赋予仲裁机构在性质定位方面

---

① 参见王红松:《关于〈关于深化仲裁机构体制改革试点方案(讨论稿)〉的说明》,载《北京仲裁》2007 年第 3 期,第 39 页。

② 参见张力:《财团、社团抑或其他——我国非营利性法人主体构造模式的选择》,载《学术探索》2008 年第 6 期,第 59—60 页。同时参见税兵:《非营利组织商业化及其规制》,载《社会科学》2007 年第 12 期,第 88 页。

③ 参见梁慧星:《关于对仲裁机构实行税收优惠政策的建议》,http://www.china-arbitration.com/news.php? id=2087,2011 年 8 月 5 日访问。

④ 这几家仲裁机构的非营利性质及其设立依据为相关国家或地区公司法等情况,可参见宋连斌、杨玲:《我国仲裁机构民间化的制度困境——以我国民间组织立法为背景的考察》,载《法学评论》2009 年第 3 期,第 53 页;付绪兵:《新加坡仲裁制度研究——新加坡仲裁机构》,载《天府新论》2008 年第 S2 期,第 287 页。

⑤ 这方面的有关论述可参见王亚新:《关于仲裁机构问卷调查的统计分析》,载《北京仲裁》2007 年第 4 期,第 12 页。

的选择权,并由此决定是否给予减免税待遇。但是,无论如何,仲裁机构应当具有民间性质,并在其管理的仲裁案件中处于"中立"的角色,即不能与任何一方当事人具有利害关系,否则,很可能会引发不公正的行为。

(二) 改革方式

规范仲裁机构法制的改革方式涉及《仲裁法》和其他法律、法规中相关条款的修改问题。

对于《仲裁法》中相关条款修改的具体方式,目前理论界主要提倡采用正面的方法明确仲裁机构的性质[1]、变更仲裁机构的登记机关、改变仲裁协会的权能等。[2]其中一些学者认为这是一种过渡的方式,主要原因是我国《公司法》所规定的公司都是以营利为目的的组织,而与仲裁机构的非营利宗旨不相符,同仲裁机构很相似的民间组织立法目前仍然非常不完善,使得规范仲裁机构设立、性质定位等方面的法制暂且应当采用对《仲裁法》中的相关条文进行修改的方式进行改革。只能等到条件成熟时,仲裁机构的组织设立等方面的规定才可以从《仲裁法》中脱离。[3]

笔者认为,尽管上述学者对仲裁法学中的很多其他问题具有一些真知灼见,但他们对仲裁机构性质等的认识却存在着上文已提及的偏差。同时,在我国立法资源十分紧缺的情况下,修改一次《仲裁法》是十分不容易的。此外,包括仲裁协会在内的有关仲裁机构法制的改革内容当前依然存在着很大的分歧,因此,放在《仲裁法》中进行修改只会使已经达成共识的《仲裁法》其他缺陷条款的完善变

---

[1] 参见马占军:《1994 年中国〈仲裁法〉修改及论证》,载《仲裁研究》2006 年第 2 期,第 67、85 页。

[2] 参见武汉大学国际法研究所"《仲裁法》修改"课题组:《中华人民共和国仲裁法(建议修改稿)》,载《仲裁研究》2006 年第 2 期,第 50 页。同时参见郑金波:《〈仲裁法〉修改建议稿》(上),载《仲裁研究》2009 年第 2 期,第 82 页。

[3] 参见宋连斌、杨玲:《我国仲裁机构民间化的制度困境——以我国民间组织立法为背景的考察》,载《法学评论》2009 年第 3 期,第 53—56 页。

更加遥遥无期。换句话说,笔者主张下一次修改时就立即将以上所提及的现行《仲裁法》第二章中的全部条款删掉。除了能减少《仲裁法》的修改阻力之外,删掉第二章的另一个好处是使我国修订的《仲裁法》篇章结构与境外通行的仲裁法体例一致,易于被国内外读者尽快熟悉,从而使我国修订的《仲裁法》成为仲裁使用者友好型的一部法律。①

应予说明的是,删除现行《仲裁法》中第二章有关仲裁机构的条款的观点,并不意味着修订后的《仲裁法》不能包含任何关于仲裁机构的规范。实际上,我国立法者允许我国引入临时仲裁制度,仍需要保留仲裁机构制度,并像境外其他国家或地区的仲裁法一样,在修订后《仲裁法》不同的章节中分散地作出涉及仲裁机构的规定,②包括仲裁机构的定义及其仲裁规则的法律效力、民事责任等。鉴于前述"中立性"要求的重要性,我国修订的《仲裁法》可以包含一个如美国 2000 年修订的《统一仲裁法》第 1 条第 1 项中关于仲裁机构的定义,即:仲裁机构指组织启动、负责或管理仲裁程序或涉及仲裁员的任命的任何中立的协会、机构、理事会、委员会或其他实体。③

对于其他法律、法规中的修改问题,有些是很容易的,如去除《民事诉讼法》中"涉外仲裁机构"概念中的"涉外"两字。另一些则可能有较大的阻力。例如,为了促进仲裁服务的市场化和增加竞争

---

① 在笔者查阅的近六十个国家或地区的仲裁法中,除了柬埔寨 2006 年《商事仲裁法》紧随第二章"仲裁协议"的是第三章"仲裁机构"之外,包括从计划经济转型的国家在内,再无其他专章数条全部或大部分专门规定仲裁机构及由之组成仲裁协会的模式。连柬埔寨 2006 年《商事仲裁法》中的专章关于仲裁机构规定的内容,也与我国现行《仲裁法》第二章大相径庭。正如一些仲裁人士指出,仲裁协会单纯作为"社团法人"根本没有必要在仲裁法中刻意强调(王红松:《〈仲裁法〉存在的问题及修改建议》,载《北京仲裁》2004 年第 2 期,第 23 页)。有鉴于此,并基于我国现行《仲裁法》第二章中第 13 条关于"仲裁员"一般资格的规定经修改后宜放入其他章节之中——笔者将在本书第八部分中阐释,该法第二章无疑应全部删除。

② 这将在本书第八部分中另行说明。

③ 修订的《仲裁法》还可以规定仲裁机构仲裁规则的法律效力和民事责任等问题,这将在本书第八部分有关建议条文的[说明]中阐释。关于"仲裁机构"的定义及如此内容应包含于修订的《仲裁法》的观点,可参见宋连斌、杨玲:《我国仲裁机构民间化的制度困境——以我国民间组织立法为背景的考察》,载《法学评论》2009 年第 3 期,第 56 页。

强度,《重新组建仲裁机构方案》中关于"依法可以设立仲裁委员会的市只能组建一个统一的仲裁委员会"的规定就必须予以废除。但是,多数地方的政府和现有的仲裁机构会反对这种改革行为。对于前者,这般改革可能意味着工作量或其他负担的增加,对于后者则意味着破坏区域准垄断地位。①

同时,为了既使纯民间的机构得以设立,又不违反尚未修改的《仲裁法》或修改后删除了现行第 10 条等规定的《仲裁法》,《仲裁委员会登记暂行办法》第 3 条中关于向登记机关提交设立仲裁机构的申请文件必须包含"人民政府"出具的设立文件的规定也应当被修改。因为虽然该暂行办法未规定"人民政府"出具设立文件的条件,《重新组建仲裁机构方案》的上述规定等却表明,有关人民政府采用的是独占许可制,而不是只要符合现行《仲裁法》第 11 条规定的条件即给予自动的设立许可。笔者在与国际顶尖的仲裁法学专家 William W. Park② 交流这一情况时,他立即指出,政府采用非自动许可制或备案制方式设立仲裁机构就意味着其对后者的控制。然而,我国政府部门在对仲裁机构设立方面放松控制的态度与对待公证机构③等法律服务机构一样,显然存在着很大的顾虑。此外,面临改革难题的法律规范还有上文中阐述的由各地政府自行决定是否结束对仲裁机构收支两条线管理的规定等。

对于所有的这些改革阻力,不少人士主张采用缓慢的、区别对

---

① 参见黄亚英:《我国仲裁机构的发展定位探讨——兼谈仲裁机构的"国际化"新视野》,载《北京仲裁》2008 年第 2 期,第 89 页。

② 美国波士顿大学法学院教授、国际仲裁法学三大英文杂志之一 Arbitration International 的主编,因其卓越的学识和活动能力而担任了只给予最杰出外国仲裁专家的一项职位——伦敦国际仲裁院主席。

③ 我国政府部门对公证机构设立方面放松控制的态度存在着很大的顾虑,体现于 2006 年 3 月 1 日起实行的《公证法》第 7 条和第 9 条。前者规定公证机构按照统筹规划、合理布局的原则设立,后者则规定设立公证机构要经省级司法行政部门批准。关于此种规定的原因可参见周志扬:《公证机构设置的改革思路辨析》,载《中国司法》2005 年第 10 期,第 63—66 页

待或非"一刀切"的方式局部地克服。① 笔者不赞同这些观点,因为:改革步伐过慢,付出的成本会更大;②不统一实施改革的规范可能违反我国在一些国际条约下的义务;具有约束力仲裁裁决的法定条件、公民或组织必须合法行事的规范、按照近乎自动许可制条件设立的律师事务所③等法律服务机构并未出现负面效应等,使得放开仲裁机构设立条件等改革规范不会影响我国的政治稳定;改革内容有助于促进仲裁机构竞争的规范,有利于我国的一些仲裁机构发展壮大,从而培养出国际竞争力。为此,笔者主张,尽快制定统一实施、内容合理的改革规范的具体时间表,且该表中规定的时间不应当过长。如对非营利性仲裁机构的仲裁收费在五年后全部实行自收自支并给予减免税的规范等。此外,一些改革规范难以很快通过或统一实施的原因可能是观念问题,如我国的立法者知道仲裁机构可以是营利性组织后,就可以在短时间内允许仲裁机构按照《公司法》的条件设立。

---

① 可参见郑金波:《中国仲裁机构定位研究》,载《仲裁研究》2010年第3期,第85页;叶永禄、李琴:《回归本原:中国仲裁发展路径探析》,载《北京仲裁》2010年第3期,第54页;沈四宝、沈健:《中国商事仲裁制度的特征与自主创新》,载《法学》2010年第12期,第32页。

② 参见王红松:《贯彻党的十七大精神,加快推进仲裁机构体制改革》,载《北京仲裁》2008年第2期,第78页。

③ 我国现行《律师法》(第14条至第18条)及《律师事务所管理办法》(第6条至第12条)虽然包含了省级人民政府司法行政部门准予设立的决定这项设立条件,并对该司法行政部门在说明理由的情况下不准予设立的决定未附加任何其他条件。但是,从我国律师事务所这几年新增数千家的这一事实来看,我国有关行政部门对符合上述法律、法规中其他列明条件的申请者实际上是给予自动许可的。我国律师事务所新增数的对比情况可参阅以下文献:国务院新闻办公室:《2004年中国人权事业的进展》(白皮书),http://news.xinhuanet.com/zhengfu/2005-04/13/content_2822335.htm,2011年6月5日访问;张亮:《党建推动律师行业实现科学发展》,http://www.moj.gov.cn/index/content/2010-02/09/content_2053539.htm?node=7318,2011年6月5日访问。

第三部分

PART 3

我国规范仲裁协议法制的改革

仲裁协议是自愿仲裁的基石,仲裁庭只有根据有效的仲裁协议,才能对民商事争议行使管辖权和作出裁决。在没有仲裁协议或虽有仲裁协议却因违反有关法律规定无效或不能执行的情况下,当事人可以拒绝参加仲裁、请求撤销或拒绝承认和执行相关的仲裁裁决。

从境外法制规范的经验和我国的实践需求来看,应然的仲裁协议法制规范涉及仲裁协议形式、内容、标的的可仲裁性、当事人的行为能力、意思表示的真实性等效力因素及效力的认定机构、仲裁协议与向法院提出的实体性主张的关系、仲裁协议与法院提出的保全措施的关系、仲裁协议效力的瑕疵与仲裁裁决的关系等。我国现行仲裁协议法制规范在这些方面都存在着或多或少的缺陷。笔者将在本书的第五部分和第六部分著述中探讨我国关于仲裁协议效力的瑕疵与仲裁裁决关系规范的改进问题,本部分只进一步研究该种规范以外的其他仲裁协议法制规范的改革问题。

一

我国仲裁协议形式规范的改进

在境外,瑞典 1999 年《仲裁法》、挪威 2004 年《仲裁法》和丹麦 2005 年《仲裁法》等对仲裁协议的形式没有任何规定,新西兰 2007 年修订的《仲裁法》表 1 第 7 条第 1 款规定仲裁协议采用口头或书面形式均可,法国 2011 年《民事程序法典》第 1057 条规定国际仲裁协议可采用任何形式,2006 年修订的联合国《国际商事仲裁示范法》(以下简称"2006 年版《示范法》")第 7 条备选案文二对仲裁协议形式也无特别规范。同样,比利时 2013 年 9 月 1 日生效的《司法法典》第 1681 条也不再坚持仲裁协议必须采用书面形式的要求。[1] 然而,很多其他国家或地区的现行仲裁制定法对仲裁协议的形式却有特定的要求,如美国 1925 年《联邦仲裁法》第 2 条及 2000 年修订的《统一仲裁法》第 6 条第 1 款、瑞士 1987 年《联邦国际私法法规》第 178 条第 1 款、中国澳门地区 1996 年仲裁《法令》第 6 条第 1 款、英国 1996 年《仲裁法》第 5 条、巴西 1996 年《仲裁法》第 4 条第 1 款、比利时 1998 年《司法法典》第 1677 条、德国 1998 年《民事程序法典》第 1031 条、新加坡 2002 年《仲裁法》第 4 条第 3 款及 2012 年修订的《国际仲裁法》表 1 第 7 条第 2 款、日本 2003 年《仲裁法》第 13 条、马来西亚 2005 年《仲裁法》第 9 条、奥地利 2006 年《民事程序法典》第 583 条、意大利 2006 年《民事程序法典》第 807 条、塞尔维亚 2006 年《仲裁法》第 12 条、澳大利亚 2010 年修订的《国际仲裁法》第 16 条第 2 款第 1 项、澳大利亚新南威尔士 2010 年《商事仲裁法》第 7 条、中国香港地区 2010 年新《仲裁条例》第 19 条、葡萄牙 2011 年《自愿仲裁

---

[1] See Bassiri and Draye (eds.), *Arbitration in Belgium*, Kluwer Law International, 2016, p. 83, p. 571.

法》第 2 条第 1 款、西班牙 2011 年《仲裁法》第 9 条第 3 款、葡萄牙 2012 年 3 月 15 日生效①的《自愿仲裁法》第 2 条第 1 款、荷兰 2015 年 1 月 1 日生效②的《民事程序法典》第 1021 条等。为此,以上的 2006 年版《示范法》第 7 条将要求仲裁协议采取特定形式的规则列为供选择国家或地区优先考虑的备选案文一,法国新《民事程序法典》第 1443 条对国内仲裁也有特定的形式要求。

从文字表述方面来看,尽管上述境外国家或地区的现行仲裁制定法中关于仲裁协议特定形式的规则有所不同,实质上却是要求仲裁协议采用书面形式。《纽约公约》第 2 条也允许各缔约国作出这种特别要求。据中外学者考证,仲裁协议是一种特殊的合同,对之要求采用书面形式的主要目的在于:以能强有力证明仲裁协议存在的方式确保当事人确实是明白无误地同意了该合同,并使当事人意识到该合同的重要性,同时避免裁判人就各种形式的仲裁协议进行弹性裁断所导致的不确定性及滥诉等。③

我国现行的仲裁协议形式规范主要地直接体现于《民事诉讼法》第 271 条第 1 款、《仲裁法》第 16 条第 1 款、2005 年 12 月 26 日通过并于 2006 年 8 月 23 日施行的《关于适用〈仲裁法〉若干问题的解释》(法释〔2006〕7 号,以下简称"2006 年《司法解释》")第 1 条等,其基本内容为:涉外经贸纠纷的当事人在主合同中订有仲裁条款或事后达成书面仲裁协议的情况下不得向人民法院起诉;仲裁协议包括合同中订立的仲裁条款和以其他书面方式在纠纷发生前或发生后达成的请求仲裁的协议;以合同书、信件和数据电文(包括电报、电

---

① See Tito Arantes Fontes and Sofia Martins, The Role of State Courts Within the New Portuguese Arbitration Law: A Brief Overview, *Spain Arbitration Review*, Issue 15, 2012, pp. 15-16.

② See Dutch Arbitration Act 2014, http://www.linklaters.com/pdfs/mkt/amsterdam/Dutch_Arbitration_Act_2014.pdf, visited on 2014-12-28.

③ 参见赵健:《国际商事仲裁的司法监督》,法律出版社 2000 年版,第 69 页。See also Nina Tepes, Assignment of the Arbitration Agreement, *Croatian Arbitration Yearbook*, 2003, p. 115.

传、传真、电子数据交换和电子邮件)等形式达成的请求仲裁的协议符合法定的"其他书面形式"要求。我国的一些学者认为,以上法律、法规中涉及仲裁协议形式的规则,表明了我国要求仲裁协议必须采取书面形式的立场。①

笔者认为,从我国以上两部基本法律的立法宗旨的角度予以考察,认为其要求仲裁协议必须采取书面形式的观点是具有说服性的。但是,单从立法背景和条文字面的意思来看,上述《仲裁法》第16条第1款的规定是难以使我们得出如此结论的。现行《民事诉讼法》第271条第1款在2007年修订之前被标为第257条第1款(2007年第一次修订时被标为"第255条第1款"),该款在1991年制定时,我国施行的《涉外经济合同法》要求所有的涉外经济合同都必须采取书面形式。然而,《仲裁法》第16条第1款在1994年制定时,适用于国内经济合同的《经济合同法》对即时清结的合同不要求采取书面形式,在这种情况下,如果某口头的即时清结合同中包含了一项口头仲裁条款,是否可以将之归入该款中的"包括"范围,没有任何其他的法律、法规提供答案。1999年《合同法》生效后,根据其第10条的规定,除法律或行政法规规定必须采用书面形式以外,其他国际、国内合同都不要求必须采用书面形式。为此,是否可以将法律没有书面形式要求的某国际口头合同中包含的口头仲裁条款归入《仲裁法》第16条第1款中的"包括"范围,同样没有任何法定的答案。当然,笔者并不有违立法宗旨地主张我国《仲裁法》第16条第1款"包括"一词含有承认书面以外形式仲裁协议之意,而是意图借以说明:表述我国对仲裁协议及涉外仲裁协议形式要求的《民事诉讼法》第271条第1款、《仲裁法》第16条第1款等在文字上很不妥帖。

我国《民事诉讼法》和《仲裁法》对"书面形式"的含义也没有作具体的界定或列举。其中,《仲裁法》第4条、第21条第1项明确规

---

① 参见韩健:《现代国际商事仲裁法的理论与实践》,法律出版社2000年版,第61页。同时参见马占军:《我国仲裁协议效力认定研究》,载《环球法律评论》2008年第5期,第49页。

定:没有仲裁协议,一方申请仲裁的,仲裁委员会不予受理;当事人申请仲裁时必须已存在仲裁协议。这意味着,该法没有像前述要求仲裁协议为书面形式的境外仲裁制定法那样,承认一方当事人对另一方当事人提请仲裁不表示异议反而参加仲裁并被仲裁庭记录的形式为有效的书面仲裁协议形式。上述2006年《司法解释》第1条完全照搬了《合同法》第11条的规定,虽然弥补了前两部基本法律中关于"书面形式"认定规则的缺陷,同时前者的第11条第1款的规定"合同约定解决争议适用其他合同、文件中的有效仲裁条款的,发生合同争议时,当事人应当按照该仲裁条款提请仲裁",亦如2006年版《示范法》第7条的备选案文一属于"通过援引的方式可以达成书面仲裁协议"的规则,[1]但是其文字表达不仅没有该《示范法》第7条明确,而且因属于司法解释性质的规范而没有基本制定法的权威性。同时,2006年《司法解释》第13条第1款和第27条第1款只是笼统地规定:"依照《仲裁法》第20条第2款的规定,当事人在仲裁庭首次开庭前没有对仲裁协议的效力提出异议,而后向人民法院申请确认仲裁协议无效的,人民法院不予受理";"当事人在仲裁程序中未对仲裁协议的效力提出异议,在仲裁裁决作出后以仲裁协议无效为由主张撤销仲裁裁决或者提出不予执行抗辩的,人民法院不予支持"。由于居于上位法地位的《仲裁法》上述款项关于书面仲裁协议是仲裁委员会受案的基础和仲裁庭获得初步管辖权前提的限制规定,2006年《司法解释》第13条第1款和第27条第1款的规定并没有改变我国不承认单纯的仲裁庭记录为有效的书面仲裁协议形式的局面。[2] 此外,我国至今没有任何法律、法规明确承认要求采用书面形式的境外仲裁制定法所普遍列举的另一种书面仲裁协议形式:相互往来的索赔和抗辩声明文件中一方当事人声称有协议而另一

---

[1] 参见于喜富:《论仲裁协议有效性的司法审查——评最高人民法院〈适用仲裁法的解释〉对仲裁协议司法审查制度的新规定》,载《山东审判》2008年第1期,第107页。

[2] 参见杨月萍:《国际商事仲裁中默示仲裁协议的可接受性研究》,载《华侨大学学报》(哲学社会科学版)2011年第1期,第60页。

方当事人不予否认的。虽然《合同法》第 11 条和 2006 年《司法解释》第 1 条中的"等"字在理论上可以解释为包括了这类书面形式,[①]但是毕竟要依赖于推理,且因未在作为基本制定法的《仲裁法》中列明,而不易为仲裁使用者所关注。

对于我国法律、法规中关于仲裁协议形式规范的上述缺陷,无疑只能通过修订《仲裁法》的方式予以弥补。具体而言,修订的《仲裁法》不应当再用"包括"这样有"包括但不限于"之意的术语,而是要鉴于前述的特定形式要求的积极意义,明白无误地宣布仲裁协议应当采取书面形式。同时,尽管 2006 年版《示范法》不少条款不尽如人意,[②]其第 7 条备选案文一下的第 2—6 款却总结了要求采取书面仲裁协议形式的很多国家或地区仲裁制定法中的有益规定,[③]连近几年制定或修订的澳大利亚、新加坡、中国香港等国家或地区的仲裁法,仍规定得与之完全相同或实质一致。因此,我国修订的《仲裁法》第 16 条第 1 款中仲裁协议形式方面的规则,可以全面地被同于 2006 年版《示范法》第 7 条备选案文一下的第 2—6 款[④]的规定替代,然后删除该法中与修订条文相矛盾的第 4 条和第 21 条第 1 项规则。

---

① See Shengchang Wang & Lijun Cao, Towards a Higher Degree of Party Autonomy and Transparency: The CIETAC Introduces Its 2005 New Rules, *International Arbitration Law Review*, 8(4), 2005, p. 118.

② See Gary B. Born, *International Commercial Arbitration*, Kluwer Law International, 2009, pp. 1979-1980 & n. 187. See also Hew R. Dundas, The Arbitration (Scotland) Act 2010: Converting Vision into Reality, *Arbitration*, 76(1), 2010, p. 11.

③ See Pieter Sanders, UNCITRAL's Model Law on International and Commercial Arbitration: Present Situation and Future, *Arbitration International*, No. 4, 2005, p. 447.

④ 其内容是:仲裁协议应为书面形式;仲裁协议的内容以任何形式记录下来的,即为书面形式,无论该仲裁协议或合同是以口头方式、行为方式还是其他方式订立的;电子通信所含信息可以调取以备日后查用的,即满足了仲裁协议的书面形式要求;"电子通信"是指当事人以数据电文方式发出的任何通信;"数据电文"是指经由电子手段、磁化手段、光学手段或类似手段生成、发送、接收或储存的信息,这些手段包括但不限于电子数据交换、电子邮件、电报、电传或传真;仲裁协议如载于相互往来的索赔声明和抗辩声明中,且一方当事人声称有协议而另一方当事人不予否认的,即为书面协议;在合同中提及载有仲裁条款的任何文件的,只要此种提及可使该仲裁条款成为该合同一部分,即构成书面形式的仲裁协议。

二

我国仲裁协议内容规则的完善

我国规范仲裁协议内容的法律规则主要体现于我国《仲裁法》第16条第2款、第18条及2006年《司法解释》第2条至第7条等。

我国《仲裁法》第16条第2款规定,在没有其他可适用的法律作出相反规定的情况下,仲裁协议应当具备下列内容:请求仲裁的意思表示;仲裁事项;选定的仲裁委员会。该法第18条进一步规定:如果仲裁协议对仲裁事项或者仲裁委员会没有约定或者约定不明确的,当事人可以补充协议;达不成补充协议的,仲裁协议无效。就其中的仲裁机构要求而言,我国不少的人民法院作出过对仲裁很不友好的解释,如"香港某公司与海南某公司货物买卖合同纠纷案""旭普林案""沧州东鸿包装材料有限公司诉法国达利特商务技术有限责任公司案"等。① 2006年《司法解释》第2条对实践中当事人概括约定仲裁事项为合同争议的问题进行了澄清,即在这种情况下"基于合同成立、效力、变更、转让、履行、违约责任、解释、解除等产生的纠纷都可以认定为仲裁事项"。该《司法解释》第3条至第7条则是进一步说明几种涉及仲裁机构认定的标准。

在境外,大多数国家或地区的仲裁制定法已不再明确规定仲裁协议必须具体包含哪些内容才具有法律上的效力。但是,我们不可据此得出其中不存在仲裁协议应具备必要内容规则的结论。实际上,在所有以确定的方式对仲裁协议作出法定定义的境外仲裁制定法中,都存在关于仲裁协议必须具备哪些内容的法律规则,该规则

---

① 可参见吕炳斌:《论外国仲裁机构到我国境内仲裁的问题》,载《法治研究》2010年第10期,第72页。同时可参见顾维遐:《香港与内地仲裁裁决司法审查制度的借鉴和融合》,载《法学家》2009年第4期,第110页。

的要旨即是仲裁协议必须具备该法定定义中所描述的内容,否则无效或不得视为仲裁协议。2006年版《示范法》第7条的两个备选案文中都有这种以确定的方式对仲裁协议作出法定定义的规则,即:"'仲裁协议'是指当事人同意将他们之间确定的不论是契约性或非契约性的法律关系上已经发生或可以发生的一切或某些争议提交仲裁的协议"。与此定义完全或实质性相同的境外仲裁制定法条文有英国1996年《仲裁法》第6条第1款、德国1998年《民事程序法典》第1029条第1款、中国澳门地区1998年《涉外商事仲裁法规》第7条第1款、瑞典1999年《仲裁法》第1条第1款、新加坡2002年《仲裁法》第4条第1款、日本2003年《仲裁法》第2条第1款、挪威2004年《仲裁法》第10条、马来西亚2005年《仲裁法》第9条第1款、奥地利2006年《民事程序法典》第581条第1款、苏格兰2010年《仲裁法》第4条、中国香港地区2010年新《仲裁条例》第19条第1款第1项等。

以上确定仲裁协议法定定义的规则意味着能使一份协议被称为产生约束力或可执行性的"仲裁协议"必须具备两项内容:提交仲裁的意思表示;指定提交仲裁的对象,即所要仲裁的争议。

除了提交仲裁的意思表示和指定提交仲裁的对象外,一些国家或地区的仲裁制定法曾经规定仲裁协议或某些仲裁协议还必须包含其他内容。例如,法国1981年《民事程序法典》第1443条第2款规定,国内仲裁协议必须指明仲裁员或规定任命仲裁员的机制。但是,法国2011年《民事程序法典》第1444条已变通了该规范,即国内仲裁协议对仲裁员等没有规定时,按照该法典的第1451—1454条解决有关问题。

可见,境外的仲裁制定法一般最多只要求仲裁协议具备请求仲裁的意思表示和仲裁事项两项内容,要求仲裁协议必须注明仲裁机构的规范则非常罕见。我国以上法律、法规中强行要求仲裁协议必须注明仲裁委员会或仲裁机构的规范实际上表明了我国不允许临时仲裁的立场。此外,对于当事人同时约定了仲裁和诉讼内容的协议,我国人民法院往往作出对仲裁不友好的解释。如在1996年4月给广东省高级人民法院的复函(法经〔1996〕110号)中,最高人民法院坚持认定仲裁协议无效,其理由是:仲裁协议的规定不明确,既可仲裁又可诉讼,违背了或裁或审、一裁终局的仲裁原则,自然应该被认定为无效。据此,仲裁和司法实践中,法院和仲裁机构多以这类仲裁协议违背或裁或审原则为由而否定其效力。① 最高人民法院2002年10月就厦门樱织服装有限公司与日本喜佳思株式会社买卖合同欠款纠纷案给福建省高级人民法院的复函,以及2003年5月就合肥联合发电有限公司与阿尔斯通发电股份有限公司建设工程合同纠纷案给安徽省高级人民法院的复函等都重申了同样的精神。②2006年《司法解释》第7条更是统一明确地规定这种仲裁协议无效。从已有的文献资料来看,在不违反其他方面法律规定的前提下,目前英国、美国、法国和德国等很多国家的法院一般都将之视为有效的仲裁协议,它们将这些协议中选择诉讼的约定解释为当事人意图约定由法院对仲裁活动承担正常的控制或协助职能。

总之,与境外成熟的仲裁法制相比,我国《仲裁法》及有关司法解释中关于仲裁协议内容的规范过于苛刻。这种情况已成为以我国为仲裁地的涉外仲裁业务萧条及纯国内纠纷的当事人选择境外的机构仲裁或临时仲裁的重要原因之一。③ 为了扭转这种不利的局面,我国规范仲裁协议内容的法律规则显然应当尽快尽可能地与境外主流的规范接轨。最好的办法是允许临时仲裁,删除现行《仲裁法》中要求仲裁协议必须包含仲裁委员会这一内容的规则。④

---

① 参见刘璐:《不规范仲裁协议的效力研究》,载《政法论丛》2004年第6期,第72页。

② 参见马起德:《仲裁与诉讼管辖法律规定汇总》,http://blog.sina.com.cn/s/blog_724f3fcf0100pdw1.html,2012年11月6日访问。

③ 信息来源于对外经济贸易大学法学院、法学院国际商事仲裁研究中心主办的"国际商事仲裁新发展高峰论坛:论国际商事仲裁的新发展",http://www.law.sdu.edu.cn/child/mss/qianyan/2011-05/2150.html,2011年7月27日访问。同时参见张维:《我国商事仲裁年受案量近8万件 涉外案件仍是短板仅有1200件》,http://news.cntv.cn/20110530/101281.shtml,2011年4月25日访问。

④ 关于我国对临时仲裁网开一面好处的详细论述,可参见本书第九部分"已发表的阶段性研究成果"之《论我国临时仲裁制度的构建》(原载《华东政法大学学报》2010年第4期)。

不过,我国很多仲裁机构的负责人士基于维护机构仲裁这种垄断的仲裁服务供应方式之目的,一直以各种借口反对我国引进临时仲裁制度。为了避免延缓我国仲裁法制的其他改革进程,现行《仲裁法》的修订者也可以采用次佳的办法,暂不引进临时仲裁制度。但是,立法者应将现行《仲裁法》第16条第2款和第18条中的"仲裁委员会"换成"仲裁机构"。除了境内仲裁机构的名称均含"仲裁委员会"字样外,境外仲裁机构名称各异,"仲裁协会""仲裁中心""仲裁院"等不一而足。因当事人的仲裁协议选择的境外仲裁机构名称不含"仲裁委员会"字样而否定协议效力,既不合理也不合立法本意。宁波市中级人民法院在"宁波工艺品"案中已承认由境外仲裁机构管理且以我国为仲裁地的仲裁协议及由此产生的仲裁裁决,① 这种承认却尴尬地与《仲裁法》中的"仲裁委员会"字样不相符合。② 因此,修订现行《仲裁法》时,立法者应当注意作出如此替换。同时,为了支持有仲裁意愿的当事人进行仲裁,立法者还应当将《仲裁法》第18条内容修改为:如果仲裁协议中对仲裁机构没有约定或者约定不明确的,当事人可以补充协议;达不成补充协议的,由被申请人所在地中级人民法院指定仲裁机构。我国的最高人民法院在实践中可以采用司法解释的方式,对中级人民法院指定的仲裁机构作条件限制。如此一来,其他各级人民法院先前对仲裁机构约定不明时常作出不合理的严格解释情况,也将会得到根本的改变。

此外,对仲裁协议应当必备请求仲裁的意思表示和仲裁事项两项内容如现行《仲裁法》这样醒目地列举,在我国不仅没有产生很大的积极效益,反而导致各地人民法院各异的理解和法律适用上的混

---

① 参见赵秀文:《国际仲裁中的排除协议及其适用》,载《法学》2009年第9期,第147页。同时参见雷亚兰:《"非内国裁决"对司法监督的挑战——从仲裁机构外设的趋势说开》,载《仲裁研究》2010年第3期,第63页。

② 参见王红松:《〈仲裁法〉存在的问题及修改建议》,http://ielaw.uibe.edu.cn/admins/edit/UploadFile/2008227105215174.pdf,2010年9月16日访问。

乱。① 实际上,仲裁协议中仲裁事项及范围的问题即使在当事人之间产生了争议,可以由仲裁庭或人民法院负责处理该问题的法官根据案情作出判断,作为基本法律的《仲裁法》并没有必要将其单列为一项必备内容,因而可以在修改该法时予以删除。但是,如境外很多仲裁制定法一样,修订的《仲裁法》对仲裁协议规定一个法定定义是非常必要的,可以按境外惯例将"仲裁协议"界定为"当事人将已经发生或可能发生的争议交付仲裁的协议"。这种定义有助于仲裁使用者和有关法官准确地把握怎样的协议才是仲裁协议。

---

① 参见马占军:《1994年中国〈仲裁法〉修改及论证》,载《仲裁研究》2006年第2期,第72页。

三

我国仲裁协议其他效力要素规范的修改

除了形式与内容以外,仲裁协议其他效力要素还包括争议的可仲裁性、当事人的行为能力和仲裁意思表示的真实性等。

(一) 争议可仲裁性规范的修改

我国的争议可仲裁性法制规范主要体现于《仲裁法》第 2 条和第 3 条、2001 年《著作权法》第 54 条、2007 年《企业破产法》第 20 条、我国证监会在 1994 年 10 月 11 日颁发的《关于证券争议仲裁协议问题的通知》(证监发字〔1994〕139 号)及 2004 年 1 月 18 日该机构与国务院法制办联合颁发的《关于依法做好证券、期货合同纠纷仲裁工作的通知》等,其基本内容是:平等主体的公民、法人和其他组织之间发生的合同纠纷和其他财产权益纠纷具有可仲裁性;婚姻、收养、监护、扶养、继承纠纷以及应由行政机关处理的行政争议不具有可仲裁性;著作权争议具有可仲裁性;人民法院受理破产申请后,已经开始而尚未终结的有关债务人的仲裁应当中止,在管理人接管债务人的财产后,该仲裁继续进行;证券经营机构之间以及证券经营机构与证券交易场所之间因股票的发行或者交易引起的争议具有可仲裁性,所发生的仲裁案件由中国国际经济贸易仲裁委员会受理;证券期货市场主体之间发生的与证券期货经营交易有关的纠纷具有可仲裁性。

现行的争议可仲裁性法律规范的主要弊端表现为以下两个方面。

其一是作为基本法律的《仲裁法》有数处表述不当。如该法第 2 条使用"公民"这种概念,就没有考虑到非为我国"公民"的外国人、无国籍人等也可以成为仲裁协议的主体。① 又如,尽管世界上确实仍有一些发达国家或地区未赋予离婚、分居等少数种类家事纠纷可仲裁性,②但是其他大多数可以自由处分的家事财产权益纠纷却是可交付仲裁的,并且其中的一些国家或地区原先的某些家事纠纷不可仲裁的规则近年来已被废除,意大利 2006 年修订的《民事程序法典》第 806 条的新规定就是一个例证。实际上,仲裁的私密性和灵活性等特征非常适合解决家事纠纷,我国的国情等也显示了采用仲裁解决家事纠纷的高度需求。③ 现行《仲裁法》第 3 条第 1 款将所有的婚姻、收养、监护、扶养和继承纠纷排除在可仲裁性的范围之外显然是不妥的。再如,该法第 3 条第 2 款列举的"依法应由行政机关处理的行政争议"不能仲裁的规定也是不当的,因为该款对"行政争议"没有作出任何的界定,容易使人误以为由行政机关处理的争议都属于"行政争议"。然而,随着小政府行政模式的出现,特定类型的竞争法律关系争议、知识产权法律关系争议等可能既适合行政机关处理,也适合私人仲裁庭处理,一些国家或地区的制定法或判例法中明确地将之宣布为可仲裁事项④。实际上,只有治安拘留等行政机

---

① 参见赵生祥:《海峡两岸可仲裁事项比较研究》,载《现代法学》2007 年第 2 期,第 152 页。

② 如日本 2003 年《仲裁法》第 13 条第 1 款及修订于 2005 年的法国《民法典》第 1060 条仍将这两种家事纠纷排除在可仲裁性的范围之外。后者的英文版可下载于 http://195.83.177.9/upl/pdf/code_22.pdf。同时,奥地利 2005 年《民事程序法典》第 582 条将整个家庭法下的纠纷排除在可仲裁的范围之外。

③ 参见钟琴:《论家事仲裁在我国适用的必要性》,载《法制与经济》2008 年第 5 期,第 47—48 页。

④ 制定法方面的实例如:瑞典 1999 年《仲裁法》第 1 条第 3 款、挪威 2004 年《仲裁法》第 9 条第 2 款等。有关国家和地区的判例法可参见陈健:《美国专利仲裁制度研究》,载《北京仲裁》2010 年第 3 期,第 151 页。See also Kresimir SAJKO, Arbitration Agreement and Arbitrability Solutions and Open Issues in Croatian and Comparative Law, *Croatian Arbitration Yearbook*, 1996, p. 52; Philip J. McConnaughay, The Scope of Autonomy in International Contracts and Its Relation to Economic Regulation and Development, *Columbia Journal of Transnational Law*, 2001, p. 622; Andrew T. Guzman, Arbitrator Liability: Reconciling Arbitration and Mandatory Rules, *Duke Law Journal*, March 2000, pp. 1293-1294; Patrick M. Baron & Stefan Liniger, A Second Look at Arbitrability Approaches to Arbitration in the United States, Switzerland and Germany, *Arbitration International*, No. 1, 2003, p. 34.

关排他地行使管辖权的争议才是不能提交仲裁的。同时,该法第2条和第3条的措辞也不能使人注意到,人民法院排他地行使管辖权的争议也是不能提交仲裁的这一法律原理。

其二是我国很多其他法律没有明确其涵盖的争议中哪些可以提交仲裁及哪些不可以提交仲裁。如《商标法》第39条和《专利法》第60条只是规定侵犯注册商标专用权和专利的纠纷由行政部门处理或通过司法途径解决,根本未明确境外普遍赋予了可仲裁性的商标专用权和专利的侵权纠纷是否能提交仲裁。为此,有学者认为这类纠纷"不能由仲裁解决"。[①] 实际情况则是,中国国际经济贸易仲裁委员会曾受理了数起这类纠纷。[②] 笔者未曾见到报道称,有当事人成功地以这些纠纷不具有可仲裁性为由获得了裁决被撤销或拒绝承认与执行的结果。2008年8月1日开始实施的《反垄断法》也没有规定国际、国内反垄断案件的可仲裁性问题,这种局面也可能导致学者、仲裁使用者或相关法官对该问题的不同理解。

笔者认为,对于现行的可仲裁性法制规范的上述缺陷,首先应当通过修订《仲裁法》的方式予以弥补。具体办法是采用一个条款取代该法第2条和第3条,因为从境外仲裁法的制定经验及我国可仲裁性规则的应然内容来看,一个条款就已足够,然后使用如下文字作为新条款的内容:"当事人可以约定将依法自由处分权利下的任何争议提交仲裁。但是,下列争议不得提交仲裁:(一)依法应由行政机关或人民法院排他地行使管辖权的争议;(二)离婚、收养、监护、扶养争议;(三)其他法律、法规规定不得提交仲裁的争议。"这里需进一步说明的是,新条款中用"自然人"替代现行《仲裁法》第2条中的"公民"也是可以的。不过,主流的境外仲裁制定法都统一采用"当事人"一语。笔者如此建议,既与境外仲裁制定法主流规定一

---

① 参见宋秀梅:《中国内地与香港商事仲裁制度比较研究》,载《外交学院学报》2003年第3期,第71页。

② 参见赵秀文:《论国际商事仲裁中的可仲裁事项》,载《时代法学》2005年第2期,第94页。

致,也与现行和修订的《仲裁法》其他条款中必不可少的"当事人"用语呼应。同时,新条款采用的"依法自由处分权利下的任何争议"具有可仲裁性的原则与但书列举的几种例外的表达方式,既尽可能广地赋予适合仲裁事项的可仲裁性,又明确排除了其中不能提交仲裁或可能不适合提交仲裁的事项。如离婚问题,这是一个家庭解体的重大问题,日本、法国、奥地利等国的仲裁制定法都不允许交付仲裁。[①] 在没有充分论证的情况下,我国也规定不应当赋予其可仲裁性。当然,我国可以在未来修订的《婚姻法》中明确这一点。但是,修订的《仲裁法》可能先于修订的《婚姻法》出台。因此,笔者建议在前者中明确地列举出来。同时,收养、监护、扶养争议的可仲裁性问题将在本书第八部分的第5条建议条文下的[说明]中作出阐释。另一方面,上述但书中的第(三)种例外也是为了与我国今后经科学论证不适合交付仲裁的一些法律争议,如某些不动产争议[②]而出台的禁止性法律规范一致。其次是应当在立法者当中加强宣传,使之意识到制定其他法律时应当考虑到有关争议的可仲裁性问题,进而在这些法律中明确地加以规定。

(二) 当事人的行为能力和仲裁意思表示的真实性规范的修改

我国的当事人的行为能力和仲裁意思表示的真实性规范直接体现于《仲裁法》第17条第2至3项,即:无民事行为能力人、限制民事行为能力人订立的仲裁协议或者一方采取胁迫手段迫使对方订立的仲裁协议无效。关于前一类仲裁协议无效的规定,从内容方面考察肯定是正确的。对后一类仲裁协议规定为无效的内容,则不仅与《合同法》中不损害第三人利益的胁迫只导致合同可撤销而不是无效的规则不一致,而且同该法第20条第2款确立的异议权放弃规

[①] See Pieter Sanders, UNCITRAL's Model Law on International and Commercial Arbitration: Present Situation and Future, *Arbitration International*, No. 4, 2005, p. 447.

[②] 德国1998年《民事程序法典》第1030条第2—3款、奥地利2006年《民事程序法典》第582条第2—3款等已明确作出了这种规定。

则相冲突。因为仲裁协议即使起初因胁迫而产生,但是到了仲裁庭首次开庭时,如果不再被对方当事人胁迫而仍不提出异议,该仲裁协议还是有效的。同时,该法第17条第3项也未考虑到欺诈等其他意思表示真实性的瑕疵对仲裁协议效力的影响。

其实,现行《仲裁法》第17条不仅存在上述缺陷,而且整个条款都是不必要的,应予删除。该条的第1项无非是宣布争议依法不具有可仲裁性的仲裁协议无效,现行《仲裁法》第2条和第3条涵盖了这一规则,只是需要修改其不妥的内容而已。同时,该法第58条第1款第2项和第63条等再次重申了依据不具有可仲裁性的仲裁协议作出的仲裁裁决可被申请撤销或拒绝承认与执行。可见,在"仲裁协议"章目下表明该项规则实在是一种多余的重复表述。现行《仲裁法》第17条第2项和第3项规则与第58条第1款第1项和第63条等同样存在着重复关系。同时,《民法通则》和《合同法》等对包括仲裁协议在内的所有合同当事人行为能力、意思表示真实性瑕疵的后果作出了一般规定,其中如年满十八岁的自然人才具有行为能力等规定更详细或更具操作性,有关不损害第三人利益的意思表示真实性瑕疵的规则,既周全地涵盖胁迫、欺诈等情形,又合理地将后果限于可异议或可撤销范畴。可见,现行《仲裁法》第17条第2项和第3项也实在没有任何应存在或继续存在的依据。正是基于上述原理,可查阅到的境外仲裁法的中英文版本中都没有我国现行《仲裁法》第17条中的文字表述,只是少量的境外仲裁法采用一些文字提示仲裁协议作为合同的一种,受制于一般的合同规则,如2000年修订的美国《统一仲裁法》第6条第1款①就作出了如此规定。笔者认为,《民法通则》和《合同法》都已运行多年,一般的理性的仲裁使用者知悉当事人的行为能力和仲裁意思表示的真实性的民法或合同

---

① 该款的英文原文是:An agreement contained in a record to submit to arbitration any existing or subsequent controversy arising between the parties to the agreement is valid, enforceable, and irrevocable except upon a ground that exists at law or in equity for the revocation of a contract.

法规则对仲裁协议同样适用。退一步而言,即使当事人不了解这样的原理且所选择的仲裁员水平差或枉法仲裁,有关的当事人事后也可以请求人民法院予以救济。近年来,我国人民法院的法官水平因选拔或培训制度而得到普遍的提升,因此,诸如美国《统一仲裁法》第 6 条第 1 款的表述,对于我国也没有多少必要性。总之,修改《仲裁法》时,笔者建议删除其现行的第 17 条。

四
仲裁协议的独立性与效力确认规则的完善

我国仲裁协议独立性的基本规范体现于《仲裁法》第19条,即:仲裁协议独立存在,合同的变更、解除、终止或者无效,不影响仲裁协议的效力。此规则被学者们概括为仲裁协议独立性原则。从境外的仲裁制定法情况来看,此规则已算较为详细,如联合国1985年制定的《国际商事仲裁示范法》(以下简称"1985年版《示范法》")和其2006年的修订版第16条第1款、巴西1996年《仲裁法》第8条第1款、瑞典1999年《仲裁法》第3条第1款、新加坡2002年《仲裁法》第21条第2—3款、塞尔维亚2006年《仲裁法》第28条第2款、法国2011年《民事程序法典》第1477条第1款等根本未列举或者仅列举主合同无效或不存在等一两种情况。当然,也有些国家或地区的仲裁制定法列举的情况较多,如我国台湾地区2009年修订的"仲裁法"第3条就列举了不影响仲裁条款效力的主合同不成立、无效或经撤销、解除、终止之五种情况。2006年《司法解释》第10条补充了主合同未成立、成立后未生效或者被撤销三种不影响仲裁条款效力的情况,表明了我国最高人民法院认为多列举有利于全国统一司法。我国有些学者和仲裁人士提出了在修订的《仲裁法》中多列举的建议。① 我国各界人士的这种态度无疑具有可取性。但是,笔者认为,修订的《仲裁法》可以列举得更全面一些,包括主合同的无效或未成立、成立后未生效或者被撤销、变更、解除、终止或不可执行等情况。

---

① 参见武汉大学国际法研究所"《仲裁法》修改"课题组:《中华人民共和国仲裁法(建议修改稿)》,载广州仲裁委员会主编:《仲裁研究》(第八辑),法律出版社2006年版,第50页。同时参见郑金波:《〈中华人民共和国仲裁法〉修改建议稿》(上),载《仲裁研究》2009年第2期,第83页。

仲裁协议的效力问题是仲裁庭的管辖权纠纷中的一个方面,后者还包括对仲裁庭组成合适性、仲裁庭超越权限行使职权的异议等。仲裁庭有权对包括仲裁协议的效力问题在内的所有管辖权纠纷作出决定是境外仲裁制定法的一项普遍的原则,学者们将之概括为"自裁管辖权"原则。① 1985年版和2006年版《示范法》第16条第1款、英国1996年《仲裁法》第30条、德国1998年《民事程序法典》第1040条第1款、瑞典1999年《仲裁法》第2条第1款、比利时2013年《司法法典》第1697条等境外很多仲裁制定法在宣布此原则时还进一步规定:有关仲裁协议效力等仲裁庭管辖权的问题不得在提出仲裁答辩书之后提出;在法院对仲裁协议效力等仲裁庭管辖权的问题作出最终决定之前,仲裁庭可以继续进行仲裁程序和作出裁决;对于仲裁庭认定仲裁协议有效等决定,当事人可以请求法院予以审查。② 法国2011年《民事程序法典》第1448条第1款虽然规定在仲裁庭尚未受理且仲裁协议明显无效或不能执行的情况下法院才能管辖有关案件,却在第1492条第1项中允许当事人以仲裁庭就包括仲裁协议效力在内的管辖权问题作出的仲裁裁决有错误为由,向法院提起撤销该裁决之诉。

我国仲裁协议效力确认的基本规范体现于《仲裁法》第20条,即:当事人对仲裁协议的效力有异议的可以请求仲裁机构作出决定或者请求人民法院作出裁定;一方请求仲裁机构作出决定,另一方请求人民法院作出裁定的,由人民法院裁定;当事人对仲裁协议效力有异议的应当在仲裁庭首次开庭前提出。该条的弊端是:(1)规定由仲裁机构而不是仲裁庭来决定仲裁协议的效力既与国际惯例不符,又非常不合理,以至于影响仲裁效率和公正性的提高,因为通常情况下对仲裁协议的效力问题作出决定需听取当事人意见,审阅当事人提交的有关证据和其他材料,在仲裁协议的效力问题和实体争议纠缠在

---

① 参见张皓亮:《仲裁程序中管辖权异议的理论与实践》,载《北京仲裁》2010年第3期,第87页。同时参见翁国民、黄子凯:《仲裁的自裁管辖与仲裁管辖权司法监督的程序竞合问题》,载《法律适用》2001年第11期,第28页。

② 参见〔法〕菲利普·福盖德等编:《国际商事仲裁》(影印本),中信出版社2004年版,第409页。

一起时需要对二者一并进行处理,这些工作理应由负责仲裁案件的具体审理和裁决的仲裁庭完成,仲裁机构只应提供诸如受托指定仲裁员、登记仲裁案件、收取并保管仲裁费等管理服务;①(2)将当事人对仲裁协议效力的异议不合理地推迟到仲裁庭首次开庭前②,且未考虑到仲裁庭可能不开庭审理的情况;(3)虽然作出了不同的当事人分别向仲裁机构和人民法院请求的情况下由人民法院裁定的规定,却未指明在人民法院裁定期间仲裁程序可否推进;(4)没有考虑到仲裁机构在先作出的决定是否具有终局效力的问题。

为了解决以上最后两项未定问题,最高人民法院1998年10月21日发布的《关于确认仲裁协议效力几个问题的批复》第3条至第4条规定:在仲裁机构未就仲裁协议效力问题作出决定的情况下,人民法院都可以受理仲裁协议效力的纠纷,人民法院一旦决定受理仲裁协议效力纠纷的就应通知仲裁机构中止仲裁,但是,如果仲裁机构先于人民法院接受申请并已就仲裁协议的效力问题作出决定的,人民法院不予受理。2006年《司法解释》第13条第2款重申了在仲裁机构先接受申请并已就仲裁协议的效力问题作出决定的情况下人民法院不予受理的规则,并在第1款中规定:当事人在仲裁庭首次开庭前没有对仲裁协议的效力提出异议,而后向人民法院申请确认仲裁协议无效的,人民法院不予受理。与境外仲裁制定法的上述相关规范相比,我国的这些司法解释中的"中止仲裁"和仲裁机构决定在先时人民法院"不予受理"等规则,显然可能导致仲裁延误或使仲裁机构的错误决定得不到纠正。

---

① 参见周江:《论国际商事仲裁庭管辖权自治原则》,载《仲裁研究》2009年第1期,第35页。

② 《仲裁法》中这种不合理的规定导致了实践中一些当事人在收到仲裁机构送达的仲裁通知和申请人的仲裁申请及其材料后,不进行任何书面答辩,直至仲裁机构按照仲裁规则组庭并确定了开庭时间后,在开庭的前一天或前一刻,才向仲裁机构提出管辖权异议,导致已经组织好的仲裁庭不得不推迟开庭时间,一些从外地或境外来参加开庭的仲裁员或当事人连任何实体问题的审理都没能进入,就不得不无功而返,既拖延了仲裁程序的正常进行,又给仲裁员和对方当事人造成了时间和经济等其他方面的损失。参见汪祖兴:《效率本位与本位回归——论我国仲裁法的效率之维》,载《中国法学》2005年第4期,第118—119页。

对于我国法律、法规中的仲裁协议效力确认规则的缺陷问题，也可以通过修订《仲裁法》的方式予以解决。修订的内容当然是要按照国际惯例赋予仲裁庭而不是仲裁机构决定仲裁协议的效力。实际上，我国目前的多数仲裁机构都有将确定仲裁条款效力的异议问题授权仲裁庭决定的规定。① 鉴于仲裁协议效力纠纷属于一种仲裁庭管辖权问题，境外的主流规定是赋予仲裁庭在所有管辖权问题上的裁断权，并通常在一个条款中概括地宣布这种"自裁管辖权"的原则，我国修订的《仲裁法》也可以采用此合并规范的模式。不过，由于仲裁庭组成的合适性纠纷既涉及管辖权又牵连到仲裁员的回避问题，境外的仲裁制定法通常将允许当事人质疑这类管辖权的规则与质疑仲裁协议效力及仲裁庭超越权限行使职权之类管辖权的规则分开规范，如1985年版和2006年版《示范法》关于前者的规则放在了第13条，关于后者的规范放在了第16条第2款。我国现行《仲裁法》对当事人质疑仲裁协议效力的规则与质疑仲裁庭组成合适性的仲裁员回避规则分别放在第20条和第34条。这种分开规范的方式既与国际通行模式一致，也比较合理，没有修改的必要，但是，该法对仲裁裁决前的当事人质疑仲裁庭超越权限行使职权的问题未作规范。2006年《司法解释》第19条仅仅规定在裁决具有可分性的情况下这种所谓的"超裁"能导致可分的"超裁"部分裁决被撤销，根本未能弥补前者中"超裁"异议放弃规则的空缺状况。为了改变这种局面，我国修订的《仲裁法》可以如以上的《示范法》第16条第2款，将仲裁协议效力和"超裁"的异议规定在一个款项之中，原则上将仲裁协议效力的异议时间限定到被申请人提交答辩书时截止，将"超裁"的异议时间限定为出现"超裁"情况的当时，只有存在正当理由的情况下允许仲裁庭作出例外的自由裁量。同时，我国修订的《仲裁法》还要规定当事人不服仲裁庭自裁管辖权决定而在一定时间内向人民法院寻求救济的，人民法院不得"不予受理"。

---

① 参见张皓亮：《仲裁程序中管辖权异议的理论与实践》，载《北京仲裁》2010年第3期，第92页。

五
仲裁协议与诉讼关系规范的改进

仲裁协议与诉讼关系的规范首先体现于《民事诉讼法》第271条,即:涉外经济贸易、运输和海事中发生的纠纷,当事人在合同中订有仲裁条款或者事后达成书面仲裁协议,提交中华人民共和国涉外仲裁机构或者其他仲裁机构仲裁的,当事人不得向人民法院起诉。当事人在合同中没有订有仲裁条款或者事后没有达成书面仲裁协议的,可以向人民法院起诉。该条采用这种当事人在包括涉外仲裁协议无效或一致放弃该协议等任何情况下皆不得向人民法院起诉的文字不仅极度不合理,而且也与连有效仲裁协议都允许当事人自主放弃或解除的国际惯例不符。同时,我国《民事诉讼法》第127条规定:"人民法院受理案件后,当事人对管辖权有异议的,应当在提交答辩状期间提出。人民法院对当事人提出的异议,应当审查。异议成立的,裁定将案件移送有管辖权的人民法院;异议不成立的,裁定驳回。"有学者指出该条的前一句同样适用于当事人基于仲裁协议而对人民法院管辖权提出异议的情况。① 广东省高级人民法院的办案法官在香港荣丰(中国)有限公司诉广州市信和电信发展有限公司案中也持这种观点。② 笔者认为其后一句表明:该条仅适用于当事人认为某案应由其他人民法院管辖而对受诉人民法院的管辖权提出的异议。

我国现行《仲裁法》"总则"第5条和第四章"仲裁程序"章目下的

---

① 参见秦绪才:《我国仲裁法第二十六条质疑》,载《中南财经大学学报》1999年第1期,第82页。

② 参见龙威狄:《国际商事仲裁协议的妨诉效力——以我国立法司法实践为中心》,载《政治与法律》2010年第11期,第37页。

第26条也规定了仲裁协议与诉讼的关系,即:当事人达成仲裁协议,一方向人民法院起诉的,人民法院不予受理,但仲裁协议无效的除外;当事人达成仲裁协议,一方向人民法院起诉未声明有仲裁协议,人民法院受理后,另一方在首次开庭前提交仲裁协议的,人民法院应当驳回起诉,但仲裁协议无效的除外;另一方在首次开庭前未对人民法院受理该案提出异议的,视为放弃仲裁协议,人民法院应当继续审理。稍一对比就可发现这两条的内容存在着相互冲突的缺陷,即按照《仲裁法》第5条,当事人达成过有效仲裁协议的情况下人民法院就不能受理其提起的诉讼,但是,按照其第26条,尽管存在有效的仲裁协议,一方起诉时未声明有仲裁协议,人民法院就可以受理该起诉,另一方在首次开庭前未对人民法院受理该案提出异议的,人民法院可以进行诉讼直至解决纠纷。另外,这两条针对的是仲裁协议与诉讼关系这一具体问题而不是仲裁各环节普遍存在的问题,因此,将其中一条放在"总则"中是不妥的。同时,在有仲裁协议的情况下,一方当事人向人民法院起诉的问题主要不是"仲裁程序"问题,而是仍然与仲裁协议效力关联的一个问题,因此,将另一条归在第四章"仲裁程序"章目下也是不当的。

此外,2006年《司法解释》第14条只是将上述《仲裁法》第26条中的"首次开庭"定义为"答辩期满后人民法院组织的第一次开庭审理,不包括审前程序中的各项活动"。该解释并无其他相关的进一步规定。然而,最高人民法院2015年1月30日颁布的《关于适用〈民事诉讼法〉的解释》(法释〔2015〕5号)所废除的《关于适用〈民事诉讼法〉若干问题的意见》(法发〔1992〕22号)中针对仲裁协议与诉讼关系的第148条却规定:"当事人一方向人民法院起诉时未声明有仲裁协议,人民法院受理后,对方当事人又应诉答辩的,视为该人民法院有管辖权。"很明显,该条中的"应诉答辩"与《仲裁法》第26条中的"首次开庭"有实质性区别。

解决我国法律、法规中上述缺陷的最合适办法应当是:废除《民事诉讼法》第271条之规定;修订《仲裁法》,将境内、涉外仲裁协议与诉讼关系的规范合并为一条,内容上替代为不矛盾和合理的规则,并放在"仲裁协议"的章目之下。由于如同"开庭前"作为对仲裁庭管辖权异议节点过晚或不可行一样,"开庭前"作为对人民法院管辖权异议节点也有过晚或不可行及浪费司法资源之弊端,因此,前述的不矛盾和合理规则的内容无疑应为:就仲裁协议的标的向人民法院提起诉讼时,一方当事人在不迟于其就争议实体提出第一次陈述时要求仲裁的,法院裁定当事人提交仲裁,除非人民法院认定仲裁协议无效或不能执行。境外绝大多数仲裁制定法也是如此安排和规定的,如 1985 年版和 2006 年版《示范法》第二章"仲裁协议"下的第 8 条、德国 1998 年《民事程序法典》第二章"仲裁协议"下的第 1032 条、丹麦 2005 年《仲裁法》第二章"仲裁协议"下的第 8 条、柬埔寨 2006 年《商事仲裁法》第二章"仲裁协议"下的第 8 条、奥地利 2006 年《民事程序法典》第二章"仲裁协议"下的第 584 条、法国 2011 年《民事程序法典》第一部分国内仲裁第一章"仲裁协议"下的第 1448 条、葡萄牙 2011 年《自愿仲裁法》第一章"仲裁协议"下的第 5 条第 1 款等。

《仲裁法》作出如上修改之后,2006 年《司法解释》第 14 条等相矛盾的下位规范自然自动失效,与之一致的《关于适用〈民事诉讼法〉若干问题的意见》第 148 条之类的司法解释规范可继续保留。

最后,境外的仲裁制定法普遍地规定,一方当事人在仲裁程序开始前或进行期间请求法院采取保全措施和法院准予采取这种措施的行为并不与仲裁协议相抵触,如 1985 年版和 2006 年版《示范法》第 9 条,德国 1998 年《民事程序法典》第 1033 条,丹麦 2005 年《仲裁法》第 9 条,柬埔寨 2006 年《商事仲裁法》第 9 条,奥地利 2006 年《民事程序法典》第 586 条,塞尔维亚 2006 年《仲裁法》第 15 条,法国 2011 年《民事程序法典》第 1469 条,西班牙 2011 年《仲裁法》第 11 条第 2 款,荷兰 2015 年《民事程序法典》第 1022a 条、第 1022 b 条等。我国《民事诉讼法》第 81 条、第 100 条至第 105 条及第 272 条,《仲裁法》第 28 条、第 46 条及第 68 条,《海事诉讼特别程序法》第 12 条至第 72 条等均涉及法院的保全措施。然而,对仲裁案件而言,除后一部法律中的规范较为合理且有第 14 条和第 19 条规定海事纠纷的仲裁协议和法院保全措施的关系以外,前两部法律中的规范都存在很多不合适的地方①,并且它们对仲裁协议和法院保全措施的关系皆表示沉默。笔者认为,正如联合国《示范法》起草者在其第 21 项说明②中所指出的那样,仲裁协议和法院保全措施的关系是仲裁协议与法院整个复杂关系的一个重要方面,法院在考量是否准许保全措施时往往要进行听证、给予受影响的当事人抗辩机会等。在广义上,法院的这些行为都可以称为"诉讼",如果对这种"诉讼"适用前述的"仲裁协议与诉讼"规范,则很可能使一些仲裁协议视为已经当事人放弃失效,或者因一方当事人声称有仲裁协议而导致法院拒绝受理保全措施的请求,进而使法院通过受理决定和/或发布保全措施的行为支持仲裁的立法宗旨落空。有了上述仲裁协议和法院采取保全措施关系的法律规范,就能够使得裁决前的扣押等"根据程序法而可能从法院获得的任何临时保全措施皆符合仲裁协议的规定",从而不至于导致对仲裁协议的免除或对仲裁协议的存在或效力的否认。③ 可见,我国修订的《仲裁法》中非常有必要增添这一条文。

---

① 我国已有很多学者对此作出了论述,笔者也计划另行撰文作出进一步的探讨。学者们的代表性论述包括:任明艳的《国际商事仲裁中临时性保全措施研究》(上海交通大学出版社 2010 年版,第 185—191 页)、林悠的《〈仲裁法〉实施中若干问题的研究》(载《政治与法律》1999 年第 1 期,第 69 页)、于喜富的《论仲裁临时救济措施的决定与执行》(载《山东审判》2006 年第 1 期,第 68 页)。

② 参见《示范法》中文版 pdf 文件第 29 页。

③ 同上。

第四部分

PART 4

我国规范仲裁保全措施法制的改革

仲裁保全措施在中外学者的论著中有"临时措施"(interim measures)、"临时保全措施"(conservatory measures)、"临时保护措施"(interim measures of protection)和"临时救济措施"(provisional relief)等多种称谓,[1]是指在一项争议作出最后仲裁裁决书之前的任何时候要求一方当事人实施某种行为或不行为的临时性措施。顺便说明一下,本书使用"保全措施"这一概念,是为了与我国《民事诉讼法》《海事特别程序法》中的用语一致。

仲裁保全措施对申请方当事人而言,具有防止对方当事人恶意转移财产、毁灭证据或避免对方当事人基于其他行为或不行为使最终的仲裁裁决无意义的积极功能。[2] 但是,仲裁保全措施的法律规定应适当,否则,不仅会使恶意的当事人滥用保全措施的申请权,导致对方当事人成本增加和仲裁或司法资源的浪费,[3]而且会使所有当事人缺乏可预见性,同时还会导致一国境内的仲裁庭或法院不一致的决断,[4]影响民商事交易的顺利进行和经济的正常发展。

学界公认我国关于仲裁保全措施的法制规范存在严重的缺陷,本部分在探讨该法制规范诸种缺陷和完善方式的基础上,通过广泛参考境外制定法或判例法、仲裁实践和中外学者成果并结合我国国情等方法探讨其完善措施。

---

[1] 参见刘永明、王显荣:《"经济全球化"下国际商事仲裁领域临时保全措施的发展趋势》,载《河北法学》2003年第2期,第117页;王艳阳:《国际商事仲裁中的临时保护措施制度——兼议我国相关制度的不足》,载《西南政法大学学报》2004年第4期,第86页;于喜富:《论仲裁临时救济措施的决定与执行》,载《山东审判》2006年第1期,第63页。See also Tito Arantes Fontes and Sofia Martins, The Role of State Courts Within the New Portuguese Arbitration Law: A Brief Overview, *Spain Arbitration Review*, Issue 15, 2012, p.17.

[2] See Peter J. W. Sherwin & Douglas C. Rennie, Interim Relief Under International Arbitration Rules and Guidelines: A Comparative Analysis, *American Review of International Arbitration*, 2009, p.229. See also Dana Renée Bucy, The Future of Interim Relief in International Commercial Arbitration Under the Amended UNCITRAL Model Law, *American University International Law Review*, 2010, pp.582-584.

[3] 如瑞英公司与某玻璃厂的证据保全纠纷案,可参见杜开林:《仲裁证据保全评析》,载《中国对外贸易》2003年第2期,第68页。

[4] 同上文,第67页。

一

我国仲裁保全措施法制的缺陷及改革方式

我国规定仲裁保全措施的现行规范主要体现于《仲裁法》《海事诉讼特别程序法》《民事诉讼法》和相关的司法解释之中。

我国《仲裁法》第 28 条、第 46 条和第 68 条都是涉及仲裁保全措施的规范,其基本内容是:一方当事人因另一方当事人的行为或者其他原因可能使裁决不能执行或者难以执行的,可以提出财产保全的申请,仲裁委员会应当将当事人的申请依照民事诉讼法的有关规定提交人民法院,当事人的申请有错误的,应当赔偿被申请人因财产保全所遭受的损失;在证据可能灭失或者以后难以取得的情况下,当事人可以提出证据保全申请,仲裁委员会应当将当事人的申请提交证据所在地的基层人民法院;涉外仲裁的当事人申请证据保全的,涉外仲裁委员会应当将当事人的申请提交证据所在地的中级人民法院。可见,对于财产保全这一保全措施而言,我国《仲裁法》既规定了申请条件,又未与仲裁标的挂钩,从而具有一定的操作性和支持仲裁的作用。同时,对错误申请该种措施的行为规定赔偿责任,有助于促进当事人慎重地考虑是否提出有关申请,从而避免社会资源的浪费。然而,学者们的共识[①]是,该法关于仲裁保全措施的规定存在着以下两大缺陷:没有赋予仲裁庭发布保全措施的权力[②];

---

① 可参见赵秀文:《〈国际商事仲裁示范法〉对临时性保全措施条款的修订》,载《时代法学》2009 年第 3 期,第 7 页。同时参见汪祖兴:《效率本位与本位回归——论我国仲裁法的效率之维》,载《中国法学》2005 年第 4 期,第 119 页等。

② 根据在当时具有行政法规性质的 1956 年《中国对外贸易仲裁委员会的仲裁程序暂行规则》第 15 条的规定,仲裁委员会可依一方当事人申请,对与当事人有关的物资、产权等可以规定临时办法,以保全当事人的权利。但是,自 1982 年《民事诉讼法(试行)》第 194 条颁行以后,我国的仲裁机构就不再有以上的事先采取类似保全措施的决定权。参见王显荣:《司法权的中国特色限制——以我国商事仲裁中临时措施决定权与执行权的归属为视角》,载《仲裁研究》2008 年第 4 期,第 1—2 页。

没有明确规定当事人在提请仲裁前有权向人民法院寻求临时保全措施的救济。① 其中,后一缺陷导致了实践中各地人民法院对仲裁前的保全申请自行决定是否受理,如青岛市中级人民法院允许仲裁前的临时保全措施,而成都市中级人民法院则要求必须由仲裁委员会申请。②

本书同意学者们的上述看法,同时认为我国《仲裁法》关于仲裁保全措施的规范的弊端还包括:关于保全措施的条文放在"仲裁程序"章之下且分散而不方便当事人快速查阅、掌握关于该措施规范的全部内容;没有赋予当事人申请仲裁后直接向人民法院寻求保全措施救济权;对法院协助仲裁庭发布保全措施的类型规定得过少;由上述缺陷伴随的缺乏仲裁庭发布保全措施的执行或拒绝执行规范;未规定寻求保全措施的申请人提供担保义务;未明确承认前述的仲裁协议与向人民法院寻求保全措施不冲突的原则;使用了前述的"涉外仲裁委员会"之类的过时用语等。

我国《海事诉讼特别程序法》也作出了与海事仲裁临时保全措施有关的规定。如该法第14条、第16条、第18条第2款和第19条规定:海事请求保全不受当事人之间关于该海事请求的诉讼管辖协议或者仲裁协议的约束;海事法院受理海事请求保全申请,可以责令海事请求人提供担保,海事请求人不提供的,驳回其申请;海事请求人在法定期间内未按照仲裁协议申请仲裁的,海事法院应当及时解除保全或者返还担保;海事请求保全执行后,有关海事纠纷未进入诉讼或者仲裁程序的,当事人就该海事请求,可以向采取海事请求保全的海事法院或者其他有管辖权的海事法院提起诉讼,但当事人之间订有诉讼管辖协议或者仲裁协议的除外。此外,该法整个第

---

① 《仲裁法》中这三个条文本身内容并没有限定是否应在仲裁前通过仲裁机构向人民法院寻求临时救济。但是,从该法第28条和第46条被置于第四章"仲裁程序"之下的这一情况来看,至少对于内地仲裁,立法的本意应当被解释为:只能在仲裁程序期间通过仲裁机构向人民法院寻求财产证据保全。

② 参见王小莉:《英国仲裁制度研究——兼论我国仲裁制度的发展完善》(下),载《仲裁研究》2007年第3期,第86页。

三章的内容表明,与海事仲裁有关的保全措施不仅包括金钱担保、船舶或货物扣押与拍卖、其他财产与证据保全,而且包含责令被请求人作为或者不作为的海事强制令。可见,该法较《仲裁法》的三大进步是:允许当事人仲裁前向海事法院请求保全,且明确承认仲裁协议与向海事法院寻求保全措施不冲突的原则;规定了更多类型的保全措施;赋予海事法院要求申请人提供担保的权力。但是,该法也有明显的局限性。首先,它仅适用于海事纠纷。其次,该法同样也未赋予仲裁庭发布保全措施的决定权。最后,该法中的一些条文内容对海事仲裁的使用者而言也是不合适的,如该法仅在第13条规定了起诉前海事保全申请的受理法院,对仲裁前海事保全申请的受理法院只字不提。

在仲裁学界和实务界的努力下,2012年修订的《民事诉讼法》关于仲裁保全措施的规范有了很大的改进,其第81条第2款、第101—105条及第272条等较多条文直接或明显可适用于仲裁保全措施有关问题的解决,即:因情况紧急,在证据可能灭失或者以后难以取得的情况下,利害关系人可以在申请仲裁前向证据所在地、被申请人住所地或者对案件有管辖权的人民法院申请保全证据(第81条第2款);因情况紧急,不立即申请保全将会使其合法权益受到难以弥补的损害的利害关系人,可以在申请仲裁前向被保全财产所在地、被申请人住所地或者对案件有管辖权的人民法院申请采取保全措施,该申请人应当提供担保,否则,(人民法院应)裁定驳回申请;人民法院接受申请后,对情况紧急的必须在48小时内作出裁定,裁定采取保全措施的应当立即开始执行;申请人在人民法院采取保全措施后30日内不依法申请仲裁的,人民法院应当解除保全;保全限于请求的范围,或者与本案有关的财物(第102条);财产保全采取查封、扣押、冻结或者法律规定的其他方法;人民法院保全财产后,应当立即通知被保全财产的人,财产已被查封、冻结的,不得重复查封、冻结(第103条);财产纠纷案件,被申请人提供担保的,人民法院应当裁定解除保全(第104条);申请有错误的,申请人应当赔偿被申请人因保全所遭受的损失(第105条);涉外仲裁当事人申请财产保全的,涉外仲裁机构应当将当事人的申请提交被申请人住所地或者财产所在地的中级人民法院裁定(第272条)。此外,该法第100条规定:对于可能因当事人一方的行为或者其他原因,使判决难以执行或者造成当事人其他损害的案件,人民法院根据对方当事人的申请可以裁定对其财产进行保全、责令其作出一定行为或者禁止其作出一定行为,在当事人没有提出申请的情况下人民法院在必要时也可以裁定采取保全措施,人民法院采取保全措施,可以责令申请人提供担保,申请人不提供担保的,裁定驳回申请。在笔者看来,该条中的"造成当事人其他损害"有可能(却不一定)会使人民法院今后将其解释成包括"使仲裁裁决难以执行"的情况。同时,由于该法第101条规定了其适用范围为以上提到的"仲裁前",及该法第100条并未附加"在诉讼或仲裁中"等条件,可以理解为在仲裁程序进行过程中当事人可根据该条向人民法院申请证据保全以外的财产保全、作出一定行为、禁止其作出一定行为等三种保全措施。

可见,2012年修订的《民事诉讼法》消除了前述《仲裁法》保全措施规范两大缺陷中的后一缺陷,并且还规定了保全措施的类别等。然而,很明显,最新修正的规范依然存在着下列缺陷:未赋予仲裁庭发布保全措施的权力更未规定仲裁庭发布这种措施的条件等;没有以明确的文字表明当事人可以在仲裁开始后直接向人民法院申请保全措施,从而使某些人民法院可能会仍根据现行的《仲裁法》要求当事人必须通过仲裁机构向人民法院申请保全措施;未考虑到其他情况变化(如当事人和解等)导致保全措施应终止或解除的问题;没有规定(当事人在法定时间内申请仲裁的情况下)保全措施应持续的时间;仍然使用着"涉外仲裁机构"这一在我国早已过时的用语。

为了弥补以上法律中的一些缺陷,最高人民法院发布了一些司法解释。例如,在《关于洪胜有限公司申请解除仲裁财产保全一案的请示报告的答复》(民四他字〔2004〕第25号)中,最高人民法院的民四庭解释称:对于仲裁程序中当事人申请人民法院作出的财产保全裁定的效力,可以参照《最高人民法院关于适用〈中华人民共和国民事诉讼法〉若干问题的意见》第109条规定确定,即仲裁程序中人民法院作出的财产保全裁定的效力应维持到生效的仲裁裁决执行时止;人民法院在作出撤销仲裁裁决裁定的同时,亦应解除财产保全。

但是,最高人民法院的上述司法解释不仅权威性不及基本的仲裁制定法,而且仅起到了很微小的添补作用,对以上法律中的根本性缺陷毫无影响。同时,其中的一些规定或解释本身也很不合适,如上述的"仲裁程序中人民法院作出的财产保全裁定的效力应维持到生效的仲裁裁决执行时止"等解释,完全没有考虑到仲裁程序中出现了前述的当事人和解之类的新情况而使保全措施不再有维持的必要等因素。

对于我国上述法律、法规中保全措施规范的缺陷,有学者建议分别以修改《民事诉讼法》和《仲裁法》的方式予以完善。① 笔者认为,更好的办法应是通过修订《仲裁法》,专列一章集中规定的方式,使仲裁保全措施的规范完善合理化。

境外的仲裁制定法的经验表明,即使将仲裁问题仍保留在《民事程序法典》(如德国、奥地利与荷兰等)或其他法律文件之中(如瑞士的《联邦国际私法法规》等),其中的仲裁保全措施规范一般也都集中在专门的仲裁篇章下。包括属于大陆法系的日本、丹麦、挪威、瑞典、中国台湾、中国澳门、西班牙、葡萄牙等在内,境外更多国家或地区都已采用了专门的仲裁制定法,其仲裁保全措施规范或其后的更新完善也全部或最主要地在专门的仲裁制定法中完成。就我国目前的情况而言,《民事诉讼法》因刚刚修正而在短期内不可能再作改动。同时,包括仲裁庭发布的保全措施及其条件、人民法院基于协助仲裁之目的执行仲裁庭发布的保全措施等,都属于一项重要的仲裁法律制度,其清晰应然的表达需要数个法律条文,若在未来将之主要放在《民事诉讼法》中与人民法院作为仲裁保全措施发布主体等问题一并规定,不仅与国际通行模式相悖,而且存在以下的弊

---

① 参见王小莉:《英国仲裁制度研究——兼论我国仲裁制度的发展完善》(下),载《仲裁研究》2007年第4期,第86页。

端:既会淡化两种发布主体及条件等的区别,又增加了立法技巧上的难度;同时,如此处理使得仲裁保全措施制度与其他主要的仲裁法律制度分散在不同法律文件中,不便于当事人、仲裁庭熟悉仲裁法制的主要框架,从而不利于对该法制的遵守。因此,按照境外通行做法,通过修订《仲裁法》的方式才是上佳的策略。

从境外的情况来看,1985年版《示范法》和2006年之前出台的很多国家或地区的仲裁法一般仅有一两个条文规定仲裁保全措施问题,且一般与仲裁庭的管辖权规则合并为单独的一章或一部分。但是,在总结很多国家和地区制定法和判例法发展基础上修改而成的2006年版《示范法》中,关于仲裁保全措施的规则就用了11个条文,并单独地列为一章,即第4A章。其后颁布的数个国家或地区的仲裁制定法效法了这种多条文专章或专门部分详细规定的方式,如新西兰2007年《仲裁法》中由14个条文构成的表1第4A章、爱尔兰2010年《仲裁法》中由11个条文构成的表1第4A章、澳大利亚2010年《国际仲裁法》中由11个条文构成的表2第4A章、澳大利亚新南威尔士2010年《商事仲裁法》由11个条文构成的第4A章、葡萄牙2011年《仲裁法》中由10个条文构成的第4A章等。下文中将会进一步论证,我国可以借鉴国内外仲裁法学界中不存在争议的这些仲裁保全措施规则中的大部分内容,且宜采用七八个条款予以表述,从而形成我国修订后的《仲裁法》中单独的一章。

二

我国关于仲裁庭发布保全措施规范的合理构建

(一) 赋予仲裁庭发布保全措施的权力

如前所述,我国目前的法制没有赋予仲裁庭发布保全措施的权力属于一种严重的缺陷,这不仅与体现国际惯例的境外普遍性规定不一致,而且也不符合仲裁的自身特性。

就境外情况而言,历史上很多国家或地区的仲裁制定法以明确宣布仲裁庭无权发布任何保全措施的方式表明,法院是在仲裁前和仲裁过程中专享发布与仲裁协议标的有关的保全措施的唯一主体,如直到 2011 年才被取代的瑞士 1969 年《仲裁协约》第 26 条、奥地利 1983 年《民事程序法典》第 588—589 条、意大利 1994 年《民事程序法典》第 818 条、1998 年之前的德国《民事程序法典》第 1036 条、1999 年之前的希腊《民事程序法典》第 685 条等。① 据中外一些学者考证,这些国家或地区当时如此规范的理由是:从公共政策方面来看,属于民间性质的仲裁庭没有强制权力执行其发布的保全措施命令,由具有公权力的国家法院专门行使保全措施的决定权也解决了其执行仲裁庭命令所面临的困难;② 同时,仲裁协议为当事人意思自治的产物,仅能授权仲裁庭处理双方之间的争议,而不能授权仲裁

---

① See Domitille Baizeau, Arbitration Law Reforms: The Impact of the New Swiss Federal Procedural Law on Swiss Arbitration, http://www.lalive.ch/data/document/Presentation_DBaizeau_SAA_310511.pdf, visited on 2011-10-27. See also Gary B. Born, *International Commercial Arbitration*, Kluwer Law International, 2009, pp.1949-1950.

② See Dana Renée Bucy, The Future of Interim Relief in International Commercial Arbitration Under the Amended UNCITRAL Model Law, *American University International Law Review*, 2010, p.588 & n.42.

庭影响第三人权利,但是如强制令之类的保全措施往往为第三人设定义务,这有失公平。①

目前,众多国家或地区都已否定了上述传统的立场,在保留法院仍为仲裁临时救济措施发布主体的同时,在现行仲裁制定法中明确宣布仲裁庭也是有权力发布保全措施的主体,如瑞士 1987 年《联邦国际私法法规》第 183 条和 2010 年《民事程序法典》第 374 条②、俄罗斯 1993 年《国际仲裁法》第 17 条、英国 1996 年《仲裁法》第 38 条第 3—4 款和第 39 条第 1 款、印度 1996 年《仲裁与调解法》第 17 条、瑞典 1999 年《仲裁法》第 25 条第 4 款、比利时 1998 年《司法法典》第 1696 条、德国 1998 年《民事程序法典》第 1041 条第 1 款、中国澳门地区 1998 年《涉外商事仲裁法规》第 17 条、瑞典 1999 年《仲裁法》第 25 条第 4 款、韩国 1999 年《仲裁法》第 18 条、美国 2000 年修订的《统一仲裁法》第 8 条 b 项、克罗地亚 2001 年《仲裁法》第 16 条、新加坡 2002 年《仲裁法》第 28 条和 2012 年《国际仲裁法》第 12 条、日本 2003 年《仲裁法》第 24 条第 1 款、挪威 2004 年《仲裁法》第 19 条、阿富汗 2005 年《商事仲裁法》第 29 条、丹麦 2005 年《仲裁法》第 17 条、马来西亚 2005 年《仲裁法》第 19 条第 1 款、奥地利 2005 年《民事程序法典》第 593 条第 1 款、波兰 2005 年《民事程序法典》第 1181 条、塞尔维亚 2006 年《仲裁法》第 31 条、柬埔寨 2006 年《商事仲裁法》第 25 条、亚美尼亚 2006 年《商事仲裁法》第 17 条、新西兰 2007 年修订的《仲裁法》表 1 第 17A 条、加拿大 2009 年《仲裁法》第 18 条、毛里求斯 2008 年《国际仲裁法》第 17 条、迪拜 2008 年《仲裁法》第 24 条第 1 款、卢旺达 2008 年《商事仲裁与调解法》第 19 条、文莱 2009 年《仲裁法令》第 28 条及《国际仲裁法令》第 15 条、佛罗里达 2010 年《国际仲裁法》第 18 条、爱尔兰 2010 年《仲裁法》第 19 条和表 1 第 17 条、苏

---

① 参见王艳阳:《国际商事仲裁中的临时保护措施制度》,载《西南政法大学学报》2004 年第 4 期,第 87—88 页。

② See Nathalie Voser, New Rules on Domestic Arbitration in Switzerland: Overview of Most Important Changes to the Concordat and Comparison with Chapter 12 PILA, *ASA Bulletin*, 2010, p. 758.

格兰 2010 年《仲裁法》规则 35、澳大利亚 2010 年《国际仲裁法》表 2 第 17 条、澳大利亚新南威尔士 2010 年《商事仲裁法》第 17 条第 1 款、中国香港 2010 年《仲裁条例》第 35 条、法国 2011 年《民事程序法典》第 1468 条、比利时 2013 年《司法法典》第 1691 条等。连学者们常引用为未授予仲裁庭发布保全措施权力典型的意大利,也在 2006 年修订的《民事程序法典》第 818 条通过加注"除非法律另有规定"的方式对仲裁庭发布保全措施的权力作出了"网开一面"的处理。

可见,我国目前的法制没有赋予仲裁庭发布保全措施的权力与体现国际惯例的境外普遍性规定是严重不一致的。同时,这种制度也与仲裁的自身特性不相符。一些境外学者指出:一经组建,仲裁庭往往就处于发布保全措施的更好位置,因为对争议实体的当然审查权使其更容易评估实体上成功的可能性及保全措施对当事人和仲裁程序的影响;仲裁庭同样能够更好地识别当事人何时滥用了保全措施的请求和是否带有策略上的目的;在多数情况下可以避免向法院提出请求所导致的不必要的拖延与成本。此外,允许仲裁庭发布保全措施的另一个好处是,促进当事人选择仲裁作为争议解决手段。①

如前所述,我国目前的法律规定是人民法院享有发布仲裁保全措施的专属权,且在仲裁进行过程中,当事人不能向人民法院直接申请保全措施,只得通过仲裁机构向法院申请保全措施。这种制度一方面陡然增加了仲裁机构这一环节,在某些情况下可能导致人民法院采取的保全措施延误,同时也因未赋予仲裁机构或仲裁庭审查控制权,从而可能导致人民法院负担的加重和仲裁对人民法院的依赖;另一方面,在国际仲裁的情况下,人民法院发布的保全措施在境

---

① See Dana Renée Bucy, The Future of Interim Relief in International Commercial Arbitration Under the Amended UNCITRAL Model Law, *American University International Law Review*, 2010, pp. 587-589.

外很可能存在更多的执行障碍。[①]

境外权威学者的研究成果还表明,《纽约公约》(第2条)暗示着缔约国有义务承认授予仲裁庭发布保全措施权力的国际仲裁协议,至少一些美国法院已默示地接受了这种观点。[②] 因此,在当事人有仲裁协议明示或暗示规定仲裁庭有权力发布保全措施的情况下,如我国目前这种一概不允许仲裁庭发布保全措施的制度,可能涉嫌违反我国已参加的《纽约公约》第2条下的义务。

可见,无论是从国际义务角度还是基于法理,我国修订的《仲裁法》都应当赋予仲裁庭发布临时保全措施的权力。

(二) 适当列举仲裁庭可发布保全措施的类型

从是否通知所针对当事人和听取被申请当事人意见的角度,保全措施可以被分成单边保全措施和非单边保全措施两种类型。

单边保全措施是指在未通知所针对当事人和听取其意见之前就决定发布的保全措施。2006年版《示范法》将仲裁庭发布的该种措施称为"初步命令",并规定在当事人没有相反约定的情况下,仲裁庭有权根据规定的条件命令作出该种措施。但是,该命令无强制执行力。[③] 在某些情况下,单边保全措施可有效地防止一些当事人恶意转移财产、毁灭证据等不适当的行为。[④] 但是,一些学者指出,授予仲裁庭发布单边保全措施的权力存在着弊端:与仲裁的合意性质及仲裁员作为中立裁判者的职责基础相矛盾,且因违背通知和给予当事人陈述机会这一核心的仲裁程序强行原则,而在《纽约公约》

[①] 参见汪祖兴:《效率本位与本位回归——论我国仲裁法的效率之维》,载《中国法学》2005年第4期,第119页。同时参见王艳阳:《国际商事仲裁中的临时保护措施制度——兼议我国相关制度的不足》,载《西南政法大学学报》2004年第4期,第89—90页。

[②] See Gary B. Born, *International Commercial Arbitration*, Kluwer Law International, 2009, p. 1948 & n. 26.

[③] 可参见2006年版《示范法》第17B—17G条。

[④] See Peter J. W. Sherwin & Douglas C. Rennie, Interim Relief Under International Arbitration Rules and Guidelines: A Comparative Analysis, *American Review of International Arbitration*, 2009, pp. 329-330.

下成为没有约束力的理由;没有执行权力的仲裁庭所发布的单边保全措施通常是无效和没有实际意义的。[①] 为此,只有新西兰 2007 年《仲裁法》(表 1 第 17C-J 条)、爱尔兰 2010 年《仲裁法》(第 19 条和表 1 第 17C-G 条)、中国香港地区 2010 年《仲裁条例》(第 37—42 条)等少数境外仲裁制定法效法 2006 年版《示范法》对仲裁庭发布单边保全措施的权力和约束性问题作出了规定。[②] 采用了该版《示范法》中其他主要或所有保全措施规则的毛里求斯 2008 年《国际仲裁法》、迪拜 2008 年《仲裁法》、卢旺达 2008 年《商事仲裁与调解法》等,都未引入该种单边保全措施规则。同样属于 2006 年版《示范法》模式的澳大利亚 2010 年《国际仲裁法》第 18B 条及澳大利亚新南威尔士 2010 年《商事仲裁法》第 17B-G 条,明确宣布前者的单边保全措施规则没有效力。特别是,连联合国国际贸易法委员会的 2010 年《仲裁规则》最终都放弃了该种单边保全措施的规定。[③]

鉴于单边保全措施在仲裁理论界存在严重分歧,境外仅有很少国家或地区的仲裁制定法引入了该规定。因此,我国下一次修订的《仲裁法》不应当含有仲裁庭发布单边保全措施的规则。

对于仲裁庭作出决定前通知和听取被申请人意见的非单边保全措施(下文中的"保全措施",除特别指明外,都是指这种保全措施)类型或范围,境外的仲裁制定法的规定并不一致,总体上可分为四种模式。

第一种模式只笼统规定仲裁庭具有发布保全措施的权力,对其可发布的保全措施进一步的分类不作特别界定。除了前述的 2006 年前出台的绝大多数境外仲裁制定法外,柬埔寨 2006 年《商事仲裁

---

① See Charles Falconer & Amal Bouchenaki, Protective Measures in International Arbitration, *Business Law International*, September 2010, p. 190. See also Jeff Waincymer, The New Uncitral Arbitration Rules: An Introduction and Evaluation, *Vindobona Journal of International Commercial Law & Arbitration*, 2010, pp. 242-243.

② 从这些条文的内容来看,仲裁庭发布的"初步命令"不具有强制执行力。

③ 参见刘俊霞:《2010 年〈联合国国际贸易法委员会仲裁规则〉评析》,载《时代法学》2010 年第 6 期,第 96 页。

法》(第 25 条)、亚美尼亚 2006 年《商事仲裁法》(第 17 条)和塞尔维亚 2006 年《仲裁法》(第 31 条)等也都采取这种方法。

第二种模式如美国 2000 年修订的《统一仲裁法》第 8 条第 2 款第 1 项,明确规定仲裁庭可发布的保全措施范围与法院可发布的保全措施范围一样广泛。①

第三种模式是在宣布仲裁庭有权力发布保全措施的同时,采用否定排除的方法列举了仲裁庭不得发布的保全措施类型。如比利时 2013 年《司法法典》第 1691 条第 2 款规定,仲裁庭不可以发布临时扣押命令。法国 2011 年《民事程序法典》第 1468 条第 1 款除了不允许发布临时扣押命令之外,还禁止仲裁庭发布司法性保障措施(judicial security)②的命令。不过,该款明确规定仲裁庭在决定发布其他其认为合适的保全措施命令时,可在必要的情况下附上违反该命令的处罚措施。

最后一种模式是用肯定列举的方法宣示仲裁庭可采取的保全措施类型。以较早采用这种模式的加拿大 1991 年《仲裁法》第 18 条为例,其列举的类型是:对仲裁标的或引起仲裁纠纷的财产或文件的扣押、保全或检查。该法的 2009 年修订本也没有改变这种列举方式。英国 1996 年《仲裁法》也采用了这种模式,其第 38 条第 3—6 款和第 39 条第 1—2 款规定仲裁庭可采取的保全措施包括:命令申请人对仲裁费用提供担保;就一方当事人拥有或占有的属于仲裁程序标的或引起仲裁纠纷的财产发出指令,要求由仲裁庭、专家或一方当事人对该财产进行检验、拍照、保管或扣押,或从财产中提取样品并进行观察、实验;指令一方当事人或证人宣示作证或非宣示作证;

---

① 该目原文是:The arbitrator may issue such orders for provisional remedies, including interim awards, as the arbitrator finds necessary to protect the effectiveness of the arbitration proceeding and to promote the fair and expeditious resolution of the controversy, to the same extent and under the same conditions as if the controversy were the subject of a civil action.

② 据境外一些学者的研究,该款中的"司法性保障措施"是指司法惩罚措施。See Alexis Mourre & Valentine Chessa, The New French Arbitration Law: Innovation & Consolidation, *Dispute Resolution Journal*, May-July 2011, p. 84 & n. 23.

指令一方当事人对其所控制或保管下的证据进行保全;命令当事人之间作出支付或财产处理。其后几年内,只有新加坡、马来西亚等少数国家或地区采用此模式。其中,新加坡2002年《仲裁法》第28条第2款除了增加一项"文件的发现和质询"以外,其他列举的事项与英国的上述范围实质上相同。新加坡2012年《国际仲裁法》中以"仲裁庭的权力"为标题的第12条第1款在纳入该国上述2002年《仲裁法》第28条第2款所有列举措施的基础上,还列举了仲裁庭拥有确保当事人分散财产的行为不导致仲裁程序中作出的裁决无效、作出任何临时禁令或其他保全措施的权力。① 与前两国相比,马来西亚2005年《仲裁法》第19条第1款列举的类型要少一些,仅为以下四项:费用担保;文件的发现和质询;宣示提供证据;作为争议标的的任何财产的保全、临时保管或出售。

为了扭转仲裁地在很多国家或地区的仲裁庭因无清晰的规定而不愿意发布保全措施的局面,②2006年版《示范法》也采取了第四种明确列举的模式。该法第17条第2款在文字上仅仅显示列举的是仲裁庭采用保全措施的目的,即:(a)在争议得以裁定之前维持现状或恢复原状;(b)采取行动防止目前或即将对仲裁程序发生的危害或损害,或不采取可能造成这种危害或损害的行动;(c)提供一种保全资产以执行后继裁决的手段;(d)保全对解决争议可能具有相关性和重要性的证据。但是,该法第17A条规定表明以上描述实为仲裁庭可采用的保全措施类型。以2006年版《示范法》为蓝本的新西兰2007年修订的《仲裁法》表1第17条采用定义的方式更清楚地指出以上列举事项是四种保全措施的类型,并添加了另一种"费用担保"。毛里求斯2008年《国际仲裁法》第17条第1款和爱尔兰2010年《仲裁法》第19条及表1第17条效法了2006年版《示范法》的以上文字表述,但列举的种类与新西兰相同。文莱2009年《仲裁

---

① 可参见新加坡2012年《国际仲裁法》第12条第1款h和i项。
② See Gary B. Born, *International Commercial Arbitration*, Kluwer Law International, 2009, p.1975.

法令》第 28 条列举的类型实际上与上述新加坡 2002 年《仲裁法》第 28 条第 2 款规定一致,但是,其《国际仲裁法令》第 15 条第 1 款和第 8 款却分别与新加坡 2009 年《国际仲裁法》第 12 条第 2 款[①]及 2006 年版《示范法》的以上文字表述如出一辙。与 2006 年版《示范法》文字表述和范围实质一致的还有卢旺达 2008 年《商事仲裁与调解法》第 19 条、澳大利亚 2010 年《国际仲裁法》表 2 第 17 条和中国香港地区 2010 年《仲裁条例》第 35 条等。

  此外,值得关注的是阿富汗 2005 年《商事仲裁法》第 29 条第 1 款[②]和迪拜 2008 年《仲裁法》第 24 条第 1 款第 2 项。前者既采用了 1985 年版《示范法》第 17 条的概括规定,又使用"包括"一词作出了几项列举。后者则在作出与 2006 年版《示范法》相同的列举之前添加了"包括"一词。无疑,这两国法律中的以上"包括"用语有"包括但不限于"之义,从而表明法定的列举为非穷尽性列举。2010 年《联合国国际贸易法委员会仲裁规则》第 26 条第 2 款所列仲裁庭可采取的保全措施类型虽然与 1985 年版《示范法》第 17 条相同,却也多了一个"例如且不限于(for example and without limitation)"短语,以明确地表明其为非穷尽性列举。[③] 中国香港地区 2010 年《仲裁条例》第 61 条第 2 款通过规定法院对该法列举以外的仲裁庭发布的保全措施不予承认和执行的方式表明其所罗列的种类是穷尽的。然而,限于笔者掌握的资料,尚无权威的学者就《示范法》的以上列举是否具有穷尽性的问题提出看法。

---

 ① 在新加坡 2012 年《国际仲裁法》中,该款变成了同条第 1 款。
 ② 该款的英译文为:Unless otherwise agreed by the parties, the Arbitral Tribunal may, at the request of a party, take measures and issue any interim orders it deems necessary during the proceedings to protect the subject matter of the Arbitration, including any measures for protecting the goods and commodities involved in the dispute, such as entrusting such items to third parties or selling perishable goods(从"to protect"后面的用语来看,仅限于保护"仲裁标的"。因此,尽管有"包括"一词,有关保全措施的类型可能非常有限。——笔者注)。
 ③ See Jeff Waincymer, The New Uncitral Arbitration Rules: An Introduction and Evaluation, *Vindobona Journal of International Commercial Law & Arbitration*, 2010, p. 242.

同样值得关注的还有澳大利亚新南威尔士2010年《商事仲裁法》以"仲裁庭命令保全措施的权力"为标题的第17条,其第2款作出与2006年版《示范法》相同的列举之后,紧接的第3款规定:在对该条第2款无限制的前提下,仲裁庭不仅可以作出上述新加坡2002年《仲裁法》第28条第2款列举的所有措施,而且还可以就当事人之间的庭审时间分配的分段、记录和严格执行(dividing, recording and strictly enforcing the time allocated for a hearing between the parties)作出命令。

从境内外的研究成果来看,仲裁庭可发布的单边保全措施以外的其他保全措施主要可以归为两类:其一,为避免或减少损失或者不利局面的措施,通常在争议最终解决前服务于维持现状的功能,其内容可以是命令保全与争议标的有关的证据、销售易腐货物或确保仲裁程序期间披露的信息保密等,要求一方当事人继续履行或不得为某些行为,在功能上类似于法院禁令;其二,指令扣押或阻止财产转移等便于仲裁裁决执行的措施等。[1] 有学者认为,第二类措施包括了指令当事人为纠纷解决费用成本提供担保。但是,另一些学者指出,该种费用成本担保的指令不具有普遍性,仅为仲裁地在英国、新加坡、新西兰等一些普通法国家或地区的仲裁庭所发布并为其所在地仲裁制定法所承认。其他国家或地区的法院已判决其所采纳的《示范法》第17条并未授权仲裁庭作出费用成本担保的指令,并以法院基于不宜过度干预仲裁之理由拒绝当事人提出费用成本担保的保全措施申请。以这些国家为仲裁地的仲裁庭常常指出,为费用成本作出担保指令会不适当地干预当事人陈述案情的机会。[2] 可见,2006年版《示范法》第17条列举的四种保全措施对有较深大陆法系基础的我国而言已足够全面和合适,我国修订的《仲裁法》应

---

[1] 参见宋秋婵:《论商事仲裁临时措施裁定权归属中法院与仲裁庭的"伙伴关系"》,载《仲裁研究》2010年第4期,第63页。See also Dana Renée Bucy, The Future of Interim Relief in International Commercial Arbitration Under the Amended UNCITRAL Model Law, *American University International Law Review*, 2010, pp. 586-587.

[2] See Gary B. Born, *International Commercial Arbitration*, Kluwer Law International, 2009, pp. 2004-2006. 同时,该学者在该论著中指出,《示范法》第四种措施不是临时的。

当吸收,且在措辞方面应如我国香港地区等仲裁制定法结合执行规则表明其列举的穷尽性,以避免实践中产生分歧。

总之,境内外学者的论述成果及有关制定法都表明,如2006年版《示范法》第17条列举的四种保全措施涵盖的范围广泛,被公认为仲裁庭和法院都适合发布的保全措施。我国如能在近年内完成《仲裁法》的修订且只列举这四种措施,完全算得上很先进了。我国最新修订的《民事诉讼法》第81条和第100条实际上已承认这四种保全措施,只是该法将证据保全和财产保全以外的两种保全措施采用了"作出一定行为""禁止其作出一定行为"的不同文字表述。毫无疑问,它们完全能够对等于2006年版《示范法》中"维持现状或恢复原状""采取""或不采取""行动"之类文字所要表述的保全措施类型。因此,我国修订的《仲裁法》对仲裁庭可发布保全措施类型的文字表述,应当与现行《民事诉讼法》一致。

(三) 合理地规定仲裁庭发布保全措施的条件

从境外的情况来看,允许仲裁庭发布保全措施的国家或地区的仲裁制定法普遍规定的一个共同条件是:不存在当事人禁止仲裁庭发布保全措施的约定。其中,瑞士1987年《联邦国际私法法规》第183条和瑞典1999年《仲裁法》第25条第4款就仅规定此一项条件。[①]

尽管英国1996年《仲裁法》第38条第2款对该条其后几款列举保全措施作出了文字表述同上的条件规定,但是该条第1款和第39条第1款[②]的措辞则表明:仲裁庭发布其他类型保全措施的权力应当以当事人有明示约定为前提条件。[③]

---

① 马来西亚2005年《仲裁法》第17条第1款对财产保全、临时保管或出售以外的其他所列举的临时措施也仅规定了这一项条件。同时,英国1996年《仲裁法》第38条第5、6款对宣誓或非宣誓作证及证据保全也只规定了这一项条件。

② 该款原文是:The parties are free to agree that the tribunal shall have power to order on a provisional basis any relief which it would have power to grant in a final award.

③ See Gary B. Born, *International Commercial Arbitration*, Kluwer Law International, 2009, p.1957.

此外,法国 2011 年《民事程序法典》第 1468 条在赋予仲裁庭此项权力时却未附加"当事人不存在相反约定"之类的条件。该法典很多条文中都有"除非当事人有相反约定"的表达,如第 1464 条第 1 款及第 4 款、第 1486 条第 2 款等。由于以上第 1468 条的规定较新,关于该条未附加前述条件的规定是否意味着法国不允许当事人协议排除仲裁庭发布保全措施权力的学术观点或判例尚不可得。

另外,1985 年版《示范法》第 17 条①规定被认为还包含了必须针对"争议标的(in respect of the subject-matter of the dispute)"和具有"必要性(necessary)"两项条件。俄罗斯 1993 年《国际商事仲裁法》第 17 条、印度 1996 年《仲裁与调解法》第 17 条第 1 款、德国 1998 年《民事程序法典》第 1041 条第 1 款、中国澳门地区 1998 年《涉外商事仲裁法规》第 17 条、克罗地亚 2001 年《仲裁法》第 16 条、日本 2003 年《仲裁法》第 24 条第 1 款、挪威 2004 年《仲裁法》第 19 条第 1 款、丹麦 2005 年《仲裁法》第 17 条、阿富汗 2005 年《商事仲裁法》第 29 条第 1 款、波兰 2005 年《民事程序法典》第 1181 条第 1 款、柬埔寨 2006 年《商事仲裁法》第 25 条、塞尔维亚 2006 年《仲裁法》第 31 条、亚美尼亚 2006 年《商事仲裁法》第 17 条第 1 款等都含有 1985 年版《示范法》中的这两项条件。不过,奥地利 2005 年《民事程序法典》第 593 条第 1 款除了含有该两项条件外,还规定了以下附加条件:"不发布保全措施会导致索赔的执行落空或大受阻碍或者将发生不可修复的损失。"②相反,美国 2000 年修订的《统一仲裁法》第 8 条第 2

---

① 该条第一句的中文原文是:除非当事人另有约定,仲裁庭经当事一方请求,可以命令当事任何一方争议标的采取仲裁庭认为<u>有必要</u>的任何临时性保全措施(体现这两个条件的短语是由笔者标注下划线的)。

② 该款的英译文是:Unless otherwise agreed by the parties, the Arbitral Tribunal may, at the request of a party, order such provisional or protective measures against another party, after hearing such party, as the arbitral tribunal may consider necessary in respect of the subject matter of the dispute, as otherwise the enforcement of the claim would be frustrated or considerably impeded or there is a danger that irreparable damage will occur. The Arbitral Tribunal may require any party to provide appropriate security in connection with such measure.

款第1项却仅提及了"必要性"这一项条件。新加坡2002年《仲裁法》第28条第2款第5—6项及2012年《国际仲裁法》第12条第1款第4—5项、马来西亚2005年《仲裁法》第19条第1款第4项、文莱2009年《仲裁法》第28条第1款第6—7项和《国际仲裁法令》第15条第1款第4—5项、澳大利亚新南威尔士2010年《商事仲裁法》第17条第3款第4—6项①等,则仅就部分类型的保全措施规定了必须针对"争议标的"的条件。

2006年版《示范法》第17条去除了其1985年版同条中的上述关于针对"争议标的"和具有"必要性"两项条件,但是,其添加的第17A条第1款却规定,对上文中提及的前一条款下列举的前三种保全措施,申请当事人必须向仲裁庭证明符合以下两项条件:不下令采取这种措施可能造成损害,这种损害无法通过判给损害赔偿金充分补偿,而且远远大于准予采取这种措施可能对其所针对的当事人造成的损害;根据索赔请求所依据的案情,请求方当事人有相当的可能性胜诉。②该条第2款对上文中提及的前一条款下列举的最后一种保全措施规定,这两项条件仅在仲裁庭认为适当的情况下适用。目前,新西兰2007年修订《仲裁法》表1第17B条、毛里求斯2008年《国际仲裁法》第17条第2—3款、卢旺达2008年《商事仲裁与调解法》第20条、文莱2009年《国际仲裁法令》第16条、爱尔兰2010年《仲裁法》表1第17A条、澳大利亚2010年《国际仲裁法》表2第17A条、澳大利亚新南威尔士2010年《商事仲裁法》第17A条、中国香港地区2010年《仲裁条例》第36条等,对所列举的与2006年版《示范法》第17条相同类型的保全措施规定了同样的条件。但是,佛

---

① 这几项的英文原文是:(d) the inspection of any property which is or forms part of the subject-matter of the dispute, (e) the taking of photographs of any property which is or forms part of the subject-matter of the dispute, (f) samples to be taken from, or any observation to be made of or experiment conducted on, any property which is or forms part of the subject-matter of the dispute.

② 不过,该条第1款b项同时规定:对这种可能性的判定不影响仲裁庭此后作出任何裁定的自由裁量权。

罗里达 2010 年《国际仲裁法》第 19 条对其第 18 条列举的与 2006 年版《示范法》第 17 条相同类型的保全措施统一适用后者第 17A 条第 2 款的条件。

我国修订的《仲裁法》在确定仲裁庭发布保全措施的条件时,当然不能缺少境外众多国家或地区共同要求的"当事人没有明示相反约定"之类的限制,这也是对仲裁意思自治原则的尊重。对于其他条件,我们则应当进一步分析。据一些学者的考证,基于可执行性考虑的境外仲裁庭的通常实践是要求证据保全以外的保全措施同时满足以下条件:"紧急性""不采取保全措施将造成不可修复性损害""对所针对当事人造成较小的损害""获得有利裁决的较大可能性""具有表面管辖权""通知和听取所针对当事人陈述"。[①] 为此,个别学者指责 2006 年版《示范法》第 17A 条过度强调与非金钱救济不同的经济损害的不可修复性,对不同的救济规定了单一的标准,在效果上具有威胁着适应具体案件需求的国际标准未来发展的破坏性作用。[②] 笔者同意另一些学者的看法,即:明确列举条件能够为仲裁庭作出是否发布保全措施的决定时提供有效的指南。[③] 同时,笔者认为,2006 年版《示范法》第 17A 条第 1 款第 1 项中"裁决……不能适当补偿的损害"的文字表达确实明显地暗含了"紧急性"这一条件。但是,对我国今后可能由专业水平参差不齐的成员组成的仲裁庭而言,还是明示此项条件更好。因此,我国修订的《仲裁法》关于上述前三种保全措施条件的规定应当是:在 2006 版《示范法》第 17A 条第 1 款第 1 项的基础上添加"情况紧急"和"以至于"这样的用语,

---

[①] See Alan Tsang, Transnational Rules on Interim Measures in International Courts and Arbitrations, *International Arbitration Law Review*, 2011, p. 41. See also Alan Scott Rau, Provisional Relief in Arbitration: How Things Stand in the United States, *Journal of International Arbitration*, 22(1), 2005, p. 30 & pp. 30-35.

[②] See Gary B. Born, *International Commercial Arbitration*, Kluwer Law International, 2009, pp. 1979-1980 & n. 187.

[③] See James E. Castello, Unveiling the 2010 UNCITRAL Arbitration Rules, *Dispute Resolution Journal*, May-October 2010, p. 149.

以明确表明应当具备该条件和与"损害"必不可少的因果关系。对于境内外学者都没有争议且被以上数个国家或地区仲裁法吸收的2006年版《示范法》第17A条第1款第2项规定的内容,我国修订的《仲裁法》无疑要予以吸收。

2006版《示范法》列举的第四种保全措施实际上属于证据保全范畴。① 学者们普遍认为,只要仲裁庭认为合适就可以发布这种保全措施,而无须遵循其他条件。因此,该版《示范法》第17A条第2款等境外制定法的规定是适当的,我国修订的《仲裁法》可以予以吸收。

对于"具有表面管辖权"和"通知和听取所针对当事人陈述"等条件,我国修订的《仲裁法》也可以借鉴2006年版《示范法》(第17L-I条)的表达方式,通过下文论及的仲裁庭发布保全措施的承认与执行规则予以宣示。

(四)妥善规定仲裁庭发布保全措施的其他规则

首先,我国修订的《仲裁法》应当包含授予仲裁庭就其发布的保全措施要求申请的当事人提供担保的权力。这种规定对防止仲裁纠纷的当事人滥用保全措施请求权以至于损害所针对当事人的正当利益是非常必要的。因此,这种担保规则在境外仲裁制定法中非常普遍,1985年版《示范法》第17条、德国1998年《民事程序法典》第1041条第1款、日本2003年《仲裁法》第24条第2款、挪威2004年《仲裁法》第19条第1款、奥地利2005年《民事程序法典》第593条第1款、丹麦2005年《仲裁法》第17条、马来西亚2005年《仲裁法》第19条第2款、柬埔寨《商事仲裁法》第25条、阿富汗2005年《商事仲裁法》第29条第2款、亚美尼亚2006年《商事仲裁法》第17条第1款、波兰2005年《民事程序法典》第1182条第1款、2006年版《示范法》第17E条第1款、文莱2009年《国际仲裁法》第20条、澳大

---

① See Gary B. Born, *International Commercial Arbitration*, Kluwer Law International, 2009, p. 1985 & pp. 2006-2008.

利亚 2010 年《国际仲裁法》表 2 第 17E 条、澳大利亚新南威尔士 2010 年《商事仲裁法》第 17E 条、佛罗里达 2010 年《国际仲裁法》第 23 条、中国香港地区 2010 年《仲裁条例》第 40 条等都是例证。据一些学者考证,境外一些国家或地区的仲裁制定法中并未包含这种明确规定,仲裁庭也被认为具有此种权力。① 笔者认为,在如此多的境外仲裁制定法明确规定的情况下,我国修订的《仲裁法》包含此种规则可促使一些当事人有所顾忌,并提高仲裁庭行使此种权力的意识。

其次,我国修订的《仲裁法》应当包含费用与损害赔偿规则,其内容是:仲裁庭之后裁定根据情形本不应当准予采取保全措施时,请求保全措施的一方当事人应当就该措施对其所针对的当事人造成的任何费用和损害承担赔偿责任。该种规则在境外仲裁制定法中也是极为常见的,如德国 1998 年《民事程序法典》第 1041 条第 4 款、挪威 2004 年《仲裁法》第 19 条第 3 款、波兰 2005 年《民事程序法典》第 1182 条、2006 年版《示范法》第 17G 条、迪拜 2008 年《仲裁法》第 24 条第 1 款第 5 项、新西兰 2007 年《仲裁法》表 1 第 17K 条、文莱 2009 年《国际仲裁法》第 20 条、澳大利亚 2010 年《国际仲裁法》表 2 第 17G 条、澳大利亚新南威尔士 2010 年《商事仲裁法》第 17G 条、佛罗里达《国际仲裁法》第 25 条、中国香港地区 2010 年《仲裁条例》第 42 条等都含有这种规定。该种规定与提供担保规则具有相似的防止当事人滥用保全措施请求权的功能。② 同时,我国现行《仲裁法》第 28 条第 2 款对通过仲裁机构向法院提出财产保全的当事人已规定了申请错误的损害赔偿责任。我国修订的《仲裁法》在将仲裁期间更多类型的保全措施的发布权交给仲裁庭的同时,当然应当向这些保全措施所针对的当事人提供相同的因申请错误导致损害赔偿的保障。

---

① See Gary B. Born, *International Commercial Arbitration*, Kluwer Law International, 2009, p. 2015.

② 参见汪祖兴:《效率本位与本位回归——论我国仲裁法的效率之维》,载《中国法学》2005 年第 4 期,第 120 页。

再次，我国修订的《仲裁法》还应当包括关于仲裁庭发布保全措施的决定更改、中止或终结的规则。有人曾担心其中的更改规则被仲裁庭运用后会导致法院的重复执行，从而加重后者的负担。但是，有权威学者指出，实际上这种情况很少会发生。同时，强制执行仲裁庭发布保全措施制度会提高当事人自愿服从仲裁庭保全措施决定的比例，从而既提高了仲裁的效率，又实质性地减少了法院的案件量。① 笔者认同该学者的看法。另外，由于仲裁庭在继续深入审理案件的过程中，难免会发现原先发布的保全措施决定不适当，为此只有赋予其更改、中止或终结的权力才是适当的。不过，我国修订的《仲裁法》该如何取舍有关内容的问题值得进一步地思考。2006 年版《示范法》第 17D 条规定的内容是：仲裁庭可以在任何一方当事人提出申请时修改、中止或终结其已准予采取的保全措施，在非常情况下并事先通知各方当事人后，亦可自行修改、中止或终结其已准予采取的保全措施。其后的新西兰 2007 年《仲裁法》表 1 第 17H 条、迪拜 2008 年《仲裁法》第 24 条第 1 款第 6 项、文莱 2009 年《国际仲裁法》第 19 条、澳大利亚 2010 年《国际仲裁法》表 2 第 17D 条、澳大利亚新南威尔士 2010 年《商事仲裁法》第 17D 条、佛罗里达 2010 年《国际仲裁法》第 22 条、中国香港地区 2010 年《仲裁条例》第 39 条等都基本上照搬了 2006 年版《示范法》第 17D 条的以上内容。然而，按照上述仲裁庭保全措施决定在法院强制执行的条件要求，该版《示范法》第 17D 条的"非常情况下"仅"先通知各方当事人"就可以无须听取当事人陈述而"自行修改、中止或终结"的规定，显然会在实践中产生按此规则作出的仲裁决定不能得到法院的强制执行问题。可见，我国修订的《仲裁法》是不宜采纳 2006 年版《示范法》第 17D 条规则的，而是可以采用如挪威 2004 年《仲裁法》第 19 条第 2 款、波兰 2005 年《民事程序法典》第 1182 条第 2 款和法国 2011 年《民事程序法典》第 1468 条第 2 款等之类的规定，仅简单地宣示仲裁

---

① See Gary B. Born, *International Commercial Arbitration*, Kluwer Law International, 2009, p. 2023.

庭可以更改、中止或终结保全措施即可。

最后,我国修订的《仲裁法》可以采纳 2006 年版《示范法》第 17F 条第 1 款中的规则:仲裁庭可以要求任何当事人迅速披露在请求或者准予采取保全措施时而依据的情形所发生的任何重大变化。该规则不仅没有受到任何学者的批评,而且便于仲裁庭考虑是否作出上述的保全措施更改、中止或终结的决定,且已为以下的境外仲裁制定法所采纳:新西兰 2007 年《仲裁法》表 1 第 17J 条、文莱 2009 年《国际仲裁法》第 20 条第 1 款、澳大利亚 2010 年《国际仲裁法》表 2 第 17F 条、澳大利亚新南威尔士 2010 年《商事仲裁法》第 17F 条、佛罗里达 2010 年《国际仲裁法》第 24 条、中国香港地区 2010 年《仲裁条例》第 41 条第 1 款等。

三

我国规范人民法院与仲裁保全措施关系制度的重构

从境外成熟的仲裁法制经验来看,规范法院与仲裁保全措施关系的制度包括以下两个方面的规则:法院强制执行仲裁庭发布的保全措施;法院本身应当事人的申请,基于协助仲裁之目的发布保全措施。我国规范人民法院与仲裁保全措施关系制度的重构也应当包含这两个方面的内容。

(一) 人民法院强制执行仲裁庭发布保全措施规范的构建

仲裁庭在一般情况下缺乏强制执行其发布的保全措施的权力,当事人不自愿履行这种措施的情况也时有发生。[①] 因此,我国修订的《仲裁法》在作出赋予仲裁庭发布保全措施权力的规定之后,还必须提供关于人民法院承认和强制执行该种保全措施的规则,否则,前者的规定便毫无意义。

很多境外的仲裁制定法对该问题无规定。如美国《联邦仲裁法》、1985 年版《示范法》、俄罗斯 1993 年《国际商事仲裁法》、印度 1996 年《仲裁与调解法》、瑞典 1999 年《仲裁法》、中国澳门地区 1998 年《涉外商事仲裁法规》、美国 2000 年修订的《统一仲裁法》、日本 2003 年《仲裁法》、挪威 2004 年《仲裁法》、丹麦 2005 年《仲裁法》、塞尔维亚 2006 年《仲裁法》、柬埔寨 2006 年《商事仲裁法》、法国 2011 年《民事程序法典》等。然而,以上情况并不意味着这些国家或地区

---

① 参见鲍冠艺、黄伟:《论仲裁庭下达临时措施的执行——兼析〈示范法〉临时措施执行规则》,载《仲裁研究》2008 年第 4 期,第 21—22 页。

没有承认与执行仲裁庭发布保全措施决定的司法实践。实际上,美国等一些国家或地区的法院已将仲裁庭的保全措施决定视为"终局"裁决予以执行。① 不过,美国的另一些法院却以"不具有终局性为由"拒绝执行仲裁庭的保全措施决定,美国境外也有些法院和学者认为该种决定不能按照《纽约公约》执行。② 可见,在制定法没有规定的情况下,仲裁庭发布保全措施的可执行性是很不确定的。③

但是,自20世纪80年代中期起,逐步有国家或地区的仲裁法对此问题作出规定,如瑞士1987年《联邦国际私法法规》第183条第2款、英国1996年《仲裁法》第42条第1款、德国1998年《民事程序法典》第1041条第2款、克罗地亚2001年《仲裁法》第16条第2款、新加坡2002年《仲裁法》第28条第4款及2012年《国际仲裁法》第12条第6款、奥地利2005年《民事程序法典》第593条第3款、波兰2005年《民事程序法典》第1181条第3款、亚美尼亚2006年《商事仲裁法》第17条第3款、2006年版《示范法》第17H-I条、毛里求斯2008年《国际仲裁法》第18条、新西兰2007年修订的《仲裁法》表1第17L-M条、迪拜2008年《仲裁法》第24条第2款、卢旺达2008年《商事仲裁与调解法》第21—22条、加拿大2009年《仲裁法》第18条第2款、文莱2009年《仲裁法令》第28条第4款、澳大利亚2010年《国际仲裁法》表2第17H-I条、澳大利亚新南威尔士2010年《商事仲裁法》第17H-I条、佛罗里达2010年《国际仲裁法》第26—27条、中国香港地区2010年《仲裁条例》第43—44条及第61条等,都在最终裁决执行规范之外规定了执行制度。

总体来看,上述2005年前颁布的仲裁制定法中仲裁庭发布的保全

---

① See Gary B. Born, *International Commercial Arbitration*, Kluwer Law International, 2009, pp. 2021-2022.

② See Peter J. W. Sherwin & Douglas C. Rennie, Interim Relief Under International Arbitration Rules and Guidelines: A Comparative Analysis, *American Review of International Arbitration*, 2009, pp. 325-326.

③ See Gary B. Born, *International Commercial Arbitration*, Kluwer Law International, 2009, p. 2019.

措施执行规则都较笼统。如瑞士1987年《联邦国际私法法规》第183条规定:"除非有相反的协议,仲裁庭可应一方当事人的申请,采取保全措施。如果有关的一方当事人不自愿服从这些措施,仲裁庭可请求有管辖权的法院予以协助,法院适用自己的法律。"德国1998年《民事程序法典》第1041条第2—3款规定:经一方当事人请求,法院可以准许执行第1款所述措施,除非当事人也已向法院申请相应的保全措施;法院认为执行此项保全措施确有必要时,可以作出与请求不同的裁定;经请求,法院可以撤销或修改该裁定。不过,奥地利2005年《民事程序法典》第593条第3—4款规定的内容较详细。[①] 其后,由于2006年版《示范法》的出台,对此作出详细规定的境外仲裁制定法迅速地增多。

就2006年版《示范法》而言,关于仲裁庭发布的保全措施执行规则体现于其第17H条和第17I条,由请求执行、准许请求和不得出现拒绝执行条件的规则构成。其中,前一种规则的具体内容为:仲裁庭发出的保全措施应当被确认为具有约束力,并且除非仲裁庭另

[①] 奥地利2005年《民事程序法典》第593条第3款的英文表述是:Upon the application of a party, the district court where the opponent of the endangered party has its seat, domicile or habitual place of residence in Austria at the time of the first filing of the plea—or otherwise the district court in whose area the measure of enforcement for the preliminary injunction shall take place—shall enforce such measure. Where the measure provides for a measure of protection unknown to Austrian law, the court can, upon application and hearing of the opposing party, execute the measure of protection of Austrian law that comes closest to the measure of the arbitral tribunal. In this case, the court, upon request, can also modify the measure of the arbitral tribunal in order to safeguard the realization of its purpose.

该条第4款列举的四条拒绝执行理由的英文表述是: The seat of the arbitral tribunal is in Austria and the measure suffers from a defect which would constitute a reason for setting aside an Austrian award under articles 611, paragraph 2, 617, paragraphs 6 and 7, or 618 of this law; the seat of the arbitral tribunal is not in Austria and the measure suffers from a defect which would constitute cause for refusal of recognition or enforcement in the case of a foreign award; the enforcement of the measure would be incompatible with an Austrian court measure which was either applied for or made earlier, or with a foreign court measure which was made earlier and which is to be recognised; the measure provides for a measure of protection unknown in Austrian law and no appropriate measure of protection as provided by Austrian law was applied for.

有规定,应当在遵从不存在拒绝承认与执行的法定理由的各项规定的前提下,经向有管辖权的法院提出申请予以执行;正在寻求或已经获得对某一项保全措施的承认与执行的当事人,应当将该保全措施的任何终结、中止或修改迅速通知法院;执行地法院如果认为适当,在仲裁庭尚未就担保作出决定的情况下,或者这种决定对于保护第三方的权利必要时,也可以命令申请人提供适当担保。该版《示范法》中后一种规则的具体内容是,存在下列情况为拒绝执行仲裁庭发布的保全措施的条件:存在着该法第36条第(1)款(a)项所规定的前四项理由之一;存在着同款(b)项所规定的二项理由之一;未遵守仲裁庭关于与仲裁庭发出的保全措施有关的提供担保的决定的;该保全措施已被仲裁庭终结或中止,或被已获此项权限的仲裁发生地国法院或依据本国法律准予采取保全措施的国家的法院所终结或中止的;保全措施不符合法律赋予法院的权力,除非法院决定对保全措施作必要的重新拟订,使之为了执行该保全措施的目的而适应自己的权力和程序,但并不修改保全措施的实质内容的。

到目前为止,完全采纳或接近完全采纳2006年版《示范法》以上执行规则的境外制定法包括新西兰2007年《仲裁法》(表1第17L-M条)、毛里求斯2008年《国际仲裁法》(第18条)、澳大利亚2010年《国际仲裁法》(表2第17H-I条)、澳大利亚新南威尔士2010年《商事仲裁法》(第17H-I条)、美国佛罗里达2010年《国际仲裁法》(第26条)等。

在笔者所参考的十多本中英文著作及数十篇中英文论文中,没有任何作者对2006年版《示范法》中的上述承认与执行规则提出异议,相反却发现其中的一些英文论著的学者对此予以肯定,赞扬该种规则为仲裁庭保全措施决定的可执行性带来了高度的确定性。[①] 同时,从以上国家或地区已效法的情况来看,我国修订的《仲裁法》也可以毫不犹豫地予以吸收。此外,还可借鉴我国香港地区2010年《仲裁条例》第61条规则,规定任何当事人不得对人民法院根据本规

---

① See Gary B. Born, *International Commercial Arbitration*, Kluwer Law International, 2009, p. 2019.

则作出的裁定提起上诉,以提高效率。

(二) 人民法院发布仲裁保全措施规范的完善

我国人民法院发布仲裁保全措施规范的完善,如本书第三部分所述,首先可以通过修订的《仲裁法》宣布人民法院发布保全措施与仲裁协议不相冲突。据一些学者考证,一些国家或地区的法院以存在仲裁协议为由拒绝发布保全措施的局面实际上是与其仲裁制定法中没有此项宣示规则直接相关的。[①] 可见,为了避免我国人民法院今后作出曾在这些国家或地区出现的不合理的司法决定,我国修订的《仲裁法》应当添补这样的宣示规则。

此外,我国在修订的《仲裁法》中还应当明确规定人民法院在仲裁庭组建之前和组建之后都有发布保全措施的权力。仲裁纠纷中的财产、证据等可能在第三人的掌管之下,仲裁庭发布的保全措施却由于仲裁本身的合意性而不能针对第三人;同时,仲裁庭成立往往需要数日甚至数月时间,而需要发布保全措施规范的紧急情况可能出现在此之前,因此在仲裁庭成立和开始仲裁程序之前,法院必须要拥有发布保全措施的权力,并且在仲裁庭成立和开始仲裁程序之后,法院至少要拥有发布针对第三人的保全措施的权力,才能便于仲裁程序的进行或最终的仲裁裁决得到有效执行。[②]

从境外的仲裁制定法情况来看,2006 年版《示范法》第 17J 条、澳大利亚 2010 年《国际仲裁法》表 2 第 17J 条、澳大利亚新南威尔士 2010 年《商事仲裁法》第 17J 条等并没有明确地宣示其法院在仲裁庭组建之前和组建之后都有发布保全措施的权力。但是这些境外的仲裁制定法涉及有关法院发布保全措施的规定中也没有必须在仲裁程序

[①] See Daniel E. Vielleville, The Venezuela Court's Denial of Interim Relief in Aid of Arbitration Out of (Misplaced) Deference to the Arbitration Tribunal, *IBA Arbitration News*, September 2010, pp. 65-66.

[②] See Dana Renée Bucy, The Future of Interim Relief in International Commercial Arbitration Under the Amended UNCITRAL Model Law, *American University International Law Review*, 2010, p. 599.

期间等明示或暗示限制。因此,有关法院根据这些仲裁制定法拥有仲裁前和仲裁程序期间发布保全措施的权力是毫无疑问的。

我国的情况则很不相同。上文已指出,现行《仲裁法》第 28 条、第 46 条和第 68 条虽然规定了人民法院具有发布保全措施的权力,但是这些条款中关于由仲裁机构向人民法院提交当事人保全措施申请的表述,被认为未明确解决仲裁前人民法院是否具有发布保全措施权力的问题,由此导致了实践中各地人民法院对仲裁前的保全措施申请自行决定是否受理,从而出现了国家法制的不统一,在当事人之间造成人为的"不公平"或"挑选法院"的局面。①《民事诉讼法》虽然解决了仲裁前人民法院可发布保全措施的问题,但是尚未明确仲裁后当事人是否可以直接请求人民法院发布保全措施。笔者认为,基于人民法院在仲裁前后拥有发布保全措施权力的必要性和合理性,以及一些理论者或实践者机械地理解法律字面意思的习惯,我国修订的《仲裁法》当然要在去除通过仲裁机构这一浪费时间和资源的不必要环节的基础上,效法印度 1996 年《仲裁与调解法》第 9 条、马来西亚 2005 年《仲裁法》第 11 条、新西兰 2007 年《仲裁法》表 1 第 9 条第 1 款、中国香港地区 2010 年《仲裁条例》第 45 条第 2 款、2011 年 1 月 15 日修订的加利福尼亚《民事程序法典》第 1297.93 条等,明确宣布当事人在截止于最终仲裁裁决作出的仲裁庭组建之前和仲裁期间都有权直接向人民法院申请发布保全措施。

另外,由于仲裁庭一般处于决定是否发布保全措施的更好的位置,我国修订的《仲裁法》还应当借鉴香港地区 2010 年《仲裁条例》第 45 条,规定在仲裁庭组建之后,人民法院只要认为所寻求的保全措施属于仲裁程序标的且由仲裁庭处理更为适当时,就可以裁定驳回该保全措施的申请(以便建议当事人请求仲裁庭决定)。

---

① 参见张楠:《论国际商事仲裁中财产保全措施的决定与执行》,载《仲裁与法律》2001 年合订本,第 320 页。同时参见王小莉:《英国仲裁制度研究——兼论我国仲裁制度的发展完善》(下),载《仲裁研究》2007 年第 4 期,第 86 页。

第五部分

―――― PART 5 ――――

我国规范仲裁裁决撤销法制的改革

仲裁裁决撤销制度是各国家或地区仲裁法律制度中普遍包含的一项制度,我国也不例外。对于该项制度的意义,学术界存在着两种截然不同的看法。

一派学者认为,仲裁裁决撤销制度只有消极意义,应当予以废除。他们的主要理由是:法院受理并审查撤销仲裁裁决的请求不仅会使仲裁遭受不必要的干预,而且会给仲裁的顺利终结带来延误;各国家或地区在承认和执行阶段都会对仲裁裁决进行司法审查,在这种背景下继续保留裁决撤销制度会导致对仲裁的双重控制;各国家或地区拒绝承认和执行仲裁裁决的事由与撤销仲裁裁决的事由基本相同,没有必要在承认和执行仲裁裁决的司法审查程序之外再添加一个撤销程序。①

另一派学者却坚持裁决撤销制度的积极意义。他们认为,并非所有的仲裁都以一种令人满意的方式运作和产生合理的裁决结果,对于存在程序错误或缺乏公正性等问题的瑕疵仲裁裁决,应当在尽可能早的阶段使受害当事人获得撤销的司法救济。否则,在仲裁中被错误地驳回索赔要求的仲裁申请人将无任何法律救济渠道。在仲裁被申请人为错误裁决的受害人的情况下,该被申请人将可能在全世界受到执行程序的骚扰。②

笔者认为,仲裁裁决撤销制度能否发挥积极意义和避免消极作用,完全取决于其内容是否合理或适当。合理的仲裁裁决撤销制度不仅能在一定程度上纠正某些极端非正义的仲裁裁决,节省当事人在各个潜在执行地抗辩的成本,而且对以后的仲裁起着重要的威慑作用。相反,不适当的仲裁裁决撤销制度则会令人们对仲裁望而生

---

① 参见赵健:《国际商事仲裁的司法监督》,法律出版社 2000 年版,第 240 页。同时参见李燕:《试论我国仲裁监督体制的完善》,载《学术界》2009 年第 5 期,第 95 页。

② See Eric A. Posner, Should International Arbitration Awards Be Reviewable? Remarks by Nathalie Voser, *American Society of International Law Proceedings*, April 2000, pp. 129-132.

畏,严重地损害所在国家或地区的经济利益。① 我国现行的仲裁裁决撤销制度存在着不少弊端。在世界各国家或地区都存在此项制度的情况下,我国也不可能选择放弃这一制度。为此,本部分在广泛地参考境外国家或地区立法最新实践及学者们研究成果的基础上,进一步探讨我国这一制度的改革思路。

---

① 参见杨良宜:《国际商务仲裁》,中国政法大学出版社1997年版,第41—49页。同时参见谢新胜:《国际商事仲裁裁决撤销制度"废弃论"之批判》,载《法商研究》2010年第5期,第127—129页。

一

撤销裁决请求受理法院和时限制度的改进

我国现行的撤销裁决的受理法院和时限制度主要体现于《仲裁法》第 58 条至第 60 条和 2006 年《司法解释》等法律与规范之中。其基本内容是：受理由我国仲裁机构组建的仲裁庭作出的国内、国际仲裁裁决的撤销请求的法院均为仲裁机构所在地的中级人民法院；当事人应当自收到裁决书之日起 6 个月内提出撤销申请，人民法院应当在受理撤销申请之日起两个月内作出撤销裁决或驳回申请的裁定；当事人对重新仲裁裁决不服的，可以在重新仲裁裁决书送达之日起 6 个月内提出申请撤销。

应该说，由较高级别的中级人民法院担负撤销仲裁裁决请求的司法审查职责，既无境内的异议之声，又有境外同样的规定相匹配，如根据法国 2011 年《仲裁修改法令》修订后的《民事程序法典》第 1519 条第 1 款、意大利 2006 年《民事程序法典》第 828 条等。瑞士甚至规定国际仲裁裁决的撤销申请只能由联邦最高法院受理。[1] 一些国家或地区虽然规定民事初审法院即可受理撤销仲裁裁决请求，但对民事初审法院限定了特定区域，如亚美尼亚 2006 年《商事仲裁法》第 6 条和第 34 条第 2 款规定，该国只有肯特隆和诺尔克-马拉什的区一审法院才能受理撤销仲裁裁决的申请。如此规定的原因可能是：仲裁裁决通常具有终局约束力，对当事人的影响从某种程度上讲要高于一审判决，从而使得仲裁裁决的司法审查对审查者的素质及审查程序要求更高，[2] 由专业性审理能力好的较高级别的法院

---

[1] 参见瑞士 1987 年《联邦国际私法法规》第 191 条。
[2] 参见王红松：《〈仲裁法〉存在的问题及修改建议》，载《北京仲裁》2004 年第 2 期，第 26 页。

或特定区域法院负责初步或一局终审能较保险地实现立法者的意图。对于我国这样一个大国来说,指定特定区域法院、更高级别的法院等都是不切实际的。因此,我国由中级人民法院受理撤销仲裁裁决请求的规定依然是合适的,根本不必进行改革。

但是,对受理我国仲裁机构组建的仲裁庭作出的国内、国际仲裁裁决撤销请求的中级人民法院的地址规定为"仲裁机构所在地"是很不妥当的,因为即使我国继续只实行机构仲裁制度,仍有必要为境外仲裁机构组建的仲裁庭作出的以我国为仲裁地的仲裁裁决提供撤销依据。据报道,国际商会国际仲裁院已作出了以我国为仲裁地的仲裁裁决并得到了我国法院的执行。其他的境外仲裁机构组建的仲裁庭将来也可能陆续地受理以我国为仲裁地的仲裁纠纷并作出裁决。有学者认为,我国由于不认可此裁决是本国裁决而主动放弃对此裁决的撤销权。[1] 对于仲裁地在本国、涉及国籍或居所在本国的当事人的仲裁案件,没有国家放弃撤销管辖权,比利时、瑞士等对仲裁采取不干预态度以求保持或成为世界仲裁中心的国家也不例外。比利时等国的历史经验还表明,强行地禁止或放弃仲裁地在本国但根本无涉于本国任何当事人的国际仲裁案件的撤销管辖权,会使绝大多数境外的当事人因无撤销裁决这种制度而不选择本国为仲裁地,从而严重地影响本国仲裁中心地位的获得或维持并导致其他重大利益的损失。[2] 可见,我国必须尽快增补针对境外仲裁机构组建的仲裁庭作出的以我国为仲裁地的仲裁裁决撤销的司法审查制度。由于境外仲裁机构的所在地不在我国,因此用"仲裁机构所在地的中级人民法院"这种表述无法确定我国受理撤销境外仲裁机构组建的仲裁庭作出的以我国为仲裁地的仲裁裁决请求的

---

[1] 参见陈力:《ICC 国际仲裁院在我国作成仲裁裁决的承认与执行——兼论〈纽约公约〉视角下的"非内国裁决"》,载《法商研究》2010 年第 6 期,第 82 页。

[2] See Georgios Petrochilos, Procedural Law in International Arbitration, *Oxford Private International Law Series*, 2004, p. 87. See also Martina Prpic, Setting Aside Recourse and Enforcement of Awards Annulled in the Country of Their Origin, *Croatian Arbitration Yearbook*, 2003, pp. 16-17.

人民法院。另外,在我国众多学者的呼吁下,有改革魄力的立法者一旦废除具有准垄断地位①的现行机构仲裁制度而允许临时仲裁,则在临时仲裁裁决中根本不可能出现一个常设仲裁机构的"所在地"。为解决此类问题,我国无疑应当根据国际通行做法,②将"仲裁机构所在地的中级人民法院"中的定语由"仲裁机构所在地"改为"仲裁地"。

同时,关于当事人提出撤销仲裁裁决申请有"6个月"时限的规定同样是很不合理的。《仲裁法》颁行之初,限于当时对仲裁性质的认识水平,有学者认为此时限太短,不利于保护当事人的合法权益。③ 然而,到了今天,凡是就此问题发表看法的学者或实务界人士已一致地认为,该规定的弊端是时限太长而不是太短,其理论依据是,裁决太长时间处于不确定状态,并且不符合国际惯例。不过,这些人士对于更改的具体时限却提出了1—3个月的不同看法。④ 笔者认为,根据境外先进的立法经验,我国的撤销仲裁裁决申请时限规定应根据申请撤销的理由而有所区分。有些撤销理由可能在一方当事人得到裁决之日很长一段时间后才偶然地发现,如另一方当事人与仲裁员串通欺诈、贿赂仲裁员等。为此,境外的一些仲裁制定法规定这些特别的撤销理由适用特别的时限或时限起算规则。如马来西亚2005年《仲裁法》第37条第2款规定:仲裁裁决撤销请求的一般时限(即90天)对受欺诈或贿赂引诱影响的裁决不适用。又如爱尔兰2010年《仲裁法》第12节规定:违反公共政策的撤销理

---

① 参见陈建:《论仲裁员在市场经济中的定位》,对外经济贸易大学2007年博士学位论文,第222页。同时参见黄亚英:《我国仲裁机构的发展定位探讨——兼谈仲裁机构的"国际化"新视野》,载《北京仲裁》2008年第2期,第89页。

② See Hamid G. Gharav, *The International Effectiveness of the Annulment of an Arbitral Award*, Kluwer Law International, 2002, pp. 12-15. See also Mauro, *International Arbitration Law and Practice*, 中信出版社2003年影印版, p. 878.

③ 参见宋朝武:《论完善仲裁监督机制》,载《政法论坛》1996年第3期,第43页。

④ 参见袁冶:《论国际商事仲裁裁决撤销的若干程序问题》,载《西南政法大学学报》2004年第6期,第106—107页。同时参见冷海东等:《最高人民法院建立和完善多元化纠纷解决机制调研课题——商事仲裁子课题项目调研报告》,载《北京仲裁》2008年第3期,第45页。

由的提出时限为当事人知道或理应知道该理由之日起 56 天。这样，以爱尔兰为仲裁地的当事人在裁决作出的一年后才发现仲裁员接受过另一方当事人贿赂这种违反公共政策的行为，则仍可以在 8 周的时间内提起裁决的撤销之诉。与马来西亚、爱尔兰的上述规定类似的还包括美国 2000 年修订的《统一仲裁法》第 12 条、荷兰 2015 年《民事程序法典》第 1068 条①第 1 款与第 2 款。为了促进仲裁业的健康发展，我国对此类特殊的撤销理由当然应当采用特别的时限规则。对于我国目前其他撤销理由的请求时限，笔者赞同以上人士所持的"时限过长"的认识，但建议将时限由"6 个月"改为"3 个月"。理由是：我国的一般当事人没有英、法等法治传统悠久的国家的当事人那样高度的证据保管意识或搜集水平，时限过短的规定不利于形成对我国这类大众化当事人的保护，也会削弱对仲裁活动的约束性，从而可能使我国仲裁公信力更低，以至于影响到仲裁的快速发展；"3 个月"已比原来的时限缩短了一半，且为很多国家或地区所选择。

此外，关于人民法院作出撤销裁决或驳回申请裁定的时限为两个月的规定也是有弊端的，其表现不是时限太长而是过短。实际上，我国人民法院在没有相对人、质证的情况下都有超出该时限作出裁定或感到时间特别紧张的情况。② 在司法审查程序改进后，该时限更容易被人民法院违反而损害其形象。为了避免产生此问题，境外很多国家或地区的仲裁法都没有这种司法审查时限方面的刻板规定。当然，境外一些国家或地区的法官们很敬业，非常注意避免司法审查时间过长，如瑞士联邦最高法院撤销仲裁裁决一般都在 5 个月的时间内作出。③ 在我国这样一个大国，各地的中级人民法院

---

① 该条现已将欺诈且另一方知情列为单独的一项裁决撤销理由。

② 参见吕欣：《关于完善我国商事仲裁司法监督制度的思考》，载《法律适用》2006 年第 3 期，第 59 页。同时参见陈治东：《我国仲裁裁决撤销程序若干法律问题之剖析——兼谈裁决撤销程序的立法完善》，载《法学》1998 年第 11 期，第 44 页。

③ 参见冷海东等：《最高人民法院建立和完善多元化纠纷解决机制调研课题——商事仲裁子课题项目调研报告》，载《北京仲裁》2008 年第 3 期，第 71 页。

法官的时间效率观念参差不齐,还是应当在制定法中继续明确一个时限。鉴于瑞士等5个月左右的司法审查时限能被我国理论界和实务界多位人士视为"快速的模式",笔者建议在修订的《仲裁法》中将人民法院作出撤销裁决或驳回申请裁定的时限由"2个月"改为"4个月"。

二

裁决撤销理由制度的修改

我国目前的裁决撤销理由制度最突出的特征是：因裁决国内或涉外仲裁而异。对于涉外裁决，当事人可以主动提出的撤销理由为：(1)当事人在合同中没有订立仲裁条款或者事后没有达成书面仲裁协议的；(2)被申请人没有得到指定仲裁员或者进行仲裁程序的通知，或者由于其他不属于被申请人负责的原因未能陈述意见的；(3)仲裁庭的组成或者仲裁的程序与仲裁规则不符的；(4)裁决的事项不属于仲裁协议的范围或者仲裁机构无权仲裁的。[①] 至于国内裁决，在《仲裁法》第58条列举的撤销理由是：(1)没有仲裁协议的；(2)裁决的事项不属于仲裁协议的范围或者仲裁委员会无权仲裁的；(3)仲裁庭的组成或者仲裁的程序违反法定程序的；(4)裁决所依据的证据是伪造的；(5)对方当事人隐瞒了足以影响公正裁决的证据的；(6)仲裁员在仲裁该案时有索贿受贿、徇私舞弊、枉法裁决行为的；(7)人民法院认定该裁决违背社会公共利益的。2006年《司法解释》一方面在第17条中宣示"支持"《仲裁法》的第58条，另一方面又在数个条文中对后者列举的理由添加了限制，如在第19条中对其第(2)项下可分性的"超裁"限定为"超裁部分裁决"的撤销理由[②]，在第20条中对其第(3)项理由附加了"可能影响案件正确裁决的情形"的条件，在第27条中对其第(1)项理由新增了"仲裁程序中提出过异议"的要求。特别值得关注的是，该《司法解释》(在我国首次)确立了仲裁裁决一项撤销理由的默示放弃制度，即在仲裁程序中未对仲裁协议的效力提出异议的，在仲裁裁决作出后当事人便不

---

① 参见《仲裁法》第70条和《民事诉讼法》第274条第1款。
② 这种限定对涉外仲裁裁决也是适用的。——笔者注

得以仲裁协议无效为由向人民法院请求撤销仲裁裁决。①

　　起初,我国有学者认为对国内和涉外仲裁裁决实行不同的撤销理由的"双轨制"具有兼顾两种仲裁的特点,既能在我国仲裁员的整体水平还较低的现实情况下保证国内仲裁裁决的质量,又有利于保证我国涉外仲裁的国际地位,且与我国参加的1958年《纽约公约》的规定相一致。② 其后,提倡国内和涉外仲裁裁决撤销理由的"并轨"的理论就占据了绝对的优势,其依据包括:实行"双轨制"不利于维护法律的尊严,不符合中国参加的有关仲裁的国际条约中的非歧视规定,也不符合当代世界各国仲裁立法的先进通例。③ 不过,在具体内容方面,后一种理论又可以进一步区分成两种不同的主张。第一种主张建议增加涉外仲裁裁决的撤销理由,使之与国内仲裁裁决的撤销理由一致。④ 第二种主张的要求正好相反,减少国内仲裁裁决的撤销理由,使之与涉外仲裁裁决的撤销理由一致。⑤

　　上述学者们的各种理论颇具参考价值,包括指出现行法制存在着以下各种缺陷:没有为非我国仲裁机构组建的仲裁庭以我国为仲裁地的国际仲裁裁决提供撤销理由;对存在仲裁员受贿、违反公共利益等情形的涉外仲裁裁决是否可以通过司法审查撤销等没有明确规定,以至于导致不同的看法等。⑥

---

　　① 参见刘加良:《实现民事诉讼法全面修改的另一种视角——〈仲裁法解释〉评介》,载《山东警察学院学报》2008年第1期,第33页。
　　② 参见郭晓文:《论〈仲裁法〉对我国仲裁制度的改革》,载《仲裁与法律通信》1995年第3期。转引自徐前权:《论我国仲裁监督体制》,载《法学评论》1997年第6期,第38—39页。
　　③ 参见陈安:《中国涉外仲裁监督机制评析》,载《中国社会科学》1995年第4期,第29页。同时参见林悠:《〈仲裁法〉实施中若干问题的研究》,载《政治与法律》1999年第1期,第68页。
　　④ 参见陈安:《英、美、德、法等国涉外仲裁监督机制辨析——与肖永平先生商榷》,载《法学评论》1998年第5期,第22页。
　　⑤ 参见吕欣:《关于完善我国商事仲裁司法监督制度的思考》,载《法律适用》2006年第3期,第60页。
　　⑥ 参见陈治东:《我国仲裁裁决撤销程序若干法律问题之剖析——兼谈裁决撤销程序的立法完善》,载《法学》1998年第11期,第41—42页。See also Li Hu, Setting Aside an Arbitral Award in the People's Republic of China, *The American Review of International Arbitration*, 2001, p. 25.

但是，其中的一些人提出的"世界各国仲裁立法的先进通例"都是"并轨制"或"单轨制"、国际惯例都是将程序问题作为裁决的撤销理由、我国仲裁法制中关于裁决所根据的证据是伪造的或对方当事人隐瞒了足以影响公正裁决的证据的撤销理由属于实体性理由[①]等理论依据并不可靠。

以我国学者公认的属于先进仲裁立法之列的法国1981年和2011年的《仲裁修改法令》为例，法国的"国内公共政策"只能是国内裁决的撤销理由，而国际裁决对应的撤销理由必须是法国的"国际公共政策"。其他国家或地区的仲裁制定法虽然大多没有效法法国作出如此明示的区别对待，但是，在这些国家或地区的司法实践中往往更严格地限制国际仲裁裁决的撤销理由。[②]

再就属于国际惯例中裁决撤销必不可少理由之一的"公共政策"而言，就包含了"实体公共政策"，即使产生裁决的各种仲裁程序正常，如数百倍以上高比例的惩罚性赔偿、严重有损本地良好风化的履行要求之类实体内容的裁决，也可以在很多国家或地区提供法院的主动或被动的司法审查予以撤销。[③]

至于裁决所根据的证据是伪造的或对方当事人隐瞒了足以影响公正裁决的证据的问题，连我国少部分学者都已认识到其

[①] 提出这些理论依据的著述可参见严红：《论我国商事仲裁裁决撤销事由中存在的问题》，载《江西社会科学》2003年第3期，第195页；叶永禄、邓金：《论我国仲裁司法审查制度之完善——以港、澳、台仲裁制度为视角》，载《金陵法律评论》2006年第2期，第88页；洪浩：《论新时期我国仲裁司法监督范围的调整——以一组数据为样本的实证分析》，载《法学评论》2007年第1期，第82—83页等。此外，有些学者甚至将裁决的事项不属于仲裁协议的范围或者仲裁委员会无权仲裁这一撤销理由视为实体性理由。可参见谭兵主编：《中国仲裁制度的改革与完善》，人民法院出版社2005年版，第403页。

[②] 参见张艾清：《荷兰商事仲裁法律与实践若干问题探究》，载《法学评论》2000年第1期，第159页。See also May Lu, The New York Convention on the Recognition and Enforcement of Foreign Arbitral Awards: Analysis of the Seven Defenses to Oppose Enforcement in the United States and England, *Arizona Journal of International and Comparative Law*, Fall 2006, p. 772.

[③] 参见江保国：《国际商事仲裁中的国际公共政策的识别与适用》，载《仲裁研究》2008年第2期，第96页。

至少不是纯粹的实体问题,或者即使算作实体问题,也已在不少国家或地区无须当事人事先的明示协议而成为裁决的撤销理由之一,[①]只是这些国家或地区使用了一看文字就觉得不应给予司法容忍的"欺诈"一词,如美国《联邦仲裁法》第10条第1款第1项、英国1996年《仲裁法》第68条第1款第7项、孟加拉2001年《仲裁法》第42条第4款、苏格兰2010年《仲裁法》规则68第2款第6项第2目、比利时2013年《司法法典》第1717条第3款b项第3目等。另一些国家或地区则干脆在仲裁制定法中明确宣布"受欺诈影响作成的裁决"属于"与公共政策相冲突的裁决",如新西兰2007年修订的《仲裁法》表1第34条第6款第1项、澳大利亚2010年《国际仲裁法》第15条第1款第1项等。

可见,我国一些学者产生上述认识方面的误差,很大程度上是由于《仲裁法》等相关的规范表述不当造成的。毫无疑问,如果我国《仲裁法》中的裁决撤销理由在制定时表述得如同常见的1985年版或2006年版《示范法》第34条,再加上一些准确的学术研究成果[②]和司法判决理由等,这些误论就不会在我国流传得如此之广。

当然,将欺诈等公共政策范畴列为裁决撤销理由之一确实可能会导致当事人滥诉等。如广州仲裁委员会1996年到2004年的案件统计显示,在此期间,共有68起案件当事人依据"裁决所依据的证据是伪造的"以及"对方当事人隐瞒了足以影响公正裁决的证据"为由向法院申请撤销仲裁裁决。而实际上,在这68起案件中,只有两

---

① 参见徐前权:《论我国仲裁监督体制》,载《法学评论》1997年第6期,第38页。同时参见陈安:《英、美、德、法等国涉外仲裁监督机制辨析——与肖永平先生商榷》,载《法学评论》1998年第5期,第28—31页。

② 如境外有些学者认为,虽然《示范法》第34条第2款没有明确地将以贪污或欺诈等方式获得裁决列举为一项裁决撤销的理由,但是该款b项中第二目的公共政策规则完全可以涵盖该理由。我国学者至今几乎未注意到这种正确地概括了很多国家或地区立法与司法实践的仲裁法学理论。See Philippe Fouchard, Emmanuel Gaillard & Berthold Goldman, *On International Commercial Arbitration*, 中信出版社2004年影印版,p.920.

起案件的撤销申请得到法院的支持,申请撤销成功率不足 3%。①
然而,笔者认为,即便如此也不能取消这一撤销理由,否则,真正受欺诈之害的当事人将无从获得救济。这不仅影响仲裁的声誉,而且对社会而言也是不公正的。对于由此产生的滥诉问题,完全可通过完善下文中的仲裁保全措施规范及其他使败诉当事人承担不利经济后果的法律制度予以防止或减少。

此外,尽管 2006 年《司法解释》中上述可分性的"超裁"限定为"超裁"部分裁决的撤销理由及对"违反法定程序"附加了"可能影响案件正确裁决的情形"的条件等,具有弥补现行《仲裁法》中相关规定的缺陷和支持仲裁的积极作用,②但是,如果像其他国家或地区一样,将这些规定上升到仲裁基本法规范的阶位,其权威性显然会更胜一筹。

综上,完善裁决撤销理由制度的措施应当是修订现行《仲裁法》中的相关规定并废除 2006 年《司法解释》中的不适当规定。具体而言,首先是在修订的《仲裁法》中明确地一一列举对以我国为仲裁地的国际仲裁裁决的撤销理由,将此方面的规定与《民事诉讼法》完全脱钩,以避免如目前这种因后者在 2012 年的修正而造成援引条款不对应的情况发生,在具体的撤销理由方面则可以借鉴 1985 年版或 2006 年版《示范法》、法国 2011 年《民事程序法典》等中的相应规定。其次是改进现行《仲裁法》第 58 条第 3 款下的文字表述。笔者建议将其换成:(第 X 款)人民法院认定该裁决针对的争议事项不能通过仲裁解决或该裁决与中国的公共政策或良好道德相抵触的,也应当裁定撤销。

---

① 参见马占军:《关于广州仲裁委员会近十年被撤销案件的思考》,载《仲裁研究》2005 年第 3 辑,第 59—61 页。转引自陈忠谦:《论仲裁裁决的撤销与不予执行》,载《仲裁研究》2006 年第 2 辑,第 11—12 页。

② 参见万鄂湘、于喜富:《我国仲裁司法监督制度的最新发展——评最高人民法院关于适用仲裁法的司法解释》,载《法学评论》2007 年第 1 期,第 77—78 页。

三

重新仲裁制度的完善

我国现行的撤销仲裁裁决程序中发生的重新仲裁制度主要体现于《仲裁法》第 61 条和 2006 年《司法解释》第 21 条至第 23 条,其基本内容是:对于国内裁决的申请撤销案件,如果存在裁决所根据的证据是伪造的或者对方当事人隐瞒了足以影响公正裁决的证据的情形,人民法院认为可以由仲裁庭重新仲裁的,通知仲裁庭在一定期限内重新仲裁,并裁定中止撤销程序;人民法院应当在通知中说明要求重新仲裁的具体理由;仲裁庭在人民法院指定的期限内开始重新仲裁的,人民法院应当裁定终结撤销程序;在人民法院指定的期限内未开始重新仲裁的,人民法院应当裁定恢复撤销程序。

从境外法制规范和我国学者的研究成果来看,我国裁决撤销程序中的重新仲裁制度存在着下列弊端:在国内裁决的撤销程序中,将是否重新仲裁完全置于人民法院的任意裁量之下,既未要求人民法院只有在适当的情况下才能作出重新仲裁,又未考虑到一方或所有当事人的意愿;用下位的司法解释规范[1]将重新仲裁限定为两种情形,既没有考虑到存在这两种情形的案件未必全部适合重新仲裁,又将其他适合重新仲裁的案件断然地排除在此制度之外;由于立法的缺失和其他制度的运行,导致我国的涉外仲裁裁决的撤销程序中几乎没有重新仲裁的实践。[2]

目前,英国、挪威和苏格兰等少数国家或地区的仲裁法规范也没有规定法院在作出撤销裁决或重新仲裁等决定时应考虑到一方

---

[1] 指 2006 年《司法解释》第 21 条第 1 款。
[2] 参见朱萍:《涉外仲裁司法审查中重新仲裁之实践检讨与立法完善》,载《法律适用》2011 年第 4 期,第 56 页。

或所有当事人的意愿。但是,它们要求必须存在"适当性"的条件[①]。除了具备"适当性"的条件外,德国(1998年《民事程序法典》第1059条第4款)、新西兰(2007年修订的《仲裁法》表1第34条第4款)、新加坡(2002年《仲裁法》第48条第3款)、克罗地亚(2001年《仲裁法》第37条第2款)、阿富汗(2005年《商事仲裁法》第55条)、塞尔维亚(2006年《仲裁法》第60条)、中国香港地区(2010年《仲裁条例》第81条第1款)等更多的国家或地区的仲裁法制都要求以"一方当事人请求"为前提。笔者认为,我国应当效法大多数国家或地区采取的模式,将"适当性"和"一方当事人请求"并列为重新仲裁同时必备的两项条件,理由是:重新仲裁可能因不同情况而有利有弊,人民法院不应当任意决定是否重新仲裁。在有些情况下,重新仲裁可以避免撤销裁决导致的新诉讼或新仲裁造成的法院或当事人时间、人力和物力等的浪费,由此产生的裁决还可能因《纽约公约》等国际法或相关的国内法而获得执行上的便利。但是,在另一些情况下,如仲裁员死亡或其他原因而难以召集或因仲裁员不公正而不再被当事人信任等,重新仲裁可能也会造成时间和金钱浪费的结果。[②] 为此,人民法院只有综合考虑所有情况都合适且至少有当事人主动请求的情况,才能决定指令重新仲裁。当然,我国还可以考虑吸收瑞典1999年《仲裁法》第34条第1款第2项的规定,即在所有当事人都同意的情况下,人民法院也可以作出重新仲裁的决定,因为共同同意表明所有当事人对重新仲裁都有信心,法院一般情况下理应尊重这种共同意愿。

在一些存在证据系伪造或被隐瞒的裁决撤销程序中,也可能出现独任仲裁员死亡、拒绝重新仲裁或在原先的仲裁程序中发生过不

---

① 如英国1996年《仲裁法》第68条第3款第2项、苏格兰2010年《仲裁法》规则68条第3款第3项的规定等。

② 参见郭玉军、欧海燕:《重新仲裁若干法律问题刍议》,载《中国对外贸易》2001年第12期,第39—40页;宁敏:《论裁决后对国际商事仲裁管辖权司法审查之后果》,载《法商研究》2000年第2期,第103页;叶永禄、邓金:《论我国仲裁司法审查制度之完善——以港、澳、台仲裁制度为视角》,载《金陵法律评论》2006年第2期,第88页。

公正、不尽职等不适合承担重新仲裁职责的行为。另外,除了存在无仲裁协议、争议不具备可仲裁性或仲裁员收受过贿赂等撤销理由之外,在未给予当事人陈述或质证证据等违反程序的裁决撤销案件中,如果仲裁庭并非难以召集或拒绝重新仲裁等,法院作出重新仲裁的决定也是适当的。正是基于案件情况的这种多样性,很多境外仲裁法一般都不具体规定重新仲裁的案件类型。① 可见,我国2006年《司法解释》将重新仲裁限为两种列举的情形是非常不合适的,应当尽快予以取消,还各地人民法院在这方面必要的自由裁量权。

最后,为了便于修订后的重新仲裁制度在涉外仲裁中发挥更大的作用,除了如上文延长撤销程序的时限外,我国还应当废除下文中裁决撤销的内部限时报告制度。

---

① 参见宁敏:《论裁决后对国际商事仲裁管辖权司法审查之后果》,载《法商研究》2000年第2期,第103页。同时参见袁冶:《论国际商事仲裁裁决撤销的若干程序问题》,载《西南政法大学学报》2004年第6期,第108页。

四

撤销仲裁裁决其他制度的修改

在撤销仲裁裁决其他制度中,有修改必要的主要为撤销仲裁裁决的司法审查程序和司法审查决定的形式与效力制度。现行制度主要体现于《民事诉讼法》第154条、《仲裁法》第58条第2款和第3款与第70条,以及最高人民法院作出的数项司法解释[①]等全国统一实施的法律和法规之中,其主要内容是:对于一方当事人提出国内或涉外仲裁裁决的撤销请求,人民法院要"组成合议庭审查核实",在审理时应当列对方当事人为被申请人,并要"询问当事人",同时还可以要求仲裁机构作出说明或者向相关仲裁机构调阅仲裁案卷,但是,人民法院组成合议庭审查核实撤销仲裁裁决纠纷的程序属于民事特别程序;撤销仲裁裁决的司法决定的形式为裁定,在效力方面具有终局性,当事人不得提出上诉或要求再审,人民检察院也不得抗诉,但是,对于涉外裁决,如果受理的中级人民法院认定存在法定的撤销理由,拟裁定撤销裁决或通知仲裁庭重新仲裁的,则应在受理申请后30日内报请其辖区所属高级人民法院进行审查,除非该

---

① 如1997年4月23日作出的《关于人民法院裁定撤销仲裁裁决或驳回当事人申请后当事人能否上诉问题的批复》(法复〔1997〕5号)、1998年4月23日发布的《关于人民法院撤销涉外仲裁裁决有关事项的通知》(法〔1998〕40号)、1998年7月21日下发的《关于审理当事人申请撤销仲裁裁决案件几个具体问题的批复》(法释〔1998〕16号)、1999年1月29日作出的《关于当事人对人民法院撤销仲裁裁决的裁定不服申请再审人民法院是否受理问题的批复》(法释〔1999〕6号)、2000年12月3日通过的《关于人民检察院对不撤销仲裁裁决的民事裁定提出抗诉人民法院应否受理问题的批复》(法释〔2000〕46号)和2006年《司法解释》(法释〔2006〕7号)、2004年7月20日最高人民法院审判委员会第1320次会议通过的《关于当事人对驳回其申请撤销仲裁裁决的裁定不服而申请再审,人民法院不予受理问题的批复》(法释〔2004〕9号)、2011年2月28日发布的《关于修改〈民事案件案由规定〉的决定》(法发〔2011〕7号)等。

高级人民法院不同意撤销裁决或通知仲裁庭重新仲裁,否则,该高级人民法院应将其审查意见报最高人民法院,待最高人民法院答复后,受理的中级人民法院才可以裁定撤销裁决或通知仲裁庭重新仲裁。

学者们指出,我国目前关于撤销仲裁裁决的司法审查程序和司法审查决定的形式与效力制度的主要缺陷是:作为基本法律的《仲裁法》对撤销仲裁裁决纠纷的审查程序没有明确规定,有关的司法文件自相矛盾地一面规定对方当事人为被申请人,一面又将撤销仲裁裁决的程序归类为民事特别程序,使得仲裁裁决的被申请人不具有程序相对人的地位,从而可能造成一项裁决只根据一方当事人的申请和提供的证据就被撤销,以致严重损害另一方当事人的合法权益;[①]没有按照国际惯例允许对撤销仲裁裁决的司法裁定提出上诉,给法官对仲裁裁决的审查造成随意性,对法院作出的错误的司法审查裁定也就丧失了相应的挽救措施;[②]对涉外仲裁裁决作出撤销裁定前的内部报告制度不合理地歧视了国内仲裁裁决的当事人,同时效率低下且程序异常不透明,还严重妨碍了上文提及的在该种裁决撤销程序中采用重新仲裁的实践。此外,该内部报告制度也违反了独立审判原则,因为该原则也意味着下级法院法官独立于上级法院法官进行决断。[③]

笔者认为,有关学者所提及的以上第一项缺陷确实比较突出,实践中一些人民法院对裁决的撤销纠纷采用了开庭审理或听证的方式,使得被申请的当事人有陈述意见和质证的机会,但也有一些

[①] 参见刘丽珍:《撤销涉外仲裁裁决案件审理程序研究》,载《现代商贸工业》2010 年第 6 期,第 252 页。

[②] 参见郭晓文:《从申请撤销涉外仲裁裁决司法审查制度中存在的问题看〈仲裁法〉修改和完善的必要性》,载《中国对外贸易》2001 年第 2 期,第 40 页。同时参见叶知年、陈义冠:《国内仲裁裁决司法审查制度研究》,载《福建农林大学学报》(哲学社会科学版) 2004 年第 7 卷,第 83 页。

[③] 参见王红松:《〈仲裁法〉存在的问题及修改建议》,载《北京仲裁》2004 年第 2 期,第 26—27 页。同时参见王崇能:《论我国承认与执行外国仲裁裁决程序法的完善》,载《福建警察学院学报》2008 年第 4 期,第 89 页。

人民法院仅仅采用书面审理的方式。① 裁决的撤销与否事关各方当事人的切身利益，因此，不少国家或地区的仲裁制定法明确地规定要采取开庭言辞辩论、诉讼对抗或听证程序，如德国 1998 年《民事程序法典》第 1063 条第 2 款、日本 2003 年《仲裁法》第 44 条第 5 款、法国 2011 年《民事程序法典》第 1495 条、西班牙 2011 年生效②的《仲裁法》第 42 条第 1 款等。③ 显然，我国一些地方的人民法院在撤销裁决的纠纷处理过程中不给予所有当事人合理的陈述意见的机会，或仅仅采用书面审理的方式等问题，都是作为基本法律的《仲裁法》没有明确规定应经过开庭审理或听证程序所造成的。为此，解决这一问题的办法就是修改《仲裁法》，赋予裁决撤销申请人以外的仲裁裁决当事人司法审查程序相对人的资格，并明确规定各方当事人可以通过开庭或听证方式行使陈述和辩论权。

此外，笔者也同意各位学者们所描述的以上最后一项缺陷及建议应当通过废除这种内部报告的方式予以弥补。但是，一些学者在指出上述第二项缺陷时声称的允许对撤销仲裁裁决的司法判决或裁定上诉是一项国际惯例的观点并不完全正确。实际上，世界上有些国家明确地规定不允许上诉，如爱尔兰 2010 年《仲裁法》第 11 条、西班牙 2011 年《仲裁法》第 42 条第 2 款等。另一些国家或地区的仲裁法规定只有在法院许可的条件下才能上诉，如英国 1996 年《仲裁法》第 67 条第 4 款和第 68 条第 4 款、中国香港地区 2010 年《仲裁条例》第 81 条第 4 款。当然，确实有不少国家或地区的仲裁法规定无条件地允许上诉，如德国 1998 年《民事程序法典》第 1065 条第 1 款、日本 2003 年《仲裁法》第 44 条第 4 款、丹麦 2005 年《仲裁法》第 5

---

① 参见付本超：《仲裁司法审查制度的改革与创新》，载《山东审判》2010 年第 6 期，第 48 页。同时参见杨晓迪：《我国涉外仲裁司法审查制度的问题与完善》，载《经济研究导刊》2007 年第 8 期，第 127 页。

② See David J. A. Cairns and Alejandro López Ortiz, Spain's Consolidated Arbitration Law, *Spain Arbitration Review*, Issue 13, 2012, p. 73.

③ 不过，根据挪威 2004 年《仲裁法》第 6 条第 3 款，其法院仅在必要时才应进行口头审理程序。

条等。

鉴于没有统一的国际惯例可供借鉴,我国受理撤销仲裁裁决纠纷的为级别较高的中级人民法院,笔者建议先修改《民事诉讼法》第154条第2款(2012年前为第140条第2款),①该款修改后的内容可以是:对前款第(一)(二)(三)(九)项②裁定及其他法律有明确规定的裁定,可以上诉。然后,在修订的《仲裁法》有关撤销裁决的条文中明确规定允许仅对撤销裁决的裁定提出上诉。这样修改的好处是:我国裁决撤销的比例并不高。③ 如上海市第二中级人民法院在2002年至2008年间裁定撤销仲裁裁决只占3.39%,④允许对这种裁定提出上诉不会给高级人民法院增加太大的负担。同时,即使少数中级人民法院不撤销裁决的决定可能有错误,在当今通信方式多样化和便捷的时代,这种情况非常容易广泛传播,由此也能警示其他当事人慎重地选择仲裁或者尽量选择声誉好的仲裁员,以减少到人民法院的裁决撤销之诉,进而降低人民法院不撤销裁决的错误决定的概率。

---

① 目前该条只允许对不予受理、对管辖权有异议的和驳回起诉这三种裁定提出上诉。
② 其中的第(九)项裁定是指不予执行裁决的裁定,笔者也建议将之列入可上诉裁定的范围。
③ 参见王小莉:《从一起撤销仲裁裁决案看我国司法监督的范围》,载《仲裁研究》2007年第2期,第94页。
④ 参见崔学杰、杨馥宇:《商事仲裁司法监督的实证研究——以上海市第二中级人民法院商事仲裁司法监督的实践为视角》,载《北京仲裁》2010年第1期,第147页。

第六部分
PART 6

我国规范仲裁裁决承认与执行法制的改革

成为我国仲裁裁决承认与执行制度组成部分的不仅有《民事诉讼法》①、《仲裁法》②、《海事诉讼特别程序法》(第11条)和数个司法解释等域内法规范,还有我国于1986年12月2日加入的《承认及执行外国仲裁裁决公约》(以下称《纽约公约》)、最高人民法院与香港特别行政区政府1999年6月21日共同签署的《关于内地与香港特别行政区相互执行仲裁裁决的安排》(以下称《内地与香港安排》③)、最高人民法院与澳门特别行政区政府2007年10月30日共同制定的《关于内地与澳门特别行政区相互认可和执行仲裁裁决的安排》(以下称《内地与澳门安排》④)等国际法规范或区际规范。对于其中的域内法规范,理论界和实务界都认为存在很多的缺陷并提出不少有价值的建议。笔者也认为我国现行的仲裁裁决承认与执行制度存在着不少弊端,并主张应在更广泛地参考更多国家或地区立法的最新实践及学者们研究成果的基础上,结合我国的实际情况予以改革。

---

① 该法第237条、第273—275条。
② 该法第9条、第62—64条、第71条。
③ 《内地与香港安排》于2000年2月1日生效,可下载于:www.legislation.gov.hk/intracountry/chi/pdf/mainlandmutual2c.pdf。
④ 《内地与澳门安排》自2008年1月1日起实施,可下载于:http://www.court.gov.cn/qwfb/sfjs/201006/t20100628_6418.htm。

一
仲裁裁决分类规范的完善

在很多国家或地区的法律规范中,仲裁裁决常根据其特征的不同而被分成不同的类别,并采用不同的用语,如"仲裁裁决""国内仲裁裁决""国际仲裁裁决"或"外国仲裁裁决""境外仲裁裁决"等,由此可能导致适用不同的承认与执行制度。可以说,仲裁裁决分类用语是仲裁裁决类型的符号,法律规范对其选择的恰当性影响着人们对仲裁裁决类型及其所适用的相关制度的正确理解。

在我国现行有效的法律、法规中,基于承认与执行之目的区分了裁决类型的最早法律文件当属最高人民法院 1987 年 4 月 10 日发布的《关于执行我国加入的〈承认与执行外国仲裁裁决的公约〉的通知》(法发〔1987〕15 号)。在该通知的第 1 条,外国仲裁裁决被分成在另一缔约国领土内作出的仲裁裁决和在非缔约国领土内作出的仲裁裁决两类。从履行 1986 年 12 月 2 日决定加入并于 1987 年 4 月 22 日对我国生效的《纽约公约》下国际义务的角度而言,最高人民法院对外国仲裁裁决作出的这两类划分是完全正确的。

在目前的仲裁基本法律中,《民事诉讼法》通过第 237 条、第 273 条至第 274 条和第 283 条提及了"依法设立的仲裁机构的裁决""涉外仲裁机构裁决""国外仲裁机构裁决"三个具有承认与执行层面上意义的用语。《仲裁法》中含涉及在我国承认与执行的条文为第 62 条至第 67 条、第 71 条,使用了"裁决"和"涉外仲裁裁决"两个分类用语。但是,其中的第 63 条和第 71 条分别援引的《民事诉讼法》通过第 237 条和第 274 条对应的却是以上该法中的前两种用语。

由于《民事诉讼法》和《仲裁法》存在很多不足之处,我国最高人民法院发布实施了很多司法文件以应对各种涉及仲裁纠纷的司法实践问题,其中不少涉及仲裁裁决的承认与执行问题,如 1995 年 8

月28日发布的《关于人民法院处理与涉外仲裁及外国仲裁事项有关问题的通知》(法发〔1995〕18号)、1996年6月26日作出的《关于当事人因对不予执行仲裁裁决的裁定不服而申请再审人民法院不予受理的批复》(法复〔1996〕8号)、1998年10月21日发布并自11月21日起施行的《关于承认和执行外国仲裁裁决收费及审查期限问题的规定》(法释〔1998〕28号)、1998年1月15日通过并于5月26日起施行的《关于人民法院认可台湾地区有关法院民事判决的规定》和2009年3月30日通过并自2009年5月14日起施行的《关于人民法院认可台湾地区有关法院民事判决的补充规定》(法释〔2009〕4号)(以下分别简称《台湾规定》和《补充规定》)、2005年12月26日通过并于2006年8月23日公布的《关于适用〈中华人民共和国仲裁法〉若干问题的解释》、2009年12月30日发布的《关于香港仲裁裁决在内地执行的有关问题的通知》(法〔2009〕415号)等。此外,最高人民法院还同香港、澳门两个特别行政区共同制定了上述的《内地与香港安排》《内地与澳门安排》等。这些司法文件使用了"仲裁裁决""涉外仲裁裁决""涉外仲裁机构裁决""外国仲裁机构的裁决""外国仲裁裁决""依据《中华人民共和国仲裁法》作出的仲裁裁决""在香港特区按香港特区《仲裁条例》作出的仲裁裁决""在内地作出的仲裁裁决""在澳门特别行政区作出的仲裁裁决""台湾地区仲裁机构裁决"等用语。

在以上的法律、法规之中,不见任何在我国范围内具有统一官方适用性的关于"涉外仲裁裁决""仲裁机构""外国仲裁机构"或"国外仲裁机构"定义的踪迹,因而只能依赖于学理上很不一致的解释。如在我国,不少学者将"仲裁机构"解释成包括国际商会仲裁院、伦敦国际仲裁院、中国国际经济贸易仲裁委员会之类的常设仲裁机构和临时仲裁中的仲裁庭。[①] 由于不承认临时仲裁的我国有义务根据国际或区际协议承认常设仲裁机构下组建的仲裁庭和临时仲裁中的仲裁庭在这些协议涵盖的境外区域内作成的仲裁裁决,因此我国

---

① 参见谭兵:《中国仲裁制度的改革与完善》,人民出版社2005年版,第152页。

上述法律、法规中的"仲裁机构"在与"香港""澳门""外国"或"国外"等境外因素连接时,根据其上下文当然应解释为包括临时仲裁中的仲裁庭。然而,如果不与"香港""澳门""台湾""外国"或"国外"等境外因素连接,我国这些法律、法规中的"仲裁机构"肯定不包括临时仲裁中的临时仲裁庭。同时,即使与"香港""澳门""台湾""外国"或"国外"等境外因素有连接,比方说当事人约定根据我国香港地区法或法国法组建临时仲裁庭,则只要当事人再约定以我国内地某地为仲裁地,该临时仲裁庭也成不了我国这些法律、法规中的"香港仲裁机构"或"国外仲裁机构"等。

可见,我国法律、法规中使用的"仲裁机构""外国仲裁机构"或"国外仲裁机构"之类用语中的"仲裁机构"这一共同词汇并没有相同的含义,且只有深刻了解我国仲裁法律制度的极少数人才能够准确地理解其在不同情况下的不同含义。从当代主流立法学[①]提倡的采用使用者友好型用语的立场来看,我国法律、法规中上述一些用语实在是很不妥当的。另一方面,就现代仲裁法学的角度而言,这些所谓"依法设立的仲裁机构的裁决""涉外仲裁机构裁决""国外仲裁机构裁决""外国仲裁机构的裁决"等用语也是很不准确的,因为它们容易使人误以为裁决是由"仲裁机构"作出的。实际上,即使属于常设机构仲裁,由此产生的仲裁裁决也不是常设"仲裁机构"作出的,而是由常设"仲裁机构"所组织的仲裁庭作出的。[②] 只适用于境内机构仲裁的我国《仲裁法》本身也有多个条文(如第 49 条、第 51 条至第 53 条)明确地表明仲裁裁决是由仲裁庭作出的。再从境外仲裁

---

① 反映这种主流立法学观点的英文作品包括:J. Paul Salembier, A Template for Regulatory Rule-making, *Statute Law Review*, 2003; Ruth Sullivan, The Promise of Plain Language Drafting, *McGill Law Journal*, November 2001; Robert B. Seidman, A Pragmatic, Institutionalist Approach to the Memorandum of Law, Legislative Theory, and Practical Reason, *Harvard Journal on Legislatiorn*, Winter 1992.

② 参见赵秀文:《从奥特克案看外国临时仲裁裁决在我国的承认与执行》,载《政法论丛》2007 年第 3 期,第 25 页。

立法和学术用语的情况来看,除了极个别国家以外,[①]"仲裁机构"指的都是常设"仲裁机构",并使用英文"arbitral institution"予以指称,"仲裁庭"的英文表达则为"arbitral tribunal"。反观我国的法律、法规,由仲裁庭作出的仲裁裁决却被命名为"仲裁机构裁决",无疑是不妥当的。

此外,国务院办公厅1996年6月8日发布的《关于贯彻实施〈中华人民共和仲裁法〉需要明确的几个问题的通知》第3条关于在当事人自愿选择情况下新组建的仲裁委员会可以受理涉外仲裁案件的规定,就已经使得以上法律、法规中的"涉外仲裁机构"的用语立即过时,我国2017年修正的《民事诉讼法》却在如此长时间之后都没有与时俱进地去掉该用语中的"涉外"二字。

总之,我国现行法律、法规中关于裁决的分类用语十分混乱,其中不少用语很不适当或名不符实,将造成人们对其含义不同的理解。[②] 这种情况的存在不仅严重影响我国立法水平的声誉,而且给学术界和实务界带来了很多困惑。弥补这一缺陷的根本方法便是参考境外的先进立法体例,结合我国的实际情况,采用科学的分类用语规范。

具体而言,在仲裁裁决承认与执行及其异议方面,我国可以统一地使用"内地仲裁裁决""在内地作成的涉外仲裁裁决""缔约国仲裁裁决""非缔约国仲裁裁决""在香港作成的仲裁裁决""在澳门作成的仲裁裁决""在台湾作成的仲裁裁决"[③]共七个分类用语,然后分别实行不同的承认与执行制度。但是,除了其中后三个用语的含义

[①] 只有新加坡2002年《仲裁法》第2条第1款第2项和2009年《国际仲裁法》第2条第1款第1项将"arbitral tribunal"界定为可指独任仲裁员(a sole arbitrator)、数人仲裁庭(a panel of arbitrators)或仲裁机构(arbitral institution)。笔者认为,新加坡的此项立法界定是很不妥当的,一些法条中的"arbitral tribunal"显然不能涵盖仲裁机构(arbitral institution),如其2002年《仲裁法》第15条第2款第1项中的"arbitral tribunal"一词,因为该项的"知悉 the arbitral tribunal成立后15天内"的表达不可能是指一常设的仲裁机构成立后的15天内。

[②] 参见李燕:《试论我国仲裁监督体制的完善》,载《学术界》2009年第5期,第91页。

[③] 后五项用语在本书第八部分"建议稿"下的第69条中统称为"其他涉外仲裁裁决"。

一目了然而无须再作扩张解释外,我国应当对前四个用语作出全国统一的官方定义。笔者对前四个用语官方定义的建议分别是:"内地仲裁裁决"是指在我国香港、澳门、台湾地区以外的境内作出且针对境内纠纷的仲裁裁决;"在内地作成的涉外仲裁裁决"是指在我国香港、澳门、台湾地区以外的境内作出的且针对国际或区际(非单纯境内)纠纷的仲裁裁决;"缔约国仲裁裁决"是指在与我国有仲裁公约或条约关系的国家作成的裁决;"非缔约国仲裁裁决"是指在与我国没有仲裁公约或条约关系的国家或地区作成的裁决。

　　作出上述分类和界定的原因在于:我国存在内地、香港、澳门、台湾四个法域,由于法制的不同,内地对在后三个法域作出的裁决必须给予不同的对待。但是,即使在后三个法域作出的裁决通过区际协议或单方规定在内地实际上获得了与在缔约国作出的仲裁裁决相同的待遇,根据"一个中国"原则,我们也不能将在后三个法域作出的裁决称为"缔约国仲裁裁决"或"非缔约国仲裁裁决"。

二

仲裁裁决不予承认与执行理由制度的改进

我国现行的仲裁裁决不予承认与执行理由制度主要体现于已加入的《纽约公约》第5条第1—2款、属于区际协议的《内地与香港安排》和《内地与澳门安排》第7条第3款、《民事诉讼法》第237条和第274条、《仲裁法》第63条和第71条、《台湾规定》第9条、2006年《司法解释》第27条和第28条等。其中,我国人民法院有权主动认定的不予承认与执行理由,在《纽约公约》下为裁决的纠纷依照我国法律不具有可仲裁性和裁决的内容违反了我国的公共政策;在与港澳的区际协议中,《纽约公约》下的后一理由被换成为违反了内地法律基本原则或社会公共利益;在除涉台的法规以外的其他的法律、法规中,则只有"违背社会公共利益"这一项理由。

此外,仲裁裁决承认与执行的被申请人有权提出且有义务证明的不予承认与执行理由,目前在我国因裁决的类型而很不相同。

对于《纽约公约》和与港、澳的区际协议所涵盖的裁决,不予承认与执行的理由为以下五项:(1)当事人根据对其适用的法律订立仲裁协议时缺陷行为能力;根据当事人协议选定的法律或没有这种选定时根据作出裁决国家或地区的法律,该仲裁协议是无效的。(2)作为裁决执行对象的当事人没有被给予指定仲裁员或进行仲裁程序的适当通知,或者在其他情况下未能对案件提出意见。(3)裁决涉及仲裁协议没有提到的争议或者涉及不包括仲裁协议规定范围之内的争议;或者裁决含有对仲裁协议范围以外事项的决定。①

---

① 《纽约公约》与港、澳的区际协议同时对该项理由作出了但书规定,即:如果可以将裁决中对仲裁协议范围以内事项的决定与仲裁协议范围以外事项的决定分开,则其中对仲裁协议范围以内事项的决定部分仍然可以予以承认与执行。

(4)仲裁庭的组成或仲裁的程序与当事人之间的协议不符,或者在当事人之间没有协议时与进行仲裁的国家或地区的法律不符。(5)裁决对当事人尚无约束力,或者已经由作出裁决的国家或地区的管辖当局撤销或停止执行。

对于国内裁决,按照《仲裁法》第 63 条和 2007 年修正的《民事诉讼法》第 213 条第 2 款,不予执行的理由为以下六项:(1)当事人在合同中没有订有仲裁条款或者事后没有达成书面仲裁协议的;(2)裁决的事项不属于仲裁协议的范围或者仲裁机构无权仲裁的;(3)仲裁庭的组成或者仲裁的程序违反法定程序的;(4)认定事实的主要证据不足的;(5)适用法律确有错误的;(6)仲裁员在仲裁该案时有贪污受贿,徇私舞弊,枉法裁决行为的。在仲裁界的争取下,2012 年修正且于 2013 年 1 月 1 日起施行的《民事诉讼法》第 237 条第 2 款将以上第(4)和第(5)项的理由分别换为:裁决所根据的证据是伪造的;对方当事人向仲裁机构隐瞒了足以影响公正裁决的证据的。对于涉外裁决,根据《仲裁法》第 70 条和最新修正的《民事诉讼法》第 274 条第 2 款的规定,除有两项与以上国内裁决第(1)项和第(2)项文字表述方面完全一样的异议理由外,还有以下两项:被申请人没有得到指定仲裁员或者进行仲裁程序的通知,或者由于其他不属于被申请人负责的原因未能陈述意见的;仲裁庭的组成或者仲裁的程序与仲裁规则不符。另外,2006 年《司法解释》第 27 条和第 28 条规定:在仲裁程序中未对仲裁协议的效力提出异议的当事人不可提出仲裁协议无效的不予执行的理由;依据和解协议作出的仲裁裁决的当事人不可提出任何不予执行的理由。

《仲裁法》颁布之初,一些学者就认为我国的不予承认和执行的理由的规范存在着缺陷,并主张《仲裁法》第 58 条和 1991 年《民事诉讼法》第 217 条及其 2007 年修正时改成的第 213 条所列举的不同理由合在一起是最合适的境内和涉外裁决不予承认与执行的理由。[①]

---

① 参见陈安:《中国涉外仲裁监督机制评析》,载《中国社会科学》1995 年第 4 期,第 20、26—28 页。

后来,反对该种主张的学者逐渐增多。其中的一些反对声音较温和,他们仅仅提倡去除上述针对国内裁决中的第(4)项和第(5)项实体性的不予执行理由或将目前的涉外裁决的不予执行理由推广适用于国内裁决,其理论依据是"国际惯例"。另一些反对者则很极端,他们主张废除整个不予执行制度,包括不向当事人提供任何的裁决不予承认和执行的理由,其理由是:我国存在裁决撤销制度,在此情况下再实行不予承认和执行制度,将导致对裁决的双重审查,从而严重地损害仲裁的效率。① 不过,也有学者采取中间的立场,认为原则上不予执行的理由应为程序性理由,当事人有特别约定时可以扩大到实体理由,②其理论依据也是国际惯例。此外,还有些理论界或实务界人士提出,裁决不予承认和执行的理由应与裁决撤销理由一致。③ 很明显,我国的立法者在《民事诉讼法》2012 年修订而成的第 237 条中已接受了最后一种观点。

另外,有些学者认为《纽约公约》和与港、澳的区际协议中几乎完全相同的不予承认与执行理由是科学合理的,并进一步指出我国针对其他裁决的不予承认与执行理由的多项不适当性,如:在以上《仲裁法》第 63 条和《民事诉讼法》237 条中的第(1)项理由中,只规定了没有仲裁协议这一种情况,却未考虑到另一种有仲裁协议但该协议无效的情况也应成为不予执行的理由;在以上的第(2)项理由中,"裁决的事项不属于仲裁协议的范围"的规定未考虑到"属于仲裁协议的范围"和"不属于仲裁协议的范围"的可分性问题,由此便没有进一步规定在具有可分性的情况下仅不予执行"不属于仲裁协

---

① 参见刘武俊:《仲裁业发展存在的问题及对策——对福建、安徽、吉林三省部分仲裁机构调研分析报告》,载《北京仲裁》2007 年第 3 期,第 59 页。同时参见叶永禄、邓金:《论我国仲裁司法审查制度之完善——以港、澳、台仲裁制度为视角》,载《金陵法律评论》2006 年第 2 期,第 92 页。

② 参见万鄂湘、于喜富:《再论司法与仲裁的关系——关于法院应否监督仲裁实体内容的立法与实践模式及理论思考》,载《法学评论》2004 年第 3 期,第 68 页。

③ 参见付本超:《仲裁司法审查制度的改革与创新》,载《山东审判》2010 年第 6 期,第 47 页。

议的范围"的那部分裁决,并且这一缺陷在后来的各项司法解释中未能得到弥补。同时,该项中的"仲裁机构无权仲裁的"措辞按理意指"裁决的争议依法不具有可仲裁性"(否则便与前半句重复而没有意义),根据《纽约公约》第5条第2款与众多国家或地区仲裁法之规定,属于法院主动认定而无须当事人举证证明的理由。我国法律中的该项规定无疑加重了当事人的举证责任。①

笔者同意我国目前的裁决不予承认和执行的理由规范存在着缺陷的观点。但是,据笔者考察,在不予承认和执行理由方面,除了关于实体问题的态度以外,并不存在统一的国际惯例可供我国借鉴。

就实体问题而言,限于笔者所查到的几十个国家或地区的仲裁法,确实能发现不少国家或地区允许当事人在有明确约定的情况下就裁决中可能的法律错误向有管辖权的法院提请司法审查,如英国1996年《仲裁法》(第69—71条)、新加坡2002年《仲裁法》(第49—52条)、澳大利亚新南威尔士2010年《商事仲裁法》(第34A条)、我国香港地区2010年《仲裁条例》(第81条第2款c项及表2第5条)、苏格兰2010年《仲裁法》(规则69和规则70)、法国根据2011年《仲裁修改法令》修订后的《民事程序法典》(第1489—1490条和第1494—1498条)等。② 在加拿大,这种司法审查的范围可以扩大到可能的事实认定错误。③ 然而,笔者注意到,在这些国家或地区的仲裁法中,这种以当事人明示约定的司法审查活动的章目或条款标题的

---

① 参见刘想树:《涉外仲裁裁决执行制度之评析》,载《现代法学》2001年第4期,第113页。

② 法国的这些条文并没有明确规定只能针对仲裁裁决中的法律问题提起上诉。不过,该法的第1490条第2款规定:(对于在没有相反协议的情况下一方当事人提出的针对仲裁裁决的上诉请求,裁决作成地的法国上诉)法院应当在仲裁庭的职权范围内根据法律或以友好调停人身份作出决定(The court shall rule in accordance with the law or as *amiable compositeur*, within the limits of the arbitral tribunal's mandate)。再结合该法第1478条明显关于仲裁庭裁决实体纠纷依据的规定来看,法国允许的仲裁裁决上诉也是针对实体法律问题。其中,该法第1478条的英文表述为:The arbitral tribunal shall decide the dispute in accordance with the law, unless the parties have empowered it to rule as *amiable compositeur*。

③ 可参见加拿大2009年修订的《仲裁法》第45条、第47条和第49条。该法可见于:http://www.e-laws.gov.on.ca/html/statutes/english/elaws_statutes_91a17_e.htm,2011年2月26日访问。

英文名称通常为"appeal"(上诉)①,其司法审查结论可能是确认、变更、撤销裁决或发回重新仲裁。② 显然,这种司法审查制度完全不属于裁决承认和执行纠纷的司法审查制度。在包括这些国家或地区在内可获得的仲裁法中,笔者未能找到任何公共政策以外的事实认定或适用法律错误被规定为裁决不予承认和执行的理由之一。据此,笔者赞同我国立法者在 2012 年修正的《民事诉讼法》中将这两项错误不再保留为裁决不予承认与执行的理由。顺便说明的是,美国 1925 年《联邦仲裁法》、德国 1998 年《民事程序法典》、瑞典 1999 年《仲裁法》、日本 2003 年《仲裁法》、奥地利 2006 年《民事程序法典》、西班牙 2011 年《仲裁法》等很多国家或地区的仲裁制定法规范中并无这种明示的仲裁裁决上诉制度。同时,考虑到在我国目前将司法审查内部报告制度扩大到国内仲裁裁决,会对人民法院的工作量造成很大冲击的情况下,③笔者建议暂缓引入这种仲裁裁决的上诉制度。

---

① 在境外仲裁制定法或法学论著中,"appeal"(上诉)根据其上下文有时是指本段类型的上诉,另一些时候则可能指仲裁裁决的内部上诉或者针对下级法院作出的一审判决或裁定向上一级法院提起的上诉。但是,这三种上诉寻求的救济机构或所针对的对象是不同的。第一种和第二种上诉所针对的对象都是仲裁裁决,但是,第一种上诉寻求的救济机构是一个国家或地区的法院,第二种上诉寻求的救济机构通常是按同一常设仲裁机构仲裁规则所组建的二审仲裁庭,某些商品贸易,如谷物饲料贸易协会(GAFTA)及巴黎海事仲裁协会等就即采用此种做法(可参见周江:《论仲裁裁决撤销中的几个问题》,载《北京仲裁》2009 年第 3 期,第 2 页)。第一种和第三种上诉寻求的救济机构都是一个国家或地区的法院,然而,第三种上诉针对的对象不是第一种所针对的仲裁裁决,而是一个国家或地区的法院的一审判决或裁定,其内容可能涉及仲裁裁决或其他争议,即便其内容只涉及仲裁裁决,这种上诉却是针对就仲裁裁决问题作出的一审法院判决或裁定。

② 如英国 1996 年《仲裁法》第 69 条第 7 款、新加坡 2002 年《仲裁法》第 49 条第 8 款、加拿大 2009 年修订的《仲裁法》第 45 条第 5 款、我国香港地区 2010 年《仲裁条例》表 2 第 5 条第 5 款等。不过,苏格兰 2010 年《仲裁法》规则 69 第 8 款中只规定了确认仲裁裁决、命令仲裁庭重新仲裁或撤销仲裁裁决三种司法审查决定。此外,根据法国 2011 年《民事程序法典》第 1490 条第 1 款和第 1498 条第 2 款,法国法院至少可以作出推翻仲裁裁决、撤销仲裁裁决和驳回上诉三种司法审查决定。

③ 参见万鄂湘、喜富:《我国仲裁司法监督制度的最新发展——评最高人民法院关于适用仲裁法的司法解释》,载《法学评论》2007 年第 1 期,第 79 页。

除了一致地不允许针对裁决的承认与执行请求提出实体公共政策以外的事实认定和法律适用错误的异议理由以外，境外并不一致的裁决不予承认与执行的理由规范大体上可以分为两类模式。第一类模式是将裁决不予承认和执行的理由与裁决撤销理由规定得相同或相近。第二类模式则是对本国或本地作成的裁决不提供不予承认与执行的理由或仅提供较少的不予承认与执行的理由。属于第一类模式的如1985年版和2006年版《示范法》第36条第2款[①]、德国1998年《民事程序法典》第1060条第2款、韩国1999年《仲裁法》第38条、克罗地亚2001年《仲裁法》第39条第1款、日本2003年《仲裁法》第45条第2款、挪威2004年《仲裁法》第46条、马来西亚2005年《仲裁法》第39条第1款、丹麦2005年《仲裁法》第39条第1款、阿富汗2005年《商事仲裁法》第56条、柬埔寨2006年《商事仲裁法》第46条第1款、新西兰2007年修订的《仲裁法》第36条第1款、澳大利亚新南威尔士2010年《商事仲裁法》第36条第2款、我国香港地区2010年《仲裁条例》第86条第1—3款、葡萄牙2012年《自愿仲裁法》第48条第1款。属于第二类模式的有英国、印度、新加坡、法国、中国台湾、苏格兰等国家或地区的仲裁制定法。其中，印度1996年《仲裁与调解法》和新加坡2002年《仲裁法》完全未规定不予执行的理由。英国1996年《仲裁法》第66条第3款和苏格兰2010年《仲裁法》第12条第3款仅规定"仲裁庭没有实体管辖权"为唯一的不予执行的理由，且这一理由受到异议权放弃规则的限制。法国2011年《民事程序法典》第1488条第1款规定唯一的不予执行的理由是"裁决明显违反公共政策"。我国台湾地区2009修订的"仲裁法"第38条规定的不予执行的理由则为以下三项：裁决与仲裁协议标的之争议无关或逾越仲裁协议之范围；裁决应附理由而未附的；裁决系命当事人为法律上所不许之行为的。此外，德国1998年《民事程序法典》第1060条第2款尽管允许当事人在执行阶段提出与撤销理由相同的不予执行理由，却同时又规定，一旦裁决撤销

[①] 但是，该款第5项裁决尚无约束力，不能作为撤销理由。

申请期限届满,当事人就不得提出不具有可仲裁性和违反公共政策以外的不予执行裁决的理由。

笔者认为,不具有可仲裁性和违反公共政策①的裁决在裁决撤销申请期满后仍然应为法院主动认定的裁决不予执行的理由,这一原则对根据当事人和解协议作成的裁决书②也不能例外,因为:有关纠纷依法不能提交仲裁解决的规定本身即表明不能对该纠纷作出裁决,否则,保护社会公共利益的法院专属管辖,如刑事纠纷专属管辖的法律规定就会落空;同样,诸如有人身奴役内容等违反公共政策的裁决也是不能执行的,否则将严重损害进行强制执行的人民法院的形象。但是,其他可导致裁决撤销的理由应当不允许当事人在裁决撤销申请期限届满后作为不予执行的理由提起,否则,即使有撤销申请期限提出的理由被驳回后不得在执行期间再提起的防止双重司法审查的规定,却仍然能使一些当事人在撤销申请期限内保持沉默,以拖到其后的裁决强制执行程序中提出与撤销裁决理由相同的不予执行理由。我国一些地方法院不时遇到滥用裁决不予执行理由的案件便是例证。如2007年至2008年杭州市中级人民法院受理的申请执行仲裁裁决的案件合计120件,在执行程序中当事人提出不予执行仲裁裁决申请的共计72件,裁定不予执行的3件。另一些人民法院的仲裁申请不予执行率几乎达到60%,而2008年

---

① 鉴于很多学者认为我国现行仲裁法制中的"社会公共利益"术语不够恰当,笔者建议改革后的我国仲裁法制应将之替换为"公共政策"。笔者将在下一部分更详细地讨论这一问题。关于"社会公共利益"术语的局限性论著,可参见刘想树:《涉外仲裁裁决执行制度之评析》,载《现代法学》2001年第4期,第113页;杜新丽:《论外国仲裁裁决在我国的承认与执行——兼论〈纽约公约〉在中国的适用》,载《比较法研究》2005年第4期,第107页;李沣桦:《强制性规则与公共政策在商事仲裁裁决承认与执行中的适用研究》,载《北京仲裁》2009年第2期,第72页等。

② 我国《民事诉讼法》第96条规定,人民法院确认的调解协议的内容不得违反法律。由此要求根据当事人和解协议作成的裁决书不得违反纠纷不具有可仲裁性或公共政策规则是理所当然的。一些国家或地区的仲裁法对此有明确的规定,如德国1998年《民事程序法典》第1053条、奥地利2006年《民事程序法典》第605条。其他国家或地区仲裁法虽然未专门申明,但是它们关于所有的裁决书不得违反仲裁性或公共政策规则的规定,对根据当事人和解协议作成的裁决书也是适用的。

全国人民法院不予执行仲裁裁决的共计83件,仅占受理案件数的0.13%。① 尽管修改的法律可以进一步规定提出不予执行理由的当事人应交付包括执行异议不成立时裁决的延迟执行损失在内的适当担保,却仍然会造成督促当事人尽快行使救济权和防止裁决效力长期处于不确定状态的撤销申请期限规则之立法目的不能实现。

综上,笔者主张,在以我国为仲裁地的国内和国际裁决,只保留针对的纠纷不具有可仲裁性和违反公共政策两项为不予执行的理由。但是,对于在国外或我国港澳台地区作出的裁决,我国应当继续根据国际、区际协议或单边规定保留所有必要的不予执行的理由,其中包括可能超出以我国为仲裁地的国内和国际裁决应然的撤销理由范围的理由。例如,《纽约公约》第5条第1款第1项第5目、1985年版和2006年版《示范法》第36条第1款第1项第5目、克罗地亚2001年《仲裁法》第40条第1款、日本2003年《仲裁法》第45条第2款第7项、挪威2004年《仲裁法》第46条第1款第5项、马来西亚2005年《仲裁法》第39条第1款第1项第5目、丹麦2005年《仲裁法》第39条第1款第1项第5目、我国台湾地区2009年修订的"仲裁法"第50条第6款、我国香港地区2010年《仲裁法》第89条第2款第6项规定,以下情况也是不予执行的理由之一:裁决对当事人尚无约束力,或者已经由裁决地所在国或裁决依据的法律所属国的法院所撤销或中止执行。显然,裁决只能在有约束力的情况下才谈得上撤销问题,如果裁决因仲裁机构内部上诉等原因致使"尚无约束力",则肯定不能发生撤销问题,从而也就不能成为撤销理由。但是,一方当事人拿着"尚无约束力"的裁决请求执行时,任何国家或地区都允许另一方当事人提出执行异议,我国自然不应当例外。此外,根据我国仲裁法制改革方向,应当是只对以我国为仲裁地的裁决行使撤销管辖权及应尊重国外或境外法院正当行使裁决撤销

---

① 参见韩红俊:《仲裁裁决不予执行的司法审查研究》,载《河北法学》2011年第7期,第96页。

或中止执行权的科学理念,①对于国外或境外作成的裁决,我国无疑也应当将裁决在国外或境外被撤销或中止执行作为不予执行的理由之一。至于保留其他裁决不予承认与执行理由的原因则为:它们既可能是我国在国际条约或双边协议下的应有权利,也是保护财产在我国的当事人的合法利益所必需。毋庸赘言,这些当事人在国外或境外采取撤销裁决之诉等救济措施等成本可能非常高,或者国外或境外对欺诈等裁决撤销理由没有作出特殊的撤销时限规定,而使其不再能采取撤销裁决之诉等救济措施。

---

① 参见周江、金晶:《仲裁裁决撤销制度若干问题析论》(上),载《仲裁研究》2010年第1期,第13—15页。

三

裁决承认与执行及其异议程序规范的完善

我国目前关于裁决承认与执行及其异议程序的规范主要体现于《民事诉讼法》第 154 条第 1 款第 9 项和第 237 条(第 2 款和第 3 款)及第 274 条、《仲裁法》第 63 条至第 64 条和第 71 条、1995 年 8 月 28 日发布的《关于人民法院处理与涉外仲裁及外国仲裁事项有关问题的通知》(法发〔1995〕18 号)、1996 年 6 月 26 日作出的《关于当事人因对不予执行仲裁裁决的裁定不服而申请再审人民法院不予受理的批复》(法复〔1996〕8 号)、1998 年 10 月 21 日发布并自 11 月 21 日起施行的《关于承认和执行外国仲裁裁决收费及审查期限问题的规定》(法释〔1998〕28 号)、2006 年《司法解释》第 25 条和第 30 条等。

以上法律、法规的相关内容主要是:明确国内裁决承认与执行及其异议的受理法院为被申请当事人的财产所在地或者住所地的中级人民法院;[①]人民法院对国内裁决和涉外裁决执行异议的审查采用合议庭方式,对不予执行的决定则采用裁定的形式;[②]一方当事人申请执行裁决而另一方当事人申请撤销裁决的,或者当事人撤销仲裁裁决的申请被受理后另一方当事人申请执行同一仲裁裁决的,人民法院应当裁定中止执行,在裁决被裁定撤销的情况下应当裁定终结执行,在撤销裁决的申请被裁定驳回的情况下应当裁定恢复执行;[③]根据审理执行仲裁裁决案件的实际需要,人民法院可以要求仲

---

① 参见 2006 年《司法解释》第 29 条。
② 参见《民事诉讼法》第 154 条第 1 款第 9 项和第 237 条及第 274 条、《仲裁法》第 63 条和第 71 条。
③ 参见《仲裁法》第 64 条、2006 年《司法解释》第 25 条。

裁机构作出说明或者向相关仲裁机构调阅仲裁案卷;①对当事人不服不予执行仲裁裁决的裁定而申请再审的请求,人民法院不予受理;②对于涉外仲裁裁决和外国仲裁裁决,如果受理的中级人民法院认定存在《民事诉讼法》或我国参加的国际公约下不予承认与执行的理由,则在裁定拒绝承认与执行前,必须报请其辖区所属高级人民法院进行审查,除非该高级人民法院不同意拒绝承认与执行,否则,该高级人民法院应将其审查意见报最高人民法院,待最高人民法院答复后,受理的中级人民法院才可以裁定不予执行或者拒绝承认和执行③;对于外国仲裁裁决,人民法院决定予以承认与执行的裁定应在受理申请之日起两个月内作出,无特殊情况的应在裁定后六个月内执行完毕,决定不予承认和执行的则须按前项规定在受理申请之日起两个月内上报最高人民法院。④

我国目前关于裁决承认与执行及其异议程序规范的主要缺陷是:(1)没有按照世界上大多数国家或地区的普遍做法允许对裁决不予承认与执行的司法裁定提出上诉,给法官对仲裁裁决的审查造成随意性,对法院作出错误的司法审查裁定也就丧失了相应的挽救措施⑤;(2)如同本书第五部分针对撤销裁决制度阐述的问题一样,对涉外仲裁裁决和外国仲裁裁决实行的司法审查裁定前的内部报告制度不合理地歧视了国内仲裁裁决的当事人,同时效率低下且程序异常地不透明,也违反了独立审判原则,因为该原则也意味着下

---

① 参见 2006 年《司法解释》第 30 条第 1 款。
② 参见 1996 年 6 月 26 日作出的《关于当事人因对不予执行仲裁裁决的裁定不服而申请再审人民法院不予受理的批复》(法复〔1996〕8 号)。
③ 参见 1995 年 8 月 28 日发布的《关于人民法院处理与涉外仲裁及外国仲裁事项有关问题的通知》第 2 条。
④ 参见《关于承认和执行外国仲裁裁决收费及审查期限问题的规定》第 4 条。
⑤ 参见万鄂湘、于喜富:《我国仲裁司法监督制度的最新发展——评最高人民法院关于适用仲裁法的司法解释》,载《法学评论》2007 年第 1 期,第 78 页。同时参见叶知年、陈义冠:《国内仲裁裁决司法审查制度研究》,载《福建农林大学学报》(哲学社会科学版) 2004 年第 2 期,第 83 页。

级法院法官独立于上级法院法官审判;①(3)对外国仲裁裁决承认与执行以合议庭方式进行司法审查的方式没有统一规定,对时限规定得太短,甚至短于采用独任审理的简易程序的三个月的时限,以致实践中人民法院采用很不统一的审查方式,且超期裁定的情形时常发生;②(4)对一方当事人撤销裁决的申请所导致的裁决的中止执行所可能发生的转移财产以致最后被确认的裁决得不到有效执行的问题,未规定任何保障措施。

对于上述第(1)和第(2)项缺陷,当然是通过废除内部报告的做法与允许对裁决不予承认和执行的司法裁定提出上诉方法予以弥补。具体方法可以是修改《民事诉讼法》第 154 条第 2 款,明确可以针对该条第 1 款中第 9 项不予执行的裁定提起上诉。同时,修改《仲裁法》,明确规定人民法院只能根据本法和《民事诉讼法》处理仲裁纠纷,以彻底废除通过司法解释中的内部报告等方式不适当地干预仲裁。

对于上述第(3)项缺陷,矫正的办法可以有二:其一是借鉴一些国家关于有管辖权的法院处理裁决承认与执行的纠纷时可采用开庭言辞辩论或听证程序的明确规定③,在我国修订的《仲裁法》中规定人民法院对境外作出的仲裁裁决的承认与执行纠纷可采用开庭或听证的方式审理。将这种方式限定适用于境外作出的仲裁裁决承认与执行纠纷的主要原因是:在境内作出的国内或涉外仲裁裁决的承认与执行制度,经改革后只剩下可仲裁性和公共政策两种事项问题,通常采用书面审查的方式就足够。其二是在修订的《仲裁法》

---

① 参见顾维遐:《我们信赖仲裁吗?——关于中国仲裁研究的英文文献综述》,载《北京仲裁》2010 年第 2 期,第 16—17 页。同时参见张潇剑:《中美两国执行国际商事仲裁裁决比较研究》,载《河北法学》2011 年第 4 期,第 33 页。

② 参见周资艳:《我国司法审查外国仲裁裁决听证程序之构想》,载《百色学院学报》2010 年第 5 期,第 60 页。同时参见王崇能:《论我国承认与执行外国仲裁裁决程序法的完善》,载《福建警察学院学报》2008 年第 4 期,第 89—91 页。

③ 如德国 1998 年《民事程序法典》第 1063 条第 2 款、挪威 2004 年《仲裁法》第 6 条第 2 款、丹麦 2005 年《仲裁法》第 5 条第 2—4 款等。

中规定人民法院的合议庭应当在三个月内作出是否予以承认与执行的裁定,并进一步规定必要时可由受理的人民法院院长决定延长,但最长不超过一年。原则上规定裁定时限为三个月的主要原因是,现行的内部报告制经改革废除后可节省不少时间,使得延长太多时间没有必要。同时,准许法院院长决定延长的规范可解决特别疑难案件所需的更长时间。此外,用最长一年时间兜底是因为有不予执行裁定的上诉制度存在,更长时限很可能产生不必要的拖延。

在境外,一方当事人在法定时限内提出的撤销裁决申请一般都会导致裁决执行的中止。为了防止申请撤销裁决的当事人利用受理法院所需的审理期限转移财产以致撤销之诉败诉后无任何可执行的财产,境外仲裁法普遍地规定,在寻求执行裁决的当事人请求下,有管辖权的法院可以要求申请撤销裁决的当事人提供适当的担保,如1985年版和2006年版《示范法》第36条第2款、日本2003年《仲裁法》第45条第3款、挪威2004年《仲裁法》第47条、丹麦2005年《仲裁法》第39条第3款、马来西亚2005年《仲裁法》第39条第2款、阿富汗2005年《商事仲裁法》第58条、柬埔寨2006年《商事仲裁法》第46条第2款、澳大利亚新南威尔士2010年《商事仲裁法》第36条第2款、中国香港地区2010年《仲裁条例》第86条第4款、荷兰2015年《民事程序法典》第1066条第5款等。笔者建议,我国应当借鉴境外的这种普遍规定以消除上述第(4)项缺陷。

第七部分

PART 7

我国涉外仲裁法制的完善

很多国家或地区将仲裁区分为国际仲裁和国内仲裁两种类型,并在仲裁协议效力的认定、仲裁实体规则的适用、仲裁裁决的司法审查等诸多方面可能适用不同的制度。① 我国内地长期以来对国际和国内仲裁也在一些方面实行不同的法律制度。同时,我国内地与港、澳、台属四个法域,且在包括仲裁在内的民商事程序或实体关系中,内地与后三者的法律处理规则一直与国外其他国家或地区相同或实质上相同。为此,我国内地与港、澳、台及其他国家或地区仲裁关系的规范可以通称为"涉外仲裁法制"。

成为具有吸引力的国际或涉外仲裁地能带来巨大的经济利益和良好的国家声誉两大效益。② 但是,成为有吸引力的涉外仲裁地的重要前提之一便是有完善的国际或涉外仲裁法制。意识到这一点的国家或地区无不重视其国际或涉外仲裁法制的更新完善工作,使得其原本就广受赞誉的国际或涉外仲裁法制更加精益求精,从而在国际或涉外仲裁这一世界服务市场中获取更大的份额。奥地利、爱尔兰、新加坡、澳大利亚、法国、苏格兰、佛罗里达和中国香港等在过去五年内大刀阔斧地修订其法典化的仲裁法等,就是一个很好的例证。

据报道,我国经济总量已居世界第二,对外贸易依存度已接近60%,③由此应当产生较多的涉外经济贸易纠纷和仲裁需求,但是涉外仲裁却很不发达。如前所述,在全国仲裁机构数量已发展到210多家的大背景下,2010年受理的涉外案件总数只有1219件,占受理

---

① See William W. Park, Amending the Federal Arbitration Act, *The American Review of International Arbitration*, 2002, p. 94. See also Oliver Browne, London vs. Paris: Territorial Competition in International Commercial Arbitration, *International Arbitration Law Review*, 2004, p. 4.

② 参见向阳:《最受欢迎国际商事仲裁地之析》,载《北京仲裁》2009年第3期,第66—67页。同时参见张晓玲:《国际商事仲裁协议法律适用问题探究——兼论中国国际商事仲裁协议法律适用制度设计》,载《政治与法律》2007年第1期,第123页。

③ 参见钟山:《理性看待我国外贸依存度问题》,http://economics.dwnews.com,2011年4月25日访问。

案件数的比率仅为1.6%。① 一些学者已注意到,我国涉外仲裁法制的严重缺陷是导致这种后果的重要原因之一,并在一些全国性的年会上呼吁予以改进。② 有鉴于此,本部分在阐述该法制基本框架的基础上,探讨其形式与内容方面的改革措施。在此过程中,由于我国内地的涉外仲裁与其他国家或地区的国际仲裁处于对应状态,因此,笔者并没有排除对其他国家或地区的国际仲裁法规范及其他学者的国际仲裁研究成果的参考。

---

① 参见张维:《我国商事仲裁年受案量近8万件 涉外案件仍是短板仅有1200件》,http://news.cntv.cn/20110530/101281.shtml,2011年6月20日访问。

② 参见王橙澄:《我国应尽快补齐涉外仲裁"短腿" 维护中国企业合法权益》,http://news.xinhuanet.com/legal/2011-07/26/c_131011045.htm,2011年8月2日访问。

一
我国涉外仲裁法制现状及其缺陷

　　成为我国涉外仲裁法制组成部分的不仅有《民事诉讼法》《仲裁法》和众多的司法解释等域内法律规范,而且还有我国加入的国际公约或条约及与港、澳双边协议等国际规范或区际法律规范。

　　在国际或区际法律规范方面,我国内地涉外仲裁法制的表现形式为国际公约、条约或与港、澳达成的双边协议。就国际法律规范而言,目前对我国最重要的当属于1986年12月2日加入并自1987年4月22日对我国生效的《承认和执行外国仲裁裁决公约》(以下简称《纽约公约》)。根据该公约第1条第3款的规定,我国全国人民代表大会常务委员会正式决定加入《纽约公约》时,作出了"互惠"和"商事法律关系"两项保留。① 为此,在符合互惠原则的前提下,我国有义务承认符合该公约第2条界定形式的仲裁协议,并对按照这种仲裁协议在该公约的另一缔约国领土内作出的仲裁裁决按照以下标准予以承认与执行:我国人民法院在这种裁决的当事人单方申请裁决的承认与执行时,最多只能根据该公约的第4条规定对该当事人提交的仲裁裁决、仲裁协议的正本或经证实的副本和必要的符合特定形式要求的翻译文本进行形式审查,以及根据该公约第5条第2款的规定,就这种裁决的承认与执行是否违反我国公共政策或可仲裁性规则的问题主动地进行进一步的审查;对于该公约第5条第1款列举的各项拒绝承认和执行的理由,我国人民法院则只能在反对这种裁决承认和执行的当事人请求并承担举证责任的情况下进行审查。

---

　　① 参见赵秀文:《论国际商事仲裁中的可仲裁事项》,载《时代法学》2005年第2期,第92页。

《纽约公约》第5条第1款列举的各项拒绝承认和执行的理由是：(1)当事人根据对其适用的法律订立仲裁协议时缺乏行为能力；根据当事人协议选定的法律或没有这种选定时根据作出裁决国家的法律，该仲裁协议是无效的。(2)作为裁决执行对象的当事人没有被给予指定仲裁员或进行仲裁程序的适当通知，或者在其他情况下未能对案件提出意见。(3)裁决涉及仲裁协议没有提到的争议或者涉及不包括仲裁协议规定范围之内的争议，或者裁决含有对仲裁协议范围以外事项的决定。① (4)仲裁庭的组成或程序与当事人的协议不符，或者在当事人没有协议时与进行仲裁的国家法律不符。(5)裁决对当事人尚无约束力，或者已经由作出裁决国家的管辖当局撤销或停止执行。②

就区际法律规范而言，目前主要为前述的《内地与香港安排》和《内地与澳门安排》。这两项双边协议规定了相互执行界定范围内仲裁裁决及执行异议的受理法院、异议理由及有关法院的主动审查标准等。其中的当事人可以提出且有义务证明的裁决执行异议理由完全与《纽约公约》下的对应规范相同。不过，《内地与香港安排》中将人民法院在《纽约公约》下的"公共政策"主动审查理由换成了"内地社会公共利益"，《内地与澳门安排》中的对应理由则为"内地法律的基本原则或者社会公共利益"。③

在域内法律规范方面，我国《民事诉讼法》中明显属于涉外仲裁制度的条文为第271条至第275条和第283条等，基本内容为：涉外纠纷的当事人在有书面仲裁协议的情况下不得向人民法院起诉；涉外纠纷当事人申请采取财产保全的，受理该纠纷的涉外仲裁机构应当将当事人的申请提交被申请人住所地或者财产所在地的中级人

---

① 《纽约公约》同时对该项理由作出了但书规定，即：如果可以将裁决中对仲裁协议范围以内事项的决定与仲裁协议范围以外事项的决定分开，则其中对仲裁协议范围以内事项的决定部分仍然可以予以承认与执行。

② 参见宋连斌、林一飞译编：《国际商事仲裁资料精选》，知识产权出版社2004年版，第548—549页。

③ 分别参见《内地与香港安排》第7条第3款、《内地与澳门安排》第7条第3款。

民法院裁定;一方当事人不履行涉外仲裁机构裁决的,对方当事人可以向被申请人住所地或者财产所在地的中级人民法院申请执行;经涉外仲裁机构裁决的,当事人不得向人民法院起诉,但可以向后者提出且有义务证明的四项不予执行理由①,后者经核实后裁定不予执行该裁决,后者认定执行该裁决违背社会公共利益的也要裁定不予执行;人民法院的不予执行裁定使任何当事人在未再次达成书面仲裁协议的情况下有权向人民法院起诉;对于国外仲裁机构裁决,其承认和执行的事宜由被执行人住所地或者其财产所在地的中级人民法院受理,该地人民法院应当依照我国缔结或者参加的国际条约或者按照互惠原则办理。

1994年制定、因援引1991年《民事诉讼法》相关条文的序号随后者2007年的修正发生了变化而于2009年8月27日通过修正的《仲裁法》中明确宣布为涉外仲裁规范的条文为第65条至第73条,并专门地归并为同一章,目前具有实践意义的基本内容为:涉外仲裁机构可以从具有法律、经济贸易、科学技术等专门知识的外籍人士中聘任仲裁员;涉外仲裁的当事人申请证据保全的,涉外仲裁机构应当将当事人的申请提交证据所在地的中级人民法院;上文中提及的《民事诉讼法》中当事人可以提出且有义务证明的四项不予执行理由是涉外仲裁裁决撤销或不予执行的法定事由。

我国明显关联于涉外仲裁的行政法规有:国务院办公厅1996年颁布的《关于贯彻实施〈仲裁法〉需要明确的几个问题的通知》(国办发〔1996〕22号),国务院台湾事务办公室与法制办公室1998年联合下发的《〈关于聘请台湾地区专业人士担任仲裁员试点工作的意见〉的通知》(国台发〔1998〕9号)等。在司法解释方面,出台文件的机构主要为最高人民法院。其中明显关联于涉外仲裁的司法解释有:

---

① 即该法第274条列举以下四项理由:当事人在合同中没有订有仲裁条款或者事后没有达成书面仲裁协议的;被申请人没有得到指定仲裁员或者进行仲裁程序的通知,或者由于其他不属于被申请人负责的原因未能陈述意见的;仲裁庭的组成或者仲裁的程序与仲裁规则不符的;裁决的事项不属于仲裁协议的范围或者仲裁机构无权仲裁的。

1987年的《关于执行我国加入的〈承认与执行外国仲裁裁决的公约〉的通知》(法发〔1987〕15号)、1995年的《关于人民法院处理与涉外仲裁及外国仲裁事项有关问题的通知》(法发〔1995〕18号)、1998年的《关于承认和执行外国仲裁裁决收费及审查期限问题的规定》(法释〔1998〕28号)、1998年的《关于人民法院认可台湾地区有关法院民事判决的规定》和2009年的《补充规定》(法释〔2009〕4号)、2006年8月23日公布施行的《关于适用〈中华人民共和国仲裁法〉若干问题的解释》(法释〔2006〕7号)、2009年的《关于香港仲裁裁决在内地执行的有关问题的通知》(法〔2009〕415号)等。以上行政法规和司法解释中特别重要的内容有:我国依法设立的所有仲裁机构在获得当事人的共同选择下都可以受理涉外仲裁案件;对于涉外仲裁协议、裁决和外国仲裁裁决,如果受理的中级人民法院拟认定无效、不予承认与执行,则在裁定之前,必须报请其辖区所属高级人民法院进行审查,除非该高级人民法院有相反意见,否则,该高级人民法院应将其审查意见报最高人民法院,待最高人民法院答复后,受理的中级人民法院才可以作出正式的如上述内容的裁定;对于外国仲裁裁决,人民法院决定予以承认和执行的裁定应在受理申请之日起两个月内作出,决定不予承认与执行的,则须按前项规定,在受理申请之日起两个月内上报最高人民法院;在我国台湾地区作出的裁决申请执行文件不得体现违反一个中国原则;当事人向人民法院申请执行在香港特别行政区作出的临时仲裁裁决、国际商会仲裁院等国外仲裁机构在香港特别行政区作出的仲裁裁决的,人民法院应当按照《内地与香港安排》的规定进行审查,不存在该安排第7条规定的情形的,该仲裁裁决可以在内地得到执行。

从各种反馈及与境外对应法制的比较情况来看,我国以上域内法中的涉外仲裁法制存在着形式和内容两大类的缺陷。

首先,就形式而言,明示的涉外仲裁法制已经非常庞杂,分散在众多不同的法律、法规文件之中,默示的、混杂于国内仲裁法制条文之中的规范则更加繁多。出现这种情况的原因是:专门的涉外仲裁法制规范条文太少,远远不能自足地解决所有的纠纷问题;现行的

《民事诉讼法》第 259 条和《仲裁法》第 65 条宣示在专门的涉外规范没有规定的情况下,适用这两部法律中其他有关规定处理有关问题;到目前为止,虽然尚未发现有关的行政法规或司法解释等下位规范表明同样的态度,但是在实践中,如最高人民法院 2000 年作出的《关于人民检察院对不撤销仲裁裁决的民事裁定提出抗诉人民法院应否受理问题的批复》(法释〔2000〕46 号)等,事实上一直适用于涉外仲裁。

《民事诉讼法》和《仲裁法》以上两个条文各自笼统抽象地宣布的"适用本法其他有关规定"及其他不加明确也未禁止适用于涉外仲裁的行政法规或司法解释等,不仅使得涉外仲裁的参与者感到零乱无章,[①]而且导致研究者、仲裁或司法人员经常得出不一致的结论。如有学者认为,在处理涉外仲裁裁决的撤销时,似乎可以依据现行《仲裁法》第 6 条"适用本法其他有关规定",适用该法第 58 条第 3 款的"社会公共利益"原则。[②] 如此说来,现行《仲裁法》中其他所有的第八章没有规定的规范,包括第 58 条第 1 款第 4 至 6 项中的撤销理由规范对涉外仲裁裁决似乎也适用。实践中,对于《仲裁法》第 70 条和其所援引的《民事诉讼法》第 274 条中均未规定的涉外仲裁裁决撤销纠纷的具体人民法院问题,确实采用第 58 条第 1 款中的仲裁机构所在地的"中级人民法院"规则予以解决。但是,另一些学者在没有给出详细理由的情况下,又声称涉外仲裁裁决的撤销理由与现行《仲裁法》的第 58 条无关。[③]

同时,由于一些法律文件之间存在援引关系,导致了其中被援

[①] 参见顾维遐:《我们信赖仲裁吗?——关于中国仲裁研究的英文文献综述》,载《北京仲裁》2010 年第 2 期,第 6 页。

[②] 参见陈治东:《我国仲裁裁决撤销程序若干法律问题之剖析——兼谈裁决撤销程序的立法完善》,载《法学》1998 年第 11 期,第 42 页。同时参见刘想树:《错误涉外仲裁裁决的识别与补救——兼论中国的立法和实践》,载《西南民族学院学报》(哲学社会科学版)2002 年第 8 期,第 101 页。

[③] 参见郭晓文:《从申请撤销涉外仲裁裁决司法审查制度中存在的问题看〈仲裁法〉修改和完善的必要性》,载《中国对外贸易》2001 年第 2 期,第 35—36 页。

引文件修改后,援引文件中的援引条款立即变得不对应的问题。如2007年《民事诉讼法》修订后,就使得《仲裁法》第63条、第70条和第71条援引的条文一下子变得不正确,后者虽然在2009年对此作了修正,但毕竟相隔了两年的时间。《民事诉讼法》于2012年又进行了修正,《仲裁法》的相关条文又不正确了。这种现象对作为基本法律的《民事诉讼法》和《仲裁法》而言显然是应当避免的。另外,由于规范涉外仲裁的法律文件繁多,导致了一些文件规范的修订者根本未曾注意到要剔除其中的矛盾或过时的用语。如的国办发〔1996〕22号文已使《民事诉讼法》和《仲裁法》中的"涉外仲裁机构"或"涉外仲裁委员会"等概念失去意义,2012年修正的《民事诉讼法》和2009年修正的《仲裁法》却仍然保留着上述过时的用语。

其次,我国涉外仲裁法制在很多内容方面也是不适当的,而且各法律、法规之间的相关规定内容存在着明显的冲突或不一致。

比如,专门针对涉外仲裁的《仲裁法》第七章中总共才9个条文,有6个条文的适用对象因有"涉外仲裁委员会"和"中国国际商会"而被认为是对中国国际经济贸易仲裁委员会这一家仲裁机构作出的规定。实际情况却是,该法颁行不久后该仲裁委员会就既受理涉外仲裁案件又受理国内案件,其法律地位与我国其他200多家仲裁机构相同。这样的条款不仅没有必要,反而有损法的统一性和权威性,[①]并且其中的第72条根本没有任何法律意义。

在以上第七章的其余三个条文中,第70条属于涉外仲裁裁决的撤销规则,其不当之处至少有以下几点:其一,仅援引《民事诉讼法》第274条第1款而只字不提其第2款,对存在仲裁员受贿、违反公共利益等情形的涉外仲裁裁决是否可以通过司法审查撤销等没有明

---

① 参见马占军:《1994年中国〈仲裁法〉修改及论证》,载《仲裁研究》2006年第2期,第84页。

确规定,以致导致前述的不一致看法等。① 其二,其中的"仲裁庭的组成或仲裁程序与仲裁规则不符的"裁决撤销理由,既未尊重当事人意思自治的原则,也与国际主流的规定不符。② 其三,其中的"裁决的事项仲裁机构无权仲裁的"撤销裁决理由,如同前述的国内撤销裁决理由一样,按理应是意指"裁决的争议依法不具有可仲裁性",这在国际惯例中属于法院主动认定而无须当事人举证证明的裁决撤销理由,我国法律中该项规定无疑加重了当事人的举证责任。③ 其四,连同所援引的《民事诉讼法》第274条,没有明确何处、什么级别的人民法院受理涉外仲裁裁决的撤销纠纷。其五,在确定仲裁协议无效力作为裁决撤销理由时,未考虑到涉外仲裁协议应根据法律冲突规则确定。其六,其中的"裁决的事项不属于仲裁协议的范围"的裁决撤销理由,未考虑到"属于仲裁协议的范围"和"不属于仲裁协议的范围"的可分性问题,由此便没有进一步规定在具有可分性的情况下仅撤销"不属于仲裁协议的范围"的那部分涉外仲裁裁决。2006年《司法解释》第16条、第19条和第29条虽然弥补了后三项缺陷,但毕竟赶不上基本制定法的权威性。

相关法律、法规的内容之间存在着明显的冲突或不一致的例证则如:在裁决的不予执行方面,《民事诉讼法》采用机构性质的标准,《仲裁法》则实行争议性质的标准,由此导致了司法判决的不统一。④ 进一步而言,即使机械地将这两个法律标准重叠处理而圈定某涉外仲

---

① 参见陈安:《中国涉外仲裁监督机制评析》,载《中国社会科学》1995年第4期,第23页;陈治东:《我国仲裁裁决撤销程序若干法律问题之剖析——兼谈裁决撤销程序的立法完善》,载《法学》1998年第11期,第41—42页。See also Li Hu, Setting Aside an Arbitral Award in the People's Republic of China, *The American Review of International Arbitration*, 2001, p. 25.

② 参见石现明:《我国涉外商事仲裁错误裁决司法审查救济制度之缺陷及其重构》,载《仲裁研究》2010年第2期,第75页。

③ 参见刘想树:《涉外仲裁裁决执行制度之评析》,载《现代法学》2001年第4期,第113页。

④ 参见石现明:《我国涉外商事仲裁错误裁决司法审查救济制度之缺陷及其重构》,载《仲裁研究》2010年第2期,第72—73页。

裁委员会的涉外仲裁裁决,不予执行该裁决的理由在两部法律下也不尽相同,即后者对前者中"人民法院认定执行该涉外裁决违背社会公共利益的"这一极其重要且国际通行的不予执行理由只字不提,以至于我国著名的国际法学者陈安先生严厉地批评其为"立法上的一大疏漏甚至倒退"。①

---

① 参见陈安:《中国涉外仲裁监督机制评析》,载《中国社会科学》1995年第4期,第22页。

二

我国涉外仲裁法制的形式改革

除了国际或区际规范目前较为合理而无须修订或即使有些不合理却因制定主体较多而太难修订之外,我国其他域内法规范形式方面的缺陷完全可以较容易地由我国内地立法者通过单边改进的方式进行弥补。最佳的改进形式当然是尽量地将所有法律、法规中的涉外仲裁法制规范整合修改后归并在一部法典化的新《仲裁法》中,宣告其他已有的法律、法规中凡是针对新《仲裁法》所规定事项的规范自动失效。① 这种在形式上法典化的好处是:首先,可避免前述的不同法律修改不同步造成的矛盾问题;其次,便于使用者和研究者查阅,有助于更快地掌握较完整的涉外仲裁法制规范情况,从而促进合法的涉外仲裁活动;最后,如境外多数国家或地区的仲裁制定法一样,在法典化的新《仲裁法》中规定就其所涵盖的仲裁禁止人民法院超出该法典范围干预,从而使仲裁与司法的关系更加明晰化。

然而,仅有形式上法典化的简单答案远远不够,我们还必须进一步地思考利用怎样的法典模式来更好地规范涉外仲裁。我国一些学者虽然赞成对以我国内地为仲裁地的境内与涉外仲裁规范详细法典化的主张,却以国际惯例为由提出了对我国内地的涉外仲裁不应当给予任何特殊待遇的观点,其实质是认为我国境内仲裁和涉外仲裁应当作出完全相同的规定。如前所述,这些学者用以支持其观点的依据因不是境外第一手的法制规范资料或他们没有广泛全

---

① 当然,新《仲裁法》不能禁止立法者其后制定或修改其他法律以扩大或限制可仲裁性范围或增加某些类型的司法审查理由等。同时,修改原先包含仲裁或涉外仲裁规范的有关法律时应与仲裁法学专家商讨,删除其中不一致或重复的规定。

面地细读有关资料而难以令人信服。实际上,在笔者查阅到的境外数十个国家或地区的中英文版本的现行仲裁制定法中,仅挪威2004年的《仲裁法》未明确提及针对国际仲裁的条文。但是,该法实际上有暗示散插的国际仲裁规范,如该法第34条第1款第1项等。可见,该法属于下文中论述的对国际仲裁特别规范的第三种模式。因此,国内或境内仲裁和涉外或国际仲裁规范一律一样是国际惯例的观点,是完全站不住脚的,对于我国发展时间均不长的境内仲裁和涉外仲裁更不必要,也不应当无视二者的一些差别,作出相同的规定。

就境外国际或涉外仲裁法典化的模式而言,可以归纳为三种:与国内仲裁分开的立法模式;单行法或民事程序法典中的专章或专篇模式;单行法或民事程序法典中一些条款下的散插模式。

目前,俄罗斯、新加坡、中国澳门、美国佛罗里达等国家或地区采用第一种的国内(本地)、国际(区际)分开立法模式。其好处是彼此不用援引对方,从而可照顾到国内和国际仲裁的特征。其中一些国家或地区的仲裁法,如新加坡、瑞士允许当事人自由地选择这两套不同的法律①,让当事人作出更适合自身的选择。从经济学角度来看,选择更多意味着选择者福利的增加。但是,采取分开立法模式的弊端是:程序复杂,两部法律要经多一倍立法程序方能通过。从采用国内(本地)、国际(区际)分开立法模式的有关国家或地区各自两部法律内容的对比情况来看,针对境内、涉外或国际共通性问题的很多规范的条文完全一样或实质上相同,如新加坡2002年《仲裁法》第13—15条、第27条、第29条、第32条、第37—38条、第43条和2012年《国际仲裁法》第9—9A节表1中的第12—13条和第26—33条等。同样情况的如美国佛罗里达州2008年《仲裁法》第

---

① 分别见于新加坡2002年《仲裁法》第3条和2012年《国际仲裁法》第5条与瑞士2011年《民事程序法典》第353条第2款。See Domitille Baizeau and André Brunschweiler, Switzerland, What Does the New Domestic Arbitration Regime Teach Us, http://www.lalive.ch/data/publications/GAR_Article_(domestic_arbitration).pdf, visited on 2013-11-7.

5—6条、第9条和2010年《国际仲裁法》第35条、第40条、第42条等。这些条文尽管相同或很类似,却分别分布在两部法律文件中,从而导致立法者在审查任一部法律条文时都必须再考虑其合适性,由此增加了立法工作量,不符合立法的经济原则。另外,分开立法模式造成的法条总量的增加及相同内容法条序号的差别等都给研究者及仲裁使用者徒添了熟悉法条的难度。①

法国属于第二种单行法中的专篇或专门部分的模式,其1981年和2011年的《民事程序法典》针对国内和国际仲裁的专篇都是第4篇。前者中专门针对"国际仲裁"的规范归为其第5篇,下分二章外加首部共16个条文(第1492—1507条)。② 后者中专门针对"国际仲裁"的规范归为其第2部分,下分四章外加首部共24个条文(第1504—1527条)。特别值得关注的是,后者不仅从条文数量上增加到了24条,而且属于该部分的第1506条明确规定国内仲裁部分中的具体22个完整条文及另外7个条文下的一款或数款,在当事人没有相反协议和符合专门部分的前提下,也对国际仲裁具有适用性。同时,该法还使用在国内仲裁部分选择地加注三个星号的办法,让读者一目了然地知悉国内仲裁部分中的哪些条款对国际仲裁也是适用的。③ 葡萄牙2012年《自愿仲裁法》采用了第二种单行法中的专章形式,该法中的国际仲裁特别规则具体位列第9章和第10章,前者适用于仲裁地为葡萄牙的国际仲裁共有6个条文(第49—54条)分别规定国际仲裁的定义、可予以适用的法律、当事人依据国内法抗辩国际客体或主体可仲裁性瑕疵的不可接受性、国际仲裁协议的实质有效性、国际仲裁争议实体适用的法律、国际仲裁裁决上诉的可能性。

更多的国家或地区却采纳了第三种单行法或民事程序法典中

---

① 参见宁教铭、阳云其:《论我国仲裁法律规范体系的应然模式》,载《理论界》2009年第7期,第74页。

② 该法中、英文译本可见于http://www.bjac.org.cn/news/view.asp?id=1077&cataid=17,2011年6月16日访问。

③ 该法英译本可见于http://www.iaiparis.com,2011年3月22日访问。

一些条款下散插的模式。其中的一些国家或地区仲裁制定法中有些条款中的散插表述很明显是针对涉外或国际仲裁的,另一些条款中的散插痕迹则不明显。属于前一种情况的如德国 1998 年《民事程序法典》第 1061 条和第 1064 条第 3 款、奥地利 2006 年《民事程序法典》第 614 条、马来西亚 2005 年《仲裁法》第 12 条和第 30 条第 2 款等,属于后一种情况的则如德国《民事程序法典》第 1051 条第 1—2 款和第 1059 条第 2 款第 1 项、奥地利《民事程序法典》第 603 条第 1—2 款和第 611 条第 2 款第 1 项、马来西亚《仲裁法》第 37 条第 2 款和第 39 条第 2 款等。在众多采用第三种模式的国家或地区仲裁制定法中,西班牙 2011 年《仲裁法》(第 3 条、第 9 条第 6 款和第 34 条第 2 款及第 46 条[①])和我国台湾地区 2009 年"仲裁法"(第 25 条和第 47—51 条)的散插表述最为清楚。如前者在第 34 条穿插一款(即第 2 款)规定:在符合前款规定的前提下,如果仲裁具有国际性,仲裁员应当根据当事人选择的法律解决争议;除非另有规定表明,指定适用某一国家的法律或法律制度应被解释为是指该国的实体法而不是冲突法规则;当事人没有指定任何适用法律的,仲裁员应适用其认为适当的法律。类似的规定在其他国家或地区仲裁法中可能是只针对涉外或国际仲裁的,但却没有明确表示仅适用于涉外或国际仲裁。

尽管如此,笔者认为,对我国内地最适合的当属第二种的中间模式,原因在于:现行《仲裁法》已采用了这一模式;我国的《民法通则》和《海商法》等都有采用专章对涉外关系作出专门规定的传统;理应作出特别规定的条文有数个,适合集中归并在一章之中;当前,我国的立法者制定或修改法律的工作任务非常繁重,连一部《仲裁法》的修订都难以很快列入立法议程,分开成两部法律将会更加拖延每一部法律的修订进程;我国立法者基于前几项原因很可能偏向

[①] 该第 46 条涉及外国裁决的定义及承认适用规则方面的内容,可能是由于不适合放在其他章节下的缘故,该条单独地构成了标题为"外国裁决的承认"的第 9 章。笔者认为,该条显然不能改变西班牙实质上是采用散插模式的国家。

集中于专章中规定。

当前的关键任务是要采取有效办法避免前述的形式上散乱和表述不明的缺陷,同时还要改进相关规范的内容以促进涉外仲裁健康发展。下文中将进一步论述后一项任务。就完成前一项任务的方法而言,法国 2011 年的新法模式是一个很好的范本。不过,法国范本中的表述形式并不能为我国新法典化的修订《仲裁法》所照搬,原因是:我国需要特别规定的涉外仲裁法制规范根本不需要法国 2011 年《民事程序法典》"国际仲裁"专门部分中的很多条文,如国际仲裁协议形式、集中国际仲裁的协助法院[①];除专章中特别规定的少数几个事项外,采用应然态度修订的我国《仲裁法》中国内仲裁规范不会有法国新法中那么多不适合涉外或国际仲裁的条款(如针对仲裁裁决的上诉制度[②]),从而使得我国修订的《仲裁法》中专章关于涉外仲裁的规范仅用近 10 个条文表达即可。这样,我国可不采用法国的积极列举国内仲裁规范同时可适用于国际仲裁的方法,而是应当采用否定排除的方法,即将不适用涉外仲裁的少数国内仲裁条款在涉外仲裁专章中用一个款项列明,具体的表达方式可以是:在符合本章规定的前提下,除非当事人另有明确约定,本法第 X 条、第 X2

[①] 主要原因是我国对外经济贸易总量大且涉外关系繁多,指定某地人民法院集中管辖既加重该地人民法院负担,又可能会给某些当事人带来不便。

[②] 法国 2011 年《民事程序法典》第 1489—1490 条和第 1494—1498 条对国内仲裁实行这种当事人在有明确约定的情况下向法院提起针对裁决的上诉制度。世界上不少国家或地区的仲裁制定法也规定了这种制度,且不限于国内或境内仲裁,如英国《仲裁法》第 69—71 条、新加坡《仲裁法》第 49—52 条、澳大利亚新南威尔士《商事仲裁法》第 34A 条、我国香港地区 2010 年《仲裁条例》第 81 条第 2 款 c 项及表 2 第 5 条、苏格兰《仲裁法》规则 69 和规则 70 等。然而,美国《联邦仲裁法》及德国、瑞典、西班牙、日本、奥地利、中国台湾等很多国家或地区的仲裁制定法规范中并无这种明示的仲裁裁决上诉制度。最高人民法院万鄂湘副院长等认为,我国目前关于否定涉外仲裁协议或裁决效力的内部报告制度推广适用于国内仲裁时都会给人民法院造成难以承受的客观困难(可参见万鄂湘、于喜富在《法学评论》2007 年第 1 期上发表的《我国仲裁司法监督制度的最新发展——评最高人民法院关于适用仲裁法的司法解释》),我国司法界人士肯定是激烈反对采用此种制度的。在笔者参加的各种全国性年会上,仲裁界人士也普遍持这一立场。可见,短期内我国不能像法国那样对境内仲裁实行这种制度。

条……与第 Xn 条[①]之外的其他规定也适用于涉外仲裁。顺便指出的是:之所以允许当事人协议排除未列举的国内仲裁规范,是因为专章中的涉外仲裁裁决撤销理由和不予执行等规范足以保证涉外仲裁达到国际主流的品质;在当事人没有明示排除的情况下,适用列举条款之外的其他国内仲裁规范的目的在于为涉外仲裁纠纷的当事人提供便利。

[①] 主要是实体适用规则、撤销和不予执行理由的规则,其中的"X"等都是指不适用于涉外仲裁的国内仲裁条文的具体标号。

三

涉外仲裁法制专门内容的完善

由于涉外仲裁法制包括同时可适用于涉外仲裁的国内仲裁法规范,前者内容方面改革的好坏当然还要取决于后者的完善程度。关于后者的完善问题,笔者将另行作出较详细的阐述。同时,其他法律、法规中的一些相关规范目前仍然具备合理性,且不宜置于新《仲裁法》之中,如 2007 年《民事诉讼法》将申请执行的 2 年期限推广涵盖了仲裁裁决,上述的国办发〔1996〕22 号文使我国所有仲裁机构都能受理涉外仲裁案件等。① 有鉴于此,这里仅进一步探讨对现行《仲裁法》中涉外仲裁专章下规范的完善问题,以期新《仲裁法》的相应专章内容达到应然的水平。

具体而言,新《仲裁法》的涉外仲裁专章下除了已论述的必须有一个条文规定同时可适用于涉外仲裁的国内仲裁法条和适用条件外,还应当具备以下内容的条文:

第一,规定"涉外仲裁"定义的条文。

尽管众多法律、法规中都有"涉外仲裁"的用语,却没有任何关于该用语的法定定义。

如前所述,由于一些国家并不存在多法域的情况,没有"涉外仲裁"而仅有"国际仲裁"的概念,如瑞士、马来西亚、法国、葡萄牙、西班牙等,另一些国家或地区因有多法域的情况且多法域之间的仲裁关系处置原则与国际仲裁相同,因此使用了"涉外仲裁"的用语,如中国澳门等。为了明确涉外或国际仲裁法制的适用范围,这些国家或地区的仲裁制定法一般都对"涉外仲裁"或"国际仲裁"作出了明

---

① 可参见王红松:《〈仲裁法〉存在的问题及修改建议》,http://ielaw.uibe.edu.cn/admins/edit/UploadFile/2008227105215174.pdf,2010 年 9 月 16 日访问。

确的定义,如瑞士1987年《联邦国际私法法规》第176条第1款、中国澳门地区1998年《涉外商事仲裁法规》第1条第4款、马来西亚2005年《仲裁法》第2条第1款第9项和法国2011年新《民事程序法典》第1504条、葡萄牙2012年《自愿仲裁法》第49条第1款等。

从境外制定法的界定情况来看,用以确定"涉外仲裁"或"国际仲裁"的标准大体上可以分为三种类别。第一类采用"实质性连接因素"(material connecting factors)的标准。在仲裁案件中,可能的连接因素很多,包括:仲裁员的国籍和住所;当事人的国籍、住所、居所或公司的总部;合同的缔结地、履行地;财产所在地和损害发生地;仲裁机构的国籍或总部;仲裁地和裁决执行地;仲裁程序选择适用的法律;争议实体选择适用的法律等。[①] 某仲裁中以上所有连接因素指向同一国家或地区时,仲裁无疑是该国国内仲裁或该地本地仲裁。但是,以上连接因素中一个或多个指向一个或多个国家或地区时,很多国家或地区也并不当然地视之为涉外或国际仲裁,而是考察有关的连接因素是否很重要,这便是"实质性连接因素"的原则。一般说来,仲裁地点和当事人的国籍或居所等属于"实质性连接因素"范畴。瑞士、英国、叙利亚、埃及、利比亚和科威特等一些阿拉伯国家即采用此种标准。[②]第二类实行"争议性质"的标准,即根据争议的性质认定仲裁是否具有"涉外性"或"国际性",如果争议"涉及区际或国际利益",则将其仲裁视为涉外或国际仲裁。法国和葡萄牙就是实行此种标准的代表。更多的国家或地区全部或部分地采用联合国1985年版或2006年版《示范法》第1条第3款确立的混合了以上两项原则的标准,即:一项仲裁是国际性的,如果(a)仲裁协议双方当事人在签订该协议的时候,他们的营业地位于不同的国家;或者(b)下列地点之一位于双方当事人营业地国家之外:(i)仲裁协议中或根据仲裁协议确定的仲裁地,(ii)商事关系主要义务将要

---

① See Fouchard Gaillard Goldman, *On International Commercial Arbitration*,中信出版社2004年影印版,pp. 46-47.

② 参见韩健:《现代国际商事仲裁法的理论与实践》,法律出版社2000年版,第4页。

履行的任何地点或与争议的客体具有最密切联系的地点;或者(c)双方当事人已明示约定仲裁协议的客体与一个以上的国家有联系。

一些学者经考证后指出,第一类标准仅仅简单机械地考虑少数几项所谓的"实质性因素",不足以全面地说明或涵盖国际商事的多样性。① 笔者发现,第二类标准也有太抽象的缺陷,只有第三类标准避免了前两种缺陷,且有非常多的国家或地区采纳,因而值得我国借鉴。

不过,该《示范法》的上述(c)项规定因使当事人有机会规避本应适用的国内法,而被加拿大、匈牙利、塞内加尔和西班牙等较多国家或地区其后制定或修改的仲裁法删除。② 笔者认为,该《示范法》的上述(b)项第(i)目也能给当事人提供规避的机会,因为当事人完全可以将无任何国际因素的纠纷通过约定仲裁地在营业地国家之外的方式规避有关国家或地区境内仲裁法的适用。实践中,我国已出现有当事人将纯境内纠纷约定去境外仲裁的情况。③ 目前不少地方的人民法院通常不分青红皂白地一概拒绝执行由此形成的仲裁裁决。④ 笔者在调研中了解到,其中的主要原因是我国内地的仲裁法制不合理,如未经所有当事人共同约定对实体公共政策以外的实体问题进行审查,以及不允许临时仲裁等。希望我国能改进法制以避免当事人作出此种无奈的规避。同时,我国也必须采取合理的措施防止境内当事人非正当地规避本应适用的境内其他法律规则。无

---

① 参见韩健:《现代国际商事仲裁法的理论与实践》,法律出版社2000年版,第8页。
② See Francisco Ramos Mendez, International Arbitration in the New Spanish Arbitration Act, *International Arbitration Law Review*, 2004, p. 173.
③ 信息来源于对外经济贸易大学法学院主办的"国际商事仲裁新发展高峰论坛:论国际商事仲裁的新发展",http://www.law.sdu.edu.cn/child/mss/qianyan/2011-05/2150.html, 2012年7月27日访问。
④ 有关例证可见于北京市第二中级人民法院作出的民特字(2013)第10670号民事裁定书;上海市第二中级人民法院作出的民认(仲协)字(2014)第13号民事裁定书;最高人民法院发出的《关于江苏航天万源风电设备制造有限公司与艾尔姆风能叶片制品(天津)有限公司申请确认仲裁协议效力纠纷一案的请示的复函》等。可同时参见李鹏的《试论无涉外因素争议的外国仲裁裁决》(载《行政与法》2013年第10期)中的案例。

疑,境内仲裁制定法经适当修改后,条款应不允许当事人规避。因此,笔者建议我国修订的《仲裁法》中"涉外仲裁"应在借鉴加拿大等国规定的基础上略加修改,主要是将"仲裁协议中或根据仲裁协议确定的仲裁地"之类的连接点去除掉。在具体措辞上,还要吸收中国澳门地区《涉外商事仲裁法规》第 1 条第 4 款中的"或地区"的表达,为避免对"地区"的误解而在第 2 款中对之作出了定义。据此,笔者的建议条文如下:

第 X 条 涉外仲裁是指存在下列情况之一的仲裁:

(一)当事人在签订仲裁协议时各自的营业地位于不同的国家或地区;

(二)仲裁法律关系主要义务将要履行的任何地点或与争议的客体具有最密切联系的地点位于各方当事人营业地国家或地区之外。

前款中的"地区"是指具有独立民商法系统的区域。

一方当事人有一个以上营业地点的,本条第一款中的"营业地点"为与仲裁协议关系最密切的营业地点。

一方当事人没有营业地点的,其惯常住所地视为本条第一款中的"营业地点"。

第二,确定适用于争议实体的规则。

涉外或国际仲裁裁决实体争议的依据规则很重要,境外很多仲裁制定法都包含了这种规则。如联合国 1985 年版和 2006 年版《示范法》第 28 条、瑞士 1987 年《联邦国际私法法规》第 187 条、巴西 1996 年《仲裁法》第 2 条、英国 1996 年《仲裁法》第 46 条、德国 1998 年《民事程序法典》第 1051 条、尼泊尔 1999 年《仲裁法》第 17 条、阿塞拜疆 1999 年《国际仲裁法》第 28 条、阿富汗 2005 年《商事仲裁法》第 43 条、奥地利 2006 年《民事程序法典》第 603 条、塞尔维亚 2006 年《仲裁法》第 49 条、意大利 2006 年《民事程序法典》第 822 条、卢旺达 2008 年《商事仲裁调解法》第 40 条、苏格兰 2010 年《仲裁法》规则 47、法国 2011 年《民事程序法典》第 1511—1512 条、葡萄牙 2011 年修订的《自愿仲裁法》第 52 条、荷兰 2015 年《仲裁法》第 1054 条等。

在内容方面，不少国家或地区的仲裁法未区分是否为涉外或国际仲裁而表达如下：(1)仲裁庭应当依照当事人选择的适用于争议实体的法律规则对争议作出决定。除非另有表明，指定适用某一国家的法律或法律制度应是指该国的实体法而不是其法律冲突规范。(2)当事人没有指定任何适用法律的，仲裁庭应当适用其认为适用的法律冲突规范所确定的法律。①(3)仲裁庭只有在各方当事人明示授权的情况下，才应当依照公平善意原则或作为友好仲裁庭作出决定。(4)在任何情况下，仲裁庭都应当按照合同条款并考虑到适用于该项交易的贸易惯例作出决定。② 但是，马来西亚和法国等的仲裁制定法区分了是否为涉外或国际仲裁的情况而实行不同的规范。其中，马来西亚 2005 年《仲裁法》第 30 条第 1 款规定，对于仲裁地在马来西亚的国内仲裁，仲裁庭必须适用该国的实体法。法国 2011 年《民事程序法典》第 1478 条对国内仲裁则选择了上述第(3)项规则内容。对于国际仲裁，这两个国家将上述所有规则内容都予以包括。③ 很明显，马来西亚和法国的立法者认为：国内仲裁的当事人不应当有权根据上述第(1)项内容选择境外法律解决争议实体问题，国内仲裁的仲裁庭也不应当根据上述第(2)项内容决定采用某一境外的法律解决争议实体问题。

我国一些学者的研究中提供了很多实例，说明我国不少仲裁员在涉外仲裁实践中缺乏正确的实体法律适用理念。④ 笔者认为，我国现行《仲裁法》中没有关于涉外仲裁实体争议裁决依据的明示规

---

① 但是，德国《民事程序法典》第1051条第 2 款规定：当事人如对适用法律规范未作选择，仲裁庭应适用与争议事项有最密切关系的国家的法律。

② 不过，阿富汗《商事仲裁法》第 43 条关于仲裁争议实体法律适用的规则中无本段说明中第(3)项和第(4)项内容的规定。这说明，阿富汗不允许友好仲裁。

③ 可分别参见马来西亚《仲裁法》第 30 条第 4—5 款和法国《民事程序法典》第 1511—1512 条。

④ 参见袁发强：《中国涉外海事仲裁中法律适用状况评析》，载《华东政法大学学报》2009 年第 4 期，第 54—57 页。

则是产生这种结果的重要原因之一。不仅如此,该法对境内仲裁也没有明确的裁决依据规则。

有学者认为,我国现行《仲裁法》"总则"中的第 7 条提供了解决实体争议的依据,只是存在未接纳友好仲裁或不甚明确的缺陷。① 另一些学者则主张,该条并不排斥友好仲裁。② 但是,笔者考察下来发现,该法其他条款不见任何与实体争议裁决依据有关的痕迹,而其第 7 条本身有数个方面的缺陷:首先,该条文字表述含混,没有明确到底是仲裁程序、裁决等全部问题还是部分问题应当"根据事实"等;其次,如果该条原意是为了解决实体争议的裁决依据问题,则放在"总则"部分是不妥的,而是应当如其他国家或地区一样安置在含"裁决"章目标题之下,因为这一问题很具体,根本不是如书面通信的收取等那样涉及仲裁多方面或环节的问题;最后,由于不包括友好仲裁的狭义上的依法仲裁与在明确的实体规则之外按照公平原则解决实体纠纷的友好仲裁是非此即彼的关系,该条在文字上没有显示这种排斥关系及适用的条件显然是不妥的。

可见,现行《仲裁法》第 7 条应当删除或修改成明确的实体争议裁决依据的规则,分两个条文分别放在修订后《仲裁法》的(内地)"裁决"章和"涉外仲裁"特别规定的专章之中。前者中的条文规范可以吸收以上列明的第(3)和第(4)项内容,后者中的条文规范则可以表述成第(1)和第(2)项内容,同时在本章第二目提及的修改条款中不排除前者中的条文规范适用。如此安排的好处是:可以避免法国 2011 年新法下第 1478 条和第 1512 条发生的不必要的内容方面的重复。

第三,确定合理的以内地为仲裁地的涉外仲裁裁决的撤销规则。

除了依照我国法律成立的仲裁机构以外,境外的仲裁机构已陆续受理了多起以我国内地为仲裁地的涉外仲裁案件。最终诉诸人

---

① 参见郭玉军:《国际商事仲裁中的友好仲裁问题》,载《武汉大学学报》(哲学社会科学版)1999 年第 6 期,第 13 页。

② 参见贺季敏:《论友好仲裁》,载《司法改革评论》2009 年第 9 辑,第 94 页。

民法院的案件至少有国际商会仲裁院(ICC)受理的"旭普林公司案"和"宁波工艺品公司案"等。2004年江苏省无锡市中级人民法院对"旭普林公司案"下的仲裁裁决以仲裁协议无效为由拒绝执行。2009年浙江宁波市中级人民法院则以"非内国裁决"的名义执行了"宁波工艺品公司案"下的仲裁裁决。至今尚未出现人民法院关于针对境外仲裁机构以我国内地为仲裁地的涉外仲裁裁决撤销之诉态度的报道。但是,我国已有学者对可能出现的这种问题提出了两种截然相反的看法:一种观点是,我国人民法院不应当行使撤销管辖权,或应当主动地放弃撤销管辖权;而相反的主张则是,我国人民法院应当行使撤销管辖权,否则即是有损于司法主权的不当行为。①

笔者同意后一种观点,同时基于以下原因倡导人民法院对"以我国内地为仲裁地的涉外仲裁裁决"行使撤销救济管辖权并建议修订的《仲裁法》宣示此原则:为避免出现司法监督的真空或积极冲突,现代各国家或地区的仲裁法一般规定只对以本国或境内为仲裁地的国内或境内、涉外或国际仲裁决行使撤销管辖权;②比利时等的历史教训表明,放弃撤销救济管辖权会令绝大多数涉外或国际仲裁当事人恐惧,从而严重影响这些国家或地区作为仲裁地的吸引力。③

另外,为了弥补前文列举的我国涉外仲裁裁决撤销规则中的各项缺陷,笔者建议首先将2006年《司法解释》中的受理法院规则引入新《仲裁法》之中,并将《示范法》第34条中当事人有义务证明的四项撤销理由④全部吸收,同时增加一项"裁决是以欺诈、贿赂或其他不

---

① 参见陈力:《ICC国际仲裁院在我国作成仲裁裁决的承认与执行》,载《法商研究》2010年第6期,第87页。

② 参见张庆元、陆薇:《国际商事仲裁中的国籍问题》,载《仲裁研究》2010年第2期,第39—41页。

③ See Georgios Petrochilos, Procedural Law in International Arbitration, *Oxford Private International Law Series*, 2004, p. 87. See also Martina PRPIC, Setting Aside Recourse and Enforcement of Awards Annulled in the Country of Their Origin, *Croatian Arbitration Yearbook*, 2003, pp. 16-17.

④ 这四项理由实质上同于本部分第一目提及的《纽约公约》中不予执行的前四项理由。

正当的手段获得的"撤销理由。如此添加的原因在于:我国境内不时地发生着仲裁员私自会见当事人、接受当事人请客送礼或接受当事人贿赂、故意偏袒一方当事人等行为,并导致境外当事人普遍对我国的涉外仲裁不信任;①境外不少国家或地区的仲裁法明确地规定当事人有权请求撤销以欺诈、贿赂或其他不正当的手段获得的国内、涉外或国际裁决,如美国《联邦仲裁法》第 10 条第 1 款第 1 项、英国 1996 年《仲裁法》第 68 条第 1 款第 7 项、孟加拉 2001 年《仲裁法》第 42 条第 4 款、苏格兰 2010 年《仲裁法》规则 68 第 2 款第 6 项第 2 目等。另一些国家或地区则干脆在仲裁制定法中明确宣布"受欺诈或贿赂影响作成的裁决"属于"与公共政策相冲突的裁决",如马来西亚 2005 年《仲裁法》第 37 条第 2 款第 1 项、新西兰 2007 年修订的《仲裁法》表 1 第 36 条第 3 款第 1 项、澳大利亚 2010 年《国际仲裁法》第 15 条第 1 款第 1 项等;马来西亚等国制定法对"公共政策"作出解释,在中文表达上显得较啰唆。添加之后既可以有效地保护境内外当事人的利益,又有利于提升我国涉外仲裁的声誉。

此外,应当添加对人民法院主动认定的涉外仲裁裁决的撤销理由。其中的一项无疑为裁决的纠纷不具有可仲裁性。另一项则应当是由新《仲裁法》明确宣布的"违反涉外公共政策"。国内外学者普遍认为,对涉外或国际仲裁应采用比境内或国内公共政策更窄的"涉外公共政策"或"国际公共政策"。我国学者公认的属于先进仲裁立法之列的法国 1981 年《民事程序法典》第 1054 条(通过援引第 1052 条)和 2011 年新《民事程序法典》第 1520 条明确地规定"国际公共政策"而不是(国内)"公共政策"为国际仲裁裁决的撤销理由之一。其他国家或地区的仲裁制定法虽然大多没有效法法国作出如此明示的区别对待,但是在这些国家或地区的司法实践中,往往也是采用更窄的"涉外公共政策"或"国际公共政策"而不是(境内或国

---

① 参见石现明:《我国涉外商事仲裁错误裁决司法审查救济制度之缺陷及其重构》,载《仲裁研究》2010 年第 2 期,第 78 页。同时参见萧凯:《从富士乐仲裁案看仲裁员的操守与责任》,载《法学》2006 年第 10 期,第 28—29 页。

内)"公共政策"标准确定涉外或国际仲裁裁决应否被撤销。① 尽管我国参加的《纽约公约》使用了"公共政策"用语,我国的仲裁法制中却代之以"社会公共利益",且在司法实践中不区分国内、涉外或国际的情况。② 可见,为了与我国参加的条约及其他国家或地区通行用语一致,且使我国所有法官注意到涉外仲裁的特殊性,我国的新《仲裁法》最好使用与"公共政策"有区别的"涉外公共政策"这一用语。

第四,确定适当的涉外仲裁裁决不予承认与执行的理由。

我国一些理论界和实务界人士以避免双重审查、提高效率等为由,主张取消《仲裁法》中国内和涉外仲裁裁决的不予承认与执行制度。笔者认为,③取消整个仲裁裁决的不予承认与执行制度肯定是不合适的,但是就涉外仲裁裁决的不予承认与执行的理由而言,要区分以内地为仲裁地的涉外仲裁裁决和其他涉外仲裁裁决两类不同的情况,且应当采用两个条文在《仲裁法》中分别予以规范。

对于以内地为仲裁地的涉外仲裁裁决,不具有可仲裁性和违反涉外公共政策④的,在裁决撤销申请期满后仍然应为法院主动认定的裁决不予承认与执行的理由,这一原则对根据当事人和解协议作

---

① 参见张艾清:《荷兰商事仲裁法律与实践若干问题探究》,载《法学评论》2000年第1期,第159页。See also May Lu, The New York Convention on the Recognition and Enforcement of Foreign Arbitral Awards: Analysis of the Seven Defenses to Oppose Enforcement in the United States and England, *Arizona Journal of International and Comparative Law*, Fall 2006, p. 772.

② 参见杜新丽:《论外国仲裁裁决在我国的承认与执行——兼论〈纽约公约〉在中国的适用》,载《比较法研究》2005年第4期,第107页。

③ 参见刘武俊:《仲裁业发展存在的问题及对策——对福建、安徽、吉林三省部分仲裁机构调研分析报告》,载《北京仲裁》2007年第2期,第59页。同时参见叶永禄、邓金:《论我国仲裁司法审查制度之完善——以港、澳、台仲裁制度为视角》,载《金陵法律评论》2006年第2期,第92页。

④ 鉴于很多学者认为我国现行仲裁法制中的"社会公共利益"术语不够恰当,笔者建议改革后的我国仲裁法制应将之替换为"公共政策"。

成的裁决书[①]也不能例外。但是,其他可导致涉外仲裁裁决撤销的理由应当不允许当事人在裁决撤销申请期限届满后作为不予执行的理由提起。如此规定的正当性可参见本书第六部分的相关论述。

对于其他在我国内地以外的国家或地区作出的涉外仲裁裁决,不予承认与执行的理由则不能仅限于不具有可仲裁性和违反涉外公共政策这两项,还应当包括与上述《纽约公约》中前五项相同或实质性类似的理由。这主要是因为:(1)现行和修订后的我国《仲裁法》都不可能对境外作出的涉外仲裁裁决实行撤销救济制度的控制,有财产在我国内地的被执行的当事人,在国外或境外采取撤销裁决之诉等救济措施等的成本可能非常高,或者国外或境外对欺诈等裁决撤销理由没有作出特殊的撤销时限规定而使其不再能采取撤销裁决之诉等救济措施。显而易见,这五项不予承认与执行的理由能对这样的当事人起到适当的保护作用。(2)修订后的我国《仲裁法》如此规定既不违反我国的国际或区际义务,也符合境外通例。《纽约公约》连同我国内地与港、澳的区际协议等都承认这五种裁决不予承认与执行的理由。很多国家或地区为了保护财产在该国家或地区的当事人的合法利益,均普遍地在其仲裁制定法中确认这些理由,如德国1998年《民事程序法典》第1060条第2款、克罗地亚2001年《仲裁法》第40条、日本2003年《仲裁法》第45条第2款、挪威2004年第46条第1款、马来西亚2005年《仲裁法》第39条第1款第1项、丹麦2005年《仲裁法》第39条第1款第1项、中国台湾地区2009年修订的"仲裁法"第50条、中国香港地区2010年《仲裁法》第89条第2款、法国2011年《民事程序法典》第1525条第4款等。

---

① 我国《民事诉讼法》第96条规定,人民法院确认的调解协议的内容不得违反法律。由此要求根据当事人和解协议作成的裁决书不得违反纠纷不具有可仲裁性或公共政策规则是理所当然的。一些国家或地区的仲裁法对此有明确的规定,如德国《民事程序法典》第1053条、奥地利《民事程序法典》第605条。其他国家或地区的仲裁法虽然未专门申明,但是它们关于所有的裁决书不得违反仲裁性或公共政策规则的规定,对根据当事人和解协议作成的裁决书也是适用的。

第八部分
PART 8

我国《仲裁法》修改建议稿及逐条说明

第一章 总 则

[总体说明]

对于是否在仲裁制定法中专门规定"总则"一章,尚无统一做法。不少国家或地区仲裁制定法中并无"总则"一章,如美国 1925 年《联邦仲裁法》、瑞典 1999 年《仲裁法》、中国台湾地区 2009 年修订的"仲裁法"、意大利 2006 年《民事程序法典》、法国 2011 年《民事程序法典》、荷兰 2015 年《民事程序法典》等皆未专门单列一章对总则问题作出规定。美国、瑞典和法国的国内和国际仲裁都非常发达,其仲裁制定法被认为很利于仲裁的发展。可见,"总则"并不是一部好的仲裁制定法的必备构成要件。

但是,也有很多境外的仲裁制定法含有"总则/一般条文"(general provisions)或"导言"(introductory)、"序篇"(preliminary provisions)之类名称的专门部分或专章规则,且放在首条或较前位置,如 1985 年版和 2006 年版《示范法》(第一章)、英国 1996 年《仲裁法》(第一部分)、德国 1998 年《民事程序法典》(第 1 编第一章)、韩国 1999 年《仲裁法》(第 1 章)、新加坡 2002 年《仲裁法》(第 1 部分)、日本 2003 年《仲裁法》(第 1 章)、马来西亚 2005(第 1 章"序篇"和第 2 章"总则")、挪威 2004 年《仲裁法》(第 1 章)、丹麦 2005 年《仲裁法》(第 1 章)、马来西亚 2005 年《仲裁法》(第 1 章序篇和第 2 章总则)、奥地利 2006 年《民事程序法典》(第 4 编第 1 章)、亚美尼亚 2006 年《商事仲裁法》(第 1 章)、中国香港地区 2010 年《仲裁条例》(第 1 部分"导言"和第 2 部分"一般条文")、比利时 2013 年《司法法典》(第 6 部分第 1 章)等。不过,上述境外的仲裁制定法总则性质的规则使用的条文数量和规范的事项并不一致。如 1985 年版和 2006 年版《示范法》采用了 6 条分别规定适用范围、定义及解释规则、国际渊源和一般原则、收到书面通信、放弃提出异议的权利、法院干预的限度、法院或其他机构对仲裁予以协助和监督的职责。德国1998年《民事程序法典》和奥地利2006年《民事程序法典》在总则中却仅用了4条，依次处理适用范围、法院干预范围、异议权的丧失和书面通信的收取等问题。日本2003年《仲裁法》采用的条文却多达12个，分别规定目的、定义、适用范围、法院干预、法院管辖权、自愿口头审理、对法院决定的上诉、仲裁地未确定情况下的法院干预、有关法院程序的案件记录的查阅、《民事程序法典》对法院程序的适用、最高法院规则和书面通知等。

我国一些权威学者指出，总则由有关部门法中分则的材料提炼升华而成，源于分则又高于分则，在该部门法中居于统率地位。从总体上说，它是该部门法的灵魂和核心，是对事关该部门法全局的根本性内容的概括和综合。[1] 该理论对仲裁制定法也是适用的，加上我国现行《仲裁法》已有总则，同时在境外也相当流行，因此本建议稿包括了"总则"这一章

至于我国修订的《仲裁法》总则中应包含哪些规则及其理由，本章以下的条文建议及其说明即是答案。

---

[1] 参见于呐洋：《王利明呼吁制定民法总则推进形成民法典》，http://www.xjmlawyer.com.cn/show.aspx?id=44593&cid=77，2017年11月12日访问。同时参见黄进、杜焕芳：《关于国际私法总则的若干思考（一）》，http://www.eastwestlaw.com/c_int/show.asp?id=130，2017年11月12日访问。

第1条 立法目的[①]

为保证公正、迅速地仲裁纠纷,避免不必要的成本,保护当事人的合法权益,保障社会主义市场经济健康发展,制定本法。

[说明]

《仲裁法》的制定者像任何其他法律的制定者一样,不会无目的地宣示一项或数项规则,否则将等同于无聊的行为。[②] 数年来,我国不少学者对适用于各领域的一般立法目的或专门部门的特别立法目的进行了有益的探讨。[③] 其中一些学者非常强调立法目的条款的积极指导意义,[④]另一些学者则注意到应当适时地选择好的立法目的条款。[⑤]

国外学者针对明示或暗示的目的规则,结合司法实践,发表了更为丰富且深入的研究成果。特别难能可贵的是,一些国外学者承认立法目的条款在某些情况下具有指导法院解决特别问题的正面

[①] 不仅 1985 年版和 2006 年版的《示范法》对各法条加上了标题,很多国家或地区的仲裁制定法都普遍采用这种做法,如俄罗斯 1993 年《国际仲裁法》、英国 1996 年《仲裁法》、新加坡 2002 年《仲裁法》和 2009 年《国际仲裁法》、德国 1998 年《民事程序法典》、马来西亚 2005 年《仲裁法》、奥地利 2006 年《民事程序法典》、意大利 2006 年《民事程序法典》、柬埔寨 2006 年《商事仲裁法》、澳大利亚 2010 年《国际仲裁法》等。当然,巴西 1996 年《仲裁法》、埃及 1994 年《民商事仲裁法》、瑞典 1999 年《仲裁法》、法国 2011 年《民事程序法典》、比利时 2013 年《司法法典》等中的规范条目并没有标题。尽管如新加坡 2002 年《仲裁法》的首个注释中所称,该种标题"仅供参考之用,不能用于解释目的",却能为研究者和实践者等提供重要的参考指引,便于他们迅速地查阅到相关条文,符合当今先进立法学所提倡的"使用者友好型"的立法思潮。为此,本建议稿的条文加注了这样的标题。笔者建议我国对修订的《仲裁法》和今后的其他制定法加注条标题,并尽可能地确切化。

[②] See Matthew B. Todd, Avoiding Judicial In-Activism: The Use of Legislative History to Determine Legislative Intent in Statutory Interpretation, *Washburn Law Journal*, Fall 2006, p. 204.

[③] 如刘治斌的《立法目的、法院职能与法律适用的方法问题》(载《法律科学》2010 年第 2 期)等。

[④] 如胡智强的《我国审计法立法目的条款的改进研究》(载《审计文摘》2009 年第 4 期)等。

[⑤] 参见孔繁华:《从性质看我国行政诉讼立法目的之定位》,载《河北法学》2007 年第 6 期,第 136 页。

功能的同时,指出和论证了我国学者尚未普遍关注的立法目的条款在另一些情况下可能并无多大指导意义甚或具有负面作用的弊端。这主要是因为:立法者可能因水平低下而误述了一些立法目的;很多制定法是不同利益集团之间妥协的结果,而有时出现相互排斥的目的,以致法院不适合予以援用;就某一特别条款的解释而言,整个制定法中的多个目的中可能只有一个目的是实际相关的;特别条款如果非常详细地表明了立法者已在该特别问题上达成了共识而不适合采用总体的目的条款,否则即是构成对立法民主理论的违反。[①]

立法目的条款的上述两面性使得世界上不同的国家或地区在其仲裁制定法中采取了不同的做法。那些不设总则的国家或地区,如荷兰、法国、意大利、比利时、瑞典、美国等的仲裁制定法一般都没有专门明示的立法目的条款。有总则的联合国 1985 年版和 2006 年版《示范法》及采纳了这个两版本之一且有总则的德国 1998 年《民事程序法典》、日本 2003 年《仲裁法》[②]、奥地利 2006 年《民事程序法典》等,也没有专门明示的立法目的条款。但是,英国 1996 年《仲裁法》(第 1 条)、韩国 1999 年《仲裁法》(第 1 条)、阿富汗 2005 年《商事仲裁法》(第 1 条)、柬埔寨 2006 年《商事仲裁法》(第 1 条)、亚美尼亚 2006 年《商事仲裁法》(第 1 条)、新西兰 2007 年《仲裁法》(第 5 条)、澳大利亚 2010 年《仲裁法》(第 2D 条)、苏格兰 2010 年《仲裁法》(第 1 条)、中国香港地区 2010 年《仲裁条例》(第 3 条)等的序言或总则中都有专条明示的立法目的规则。

我国现行的基本制定法一般都在第 1 条中规定其立法目的。我

---

① See Michael Rosensaft, The Role of Purposivism in the Delegation of Rulemaking Power to the Courts, *Vermont Law Review*, Winter 2005, pp. 624-641. See also Michael W. Mullane, Statutory Interpretation in Arkansas: How Arkansas Courts Interpret Statutes, *Arkansas Law Notes*, 2005, pp. 74-83.

② 日本 2003 年《仲裁法》英文版第 1 条采用了"目的"这一标题,其内容实际上却是一项适用范围规则,即: Arbitral proceedings where the place of arbitration is in the territory of Japan and court proceedings in connection with arbitral proceedings shall, in addition to the provisions of other laws, follow those of this Law.

国学者已提出的较完整的《仲裁法》修改建议稿也都保留了目的条款,只是其中的一些学者对之稍有改动。① 考虑到我国的传统和明示的立法目的条款积极意义上的功能,本建议稿也予以保留。同时,为避免出现以上国外学者所提及的弊端,本条采用的"迅速"一词,而不是现行条文中的"及时",去除现行条文中"纠纷"前的"经济"限定和添加"避免不必要的成本"等改动,不仅参考了其他国家或地区仲裁法②中的目的条款规则,而且也参考了中外学者专门关于仲裁法应然目的的论述。这些学者③认为,可仲裁的纠纷范围不应当局限于"经济"或"商事",而是应当尽可能地扩大,以包含绝大多数当事人可自由处分的民商事争议;同时,低成本既有利于当事人选择仲裁,又有利于经济健康繁荣;此外,我国现行《仲裁法》中的"及时"(prompt)一词的妥当性不及"迅速"(rapid),因为后者更具"高效""快捷"之意。④

第2条　本法的适用范围

仲裁地在中华人民共和国内地的仲裁,适用本法规定。

仲裁地不在中华人民共和国内地或者未被确定,本法的第6条、第8条、第13条(备选案文一)第2款(备选案文二第2款)、第13

---

① 如武汉大学国际法研究所"《仲裁法》修改"课题组的建议稿中目的条款的微改之处为:添加仲裁的主体,即"公平的仲裁庭";将原条文中的"经济纠纷"换成"纠纷";去掉原条文中"保障社会主义市场经济健康发展"的一段文字(《中华人民共和国仲裁法(建议修改稿)》,载《仲裁研究》2006年第2期,第49页)。郑金波的建议稿小改之处则是:将原条文中的"及时"改成"迅速";将原条文中的"经济纠纷"换成"民商事纠纷";在原条文中"保障"之后加了"和促进"三字(载《仲裁研究》2009年第2期,第81页)。

② 在上述列举的有目的条款的国家与地区中,仅柬埔寨和阿富汗、澳大利亚新南威尔士的仲裁制定法对纠纷施加了"商事"或"商事和经济"的限制。同时,英国1996年《仲裁法》(第1条)、亚美尼亚2006年《商事仲裁法》(第1条)、苏格兰2010年《仲裁法》(第1条)和中国香港地区2010年《仲裁条例》(第3条)等的目的条款中都含有"避免不必要的成本"的宗旨。

③ 如郑金波的《〈仲裁法〉修改建议稿》(中)(载《仲裁研究》2009年第3期,第75页)等。

④ 境外不同的仲裁制定法也存在着这两个词的使用区别。其中使用"及时"(prompt)一词的有阿富汗和柬埔寨等少数国家的仲裁制定法。韩国和中国香港地区等则采用"迅速"(rapid)一词。英国、亚美尼亚、新西兰、澳大利亚新南威尔士和苏格兰等国家或地区的仲裁制定法则使用与后者意思相近的"避免不必要的延迟"(without unnecessary delay)。

条、第 16 条、第 34 条、第 35 条、第 36 条和第 72 条仍予适用。

本法不适用于劳动仲裁和农村土地承包仲裁。

[说明]

1985 年版和 2006 年版《示范法》第 1 条就是关于适用范围的规定。世界上绝大多数国家或地区现行的仲裁制定法也都有适用范围条款,并且普遍地放在首条或较前的位置,如埃及 1994 年《民商事仲裁法》第 1 条、英国 1996 年《仲裁法》第 2 条、德国 1998 年《民事程序法典》第 1025 条、韩国 1999 年《仲裁法》第 2 条、新加坡 2002 年《仲裁法》第 3 条、日本 2003 年《仲裁法》第 1 条和第 3 条、挪威 2004 年《仲裁法》第 1 条、丹麦 2005 年《仲裁法》第 1 条、奥地利 2006 年《民事程序法典》第 577 条、塞尔维亚 2006 年《仲裁法》第 2 条、柬埔寨 2006 年《商事仲裁法》第 1 条、新西兰 2007 年修订《仲裁法》第 6 条、澳大利亚新南威尔士 2010 年《商事仲裁法》第 1 条、中国香港地区 2010 年《仲裁条例》第 5 条等。

我国《民事诉讼法》(第 3 条)等也含有适用范围规则,但现行的《仲裁法》却没有这样的规范,以至于学者们对该法是否适用于国际商会仲裁院以我国为仲裁地的仲裁以及我国境内仲裁机构以境外为仲裁地的仲裁存在着不同的看法。[①] 我国一些学者已注意到此缺陷,在他们的建议稿中补了这一项。然而,这些建议稿关于"适用范围"规则中的一个最严重的错误是用"当事人另有约定的除外"的语句,允许以我国为仲裁地的当事人协议排除我国仲裁法中包括强制性规则在内的一切规则。可以说,世界上任何其他国家或地区的仲裁制定法都没有采用这种极端的意思自治原则。诚然,世界上任何其他国家或地区仲裁制定法中的大多数规则是允许当事人协议排除的任意性规则。但是,即使是最开放国家或地区的仲裁法中仍有

---

① 有关学者的分歧意见可参见赵秀文的《从宁波工艺品公司案看我国法院对涉外仲裁协议的监督》(载《时代法学》2010 年第 5 期)和陈力的《ICC 国际仲裁院在我国作成仲裁裁决的承认与执行》(载《法商研究》2010 年第 6 期)。

不少的强制性规则不允许当事人协议排除,其中英国1996年《仲裁法》(第4条)、美国2000年修订的《统一仲裁法》(第4条)、苏格兰2010年《仲裁法》(第8条)等明确地规定了多项这样的强制性规则。1985年版和2006年版《示范法》及采纳《示范法》的国家或地区仲裁制定法,①也在一些条文中明示或暗示其法条中存在强制性规则。

此外,如前所述,国际商会(ICC)仲裁院等境外仲裁机构管理下的仲裁以我国为仲裁地的情况已经出现,以后有可能越来越多。与我国境内仲裁机构管理下的仲裁一样,这些境外仲裁机构管理下的仲裁也会出现包括仲裁协议的效力、仲裁员是否具有独立性、仲裁庭组成是否适当、仲裁程序或仲裁裁决是否违反我国公共政策等纠纷。但是,由于我国现行《仲裁法》未明确规定是否适用于境外仲裁机构以我国为仲裁地的仲裁,人民法院今后面临此种纠纷时很可能以于法无据为由予以驳回。现行法律的这种缺陷导致人民法院对以我国为仲裁地的机构仲裁可能采取不管不问的态度,不仅实际上是没有世界先例且属于无任何回报地放弃国家司法主权的行为,②而且还可能会损害我国当事人的利益。因为这些纠纷中处于不利境地的一方当事人很可能是我国企业、公民或居民,这些当事人可能在境外有财产,从而使得另一方当事人根据本应当依照我国可适用的仲裁法予以撤销的仲裁裁决在境外得到承认和执行。

本条在内容方面弥补了现行《仲裁法》的上述缺陷,其中各款分别具有以下正当性:

第一,本条第1款以"仲裁地"为适用范围的标准符合以上列举的境外法条中相同标准所代表的国际惯例,不仅有利于维护我国的属地主权,而且在很多情况下也有利于维护我国利益——如境外仲

---

① 如1985年版和2006年版《示范法》的第4条即暗示该法中有当事人不可约定背离的规则。再如,韩国1999年《仲裁法》第20条中"在符合本法强制性规则的前提下"的短语,无疑是明示地宣示该法中存在强制性规则。挪威2004年《仲裁法》更是通过清楚地交代任意性规则的方式将其余的规则归入强制性规则。

② 参见陈力:《ICC国际仲裁院在我国作成仲裁裁决的承认与执行》,载《法商研究》2010年第6期,第87页。

裁机构以我国为仲裁地处理涉及我国当事人的纠纷和有关撤销裁决有利于我国律师业等。

第二，本条第 2 款规定的本建议稿中的几个特别条款拓展适用同样是上述境外仲裁制定法的共识，却是我国现行《仲裁法》所欠缺的。作为基本法律的我国现行《民事诉讼法》第 271 条第 1 款中"其他仲裁机构"的用语表明有明显意图也适用于以境外为仲裁地的仲裁，但是，该款仅涉及涉外仲裁协议与向人民法院起诉这一个方面的关系，且文字表述上存在着本书第三部分所述的不当。[①] 作为一个与境外交往的国家，必然会面临在境外进行的仲裁的当事人可能向我国人民法院提起诉讼、申请执行或发布保全措施、承认与执行裁决的问题，有了如本条第 2 款的规定，就能为处理这些问题提供明确的依据。

第三，劳动仲裁和农村土地承包仲裁在我国有特别专门的法律规范，现行《仲裁法》在最后一章"附则"中的第 77 条已表明对这两种仲裁不予适用的立场，从我国的现状及发展趋势来看，仍需要对两种仲裁实行特别的制度，修订的《仲裁法》当然不能予以涵盖适用，但表明这种立场的规则应移至本处集中显示其适用范围的整体轮廓。

第 3 条　定义

在本法中：

（一）"仲裁"是指法院之外根据当事人的约定通过一名或数名仲裁员作成裁决解决属于本法第 5 条中纠纷的程序；

（二）"中华人民共和国内地"指中华人民共和国的任何部分，但不包括中华人民共和国的香港、澳门及台湾；

（三）"仲裁协议"是指符合本法第 13 条规定的协议；

（四）"仲裁地"是指根据本法第 39 条确定的地点；

（五）"仲裁机构"是指依法注册具有组织和管理仲裁庭活动职

[①] 即没有考虑到仲裁协议无效或不能执行的情况或被当事人一致放弃。

能的中立机构。

（六）"仲裁庭"是指引领仲裁程序并作出仲裁裁决的独任仲裁员或仲裁员团队。

（七）"仲裁裁决"指仲裁庭对争议实体的决定，包括任何终局或部分裁决。

[说明]

没有总则的国家或地区仲裁制定法在具体章或部分的条文中分散定义一些用语。一些国家或地区，如德国、奥地利的仲裁制定法等尽管有总则，其总则中却并无专门的条款对该法中前后出现的用语进行定义，只是在其他章目中作出分散的定义。另一些国家或地区仲裁制定法的总则中不仅有专门的定义条文（如印度 1996 年《仲裁与调解法》第 1 部分仲裁第 1 章总则中的第 2 条）界定几个用语，而且还在后面的章条中定义其他用语。此外，不同的境外仲裁制定法总则中的定义对象的多少、相同用语定义的内容因视角差异而并不完全相同。如关于"仲裁"的定义，1985 年版和 2006 年版《示范法》第 2 条将其界定为"无论是否由常设仲裁机构进行的任何仲裁"。但是，韩国 1999 年《仲裁法》第 3 条第 1 款则作出了与本条建议内容类似的定义。再如，前者仅定义了"仲裁""仲裁庭"和"法院"3 个用语，中国香港地区 2010 年《仲裁条例》第 2 条却定义了"申索人""仲裁协议""被申请人""仲裁员""内地"等共 18 个用语。

笔者认为，总则中有专条对其他条文中出现的重要用语作出定义，可以在使用者首先接触到该用语时留下很深的印象，避免导致疏忽、争议或不解等。同时，我国也有不少的制定法都有定义条文，只是涉及用语较少而已。① 境外近年来更新的仲裁制定法中出现了数个用语定义不仅很精当，而且也很适合我国修订的《仲裁法》使用，因此本条在此予以借鉴或吸收。

就本条具体用语而言，其中第 1 项是关于"仲裁"的定义。1985

---

① 如我国 2009 年修订的《保险法》第 2 条，只是该法仅定义了"保险"这一个用语。

年版和2006年版《示范法》等仅简单地宣示仲裁"指无论是否由常设仲裁机构进行的任何仲裁"。如果这里照搬,只能起到承认临时仲裁的作用。而我国的立法者如果真正想承认临时仲裁,则可以通过以1985年版或2006年版《示范法》第二章"仲裁协议"下的第7条定义的方式修改现行《仲裁法》第16条和第18条即可。笔者受韩国1999年《仲裁法》第3条第1款之启发建议的本定义表明:本法中的仲裁肯定是协议仲裁。由此,便可删掉我国现行《仲裁法》第4条[①]和第6条这种其他国家或地区都没有且也不必要的专门条文,因为仲裁协议像其他协议一样属于自愿协议;同时,本法和其他法律都未规定仲裁机构之间有隶属关系以及要级别管辖和地域管辖。

第2项关于"中华人民共和国内地"定义对象取名及界定的原因在于:上一条的"适用范围"规则中出现了这样的用语;已有建议稿笼统地提"中国"而未具体地界定是不妥的,因为"中国"包括港澳台地区,属于多法域的国家,修订的《仲裁法》除上一条第2款提及的条文规则外,其他规则肯定不适用于仲裁地在我国港澳台地区的仲裁;我国最高人民法院与港台相互承认裁决安排[②]的文件中使用的是"内地"一词,且我国香港地区2010年《仲裁条例》中也统一采用这一用语。基于本国范围内法律用语应尽可能一致的考虑,本处也用了该词。

第3项选择"仲裁协议"作为界定对象的理由是:该用语是本建

[①] 在制定现行《仲裁法》时,为了废除原行政仲裁,加上没有本项定义,用专条如此规定应该说有一定合理性。不过,现行《仲裁法》关于撤销裁决理由的规则已暗示仲裁需以仲裁协议为前提,否则仲裁裁决无效。可见,当时即使少了这一条也不会使原先的行政仲裁制度得以保留。在本建议稿的起草理念下,现行《仲裁法》的第4条便更无必要了,因为:在笔者所查阅的数十个国家或地区的现行仲裁法中都没有这样一条。同时,现行《仲裁法》第4条在内容上也有缺陷,因为:根据现代各国普遍的关于异议权放弃规则及我国学者建议(可参见前述的三份建议稿):在没有仲裁协议的情况下,如果一方申请仲裁另一方不反对的,仲裁机构也可以受理。本建议稿定义了本用语就可以表明:依照仲裁协议进行的仲裁才是本仲裁法所称的仲裁,才适用本仲裁法并依照本仲裁法使仲裁裁决具有约束力。这样的表达方法贯彻了被删除法条中可保留的精神,不仅有多个国家或地区的先例支持,而且有利于靠拢较普遍的立法结构安排,从而实现前述的便于使用者掌握的主旨。

[②] 即前述的《内地与香港安排》和《内地与澳门安排》。

议稿法条所规范的自愿仲裁的基石和由此产生的裁决具有约束力的前提条件之一,且在本建议稿中的多处反复出现。

第4项"仲裁地"亦于多处出现,且在本建议稿中的第37条规定了确认规则,因此本处醒目地予以交代。

第5项定义"仲裁机构"的原因详见本书的第二部分。

第6项的"仲裁庭"是拥有仲裁权的主体,与"当事人"和"仲裁协议"处于同等重要的地位,因此,以1985年版和2006年版《示范法》、韩国1999年《仲裁法》、日本2003年《仲裁法》(第2条第2款)、新西兰2007年《仲裁法》(第2条)、中国香港地区2010年《仲裁条例》(第2条第1款)等为代表的较多境外仲裁制定法对之作出了定义。正是基于此种重要性和境外的广泛做法,本建议稿也对该用语作出了定义。但是,本条中的该建议借鉴的是韩国和日本以上条款中的内容,原因是《示范法》等中的定义仅简单地说明"仲裁庭"是指独任仲裁员或仲裁员团队,没有很好地说明其职能。

第7项的"仲裁裁决"是多数当事人参加仲裁追求的结果,在很多境外仲裁制定法中出现于数章/部分下的数个条文之中,它属于仲裁庭作出的决定形式之一。除了"裁决"以外,仲裁庭还可以作出程序性决定。但是,在拥有现代仲裁制度的所有国家,"裁决"被要求采用特定的形式并需具备特定的内容,对"裁决"可以向法院提出撤销或执行申请等,对仲裁庭的程序性决定却没有以上要求或待遇。因此,印度1996年《仲裁与调解法》第2条、克罗地亚2001年《仲裁法》第2条第1款第8项、新加坡2002年《仲裁法》第2条、马来西亚2005年《仲裁法》第2条第1款第1项等,都对"裁决"作出了界定,以便于使用者了然于心。当然,在一些大众很熟悉仲裁庭决定类型的国家或地区的仲裁制定法中没有这样的定义,而只是在"裁决"章或部分中规定了仲裁庭可作出的裁决类型,如英国1996年《仲裁法》第47条、瑞典1999年《仲裁法》第29条等。鉴于该用语在本建议稿中处于同样地位,同时由于我国众多当事人对仲裁庭决定的类型和待遇等并不熟知,本条有了此项定义。此种定义的另一好处是:使得我国现行《仲裁法》第55条不再有保留的必要,因为该条中的"先行裁决"实质上就是境外仲裁制定法中常用的"部分裁决"(partial award/ part award/interlocutory award)①。

第 4 条　强制性规定

本法第 5 条、第 7 条、第 9 条第 2 至 5 款、第 14 条第 2 至 5 款、第 17 条、第 21 条、第 23 条、第 27 条、第 34 条第 5 款、第 35 条、第 36 条、第 49 条第 3 款、第 58 条、第 61 条、第 62 条、第 64 条、第 65 条、第 70 条至第 73 条是强制性规定,当事人有相反约定时仍具有效力。

［说明］

从是否如本条这般标明强制性规范的角度来看,境外的仲裁制定法可以分为三大类型。第一类是 1985 年版和 2006 年版《示范法》及其采纳者,如德国 1998 年《民事程序法典》、韩国 1999 年《仲裁法》、日本 2003 年《仲裁法》和奥地利 2006 年《民事程序法典》等,以及瑞典 1999 年《仲裁法》和法国 2011 年《民事程序法典》等非《示范法》的采纳者,它们都没有一个明确地列举哪些规范为强制性规范或规定的条文。第二类为非《示范法》的采纳者,如英国 1996 年《仲裁法》(第 4 条)、美国 2000 年修订的《统一仲裁法》(第 4 条第 2—3 款)和苏格兰 2010 年《仲裁法》(第 8 条)等及《示范法》采纳者,如丹麦 2005 年《仲裁法》(第 2 条第 2 款)等,它们都有一个明确地列举哪些规范为强制性规范的条文。第三类则如挪威 2004 年《仲裁法》等,尽管没有明确列举哪些规范为强制性规范,却有一个条文(第 2 条)指示哪些规范为当事人可以协议排除的任意性规范,由此暗示其余的规范为强制性规范。

虽然有以上的结构差别,但是几乎所有的境外仲裁制定法都

---

① 该用语可见于克罗地亚 2001 年《仲裁法》第 30 条、新加坡 2002 年《仲裁法》第 2 条、新西兰 2007 年《仲裁法》第 2 条、爱尔兰 2010 年《仲裁法》第 2 条、苏格兰 2010 年《仲裁法》规则 54、比利时 2013 年《司法法典》第 1713 条第 1 款、荷兰 2015 年《民事程序法典》第 1049 条等。

明示或暗示地承认其存在强制性规范。① 如 1985 年版和 2006 年版《示范法》全部条文中没有出现"强制性"(mandatory)或反衬"强制性"的"非强制性"(non-mandatory)字样,但是,其第 34 条第 2 款第 1 项采用"本法中当事人不能背离的规定"(a provision of this Law from which the parties cannot derogate)短语就表明该法中有当事人不可背离的强制性规则。联合国贸易法委员会在该《示范法》起草说明的第 34 段也承认该法至少有"一些程序上的强制性规定"。② 采纳《示范法》的德国 1998 年《民事程序法典》第 1042 条第 1 款、韩国 1999 年《仲裁法》第 20 条第 1 款和奥地利 2006 年《民事程序法典》第 594 条第 1 款更是直接地使用"强制性规定"这样的短语。

然而,令人困惑的是,这些仲裁制定法并没有一个条文列明其中的哪些规定是"强制性规定"或"当事人不能背离的规定",由此导致了人们对那些没有"除非当事人有相反约定""除非另有约定""本条第 X 款可以通过协议背离"之类限定条件的条文性质认定不一致。③ 如对具有这种特征的 1985 年版和 2006 年版《示范法》第 12 条中的仲裁员独立性与公正性规则,不少学者、一些国家或地区的法

---

① See Loukas A. Mistelis, Mandatory Rules in International Arbitration: Too Much Too Early or Too Little Too Late? Concluding Remarks, *American Review of International Arbitration*, 2007, p. 220.
② 参见《示范法》中文本 pdf 文件,第 32 页。
③ See Leon E. Trakman, "Legal Traditions" and International Commercial Arbitration, *American Review of International Arbitration*, 2006, p. 119. See also Gordon Smith, Mark Lim & John Choong, The UNCITRAL Model Law and the Parties' Chosen Arbitration Rules-Complementary or Mutually Exclusive? The Singapore Case of Dermajaya Properties, *Vindobona Journal of International Commercial Law & Arbitration*, 2002, pp. 210-211.

官认为是不可背离的强制性规定。① 极个别学者和欧洲人权法院受理 Osmo Suovaniemi 诉芬兰案的审判庭却声称其并非不可背离的强制性规定,指出:只要当事人满足了(在未受胁迫或欺诈的情况下)意识到关于仲裁员独立性与公正性的权利被放弃与所涉及的风险时仍然明白无误地放弃这种权利,该种弃权就是有效的。②

就强制性规范在境外仲裁制定法中列举的情况而言,英国 1996 年《仲裁法》110 个条文中被标明为强制性规范的有 26 条。学者们认为,该法第 1—2 条和第 4 条等实际上也是强制性规范条文,只是未标明而已。③ 从丹麦 2005 年《仲裁法》第 2 条第 2 款推断,该法第 1—2 章全部的 9 个条文、第 3—7 章中 11 个条文中部分或全部、第 8—10 章全部的 8 个条文为当事人不可协议改变的强制性规范。苏格兰 2010 年《仲裁法》表 1 下的 84 个规则中标为强制性规范的更是高达 36 个。但是,加拿大 2009 年修订的《仲裁法》第 3 条列举家庭仲裁协议以外的仲裁不可背离条文仅为 5 条加另一条下的 1 款。

再从关于强制性规定和与之对应的任意性规定的学术研究来看,我国学者在其他法制领域中提出的理论不仅丰富,而且有一定的深度。如有学者不仅将《物权法》中的任意性规范区分为补充性的任意性规范和解释性的任意性规范,对该法中的强制性规范划分为效力性禁止规范、管理性禁止规范和其他强制性规范三种类型,

---

① 反映此种观点的文献包括:Hrvoje Sikiric, Arbitration Proceedings and Public Policy, Croatian Arbitration Yearbook, 2000, p. 90 & pp. 97-99 ;Mauro, *International Arbitration Law and Practice*, 中信出版社 2003 年影印版, pp. 330-331; Philippe Fouchard, Emmanuel Gaillard & Berthold Goldman, *On International Commercial Arbitration*, 中信出版社 2004 年影印版, pp. 562-582; Christopher Koch, Standards and Procedures for Disqualifying Arbitrators, *Journal of International Arbitration*, 20(4), 2003, p. 336; Christian Koller, Natascha Tunkel, An Outline of the New Austrian Arbitration Act Based on the Uncitral Model Law, *Vindobona Journal of International Commercial Law & Arbitration*, 2006, p. 33.

② See Thomas Schultz, Human Rights: A Speed Bump for Arbitral Procedures? An Exploration of Safeguards in the Acceleration of Justice, *International Arbitration Law Review*, 2006, p. 18.

③ See Audley Sheppard, Mandatory Rules in International Commercial Arbitration—An English Law Perspective, *American Review of International Arbitration*, 2007, p. 136.

同时指出和论证了有时发挥补充性任意性规范作用有时发挥强制性规范作用的所谓"混合性规范"存在的可能性与合理性，而且对这些规范的异同点、功能等作出了系统的说明。① 又如，另一些学者也提出，保险法制中在强制性规范和任意性规范之间还存在着一种所谓"半强行性规范"，并详细地论述了其特征等。② 相比之下，我国内地的仲裁法学者的相应理论成果到目前为止不仅数量上很少，③而且仅简单地将仲裁法制规范区分为强制性规范和任意性规范两大类别，不能满足仲裁法制规范更具可操作性的改革完善需求。问题特别突出的是，如本建议稿第 2 条［说明］中所述，连我国一些著名学者都认为仲裁制定法中的所有规定都是当事人可以协议排除的任意性规范，并据此在其修订《仲裁法》的建议稿中声称任一条文的适用都会"当事人另有约定的除外"。

境外其他法学学科的学者长期以来对强制性规范和任意性规范作出了大量的研究，归纳起来，他们根据当事人协议的影响性标准提出了强制性规范（mandatory rules）、多数人采用的任意性规范（majoritarian defaults）、惩罚性的任意性规范（penalty defaults）、黏性任意性规范/变更性规范（sticky defaults/ altering rules）等多种类型的理论。其中的强制性规范是私人当事人不能任意改变的规则。多数人采用的任意性规范是指可以背离但多数人本来就愿意采纳的规范，其功能是降低当事人谈判和起草约定的成本。④ 惩罚性的任意规范常为至少一方当事人所反对以使其有背离动力的规

---

① 参见王轶：《论物权法的规范配置》，载《中国法学》2007 年第 6 期，第 113—123 页。
② 参见徐卫东、高湘宇：《论保险法上的半强行性规范——保险法精神与技术的一般原理》，载《中国商法年刊》2007 年第 2 期，第 729—735 页。
③ 除了笔者曾发表的《强行规则对国际商事仲裁的规范》（《法学研究》2008 年第 3 期）之外，较有代表性的研究成果有侯宁的《论国际商事仲裁中强行法对意思自治的影响》（《中国对外贸易》2002 年第 12 期）等少量的成果。
④ See Russell Korobkin, The Status Quo Bias and Contract Default Rules, *Cornell Law Review*, March 1998, p. 614.

则。[①] 黏性任意性规范或变更性规范则是指具有黏性，不能简单地通过口头或默示协议变更或背离，而只能采用书面形式和/或作出批准、通知等方式变更或背离的规范。立法者在对极端的强制性规则与简单的任意性规范的优劣没有十分把握时，较好的办法是选择这种变更性规范。[②]

境外的仲裁法学者也十分关注仲裁法制规范的强制性与任意性分类，且成果非常丰富，[③]其中的一些成果内容因融入了其他法学学科的某些成果而表现得非常精辟，如 Alan Scott Rau 指出仲裁法制中的任意性规范具有黏性及其所具有的标准规范功能。[④] 但是，这些理论尚不及其他法学学科相应理论深入和细致。

笔者认为，中外学者在其他法学学科领域的研究成果很具启示意义，即：仲裁法律规范单纯地被分为强制性规范和任意性规范两大类型并不科学，进一步作出细化分类将对立法、仲裁及其司法审查实践更具指导意义；对于其中的任意性规范不应当再停留于我国学界传统的所谓的可以随意变更的概念之上，而应当进一步考察当事人实际是否会予以背离、背离的障碍以及在不背离情况下实施的效率等问题。同时，我国《仲裁法》的修订还应当更多地参考境外的仲裁法制规范而不是其他的法制规范，并立足于本国的国情。

[①] See Ian Ayres, Ya-Huh: There Are and Should Be Penalty Defaults, *Florida State University Law Review*, Spring 2006, pp. 589-610.

[②] Brett H. Mcdonnell, Sticky Defaults and Altering Rules in Corporate Law, *SMU Law Review*, Spring 2007, pp. 383-387 & pp. 393-401. See also Benjamin I. Sachs, Enabling Employee Choice: A Structural Approach to the Rules of Union Organizing, *Harvard Law Review*, January 2010, pp. 658-659.

[③] 笔者撰写的专著《国际商事仲裁强行规则研究》(北京大学出版社 2007 年版)中列举的数百条英文文献都包含了这样的成果。之后的权威性作品如 Loukas A. Mistelis 的 Mandatory Rules in International Arbitration: Too Much Too Early or Too Little Too Late? Concluding Remarks (*American Review of International Arbitration*/2007) 及 Gary B. Born 的 *International Commercial Arbitration* (Kluwer Law International/2009) 等都有详细的论述。

[④] See Alan Scott Rau, The Culture of American Arbitration and the Lessons of ADR, *Texas International Law Journal*, Spring 2005, p. 461.

如上所述,境外的仲裁制定法至少暗示地承认其存在强制性规范,当事人不可以事先通过简单的协议等很容易的方式背离。在仲裁制定法中明确列举了强制性规范的、通过列举任意性规范而使其强制性规范容易识别的或采用清晰的文字表述而使其强制性规范容易识别的(如比利时 1998 年《司法法典》)也占了相当大的比例,且大多属于仲裁法制很完善的发达国家或地区。另外,就我国国情而言,上文提到的我国主流的仲裁学者普遍以为仲裁规范应当全部由任意性规范构成这一认知局面就表明:如果不在修订的《仲裁法》中使用一个醒目的条文列明强制性规范,将会使该错误认识持续下去。有鉴于此,本条效法了以上第二类国家的做法。

不过,在斟酌列明本建议稿中具体条文的过程中,笔者不仅以本书第一部分中指导理论为基本依据,而且还受到了上述境内外其他法学学科的规范类型理论中关于多采用一些变更性规范及任意性规范实际上常不为当事人背离之观点,英国 1996 年《仲裁法》的一些强制性规范不予列明,加拿大 2009 年《仲裁法》列举的强制性规范条款较少,在列举了强制性规范的境外仲裁制定法中有较多的相同规定等情况,境外仲裁法学者认为对核心的仲裁程序采用强制性规范有助于促进当事人对仲裁的信心之类科学成果[①]的较大影响,从而仅列明本条指明的条款为强制性规定。至于本条未指明的条款是否为强制性规定或为何种性质的规定,可由实践中的仲裁庭或人民法院根据具体案情自由裁量。

第 5 条 可仲裁性的争议

任何组织或个人可以约定将依法自由处分权利下的任何争议提交仲裁。但是,下列争议不得提交仲裁:

[①] See William W. Park, The Interaction of Courts and Arbitrators in England: The 1996 Act as a Model for the United States, *International Arbitration Law Review*, 1998, p. 57. See also Gary Born, The Principle of Judicial Non-Interference in International Arbitral Proceedings, *University of Pennsylvania Journal of International Law*, Summer 2009, p. 1014.

(一)依法应由行政机关或人民法院排他地行使管辖权的争议;
(二)离婚、收养、监护、扶养争议;
(三)其他法律、法规规定不得提交仲裁的争议。

[说明]

英国、柬埔寨、法国等国家或地区的仲裁制定法对可仲裁性争议的范围不作明确规定,但通过撤销或拒绝执行仲裁裁决的理由等表明符合其他制定法或判例法中的可仲裁性规则。很多大陆法系国家或地区的仲裁制定法却包含了可仲裁性的条文。不过,将之放在"仲裁协议"章目下的较为普遍,如德国1998年《民事程序法典》(第2章"仲裁协议"标题下的第1030条)、瑞典1999年《仲裁法》(第1部分"仲裁协议"标题下的第1条)、中国台湾地区2009年修订的"仲裁法"(第1章"仲裁协议"标题下的第1条第2款)、日本2003年《仲裁法》(第2章"仲裁协议"标题下的第13条)、挪威2004年《仲裁法》(第3章"仲裁协议"标题下的第9条)、丹麦2005年《仲裁法》(第2章"仲裁协议"标题下的第6条)、奥地利2006年《民事程序法典》(第2章"仲裁协议"标题下的第582条)、意大利2006年《民事程序法典》(第1章"仲裁协议"标题下的第806条)等。应该说,放在"仲裁协议"章标题下很有道理:可仲裁性是仲裁协议有效的要素之一。然而,仍有不少国家或地区的仲裁制定法将其放在"总则"之中,如巴西1996年《仲裁法》(第1章"总则"标题下的第6条)、克罗地亚2001年《仲裁法》(第1章"总则"标题下的第3条)、马来西亚2005年《仲裁法》(第1章"序篇"标题下的第4条)和塞尔维亚2006年《仲裁法》(第1章"总则"标题下的第5条)等。

可见,我国立法者在现行《仲裁法》"总则"中对可仲裁性的争议范围进行规范的做法并不怪异,因而也没必要在修订时将这种规范移到其他章之下。但是,该法在"总则"中用第2条和第3条两个条文规范可仲裁性的争议是不可取的,它们都是关于"可仲裁性"的规则,没有必要分在不同的条文中。我国也有学者建议合并这两条。①从可获得的多个国家或地区的仲裁制定法规范来看,也没有分成两条规定的。为此,本建议稿合并了这两条,其内容上的改动原因可参见本书第三章第三目中的论述。

此外,需要进一步说明的是本条第2项的例外规则。在一些发达国家或地区,离婚等特别具有敏感性的私人利益争议仍然属于法院专属管辖范畴,并在制定法中明确地列举为不可仲裁的事项,如法国《民法典》第1060条和日本2002年《仲裁法》第13条第1款就排除了离婚或分居争议的可仲裁性,奥地利2006年《民事程序法典》第582条第2款也禁止将家庭法下争议交付仲裁。在德国,离婚、家庭或成年人监护等争议同样不具有可仲裁性。② 可见,对于某些类型的婚姻、家庭或监护纠纷,确实不宜赋予可仲裁性。但是,对于其他婚姻关系纠纷,如在维持婚姻状态的情况下财产支配纠纷及纯粹的财产继承纠纷,应当可以"网开一面"。我国的仲裁界也有这种呼声。③

最后一项可仲裁性的例外规则则具有兜底性质,以便于我国立法者基于政策考虑在其他法律、法规中宣布某些争议不可提交仲裁。这在其他国家或地区也有先例,如德国1998年《民事程序法典》第1030条第3款、丹麦2005年《仲裁法》第6条、奥地利2006年《民事程序法典》第582条第2款、意大利2006年《民事程序法典》第806条第1款等。

---

① 参见武汉大学国际法研究所"《仲裁法》修改"课题组:《中华人民共和国仲裁法(建议修改稿)》,载《仲裁研究》2006年第2期,第49页。

② See Patrick M. Baron & Stefan Liniger, A Second Look at Arbitrability Approaches to Arbitration in the United States, Switzerland and Germany, *Arbitration International*, No. 1, 2003, p. 37.

③ See Wangsheng Chang & Lijun Cao, Towards a Higher Degree of Party Autonomy and Transparency: The CIETAC Introduces Its 2005 New Rules, *International Arbitration Law Review*, 8(4), 2005, p. 118.

第 6 条 书面通信的收取

除非当事人另有约定,任何书面通信,在当面递交收件人或其授权的人当日视为已经收到。但是,在不可能当面递交收件人或其授权的人情况下,本款中的书面通信投递到收件人的营业地点、惯常住所或通信地址的当日视为已经收到。如果经合理查询仍不能找到上述任一地点,则以挂号信或能提供作过投递企图的记录的其他任何方式投递到收件人最后一个为人所知的营业地点、惯常住所或通信地址的当日视为已经收到。

在不影响前款中的原则且收件人在确实收到有关通信的记录的情况下,如果书面通信以任何能将资料记录及传送给收件人的方法发送,则该通信视为已在它如此发送当日收到。

本条规定不适用于法院程序中的通信。

[说明]

根据仲裁正当程序原则,仲裁的很多环节需要当事人和仲裁庭进行书面通信,否则,当事人在正常情况下未能收到这些书面通信,即是仲裁程序的瑕疵,很可能由此导致以后的仲裁裁决被拒绝承认和执行。正是由于书面通信的收取如此重要,1985 年版和 2006 年版的《示范法》和很多其他的境外仲裁制定法都在"总则"中采用专条规定其规则。① 我国现行《仲裁法》却没有这样的条文,导致了我国一些仲裁机构效法诉讼公告送达有关书面文件,并受到极有说服力的批评。② 但是,以上两版《示范法》(第 3 条第 1 款)及其他一些境外的仲裁制定法(如俄罗斯 1993 年《国际仲裁法》第 3 条、马来西亚 2005 年《仲裁法》第 6 条和新西兰 2007 年《仲裁法》表 1 第 3 条等)将各种书面通信的法定收取方式视为无先后的选择关系并不十

---

① 不过,也有一些境外的仲裁制定法在其他部分或章节中规定这样的规则,如塞尔维亚 2006 年《仲裁法》在第 4 章"仲裁程序"的第 41 条、尼泊尔 1999 年《仲裁法》在第 4 章"仲裁程序与仲裁员的权力"的第 19 条、苏格兰 2010 年《仲裁法》在表 1 第 9 部分的规则 83 等。

② 参见马占军:《商事仲裁公告送达问题研究》,载《深圳大学学报》(人文社会科学版) 2010 年第 2 期,第 73—74 页。

分妥当。显然,为确保仲裁正当程序原则得到切实的贯彻,进而保障仲裁裁决的终局性,立法者应当引导任一当事人、仲裁员尽可能地确保有关的书面通信被其他当事人或仲裁员等收件人实际收到。根据这一理念,当面递交无疑是最保险的方法。当然,现实中有时根本找不到收件人或寻找成本过于高昂,因此本条第1款中的但书及其后的规则是备选的变通方案。这种规定的境外先例可见于韩国1999年《仲裁法》第4条第1—3款、克罗地亚2001年《仲裁法》第4条、奥地利2006年《民事程序法典》第580条第1—2款、亚美尼亚2006年《商事仲裁法》第3条等所表达的书面通信收取方式有先后选择次序的规则等。

本条第2款则是借鉴我国香港地区2010年《仲裁条例》第10条第2—3款的规定。它考虑到了一些仲裁案件中资料可能太多、太珍贵或仅有一份原件等情况而不适合传递,出现此种情况时予以记录并只将记录传送给收件人同样起着告知对方的作用,从而便于仲裁正当程序原则的遵守和仲裁的顺利进行。

本条第3款被写入的理由是:法院程序通常可采用公告等方式送达有关的书面通知,但仲裁因保密性要求而一般不宜公告送达;以上列举的境外仲裁制定法等都有这样的规则。

第7条 异议权的丧失

一方当事人知道或者应当知道本法中各方当事人可以协议排除的任何规定、关于仲裁协议的形式要求或者仲裁协议的任何约定未得到遵守,但仍继续进行仲裁而没有不过分迟延地或不在规定的期限内提出异议,视为放弃提出异议的权利。

[说明]

境外仲裁制定法中非常普遍地存在着"异议权的丧失"的规则,且在有"总则"的情况下大多数被置于"总则"中,如1986年版和2006年版《示范法》第4条、埃及1994年《民商事仲裁法》第8条、德国1998年《民事程序法典》第1027条、丹麦2005年《仲裁法》第3

条、奥地利2006年《民事程序法典》第579条、中国香港地区2010年《仲裁条例》第11条等。不过,英国、苏格兰等少数国家或地区将其放在很偏后的位置。① 没有"总则"的则一般将其放在"仲裁程序"章之中,如中国台湾地区2009年修订的"仲裁法"第29条、法国2011年《民事程序法典》第1466条等。该规则同样十分重要,有助于敦促当事人及时行使权利,快速和及时地通过仲裁解决纠纷,增强仲裁裁决的稳定性,否则,有些当事人就会将异议权的事项秘密地保留,从而浪费仲裁资源。同时,该规则不仅对违反仲裁程序适用,而且对违反几项可以背离的仲裁协议规则、仲裁庭组成规则等也有适用性,因此将其放在"总则"之中更合逻辑一些。正是基于这种认识,我国数位学者也建议在"总则"中吸收这种规定。②

同时应予指出的是,《示范法》及其他仲裁制定法中"异议权的丧失"规则通常③只适用于当事人违反任意性规则或任意性规则下约定的行为,"关于仲裁协议的(书面)形式要求"规则一般却是强制性规则。1985年版《示范法》(第7条)及2006年版《示范法》(第7条备选案文一第5款)等境外仲裁制定法其他章节中的条文也包含了当事人不提出异议的行为就能弥补违反仲裁协议强制性书面形式规则的行为缺陷的精神(如德国1998年《民事程序法典》第1031条第5款),在本条中没有予以宣示当然会使之不够周全。为此,以《示范法》为蓝本的美国佛罗里达州2010年《国际仲裁法》在第6条④中插入了第2项,其基本内容为:对违反该法下关于仲裁协议任

---

① 如英国1996年《仲裁法》放在第11部分"杂项"标题下的第73条。苏格兰2010年《仲裁法》也放在表1第9部分"杂项"标题下,即为规则76。

② 参见宋连斌、黄进:《中华人民共和国仲裁法(建议修改稿)》,载《法学评论》2003年第4期,第92页。同时参见马占军:《我国〈仲裁法〉"总则"修改若干问题的探讨》,载《仲裁研究》2006年第3期,第74页。

③ 苏格兰的规则对违反强行规则的异议权也可丧失。

④ 该条的英文全文是:A party waives its right to object if the party proceeds with the arbitration and fails to object without undue delay or within a provided time limit to: (1) Noncompliance of any provision of this chapter from which the parties may derogate and have not derogated; or (2) Noncompliance of any requirement under the arbitration agreement.

何要求的行为,当事人不及时提出异议的也会丧失异议权。尽管受到这一规定的启发,本条既未照搬其分两项的表达方式,也未全面吸收其内容,而是通过插入"关于仲裁协议的形式要求"短语的方式只用一段文字,原因在于:(1)分两项的中文表达可能会出现不清晰或重复的弊端;(2)对违反仲裁协议规则下关于可仲裁性、行为能力等要求的行为,当事人不及时提出异议的也不会丧失异议权。换句话说,只有对违反仲裁协议强制性书面形式要求的行为不及时质疑的,当事人才丧失事后质疑权。

第8条 人民法院干预的范围

本法所涵盖的事项,除非本法另有明确的规定,人民法院不得干预。

[说明]

划定人民法院对仲裁干预范围的规则在境外仲裁制定法中非常常见,且大多也放在"总则"之中,如1985年版和2006年版《示范法》第5条、德国1998年《民事程序法典》第1026条、日本2003年《仲裁法》第4条、丹麦2005年《仲裁法》第4条、奥地利2006年《民事程序法典》第578条、塞尔维亚2006年《仲裁法》第7条等。从已公开的研究成果[①]和笔者调研的情况来看,我国很多学者和仲裁实务界人士都赞成我国修订的《仲裁法》中包含此规则。笔者也认为,此规则对防止人民法院非法干预仲裁具有至关重要的作用,因而在此引入。

第9条 人民法院或其他机构协助和监督仲裁的管辖规则

第19条第2款至第3款、第22条第2款、第23条第1款、第46条第2款和第57条第7款所指的职责,应由仲裁协议中指定地的中

---

① 如武汉大学国际法研究所"《仲裁法》修改"课题组:《中华人民共和国仲裁法(建议修改稿)》,载《仲裁研究》2006年第2期,第49页;马占军:《1994年中国〈仲裁法〉修改及论证》,载《仲裁研究》2006年第2期,第85页等。

级人民法院或无此指定时仲裁地的中级人民法院履行。人民法院认为适当时,可指定仲裁机构代为履行该职责。

第 33 条第 1 款和第 35 条第 1 款所指的职责,应由所针对当事人的住所、居所或保全措施发生地的中级人民法院履行。

第 46 条第 1 款所指的职责,应由取证地的中级人民法院履行。

第 59 条第 1 款和第 70 条第 1 款所指的职责,应由仲裁地的中级人民法院履行。

第 64 条第 1 款、第 71 条第 1 款和第 72 条第 1 款所指的职责,应由被申请人住所地或者其财产所在地的中级人民法院履行。

除非当事人有相反的规定,本条第 1 款中的仲裁地未确定时,由被申请人住所地或者惯常居所地的中级人民法院履行相应的职责。

[说明]

1985 年版和 2006 年版《示范法》在"总则"的第 6 条以"法院或其他机构对仲裁予以协助和监督的某种职责"为标题,对协助和监督仲裁的具体法院或其他机构作出了示范的规定,俄罗斯 1993 年《国际商事仲裁法》(第 6 条)、日本 2003 年《仲裁法》(第 5 条)、丹麦 2005 年《仲裁法》(第 5 条第 1 款)、中国香港地区 2010 年《仲裁条例》(第 13 条)等《示范法》的采纳者都在"总则"或相当于"总则"的部分中包含了这样的规则。德国 1998 年《民事程序法典》(第 9 章"法院程序"标题下的第 1062 条)和奥地利 2006 年《民事程序法典》(第 9 章"法院程序"标题下的第 615 条)等《示范法》的采纳者虽然有这样的规则,但篇幅却长得多,而且分数款,并放在接近最后的章目之下。其中,奥地利 2006 年《民事程序法典》第 593 条第 3 款还就仲裁保全措施的执行法院作出了单独的规定。非《示范法》模式的英国 1995 年《仲裁法》(第 105 条)等中也有这样的规则。不过,阿富汗 2005 年《商事仲裁法》中没有这样的规则。

笔者认为,我国现行《仲裁法》中第 46 条、第 58 条、第 68 条等已包含这样的规则,只是这些条文存在着本书第五部分所述的不当地以"仲裁机构所在地"为连接点等缺陷。本建议稿有更多的条文涉及管辖的人民法院,且这些条文跨了数章数条,加上我国是一个多省市、多人民法院的大国,因此在"总则"中集中规定这些条款中具体管辖的人民法院是非常有必要的。此外,我国现行《仲裁法》中一些条文规定的人民法院级别较低,如该法第46条规定基层人民法院就可以受理证据保全问题等。应该说,该法此条单就这一问题规定的人民法院级别并不低。但是,很多仲裁的司法审查问题较为复杂,亦如本书第五部分所述,连不少发达国家或地区都规定由较高级别或较专门的法院受理包括证据保全在内的所有仲裁纠纷的司法审查问题。我国基层人民法院法官的整体水平依然较低,因此,对所有仲裁纠纷的司法审查问题,还是统一规定由较高级别的中级人民法院受理更好一些。

就本条第1款中关于"仲裁机构"方面的规定而言,主要参考了俄罗斯1993年《国际商事仲裁法》第6条第1款、马来西亚2005年《仲裁法》第13条第4—9款、中国香港地区2010年《仲裁条例》第13条第2款等。① 如此拟定的原因在于:仲裁机构因与众多仲裁员打交道,常常比法院更容易选择合适的仲裁员,仲裁机构往往也更方便考察仲裁员是否合适和由此发生的回避问题。同理,如果具体案情表明延长裁决时限、裁决的补正或解释的问题可由某仲裁机构决定时,人民法院也可以将此种问题委托给该仲裁机构决定。此外,该款中的"仲裁协议中指定地"和"无此指定时仲裁地"表述则借鉴了德国1998年《民事程序法典》第1062条、日本2003年《仲裁法》第5条和奥地利2006年《民事程序法典》第615条等规则中的相同或类似表述。笔者也注意到了澳大利亚2010年《国际仲裁法》第18条等仅提供了"仲裁地"为管辖法院的唯一连接点,最后未予效法的原因在于:当事人有选择仲裁地的自由,允许当事人选择仲裁地以外

---

① 但是,本款没有如这三个国家或地区的仲裁制定法条款那样直接具体地指定一家仲裁机构,原因是俄罗斯的规则仅对主要为很少未直接或间接约定仲裁员指定方式的成熟当事人之间的国际商事仲裁适用,规定该国最擅长国际商事仲裁的一家机构当然合理的。至于马来西亚和中国香港地区的规则,很明显,在这两个地方发生的此类案件数要比我国内地少得多。

的人民法院作为指定仲裁员的管辖法院实际上是这种自由的延伸。

本条第 2 款针对的是保全措施纠纷管辖的人民法院问题。在境外的仲裁制定法中,德国 1998 年《民事程序法典》第 1062 条对仲裁庭发布保全措施执行的管辖法院规则仍然同于仲裁员指定及质疑方面的管辖法院规则,澳大利亚 2010 年《国际仲裁法》和法国 2011 年《民事程序法典》等则没有明确的规定。如本书第四部分所述,为获得可执行性,境外的仲裁庭一般以裁决的方式发布保全措施。由此推断,在后一类的境外仲裁制定法下,仲裁庭以裁决形式发布保全措施执行的管辖法院与其他裁决执行的管辖法院相同,如根据法国 2011 年《民事程序法典》第 1487 条第 1 款,这样的管辖法院就是裁决作出地法院。根据澳大利亚 2010 年《国际仲裁法》第 18 条,同样情况下的法院也是仲裁地法院。笔者认为,无论是仲裁地、裁决作出地,还是按照德国 1998 年《民事程序法典》第 1062 条而可能变成的当事人协议另指的地点,可能与有关的保全措施发生地完全无关,从而可能导致前一地点的法院要向后一地点的法院移送执行等问题,从而产生司法不经济的效果。如果两地法院不在一个国家,则问题将更多。同时,本建议稿第 29 条第 1 款根据本书第四部分之论证,允许仲裁庭在当事人没有相反约定的情况下以非裁决的形式发布保全措施。有鉴于此,本款主要参考了奥地利 2006 年《民事程序法典》第 593 条第 3 款[①]的规定,以避免以上各种问题。

本条第 3 款主要参考了德国 1998 年《民事程序法典》第 1062 条第 4 款的规定,主要原因是:1985 年版和 2006 年版《示范法》对本款

[①] 奥地利 2005 年《民事程序法典》第 593 条第 3 款的英文内容是:Upon the application of a party, the district court where the opponent of the endangered party has its seat, domicile or habitual place of residence in Austria at the time of the first filing of the plea—or otherwise the district court in whose area the measure of enforcement for the preliminary injunction shall take place—shall enforce such measure. Where the measure provides for a measure of protection unknown to Austrian law, the court can, upon application and hearing of the opposing party, execute the measure of protection of Austrian law that comes closest to the measure of the arbitral tribunal. In this case, the court, upon request, can also modify the measure of the arbitral tribunal in order to safeguard the realization of its purpose.

涵盖的事项无示范条文；其他很多国家或地区的仲裁制定法也没有明确的规定；由取证地人民法院协助取证最便捷。

本条第 4 款改自现行《仲裁法》第 58 条第 1 款共同规定部分，即将后者中的"仲裁委员会所在地"换成了"仲裁地"。即使我国仍继续只实行机构仲裁，一些仲裁委员会如果有偏好，则可以在其仲裁规则中规定"选择本仲裁委员会即意味着选择本仲裁委员会所在地为仲裁地"，从而能使仲裁委员会所在地的中级人民法院仍然顺理成章地负责仲裁裁决撤销纠纷的司法审查任务。同时，另一些仲裁机构如果认为其仲裁机构规则中规定"当事人可以选择仲裁地"及全国各地的中级人民法院受理会提升其公正形象[①]，则本处的修改为这些仲裁机构提供了实现此目的的机会。另外，由于"仲裁地"是世界各国家或地区撤销国际或涉外裁决的普遍依据，本款规则对我国的涉外仲裁也是适用的。这便是本款扩展适用于本建议稿第 67 条第 1 款中的人民法院的确定原因。

本条第 5 款所针对的是我国现行《仲裁法》第 62 条和第 71 条的以下缺陷[②]：未规定何处、什么级别的人民法院是裁决执行申请的审查和实施者。我国 2006 年《司法解释》第 29 条规定为"被执行人住所地或者被执行的财产所在地的中级人民法院"，本款在参考我国一些学者建议的基础上[③]将之上升到基本法律阶位。

本条第 6 款主要参考了德国 1998 年《民事程序法典》第 1062 条第 4 款的规定，主要原因与以上第 3 款的说明类似。此外，在仲裁庭组建过程中或裁决作出前的仲裁程序中，有时确实会发生仲裁地尚未确认的状况，因此，本款予以明确也是必要的。

[①] 笔者认为，由于仲裁机构与其所在地的人民法院地理上靠近，很可能使一部分当事人感到该地的人民法院易于受到该仲裁机构的影响，不能公正地对待裁决的撤销纠纷。

[②] 这两条的其他缺陷弥补方法与理由可参见本建议稿第 61 条和第 68 条的案文及其说明。

[③] 参见武汉大学国际法研究所《仲裁法》修改课题组：《中华人民共和国仲裁法（建议修改稿）》，载《仲裁研究》2006 年第 2 期，第 56 页。

第 10 条　禁止披露有关仲裁程序和裁决的信息

除非各方当事人另有约定,任何一方当事人、仲裁员、仲裁机构和其他仲裁程序的参加人员不得发表、披露或传达根据仲裁协议进行的仲裁程序或由此作出裁决的任何信息。

当事人、仲裁机构或仲裁庭应当采取合理的措施防止仲裁中的第三人披露仲裁程序和裁决信息。

本条第一款不适用于下列情况：

(一)该项发表、披露或传达是向任何一方当事人的专业顾问或任何其他顾问作出的;

(二)该项发表、披露或传达是在合理的范围内为了确保仲裁程序一方当事人充分陈述案情的机会所必需;

(三)该项发表、披露或传达是在合理的范围内确立或保护仲裁程序一方当事人对第三人的合法权利所必需;

(四)该项发表、披露或传达是向本法中人民法院申请或针对该申请的抗辩中作出的;

(五)该项发表、披露或传达是根据其他相关法律授权或要求作出的;

(六)该项发表、披露或传达是为了研究和统计之目的且经过了足以隐藏当事人合理期望的保密信息的适当处理。

[说明]

一些学者指出,对于当事人来说,保密性是国际仲裁最有价值的根本特征,[①]这种看法对国内仲裁也是适用的。国际著名仲裁机构近年来的新规则无不规定仲裁保密性义务即表明这种保密性的

---

① See Amanda L. Norris & Katina E. Metzidakis, Public Protests, Private Contracts: Confidentiality in ICSID Arbitration and the Cochabamba Water War, *Harvard Negotiation Law Review*, Spring 2010, p. 43.

价值。① 当事人意图仲裁程序或裁决保密的原因有多种,包括:不希望对其声誉、信贷带来负面影响的不诚信、不实陈述、偿债能力不足等指控被公众知悉;对其不利的裁决结果一旦公布将可能面临其他相似的请求或抗辩;当事人具有国有企业、政府部门或公共事务机构身份,其在仲裁中的立场一旦被公开将会给其带来政治上的困难或麻烦;仲裁程序中的机密、敏感的信息和商业秘密一旦泄露将会为其竞争对手所利用;陷入纠纷、进入仲裁程序的事实一经披露可能会给其带来不利影响,如上市公司的股价可能会因此产生波动等。②

但是,仲裁的保密性既不像我国很多教科书中仅用一个短语或几句话描述的那样简单,也不是只如现行《仲裁法》第40条所规定的仲裁以"不公开进行"的方式就能实现。实际上,现行《仲裁法》第40条③仅涉及属于仲裁保密性(confidentiality)要求中一小部分的私人性或不公开性(privacy),仲裁程序本身、仲裁过程中产生的一切信息及裁决结果等均不可向外界披露等④却没有包括。同时,该条对仲裁保密性的义务主体、仲裁保密性的例外等都没有规定。

---

① See The Committee on International Commercial Arbitration of International Law Association:Confidentiality in International Commercial Arbitration,2010,pp. 10-12. See also Steven Kouris,Confidentiality: Is International Arbitration Losing One of Its Major Benefits? *Journal of International Arbitration*, 22(2), 2005,pp. 137-138;Leon E. Trakman, Confidentiality in International Commercial Arbitration,*Arbitration International*,18(1), 2002,pp. 6-7.

② 参见高扬:《论商事仲裁的保密性》,载《河北法学》2009年第7期,第37页。See also Christopher Baum, The Benefits of Alternative Dispute Resolution in Common Interest Development Disputes,*Saint John's Law Review*,Summer 2010, p. 926.

③ 该条原文是:"仲裁不公开进行。当事人协议公开的,可以公开进行,但涉及国家秘密的除外。"

④ See Bert K. Robinson, Arbitration: The Quest for Confidentiality,*Louisiana Bar Journal*, October/November 2010, p. 181. See also Christopher Baum, The Benefits of Alternative Dispute Resolution in Common Interest Development Disputes,*Saint John's Law Review*,Summer 2010, p. 927. 同时参见于晓君:《论仲裁的保密性》,载《长春工业大学学报》(社会科学版)2010年第6期,第30、57页;王勇:《论仲裁的保密性原则及其应对策略》,载《政治与法律》2008年第12期,第81页等。

从境外的情况来看,21世纪之前出台的仲裁制定法对仲裁保密性大多没有作出明确的规定。① 然而,自20世纪90年代起不少国家或地区的相关判例逐渐增多,由此导致了其后的国家或地区更新的仲裁制定法对之作出规定的情况也越来越多。在近几年颁行的境外仲裁制定法中,意大利2006年《民事程序法典》和爱尔兰2010年《仲裁法》确实没有包括保密性规则,但是,学者们认为这是一项缺陷而主张应予修改。② 到目前为止,至少有下列国家或地区的仲裁制定法作出了超出了"不公开审理"范围的保密性规定:波多黎各(1997年《仲裁法》第60条)、厄瓜多尔(1997年《仲裁与调解法》第34条)、委内瑞拉(1998年《商事仲裁法》第42条)、尼加拉瓜(2005年《仲裁与调解法》第3条)、多米尼加(2008年《仲裁法》第22条)、秘鲁(2008年《仲裁法》第51条)③、挪威(2004年《仲裁法》第5条)、新西兰(2007年《仲裁法》第14—14I条)、迪拜(2008年《仲裁法》第14条)、澳大利亚(2010年《国际仲裁法》第23C—23G条)、澳大利亚新南威尔士(2010年《商事仲裁法》第27E-I条)、苏格兰(2010年《仲裁法》规则26)、中国香港地区(2010年《仲裁条例》第18条)、法国(2011年《民事程序法典》第1464条第4款④和第1479条)、新加坡(2012年《国际仲裁法》第22—23条)等。此外,英国、美国等也已有了丰富的判例法。⑤

---

① 委内瑞拉1998年《商事仲裁法》第42条是一例外。See The Committee on International Commercial Arbitration of International Law Assicuation:Confidentiality in International Commercial Arbitration,2010,p. 6.

② See M. Henry Martuscello Ⅱ, The State of the ADR Movement in Italy: The Advancement of Mediation in the Shadows of the Stagnation of Arbitration, *New York International Law Review*,Winter 2011,p. 71.

③ The Committee on International Commercial Arbitration of International Law Association:Confidentiality in International Commercial Arbitration,2010,pp. 6-7.

④ 该款对国际仲裁不适用,是由于投资者—国家争议仲裁的透明性需求。See Alexis Mourre & Valentine Chessa, The New French Arbitration Law: Innovation & Consolidation, *Dispute Resolution Journal*,May-July 2011.

⑤ See Steven Kouris, Confidentiality:Is International Arbitration Losing One of Its Major Benefits? *Journal of International Arbitration*, 2005, pp. 134-135.

可见,无论是大陆法系还是英美法系,都已有不少国家或地区的仲裁制定法对仲裁保密性问题作出了明确的规定,另一些国家或地区也已有了丰富的判例法规则。同时,中国贸仲等仲裁机构规则中的仲裁保密性规定等①皆表明我国仲裁界强烈地感受到了应对该问题作出明确的规范。

上述一些境外的仲裁制定法对仲裁保密性问题规定得较为笼统,如法国 2011 年《民事程序法典》第 1464 条第 4 款②和第 1479 条将仲裁保密性限于仲裁程序和仲裁庭合议等。本条借鉴的却是非常详细的新西兰、澳大利亚、苏格兰、中国香港等国家或地区的仲裁制定法规则,原因在于:太笼统的规定不能为仲裁实践提供明晰的指南。不过,本条中的一些内容也吸收了以上其他一些国家或地区的仲裁制定法规范精神。

具体而言,境外仲裁制定法对仲裁保密性的义务主体规定得有宽有窄。其中,中国香港地区 2010 年《仲裁条例》第 18 条第 1 款规定得最窄,仅限于当事人。另一些国家或地区的仲裁制定法扩展到仲裁庭、仲裁员或仲裁机构,如澳大利亚 2010 年《国际仲裁法》第 23C 条第 2 款、苏格兰 2010 年《仲裁法》规则 26 等。还有一些国家或地区的仲裁制定法将秘书和所有其他的仲裁参与人都纳入了仲裁保密性的义务主体之列,如秘鲁 2008 年《仲裁法》第 51 条等。③本条第 1 款关于义务主体的内容主要借鉴了秘鲁等国家或地区的仲裁制定法规则,理由是:仅规定当事人、仲裁庭、仲裁员或仲裁机构有保密义务而对秘书、证人、翻译人员等"网开一面"将仍然会使仲

---

① 如 2005 年的《中国国际经济贸易仲裁委员会仲裁规则》第 33 条规定:(一)仲裁庭审理案件不公开进行。如果双方当事人要求公开审理,由仲裁庭作出是否公开审理的决定。(二)不公开审理的案件,双方当事人及其仲裁代理人、证人、翻译、仲裁员、仲裁庭咨询的专家和指定的鉴定人、仲裁委员会秘书局的有关人员,均不得对外界透露案件实体和程序的有关情况。

② 该款的英译文是:Subject to legal requirements, and unless otherwise agreed by the parties, arbitral proceedings shall be confidential。

③ See The Committee on International Commercial Arbitration of International Law Association:Confidentiality in International Commercial Arbitration,2010,pp. 6-7.

裁程序或裁决的保密性遭到破坏。不过,本条中的"发表、披露或传达"短语却是借鉴了中国香港地区 2010 年《仲裁条例》第 18 条,该短语与新西兰 2007 年《仲裁法》第 14B 条第 1 款和澳大利亚 2010 年《国际仲裁法》第 15 条第 1 款第 2 项中"披露(disclose)"一词实际相当,后者的法定定义[①]足以说明这一点。但是,本款及本条其他款项中的这种中文短语更能形象地表达各种不属于保密行为的情况,由此也省去了一个定义,从而有助于减少"总则"中定义条款的篇幅。此外,本款中"除非各方当事人另有约定"的前提条件主要是来自以下境外仲裁制定法和英国等国的判例法[②]构成的较大范围的共识:新西兰 2007 年《仲裁法》第 14 条和第 14A—B 条第 1 款、迪拜 2008 年《仲裁法》第 14 条、澳大利亚 2010 年《仲裁法》第 23D 条第 2 款、苏格兰 2010 年《仲裁法》规则 26、中国香港地区 2010 年《仲裁条例》第 18 条第 1 款、法国 2011 年《民事程序法典》第 1464 条第 4 款等。

本条第 2 款借鉴了苏格兰 2010 年《仲裁法》规则 26 中的第 2 款,主要是基于我国现实中有些参加人可能没有保密性意识,如本款这样对当事人、仲裁机构和仲裁庭施加义务之后就能使他们通过签订保密协议等合理的措施提高这些参加人的保密意识。同时,这也使得这些参加人在面临泄密指控时有所抗辩,从而不至于因本条第 1 款的义务主体宽泛化而承担过于突然的义务要求。

本条第 3 款的仲裁保密性例外规则中列举的前五项情况所参考的境外仲裁制定法有新西兰 2007 年《仲裁法》第 14C 条、澳大利亚 2010 年《仲裁法》第 23D 条、苏格兰 2010 年《仲裁法》规则 26、中国香港地区 2010 年《仲裁条例》第 18 条第 1 款等,同时也参考了英国与

---

① 该定义的英文原文是:*disclose*, in relation to confidential information, includes giving or communicating the confidential information in any way.

② See Steven Kouris, Confidentiality: Is International Arbitration Losing One of Its Major Benefits? *Journal of International Arbitration*, 22(2), 2005, p. 127 & pp. 129-132. See also Leon E. Trakman, Confidentiality in International Commercial Arbitration, *Arbitration International*, 18(1), 2002, p. 9.

美国等的判例法。① 本款中列举的最后一项情况则参考了我国一些学者的建议。②

此外,本条位于"总则"之中的原因在于:仲裁保密性问题与仲裁的各个环节都有关联;挪威 2004 年《仲裁法》(第 5 条)和中国香港地区 2010 年《仲裁条例》(第 16—18 条)等境外仲裁制定法中的相同摆放位置也反映了这种处理的合理性。

第 11 条 人民法院非公开审理程序

除非一方当事人提出了申请或人民法院认为采取公开方式更为合理,人民法院根据本法所进行的审理程序应以非公开方式进行。

对于人民法院根据前款规定作出公开审理的裁定,任何当事人不得提出上诉。

[说明]

修订的《仲裁法》除了对仲裁程序和裁决中的信息规定了保密规则之外,还应当对人民法院审理仲裁协议有效性、仲裁程序合法性等仲裁各环节纠纷的程序作出特别的规定,否则,如同一般的诉讼案件采用公开的审理程序则会使前条中的保密规则完全落空。

本条参考的境外仲裁制定法条款包括:奥地利 2006 年《民事程序法典》第 616 条第 2 款、新西兰 2007 年《仲裁法》第 14F 条第 1 款、中国香港地区 2010 年《仲裁条例》第 16 条第 1—2 款、苏格兰 2010 年《仲裁法》第 15 条等。

---

① 美国最高法院 2010 年在 Stolt-Nielsen S. A. 诉 Animal Feeds Int'l Corp. 案中判决:私人性和保密性在集团仲裁中是不适用的。See Keith A. Dotseth & Hilary J. Loynes, Consolidation of Arbitrations After Stolt-Nielsen, *Defense Counsel Journal*, July 2011.

② 如武汉大学国际法研究所《仲裁法》"修改"课题组:《中华人民共和国仲裁法》(建议修改稿),载《仲裁研究》2006 年第 2 期,第 58 页。

第 12 条　对非公开审理程序报道的限制

除非符合下列条件之一,人民法院不应当允许发表根据第 11 条第 1 款以非公开方式进行审理程序中的有关信息:

(一)所有各方当事人同意有关资料可予发表;

(二)人民法院认定有关资料的发表不会影响任何一方当事人合理地希望保密的任何信息;

(三)人民法院认定有关资料的发表具有重大的法律意义且只限于在法律专业报刊上发表。

经一方当事人的申请,根据前款第(三)项条件裁定允许发表有关资料时,人民法院应当就隐藏包括该申请人身份等合理范围内的信息问题采取的措施作出指示。

在没有合理措施确保本条第 2 款中合理范围内的信息保密的情况下,人民法院应当裁定明确不得发表有关资料的期限。但是,期限不应超过十年。

对于人民法院根据本条作出的裁定,任何当事人不得提出上诉。

[说明]

本条起草的原因和放置位置同前两条。本条参考的境外仲裁制定法条款包括:中国香港地区 2010 年《仲裁条例》第 17 条、苏格兰 2010 年《仲裁法》第 15 条等。

对现行《仲裁法》"总则"中其他条款处理的特别说明如下:

1. 现行《仲裁法》第 5 条(当事人达成仲裁协议,一方向人民法院起诉的,人民法院不予受理,但仲裁协议无效的除外。)

首先,该条涉及仲裁协议与法院诉讼的关系这一专门问题,不是各章或多章中存在的共有问题,因此,将该条规则放在"总则"之中是不妥的。其次,该条本身的内容也不够好,因为:即使仲裁协议有效,所有当事人放弃仲裁或仲裁协议曾有效却现已失效,人民法院都应当受理。

总之,应当借鉴 1985 年版和 2006 年版《示范法》和境外众多仲裁制定法普遍采用的方法,在"仲裁协议"之类的部分或章目下,取"仲裁协议与向法院提出的实体主张"之类的条名,并作出内容上的修改,以弥补以上缺陷。

2. 现行《仲裁法》第6条(第1款:仲裁委员会应当由当事人协议选定。第2款:仲裁不实行级别管辖和地域管辖。)

其他国家或地区的仲裁制定法中没有类似该条第1款这样的规定。其中的"仲裁委员会"用语如本书第三部分第二目所述不妥当。此外,即使只实行协议的机构仲裁,定义"仲裁"及限定"仲裁协议"章标题下仲裁协议的必备内容就可以了,根本没有必要在"总则"中突出该用语和当事人的选择规则。

境外的仲裁制定法同样也没有该条第2款这样的规定。现行《仲裁法》和其他法律都未规定要级别管辖和地域管辖,且也没有规定仲裁机构之间有隶属关系。同时,如本建议稿第2条及其[说明]所示:本建议稿中的仲裁肯定是协议仲裁,从而使得现行《仲裁法》第6条这样的我国独有规则根本没有存在的必要。

3. 现行《仲裁法》第7条(仲裁应当根据事实,符合法律规定,公平合理地解决纠纷。)

详见本建议稿第50条下的[说明]。

4. 现行《仲裁法》第8条(仲裁依法独立进行,不受行政机关、社会团体和个人的干涉。)

此条在修订的《仲裁法》中实在无继续存在的必要,亦如我国《劳动合同法》《消费者保护法》《注册会计师法》中没必要有以下条文:劳动者依法工作,不受行政机关、社会团体和个人的干涉;会计师依法提供会计服务,不受行政机关、社会团体和个人的干涉;审计师依法提供审计服务,不受行政机关、社会团体和个人的干涉。实践中,行政机关、社会团体和某些个人可能非法干涉仲裁,但是,就像对待非法干涉会计、审计等服务一样,可以按其他法律规定采取相应的救济方法。

5. 现行《仲裁法》第9条(仲裁实行一裁终局的制度。裁决作出后,当事人就同一纠纷再申请仲裁或者向人民法院起诉的,仲裁委员会或者人民法院不予受理。)

在境外,一些著名的仲裁机构出于纠正错误裁决等目的实行着内部上诉制度。① 我国现行《仲裁法》此条中表述的"一裁终局"原则彻底地妨碍着我国有同样意愿的一些仲裁机构实行该制度。同时,此条规则也与该法第 57 条仲裁裁决具有约束力和有限的司法审查规则②重复或相冲突。总之,本条也实在没有存在的必要。

现行《仲裁法》第二章以"仲裁委员会和仲裁协会"为标题、其下大部分规则的缺陷及被移出本建议稿、个别条款经修改移至本建议稿第三章下作为第 15 条的原因,可参见本书的第二部分。

---

① 参见石现明:《国际商事仲裁错误裁决司法审查救济制度的缺陷与克服》,载《南京师范大学学报》(社会科学版)2011 年第 1 期,第 50 页。
② 如仲裁庭尽管就仲裁纠纷作出了裁决,现行《仲裁法》第 58 条本身就允许当事人就该"同一纠纷"的有关方面向人民法院起诉请求撤销裁决。

二

第二章 仲裁协议

[总体说明]

没有"总则"的国家或地区的仲裁制定法一般将"仲裁协议"方面的条款集合为第一章(或第一部分),如瑞典1999年《仲裁法》、意大利2006年《民事程序法典》和法国2011年《民事程序法典》等。有"总则"的境外仲裁制定法则列之为第二章(或第二部分),如1985年版和2006年版《示范法》、英国1996年《仲裁法》、德国1998年《民事程序法典》、韩国1999年《仲裁法》、日本2003年《仲裁法》、挪威2004年《仲裁法》、阿富汗2005年《商事仲裁法》、丹麦2005年《仲裁法》、奥地利2006年《民事程序法典》等。这些境外仲裁制定法在该章(或部分)中,很常见地依次列出关于以下内容的条款:仲裁协议的定义与形式;仲裁协议与实体主张;仲裁协议与向法院请求的保全措施等。此外,一些国家或地区根据本地的需要而在本章(或部分)添加了其他一些条款。如日本、德国、奥地利等国添加了可仲裁性条款。

考虑到我国修订的《仲裁法》有"总则",同时如本书第二部分论证的关于现行"仲裁机构与仲裁协会"章目及其下的规范实在不应当保留,本建议稿也将"仲裁协议"方面的条款列为第二章。具体的条款安排当然是基于对国际主流规范的借鉴和我国的需要。

第13条 (备选案文一)仲裁协议的定义、内容与形式

"仲裁协议"是指当事人同意将他们之间一项确定的契约性或非契约性的法律关系中已经发生或可能发生的一切争议或某些争议交付仲裁的协议。仲裁协议可以采取合同中的仲裁条款形式或单独的协议形式。

仲裁协议应当包括可确定的仲裁机构的内容。

仲裁协议必须采取书面形式,否则无效。任何仲裁协议如果符合下列任一情况,即满足本款中的书面要求

(一)该仲裁协议的内容以任何形式记录下来的,无论该仲裁协议或与之有关的合同是以口头方式、行为方式还是其他方式订立的;

(二)该仲裁协议包含于电子通信所含信息可以调取以备日后查用。

(三)该仲裁协议载于相互往来的索赔声明和抗辩声明中,且一方当事人声称有协议而另一方当事人不予否认。

(四)该仲裁协议体现为合同提及的任何文件中所含有的仲裁条款,且此种提及可使该仲裁条款成为该合同的一部分。

[说明]

本条规定的事项同于现行《仲裁法》第16条和第18条。

在笔者的印象中,曾有份英文资料似乎指称古巴不允许临时仲裁,为留下论证记录,笔者一直尝试搜索此种英文或中文资料却一无所获。笔者所掌握的大量实证资料表明,本建议稿中提及的其他国家或地区(包括唯一在仲裁制定法中对"仲裁机构"问题作专章规定的柬埔寨①)从来没有禁止过临时仲裁。正如附于本书第九部分的已发表论文成果之一《论我国临时仲裁制度的构建》中的阐释,关于我国引入临时仲裁制度的主张在理论上处于上风,并且可以说,没有临时仲裁无论如何也不能使中国进入仲裁最友好型的国家之列。但是,国内仲裁机构几乎一致恐惧临时仲裁参与竞争,并在实际上极力反对。因此,除非我国的立法者从长远角度考虑,力排众

---

① 柬埔寨的这一立场可见于其2006年《商事仲裁法》第2条第4项的定义规则,即:"Arbitration agreement" is an agreement by the parties to submit to arbitration all or certain disputes which have arisen or which may arise between them in respect of a defined legal relationship, whether contractual or not.

议,否则,包含了允许临时仲裁的《仲裁法》修订案文肯定是无法通过的。鉴于将其他条款修订好并促成国家立法机关尽快通过也是进步,笔者在本备选案文一中通过第 2 款保留现行《仲裁法》第 16 条和第 18 条所要求的仲裁协议应当包含"仲裁机构"之内容,以换取我国所有仲裁机构对该法早日修订的支持。

本条其他内容的正当性可参见本书第三部分的论述。

(备选案文二)仲裁协议的定义与形式

"仲裁协议"是指当事人同意将他们之间一项确定的契约性或非契约性的法律关系中已经发生或可能发生的一切争议或某些争议交付仲裁的协议。仲裁协议可以采取合同中的仲裁条款形式或单独的仲裁协议形式。

仲裁协议必须采取书面形式,否则无效。任何仲裁协议如果符合下列任一情况,即满足本款中的书面要求

(一)该仲裁协议的内容以任何形式记录下来的,无论该仲裁协议或与之有关的合同是以口头方式、行为方式还是其他方式订立的;

(二)该仲裁协议包含于电子通信,所含信息可以调取以备日后查用;

(三)该仲裁协议载于相互往来的索赔声明和抗辩声明中,且一方当事人声称有协议而另一方当事人不予否认;

(四)该仲裁协议体现为合同提及的任何文件中所含有的仲裁条款,且此种提及可使该仲裁条款成为该合同的一部分。

[说明]

本条备选案文规定的事项亦同于现行《仲裁法》第 16 条和第 18 条。

本条备选案文与备选案文一的区别在于没有后者第 2 款要求"仲裁协议应当包括可确定的仲裁机构的内容"的规定。很明显,在不违反当事人行为能力等其他强制性规则的前提下,符合了本条第

1款界定要求的协议即使没有包括可确定的仲裁机构的内容,也会被视为有效的仲裁协议。这意味着,当事人可以达成临时仲裁协议。无疑,本条备选案文供具有最强改革精神的立法者选用。

第 14 条　仲裁协议的独立性与仲裁庭的管辖权

仲裁协议效力应当独立认定。仲裁协议如构成合同的一部分,合同的无效或未成立、成立后未生效或者被撤销、变更、解除、终止或不可执行,均不对仲裁协议的效力产生影响。

仲裁庭可以对涉及其管辖权的关于仲裁协议的存在或效力、仲裁庭组成的合适性或其行使职权的范围的任何异议作出裁定。

有关仲裁庭无管辖权的抗辩不得在提交答辩书之后提出。一方当事人指定或参与指定仲裁员的事实,不妨碍其提出此种抗辩。有关仲裁庭超越其权限范围的抗辩,应当在仲裁程序中出现被指称的越权事项时立即提出。在其中任何一种情况下,仲裁庭如认为迟延有正当理由的,可准许推迟提出抗辩。

仲裁庭可以采用初步裁定或实体裁决的方式对本条第3款所述抗辩请求作出决定。如仲裁庭采用初步裁定认定其有管辖权,任一方当事人可以在收到该裁定的书面通知后三十天内请求人民法院决定该事项。对人民法院的该决定不得上诉。在该请求尚属未决期间,仲裁庭可以继续仲裁程序和作出仲裁裁决。

仲裁庭就某争议以仲裁协议无效为由作出了其并无管辖权决定之后,人民法院在法定的受案范围内拥有管辖权。

仲裁庭以其他理由作出并无管辖权决定的,除非当事人另有约定,仲裁协议的效力不受影响。

[说明]

仲裁协议的独立性又称可分性,有关规则涉及仲裁协议的效力是否应当与主合同效力分开考虑的问题。仲裁庭的自裁管辖权规则则涉及仲裁庭能否成为仲裁协议效力、仲裁庭组成的合适性或其存在超越职权情况纠纷的决定主体问题。就章目安排方面而言,德国 1998 年《民事程序法典》、日本 2003 年《仲裁法》、阿富汗 2005 年《商事仲裁法》、奥地利 2006 年《民事程序法典》、迪拜 2008 年《仲裁法》等将这两方面的规则与仲裁庭采取保全措施的规则合为一章（一般为第 4 章或第 4 部分[①]），称作"仲裁庭的管辖权"。1985 年版《示范法》也是如此,但是,2006 年版《示范法》将"仲裁庭采取保全措施的规则"单独列为"第 4A 章"[②],从而使原"第 4 章"只剩下关于仲裁庭自裁管辖权、仲裁协议独立性或可分性和当事人异议时限等方面内容构成的一条规则。另一些国家或地区关于仲裁协议的独立性与仲裁庭管辖权的规则则放在其他名称的章或部分下。如瑞典 1999 年《仲裁法》在第 1 部分"仲裁协议"名目下并用了 2 个条文[③]表达这方面的内容。又如荷兰 2015 年《民事程序法典》第 3 部分第 1052 条和第 1053 条归入"仲裁裁决"名目下。再如法国、英国和中国台湾地区的仲裁制定法则将其分别放在"仲裁协议"和"仲裁程序"两个不同的部分或章的名目之下。[④] 尽管如此,以上国家或地区这方面规则的内容具有高度的一致性,即都承认仲裁协议相对于其主合同的独立性或可分性及仲裁庭的自裁管辖权。不过,在具体细节上略微有些差别,主要是近一两年通过的仲裁法更具体地规定了仲裁庭自裁管辖权的范围等,如中国香港地区 2010 年《仲裁条例》第

[①] 新加坡 2002 年《仲裁法》第 21 条则被标属第 5 部分,原因在于:该法不仅有个总则部分,而且有个序言为第 1 部分。

[②] 香港 2010 年《仲裁条例》用"第 5 部"分的名称替代了 2006 年版《示范法》的"第 4A 章"。

[③] 即瑞典《仲裁法》第 2 条和第 3 条。巴西 1996 年《仲裁法》也将其放在第 2 章"仲裁协议"名目下,但只用了 1 个条文,即第 8 条。

[④] 即:法国 2011 年《民事程序法典》第 1 章"仲裁协议"名目下的第 1447 条,第 3 章"仲裁程序"名目下的第 1465—1466 条;英国 1996 年《仲裁法》第 2 部分"仲裁协议"名目下的第 7 条,第 6 部分"仲裁庭管辖权"名目下的第 31—32 条;中国台湾地区 2002 年"仲裁法"第 1 章"仲裁协议"名目下的第 3 条,第 3 章"仲裁程序"名目下的第 22 条。

34条第2款和第3款①。

　　我国现行《仲裁法》第三章"仲裁协议"名目下的第19条是关于仲裁协议的独立性规则，该章下的第20条则是关于仲裁庭的自裁管辖权规范，只是该法与世界惯例不同，通过该条将仲裁协议效力的确认主体分归仲裁机构或人民法院的方式否定仲裁庭的自裁管辖权。换句话说，我国现行《仲裁法》关于仲裁协议的独立性与仲裁庭的自裁管辖权规范分两条放在"仲裁协议"的章标题下。如上所述，仲裁业极为发达的瑞典也是如此安排的。同时，这两方面问题都事关仲裁协议的效力。此外，2006年版《示范法》等将只有一个条文的这方面规则单独列为一章，在文字篇幅上与其他章非常不匹配。因此，本建议稿将之留在"仲裁协议"章标题下。但是，1985年版和2006年版《示范法》及不少国家或地区的仲裁制定法用一个条款规范此问题同样很清晰，所以本建议稿也只使用一条。

　　在内容方面，本条与我国现行《仲裁法》第19条、第20条有所不同或大不相同，原因在于：

　　第一，我国现行《仲裁法》第19条未考虑到仲裁协议未生效等情况，2006年《司法解释》第10条作出了几项弥补，这里建议吸纳上升为基本的法律规范，并通过借鉴我国台湾地区2009年修订的"仲裁法"第3条②等有所增加。

　　第二，我国现行《仲裁法》第20条第1款只考虑到了当事人对仲裁协议效力的异议情况。然而，对管辖权的异议除包括对仲裁协议的效力异议外，还包括对仲裁庭组成合适性、仲裁庭超越权限行使职权的异议。同时，该条关于由仲裁机构而不是由仲裁庭来决定仲

---

① 该法的第2款在1985年版和2006年版《示范法》所规定的仲裁庭自裁管辖权范围的基础上，进一步地明确仲裁庭的自裁管辖权还包括决定其是否恰当地组成或什么事宜交付仲裁的权力。该法的第3款则宣布：如按照仲裁协议将争议提交仲裁，而一方提出在同一争议中产生的反申索或依据在该申索中产生的抵销，则仲裁庭有管辖权决定该反申索或被如此依据的申索，但该管辖权只可在该反申索或申索的标的事宜属于同一仲裁协议范围内时行使。

② 该条规定：当事人间之契约订有仲裁条款者，该条款之效力，应独立认定；其契约纵不成立、无效或经撤销、解除、终止，不影响仲裁条款之效力。

裁协议的效力的规定,不仅与上述境外仲裁制定法所代表的国际惯例不符,而且非常不合理。因为通常情况下,对管辖权作出决定需要听取当事人意见,审阅当事人提交的有关证据和其他材料,在管辖权问题和实体争议纠缠在一起时需要对二者一并进行处理。这些工作理应由负责仲裁案件的具体审理和裁决的仲裁庭完成,仲裁机构只应提供诸如受托指定仲裁员、登记仲裁案件、收取并保管仲裁费等管理服务。① 另外,本条也删除了我国现行《仲裁法》第 20 条第 2 款关于当事人对仲裁协议效力的异议应当在仲裁庭首次开庭前提出的规定,因为仲裁庭很可能不开庭,连现行《仲裁法》第 39 条都明确地允许这种可能性存在。

此外,由于我国现行《仲裁法》第 20 条缺乏明确规定,导致了 1998 年 10 月 21 日《最高人民法院关于确认仲裁协议效力几个问题的批复》第 3 条和第 4 条规定:人民法院一旦决定受理仲裁协议效力纠纷的,就应通知仲裁机构中止仲裁。很明显,采取其中的"中止仲裁"做法会产生延误仲裁的负面效应。本条第 4 款最后一句规则既与国际惯例一致,又弥补了我国现行《仲裁法》的这项缺陷,并可避免出现以上批复中的不合适要求。

第三,本条第 5 款和第 6 款受益于国外作者论述的启示。实践中,仲裁庭作出有管辖权的决定时,在很多国家或地区的仲裁制定法的现行框架下可以寻求救济,但是,对于仲裁庭作出没有管辖权的决定时能否救济或如何救济等问题却没有规定。② 然而,瑞士 1987 年《联邦国际私法法规》第 190 条第 2 款 b 项③、中国香港地区

---

① 参见周江:《论国际商事仲裁庭管辖权自治原则》,载《仲裁研究》2009 年第 1 期,第 35 页。

② See Stefan Krll, Recourse Against Negative Decisions on Jurisdiction, *Arbitration International*, No. 1, 2004, pp. 55-72.

③ 该款项的英译文为:(Proceedings for setting aside the award may only be initiated: …)(b) where the arbitral tribunal has wrongly declared itself to have or not to havejurisdiction.

2010 年《仲裁条例》第 34 条第 4 款和第 5 款①、比利时 2013 年《司法法典》第 1690 条第 4 款第 2 段②、荷兰 2015 年《民事程序法典》第 1052 条第 5 款③等相继予以规范。笔者认为,这些国家和地区的新规范在内容方面都具有合理性,因为仲裁庭作出无管辖权决定的原因可能不是仲裁协议无效,如可能是认定其组建过程不符合当事人的约定或法律规定。此外,从逻辑关系上来看,以上香港法的第 5 款内容应放置于下一条,因为该款与后者的内容同属于在有仲裁协议时由于出现特殊情况而使法院获得管辖权的情形。另外,某仲裁庭以其他理由宣告无管辖权后,一方当事人争取的新仲裁庭也可能判定仲裁协议无效,因此,荷兰一概规定仲裁协议继续有效的措辞并非完美。综上,本条最后一款只借鉴了荷兰法律规则中的合理部分。

第 15 条　仲裁协议与向人民法院提出的实体主张

就仲裁协议的标的向人民法院提起诉讼时,一方当事人在不迟于其就争议实体提出第一次陈述时要求仲裁的,人民法院应当裁定当事人提交仲裁,除非法院认定仲裁协议无效或不能执行。

---

① 这两款的内容分别如下:(4)如仲裁庭裁定它并无管辖权就某争议作出决定,任何人不得针对该项决定提出上诉。(5)尽管有第 20 条(仲裁协议与实体主张)规定,如仲裁庭裁定它并无管辖权就某争议作出决定,则如法院有司法管辖权,法院须就该争议作出决定。

② 该段的英译文是:The civil court may, at the request of one of the parties, rule on the merits of the arbitral tribunal's decisim that it lacks jurisdiction.

③ 该款的原文是:If and to the extent that the arbitral tribunal has declared that it lacks jurisdiction on the ground that there is no valid arbitration agreement as mentioned in paragraph (2), the court shall have jurisdiction to hear the case. If and to the extent that the arbitral tribunal has declared that it lacks jurisdiction on another ground, the arbitration agreement remain valid, unless the parties have agreed otherwise.

提起前款所指诉讼后,在法院对该问题未决期间①,仲裁庭仍然可以开始或继续进行仲裁程序,并可作出裁决。

在仲裁庭以不存在可执行的仲裁协议为由作出对某项争议无管辖权决定的情况下,人民法院认为符合司法管辖权条件的,应当就该争议作出决定。

[说明]

我国现行《仲裁法》在"总则"第 5 条和第四章"仲裁程序"下的第 26 条②规定了近似的内容,移至本处并修改的原因有三:

第一,具体问题不应放在"总则"中,同时也不应当归在"仲裁程序"章目下,因为在有仲裁协议的情况下,一方当事人向法院提出实体主张的诉讼问题主要不是"仲裁程序"问题,而是仍然与仲裁协议效力关联的一个问题。据此,境外绝大多数仲裁制定法都将其放在"仲裁协议"章或部分的标题下,如 1985 年版和 2006 年版《示范法》第 8 条、德国 1998 年《民事程序法典》第 1032 条、丹麦 2005 年《仲裁法》第 8 条、柬埔寨 2006 年《商事仲裁法》第 8 条、奥地利 2006 年《民事程序法典》第 584 条、法国 2011 年《民事程序法典》第 1448 条等。

第二,我国现行《仲裁法》第 5 条关于存在有效"仲裁协议"人民法院就"不予受理"一方当事人起诉的规定,有本建议稿第一章最后部分关于该法"总则"下所删除条款的[说明]中提及的重大缺陷,

---

① "未决期间"是指法院尚未得出仲裁协议有效、无效或不能执行的结论。本款意味着:如果法院已作出仲裁协议有效的结论,一方当事人在不迟于其就争议实体提出第一次申诉时要求仲裁的,法院当然应当裁定当事人提交仲裁。但是,如果法院已作出仲裁协议无效或不能执行的结论,仲裁程序就不可以开始或继续进行,更不能作出裁决。否则,不顾法院已作出的仲裁协议无效或不能执行的裁定而启动或继续进行仲裁程序并作出裁决,该裁决肯定是无效的。——笔者注

② 现行《仲裁法》"总则"第 5 条:当事人达成仲裁协议,一方向人民法院起诉的,人民法院不予受理,但仲裁协议无效的除外。现行《仲裁法》第四章"仲裁程序"第 26 条:当事人达成仲裁协议,一方向人民法院起诉未声明有仲裁协议,人民法院受理后,另一方在首次开庭前提交仲裁协议的,人民法院应当驳回起诉,但仲裁协议无效的除外;另一方在首次开庭前未对人民法院受理该案提出异议的,视为放弃仲裁协议,人民法院应当继续审理。

即:没有考虑到仲裁协议曾有效却现已失效,或者,所有当事人以进行诉讼的方式放弃仲裁协议的情况下,应尊重所有当事人的意愿,以诉讼途径解决当事人的纠纷。可以说,该法第5条的这种缺陷是世界上任何其他国家或地区的仲裁法中相应条款所没有的。同时,该法第26条采用了与上述第5条相矛盾的规定方法,允许法院在原告不声明且被告不及时提交有效仲裁协议的情况下继续受理争议案件。该规定虽然一定程度上弥补了该法第5条的以上缺陷,但是,同一制定法文件中这种相矛盾的规定显然是应当避免的。无疑,删除放置位置不当且无其他优点的现行《仲裁法》第5条是一个上佳的解决方法。

第三,我国现行《仲裁法》第26条本身也有一些缺陷,主要是前述的未考虑到不开庭的情况,以及将当事人放弃仲裁协议的时限规定在首次开庭前[1]这样一个太晚的时间节点上。世界上其他国家或地区的仲裁法一般要求诉讼中的被告必须在不晚于就争议实体提出第一次陈述时指出存在有效仲裁协议的情况下,才有可能阻止继续诉讼。这种规定的好处是既不进一步地浪费司法资源,又可能使当事人尽早地投入仲裁程序。可见,该法第26条的这一缺陷应当在修订时进行弥补,并按国际上通行的结构安排归入"仲裁协议"的章目下。

最后应予说明的是,本条前两款借鉴了世界上相当多国家或地区仲裁制定法中的共有规定。其中的第2款关于在法院针对仲裁协议有效、无效或不能执行的问题未决期间仲裁庭可以继续仲裁程序和作出裁决的规定,并非是为了改变本条主要不是解决仲裁程序问题的性质,而是为了避免仲裁程序的拖延。本条的第3款则是通过略微变动以更符合内地法条的表达习惯的方式采纳我国香港地区2010年《仲裁条例》第34条第5款的结果,其理由可参见上一条的最后说明部分。

---

[1] 该用语在实践中已出现一些争议案,如在首次开庭时率先表示不存在仲裁协议,是否为"开庭前"。

第 16 条　仲裁协议与人民法院采取的保全措施

在仲裁程序开始前或进行之中,人民法院应当事人请求就仲裁标的采取临时保全措施,并不与仲裁协议相抵触。

[说明]

本条规则的必要性可参见本书第四部分。

现行《仲裁法》"仲裁协议"章下其他条款删除的说明可参见本书第三部分。

三

第三章 仲裁员与仲裁庭

[总体说明]

本书第二部分已论述了删除现行《仲裁法》第二章中所有关于仲裁机构和仲裁协会规则的理由,对该章中唯一涉及仲裁员任职资格的第13条的处置问题则在此一并阐释。

首先是关于现行《仲裁法》第13条的章目归属问题。没有任何国内外学者或境外的仲裁制定法将规范该条下的事项单独作为一章或部分放在"仲裁协议"章或部分之前,该条本身在现行《仲裁法》中也未单独获得此地位。可见,该条被修改后无疑是不能单独放在第二章的,而是应当与现行《仲裁法》第四章第二节涉及仲裁员或仲裁庭的其他规则的删改立后合为单独的一章,且该章应当放置在"仲裁协议"章之后,除"总则"外的其他各章之前。

如此安排的进一步逻辑理由是:(1)如前所述,仲裁协议是仲裁的基础,为此,境外的仲裁制定法都将仲裁协议列为首章或紧随"总则"之后的第二章。同时,从现状来看,现行《仲裁法》第四章第二节涉及更多关于仲裁员或仲裁庭的规则,它们目前都被放在"仲裁协议"的章目之后,因此,在无任何正当理由的情况下,就不应当迁就仅剩的尚需大加修改的一条而将第四章第二节中有关条款前移。(2)仲裁员或仲裁庭确实是仲裁程序不可或缺的重要主体,然而,其组成方式或过程等本身并不属于仲裁程序。同时,有了仲裁员或仲裁庭这样的主体以后才有仲裁程序和仲裁裁决等。为此,境外的仲裁制定法一般将我国现行《仲裁法》第二章中唯一涉及仲裁员任职资格的第13条和第四章"仲裁程序"第二节"仲裁庭的组成"名目下规定的主要事项放在以"仲裁员"[①]、"仲裁庭"[②]、"仲裁员与仲裁庭"[③]、"仲裁庭的组成"[④]或"仲裁庭之组织"[⑤](下文中以"'仲裁员'之类"统称)为标题的单独一章或部分中进行规范,并置于前述"总则"和/或"仲裁协议"之外的其他各章或部分之前[⑥],如 1985 年版和 2006 年版《示范法》的第 3 章、德国 1998 年《民事程序法典》第 10 篇第 3 章、瑞典 1999 年《仲裁法》第 2 部分、日本 2003 年《仲裁法》第 3 章、意大利 2006 年《民事程序法典》第 3 章、亚美尼亚 2006 年《商事仲裁法》第 3 章、中国台湾地区 2009 年修订的"仲裁法"第 3 章等。1985 年版和 2006 年版《示范法》与以上境外仲裁制定法的这种主流结构已为我国境内和涉外仲裁使用者所熟悉,进行引入无疑会便于其查阅和掌握,因此本建议稿也予以采纳。

至于本章下应包含的条款及其应然内容可见于下文。

第 17 条　仲裁员的任职能力

任何拥有行为能力的自然人可以担任仲裁员。但是,下列人员

[①]　如日本、意大利等国的仲裁制定法。
[②]　如新加坡 2002 年《仲裁法》。
[③]　如葡萄牙 2012 年《自愿仲裁法》。
[④]　如亚美尼亚 2006 年《商事仲裁法》。
[⑤]　如中国台湾地区 2002 年"仲裁法"。
[⑥]　英国、苏格兰、新加坡等国家或地区稍稍有所不同。如新加坡 2002 年《仲裁法》在"仲裁协议"(第 2 部分)与"仲裁庭"(第 5 部分)两部分之间分别插入"法律程序的搁置"部分(第 3 部分)和"仲裁程序的开始"部分(第 4 部分),其中的第 3 部分实际上规范的事项与其他国家或地区制定法中"仲裁协议"章或部分下的"仲裁协议与向法院提出的实体主张"条相同或近似,第 4 部分则基本上与其他国家或地区制定法中"仲裁程序"章或部分下的"仲裁协议与向法院提出的实体主张"条相同或近似。其理念显然是:规范了仲裁协议及其与向法院提出的实体主张关系等之后,就应当考虑仲裁程序问题,但是,仲裁程序中涉及重要主体之一的仲裁员或仲裁庭问题太多,不得不归为单独的一章或一部分。这样,只能先用一章或部分仅仅规定仲裁程序的开始问题,其他绝大部分的仲裁程序问题只能在紧随"仲裁员"之类章或部分的章或部分中规范。以上情况说明,境外仲裁制定法的结构顺序具有实质上的高度近似性。本建议稿的结构模式采用更接近 1985 年版和 2006 年版《示范法》以及德国、奥地利、西班牙、法国、中国香港等国家或地区仲裁制定法结构的原因在于:我国现行《仲裁法》的结构去除其第二章之后就与以上国家或地区更接近。

除外：
（一）曾被法院判处有期徒刑一年以上者；
（二）破产宣告尚未复权者；
（三）其他法律、法规明确规定不得担任仲裁员的人员。

[说明]

首先，就本条存在的必要性而言，无论我国的现状还是国际范例都能提供依据。从国际范例情况来看，境外仲裁制定法普遍地包含了关于仲裁员任职资格的规则。我国修订的《仲裁法》若不给予这方面的规则一个存在的位置，显然是不符合国际惯例的。再从我国现状来看，我国现行《仲裁法》第13条已有关于仲裁员任职资格的规定，只是其摆放的位置很不妥当，[①]应根据本章前述的总体安排理由移至本处。

其次，就本条的内容来讲，可以说是与现行《仲裁法》第13条规则基本不同，因为笔者认为第13条内容存在着较大的缺陷。就国际层面而言，世界上无任何国家或地区如此规定仲裁员的资格条件，他们一般只要求仲裁员具有行为能力即可，如瑞典1999年《仲裁法》第7条、苏格兰2010年《仲裁法》规则4、法国2011年《民事程序法典》第1450条、葡萄牙2012年《自愿仲裁法》第9条、荷兰2015年《民事程序法典》第1023条等。少数国家或地区也规定了消极条件，如比利时1998年《司法法典》第1680条规定被临时或永久剥夺选举权者不能担任仲裁员，意大利2006年《民事程序法典》第812条宣布公共官员和提供公共服务职能的人不可以充任仲裁员等。同时，从国内视野来看，只有中国台湾地区2009年修订的"仲裁法"第6条对仲裁员作出了数项肯定性的其他资格要求，且表面上看无大陆如此高的条件。再从现行《仲裁法》第13条在大陆的实施效果看，表面上

---

① 我国也有其他学者也认为该条的摆放位置不合适。可参见武汉大学国际法研究所《〈仲裁法〉修改》课题组：《中华人民共和国仲裁法（建议修改稿）》，载《仲裁研究》2006年第2期，第51页。

"公道正派"的要求和其他高条件并不能保证只有高素质或具备较丰富知识者才能获得仲裁员的资格,某副教授仲裁员因不公道正派的行为引发的"富士乐案"即是一个遭到曝光的著名案例。① 实际上,按照现行《仲裁法》第 13 条获得仲裁员资格者中,有相当一部分在私下承认自己是一方当事人的利益代表。② 再如,像广州中山市前市长李启红③那样,只有小学文化却能担任经济管理干部数年且尚未被发现犯罪者,离开公务员岗位后就不可能视为符合第(五)项的"具有同等专业水平的"要求而具有仲裁员资格? 同样,在仲裁委员会做电话接线员工作能否视为"仲裁工作",如何解释该条中的第(一)项关于"仲裁工作"的性质要求?

如果符合现行第 13 条其他各项要求的人士因种种原因无暇或无机会担任仲裁员,其他具有民事行为能力者即使很有声望却仍然感到争取符合该条第(一)项和第(五)项条件太困难,则会不利于我国仲裁业的推广。我国已有学者证明了这种情况的存在。④ 同时,境外仲裁业的发展情况表明,即使法律规定具有民事行为能力者可以担任仲裁员,但担任仲裁员的机会并不是在具有民事行为能力的自然人中平均分摊,而是高度集中于那些具有较强能力和较高声望的优秀人士。⑤

此外,经搜查也未能发现其他国家或地区因只要求仲裁员具有行为能力而出现了比我国严重得多的关于腐败、不公正、更低水平裁决之类情况的报道。我国现代社会通信手段已十分发达和便捷,从而能使素质差的仲裁员的低水平仲裁行为迅速曝光,以警醒其他

---

① 参见萧凯:《从富士乐仲裁案看仲裁员的操守与责任》,载《法学》2006 年第 10 期,第 28—29 页。

② 参见袁发强、刘弦、邓伟龙、王美文:《中国仲裁机构往何处去——国内部分仲裁机构运行情况调研报告》,载《北京仲裁》2010 年第 1 期,第 140 页。

③ 参见张凯凡:《女市长被控内幕交易获利 1983 万》,载《新闻晨报》2011 年 4 月 7 日 A9 版。

④ 参见陈运来:《我国农业保险仲裁的现实缺位及立法对策》,载《中央财经大学学报》2010 年第 2 期,第 83 页。

⑤ 参见陈建:《论仲裁员在市场经济中的定位》,对外经济贸易大学 2007 年博士学位论文。

当事人。相信我国普通理智的当事人也像其他国家或地区的当事人那样,一般会选择尽可能好的仲裁员,仲裁法或其他法律中合适的强制性规则与任意性规则能正常地发挥保护功能等,这也是笔者在本条第 1 款但书前的规定中作出与国际主流规则非常相近表达的重要原因之一。

最后,就本条第 1 款中的但书规则而言,主要参考了尼泊尔(1999 年《仲裁法》第 10 条)、中国台湾地区(2009 年修订的"仲裁法"第 7 条)、意大利(2006 年《民事程序法典》第 812 条)、塞尔维亚(2006 年《仲裁法》第 7 条第 4 款)等国家或地区的仲裁制定法及我国学者的建议。[①] 但是,本条第 1 项中但书规则的内容与这些学者的建议有较大的出入,因为笔者认为,这些学者建议中混杂着过于严厉、宽松或弹性的成分,如其关于只有曾被判故意犯罪者才被禁止担任仲裁员的主张就显得过于宽松,从而使得严重的过失交通肇事之类的犯罪者可能获得仲裁员的资格,并进而可能过失地给仲裁当事人造成损害。为此,我国台湾地区 2009 年修订的"仲裁法"第 7 条第 2 项列举负过刑事责任 1 年以上者被禁止担任仲裁员时,就未限定以故意犯罪为条件。又如,对故意犯罪者轻重程度及不良信用记录的原因不加区分,可能会使因唯一一次冲动而被判刑 1 个月拘役的优秀人士或因一次疏忽未能偿债而留下不良信用记录的专家永远地失去了担任仲裁员的机会。再如,我国学者在这方面的建议中使用的"其他可确定为有严重道德缺陷的"提法就具有弹性太大的缺陷,修订的《仲裁法》一旦采纳了这种建议,将为一些当事人提供一个很随便的质疑借口,进而影响到仲裁效率。同时,基于《最高人民法院关于现职法官不得担任仲裁员的通知》(法〔2004〕129 号)等法规,本条第 1 款中的但书规则添加了我国其他学者尚未建议的第 3 项内容。

[①] 参见武汉大学国际法研究所"《仲裁法》修改"课题组:《中华人民共和国仲裁法(建议修改稿)》,载《仲裁研究》2006 年第 2 期,第 51 页。

第 18 条　仲裁庭的人数

当事人可以自由地约定仲裁庭由一名或奇数数量的仲裁员构成。仲裁员数量多于一名的,设首席仲裁员。

当事人约定由偶数数量的仲裁员组成仲裁庭时,应当被理解为再任命一名仲裁员做首席仲裁员。

当事人未作约定的,仲裁庭由一名仲裁员组成。

[说明]

我国现行《仲裁法》第 30 条关于"仲裁庭可以由三名仲裁员或者一名仲裁员组成"的规范,其缺陷在于:(1)没有明确规定当事人是有权决定仲裁员数量的主体。由当事人决定仲裁员数量及人选是仲裁对当事人具有吸引力的重要原因之一,①也是其他国家或地区仲裁制定法普遍地宣告当事人为此决定权主体的依据。(2)没有明确宣布仲裁庭是否可以由两名仲裁员或者多于三名仲裁员组成。如果解释为可以,则该条规定的前半部分无任何意义。但是,如果解释为不允许,显然无正当理由地违背了仲裁的意思自治原则,因为当事人为仲裁活动买单,他们让仲裁庭由非一名或者三名仲裁员组成的想法既不损害国家或第三人利益,也不危害仲裁的声誉。再从境外的一些情况看,某些情况下多于三人的仲裁庭才是适当的。②有鉴于此,境外的仲裁制定法一般都没有要求当事人将仲裁员人数限定在三名以内。当然为了免于仲裁庭多数表决制的落空而影响仲裁的效率,部分国家或地区强行地规定仲裁庭人数必须为奇数,如巴西 1996 年《仲裁法》第 13 条、比利时 1998 年《司法法典》第 1681

---

① 参见刘俊、吕群蓉:《论仲裁庭组成与仲裁之价值》,载《仲裁研究》2006 年第 4 期,第 17—18 页。

② 参见伍胜民:《论台湾地区之仲裁人选任制度——以营建工程为中心》,载《北京仲裁》2010 年第 4 期,第 81 页。同时,我国也有学者建议当事人可以自主地决定多于三人的仲裁庭,可参见刘云兵:《仲裁法的主要法理及对修正我国〈仲裁法〉的建议》,载《国际商务研究》2000 年第 3 期,第 44 页。

条、意大利 2006 年《民事程序法典》第 809 条、柬埔寨 2006 年《商事仲裁法》第 18 条、葡萄牙 2012 年《自愿仲裁法》第 8 条、比利时 2013 年《司法法典》第 1684 条、荷兰 2015 年《民事程序法典》第 1026 条等。(3)没有规定当事人对仲裁员数量无任何约定的情况下仲裁庭的组成人数。

以上第一项缺陷虽然对由当事人决定仲裁员人数的实践没有很大的消极影响,但是修订成本条第 1 款不仅没有任何弊端,而且能增加当事人的主人翁感觉。对以上第二项缺陷的弥补则当然更加彰显我国修订的《仲裁法》对当事人意思自治的尊重及对复杂仲裁纠纷解决的灵活性和适用性。同时,借鉴孟加拉 2001 年《仲裁法》第 11 条、奥地利 2006 年《民事程序法典》第 586 条第 1 款、法国 2011 年《民事程序法典》第 1451 条、荷兰 2015 年《民事程序法典》第 1026 条第 3 款等,表达成如本条第 2 款的上述内容,不仅使当事人选择两名或其他偶数数量仲裁员的协议不会归于无效,而且可以避免仲裁中出现不能形成表决多数的僵局。① 在目前我国实行机构仲裁的情况下,以上第三项缺陷不会引发问题,因为各仲裁机构规则会予以弥补。但是,修订的《仲裁法》如果引入临时仲裁制度,则这项缺陷就会导致有关纠纷的解决于法无据。再退一步而言,即使继续实行机构仲裁,弥补这项缺陷的本条第 3 款根本不会构成任何妨碍。

第 19 条 仲裁员的指定
(在只允许机构仲裁的情况下)备选案文一
除非另有明确约定,当事人应当遵循所选择的仲裁机构规则规定的仲裁员指定程序。

(在不禁止临时仲裁的情况下)备选案文二

---

① 英国、中国香港等少数国家或地区允许使用公断人(umpire)制度来解决不能形成多数的僵局问题,但是其规范表达方面的复杂性与世界范围内被采纳的稀少性,以及我国传统上实际采用奇数数量仲裁员的做法等,都是本建议稿没有效法的原因。

当事人可以自由地约定任命仲裁员的程序。

争议的当事人为两方且不存在前款约定时,适用下列规则:

(一)在独任仲裁员的仲裁中,一方当事人自收到对方当事人指定仲裁员的书面请求后三十天内就独任仲裁员的人选不能达成一致,人民法院应当根据任何一方当事人的请求指定独任仲裁员。

(二)在多名仲裁员的仲裁中,由每一方当事人指定相等数量的仲裁员,并由如此指定的仲裁员指定另外一名仲裁员作为首席仲裁员。一方当事人在收到对方当事人指定仲裁员的书面请求后三十天内未指定仲裁员的,或者各方当事人选定的仲裁员在被指定后三十天内未就另外一名仲裁员达成协议的,经任何一方当事人请求,由人民法院指定。人民法院应当根据任何一方当事人的请求指定所需的仲裁员。

(三)在一方当事人指定仲裁员且该指定通知送达另一方当事人后,指定方应接受该仲裁员指定的约束。

争议的当事人为两方以上且对仲裁员的指定程序没有约定时,经任何一方当事人请求,由人民法院指定仲裁员。

除非约定程序提供了其他保证指定仲裁员的方式,当事人、已选任的仲裁员或受托的第三人未按约定程序指定仲裁员或不能遵照约定程序达成协议,经任何一方当事人的请求,人民法院可以采取必要措施协助指定仲裁员。

人民法院指定仲裁员时应当适当考虑当事人对仲裁员任何资格的约定、争议的标的及性质、确保指定独立和公正的仲裁员的因素,以及适合解决该争议的仲裁员所应具备的知识、资质、经验和技能。

对于人民法院根据本条指定仲裁员的裁定,当事人不得上诉。

[说明]

本条中的两个建议案文都出于替代我国现行《仲裁法》第 31 条和第 32 条的目的,原因之一在于:由于本建议稿的前一条关于仲裁员人数突破一名或三名的改动,对于这两条仅涉及一名或三名仲裁员的选定或指定方式的规范当然必须进行较大的改动。

再进一步地就备选案文一而言,完全是配合本建议稿第12条只允许机构仲裁的情况下的备选案文一规范设置的。本备选案文的简单性主要是基于成熟的机构仲裁规则对仲裁员的选定或指定程序都作了较详细的规定。在信息化时代,这些机构规则在网上非常容易获得,从而使新成立的仲裁机构可以非常容易地作出类似规定。因此,对只允许机构仲裁的修订《仲裁法》来说,如包含了本备选案文一的规定,①就足以能够使仲裁员的任命程序得到运转,且还可以避免与前一条的修订建议不匹配的问题。

本备选案文二则主要是配合本建议稿第12条同时允许机构仲裁和临时仲裁情况下的备选案文二规范设置的,其中的第1款对两种仲裁都是适用的,它表明了当事人有限度地自由地具体约定或通过选择仲裁机构规则的方式约定仲裁员指定程序的原则。第2款虽未明确,却实际上只适用于解决某些临时仲裁中出现的问题,因为这些临时仲裁所依据的仲裁协议往往没有详细地规定仲裁员的任命方式或程序,需要修订的《仲裁法》提供任意性规范填补协议的空白。

同时要特别指出的是,1985年版和2006年版《示范法》第10条虽然允许当事人选择约定各种数量的仲裁员,但紧接该条的第11条关于"仲裁员的指定"规则除了宣告尊重当事人的自由协议外,其他具体规定实际上只考虑了某些当事人选择一名或三名仲裁员的情况。对于其他当事人选择两名或四名以上仲裁员却未约定仲裁员指定程序的,则未交代处理方法。因此,本备选案文二中的很多规定主要借鉴的是其他国家或地区仲裁制定法中更妥帖的规定,如备选案文二第2款中的第(一)至(二)项规定重点参考的是奥地利2006年《民事程序法典》第587条第2款第1—4目的规则,而备选案文二中的第5款规定则是参考了苏格兰2010年《仲裁法》规则7

---

① 笔者认为,在能够实现同样功能的前提下,更简约的法律更好。为此,应将我国现行《仲裁法》第31条和第32条合并为一条并改成了如上的内容,而不应是与现行两条相类似的啰唆表达。

中的第 8 款规范。此外,很多境外的仲裁制定法没有考虑到备选案文二第 2 款这样的规则对争议的当事人超过两方时可能难以适用、无法适用或非常低效适用等问题。受法国 2011 年《民事程序法典》第 1453 条规则①的启示,笔者对该款作出了"当事人为两方"的限定,并在第 3 款中对"当事人为两方以上"的情况另作规定。

最后,这里附带说明的是,本建议稿以下不再有其他不同的备选案文,并且在不影响立法者选择是否仍禁止临时仲裁的情况下,尽量不出现"仲裁机构""仲裁机构规则"之类的字样。如此处理的原因在于:

第一,本建议稿其后所参考的其他国家或地区仲裁法中并未出现"仲裁机构"字样,却并不妨碍这些条款对机构仲裁的适用性。这表明,这些规范对机构仲裁具有合适性和同样的必要性。否则,这些国家或地区的仲裁制定法肯定就专门只针对临时仲裁进行规范,或者对临时仲裁与机构仲裁作出不同的规范。据此,立法者只要在选择前述的协议仲裁必须为机构仲裁的备选案文,再选择本建议稿中以下无"仲裁机构"或"仲裁机构规则"字样的各条时,仍能确保我国的协议仲裁制度继续只容纳机构仲裁的局面,亦如我国现行《仲裁法》中很多无此种字样的条款实际上对临时仲裁不适用。

第二,立法者在这次修订《仲裁法》时如果采纳了本建议稿其后条款,则在我国允许临时仲裁后再次修改《仲裁法》时,可以避免多处的"仲裁机构"或"仲裁机构规则"之类的文字去除工作,从而使修订工作大大地简化。

第 20 条 仲裁员接受指定

除非当事人另有约定,每一仲裁员应当在收到书面指定后的十五天内将接受指定的通知递交指定的当事人。

---

① 该条规则的英译文是:If there are more than two parties to the dispute and they fail to agree on the procedure for constituting the arbitral tribunal, the person responsible for administering the arbitration or, where there is no such person, the judge acting in support of the arbitration, shall appoint the arbitrator(s).

仲裁员未按前款规定发送接收通知的,视为不接受指定。

[说明]

1985年版和2006年版《示范法》及采纳《示范法》的德国、奥地利等国仲裁制定法中无此条标题和规范内容。但是,在事前不存在合约的情况下,任何人都没有义务担任仲裁员[①],此原则可能导致一些潜在的仲裁员不接受指定。然而,如果没有规则确定仲裁员是否接受指定,则在实践中不仅可能出现这种纠纷,而且还可能在当事人与争议中的仲裁员之间引发是否应当支付仲裁服务费、是否存在延迟提供仲裁服务等争议。有鉴于此,意大利(2006年《民事程序法典》第813条)、荷兰(2015年《民事程序法典》第1029条)等一些发达国家的仲裁制定法包含了这方面的规则。其中的荷兰规则仅是简单地要求仲裁员必须以书面形式接受指定,对于当事人无约定时仲裁员应当在多长的时间内发出接受通知却无明确规定,从而可能导致实践中出现某潜在的仲裁员是否及时发出接受通知及由此而来的当事人能否另选仲裁员等争议问题。意大利规则的亮点是在要求接受指定必须采用书面形式的同时,明确规定在仲裁协议或第一次会议记录上的签名可以作为仲裁员书面接受指定的证据。然而,该规则仍存在着与荷兰规则相同的缺陷。相比之下,本条规则既避免了前两国规则的缺陷,又将意大利规则中的亮点包含在其使用的"当事人另有约定"用语中,因为意大利规则中的上述能作为证据的情况可被视为该用语足以涵盖的当事人另有暗示约定的情形。同时,本条规则也使我国现行《仲裁法》第33条的规定[②]不再有保留的必要,因为只适合机构仲裁的该规定可仅由仲裁机构规则去规定。

---

① 在笔者所查到的几十个国家或地区的现行仲裁制定法中,只发现葡萄牙2003年修订的《自愿仲裁法》第9条第1款明确地宣告了该原则,该国2012年的新法第12条第1款仍然予以保留。这表明此种宣示并无多大必要性,为此本条中也未予以包含。

② 该规定的内容是:仲裁庭组成后,仲裁委员会应当将仲裁庭的组成情况书面通知当事人。

第 21 条　质疑仲裁员的理由

仲裁员应当具备独立性和公正性。

在被询问有关可能被指定为仲裁员之事时，被询问人应该披露可能引起对其公正性或独立性产生正当怀疑的任何情况。仲裁员自被指定之时起并在整个仲裁程序进行期间，应毫不迟延地向各方当事人披露任何此类情况，除非其已将此情况告知各方当事人。

只有存在引起对仲裁员的公正性或独立性产生正当怀疑的情况或仲裁员不具备当事人约定的资格时，才可以申请仲裁员回避。

对仲裁员的公正性或独立性产生正当怀疑的情况包括：

（一）仲裁员或其密切联系的人是本案当事人、代理人或当事人、代理人的近亲属；

（二）仲裁员与本案有利害关系；

（三）仲裁员私自会见当事人、代理人或者接受当事人、代理人的请客送礼。

当事人只有根据其作出指定之后知悉的理由，才可以对其所指定的或其所参与指定的仲裁员提出回避。

[说明]

我国现行《仲裁法》第 34 条涉及本条下的事项。但是，该条却存在着严重的缺陷，主要是没有规定仲裁员的披露义务和采用穷尽列举方式产生的漏洞。这方面的内容可进一步参考本书第九部分"已发表的阶段性研究成果"。① 这里需进一步指出的是，本条第 1 款是基于我国这样的人情传统的社会中尤其需要的事实而借鉴瑞典（1999 年《仲裁法》第 8 条第 1 款）等少数国家仲裁制定法中才有的正面规定的结果。

本条第 2 至 3 款参考的仲裁制定法条文包括 1985 年版和 2006 年版《示范法》第 12 条、巴西 1996 年《仲裁法》第 14 条第 1—2 段、德国 1998 年《民事程序法典》第 1036 条、瑞典 1999 年《仲裁法》第 9—

---

① 即《我国仲裁员独立性与公正性及其保障制度的完善》，原载《法学》2009 年第 7 期。

10条、日本2003年《仲裁法》第18条、奥地利2006年《民事程序法典》第588条、塞尔维亚2006年《仲裁法》第21条、爱尔兰2010年《仲裁法》表1第12条、中国香港地区2010年《仲裁条例》第25条、法国2011年《民事程序法典》第1456条第1—2款、比利时2013年《司法法典》第1686条、荷兰2015年《民事程序法典》第1033—1034条等。

本条第4款则为了避免出现现行《仲裁法》第34条中穷尽列举和其他的缺陷,[①]借鉴了瑞典1999年《仲裁法》第8条第2款、美国2000年修订的《统一仲裁法》第12条第1款等非穷尽列举的方式。

此外,本条没有考虑前述的欧洲人权法院个别判例[②]和我国少数学者或实务部门人士关于仲裁员独立性与公正性及披露义务方面应采用任意性规范的观点或建议[③]的原因是:这些义务要求对整个仲裁程序是至关重要的;[④]在列举本建议稿第4条说明中提及的第二类国家或地区的仲裁制定法中一般标明为强制性规则,如丹麦2005年《仲裁法》第12条[⑤]、美国2000年修订的《统一仲裁法》第12条[⑥]、苏格兰2010年《仲裁法》规则8和规则77等;在其他国家或地区仲裁制定法中无"当事人另有约定"之类显示为任意性规范的字

---

① 参见本书第九部分"已发表的阶段性研究成果"之《论我国仲裁员独立性和公正性及其保障制度的完善》,原载《法学》2009年第7期。

② See Thomas Schultz, Human Rights: A Speed Bump for Arbitral Procedures? An Exploration of Safeguards in the Acceleration of Justice, *International Arbitration Law Review*, 2006 p.18.

③ 这类观点或建议可参见郑金波:《〈中华人民共和国仲裁法〉修改建议稿》(下),载《仲裁研究》2009年第4期,第51页;马占军:《国际商事仲裁员披露义务规则研究》,载《法学论坛》2011年第4期,第80页等。

④ See Gearoid Carey & Norah Gallagher, Impartiality of Arbitrators: English and Irish Law Contrasted, *International Arbitration Law Review*, 2006, p.156.

⑤ 在该法第2条第2款中标明。

⑥ 在该法第4条第2款第3项中标明。

样①,而在司法实践中常被识别为强制性规范②。

第 22 条　申请仲裁员回避的程序

如果当事人之间没有相反约定,拟对仲裁员提出回避申请的一方当事人应在知悉仲裁庭的组成或知悉本法第 21 条第 3 款所指的任何情况后十五天内向仲裁庭提出书面陈述,说明提出回避申请的理由。除非被申请回避的仲裁员辞职或对方当事人同意所提出的回避,仲裁庭应就是否回避作出决定。

根据前款提出的回避不成立的,提出回避申请的一方当事人可以在收到驳回其所提出的回避申请的通知后三十天内,请求人民法院就是否回避问题作出裁定,对该裁定不得上诉。

在法院对回避问题未决期间,仲裁庭包括被申请回避的仲裁员可以继续进行仲裁程序和作出裁决。

[说明]

我国现行《仲裁法》第 35 条和第 36 条是关于仲裁员回避程序的规则,本条完全"另起炉灶"的原因是前述两条存在着严重的缺陷。

首先是该法第 35 条的规定根本没有考虑到仲裁可能不开庭的情况,同时也没有顾及仲裁程序较长的一些复杂案件中,当事人利用该条下"可以在最后一次开庭终结前提出"的规定,将提出回避的请求最大限度地拖延的问题。

其次是该法第 36 条关于仲裁员是否回避争议的决定主体规则不仅与国际主流规定不符,而且既有损于当事人意思自治原则和仲裁的效率,也限制了仲裁机构在其规则中作出更灵活规定的权利。

---

① 不过,挪威 2004 年《仲裁法》第 13 条将仲裁员的独立性和公正性表述为任意性规则,但是,根据该法第 2 条规定的推断,其第 14 条关于仲裁员披露义务的规则属于强制性规范。

② See Hong-lin Yu & Laurence Shore, Independence, Impartiality, and Immunity of Arbitrators-US and English Perspectives, *International & Comparative Law Quarterly*, October, 2003, pp. 940-942. See also Georgios Petrochilos, Procedural Law in International Commercial Arbitration, Oxford, 2004, pp. 132-137.

境外的仲裁制定法一般承认当事人可以自由地约定仲裁员回避程序,在当事人无约定的情况下由仲裁庭首先解决回避问题,如1985年版和2006年版《示范法》第13条、德国1998年《民事程序法典》第1073条、日本2003年《仲裁法》第19条、奥地利2006年《民事程序法典》第589条、中国香港地区2010年《仲裁条例》第26条等都采取这种规定。

同时,该法第36条没有赋予当事人就仲裁员回避争议及时请求司法审查的权利,可能也会影响到仲裁的效率。不公正或不独立的仲裁员被法官以外的人员决定不回避后作出的裁决,确实可以在事后通过撤销规则等请求司法救济,但是,这种延后的救济显然浪费了很多人力与物力。正是出于这种考虑,以上的境外仲裁制定法一般都在同条中给予了及时请求司法审查的权利。

就效法了上述国际主流规范的本条而言,除了能弥补我国上述两条中的缺陷以外,还有以下一大好处:不必针对我国仍可能继续坚持一段时间禁止临时仲裁的特殊情况另行起草一备选案文,因为如前所述,当事人选择的仲裁机构规则是当事人之间仲裁协议的一部分,本条第1款允许仲裁机构规则作出关于仲裁员回避程序方面不同的规定。这样,如果某些仲裁机构认为由其主任决定回避请求的规定更受当事人欢迎,本条并不妨碍这些仲裁机构作出这样的规定。当然,本条也不妨碍另一些仲裁机构规则作出其他规定。另外,如果其他条文不禁止,本条对临时仲裁也具有适用性,因为当事人既可以在临时仲裁协议中作出特别的约定,也可以不作约定而适用本条解决仲裁员回避纠纷问题。总之,无论是只实行机构仲裁还是同时允许临时仲裁,本条中即使不出现任何与"仲裁机构"关联的文字,也丝毫不影响立法者最终对这两种仲裁的选择。

第23条 仲裁员不履职或不能履职

如果仲裁员在法律或事实上没有履行职责的行为能力或者由于其他原因过分迟延地履行职责,则在其离职或者当事人同意时终止对其仲裁员的指定。如果该仲裁员没有辞职,或当事人未能就终止指定达成一致,任何一方当事人都可以请求人民法院就是否终止对该仲裁员的指定问题作出裁定。对于人民法院的该裁定,不得上诉。

依照本条或第 21 条第 1 款一名仲裁员辞职或者一方当事人同意终止对一名仲裁员的指定的,并不意味着本条或第 21 条第 3 款提及的任何理由成立。

[说明]

我国现行《仲裁法》没有相应条文对本条下的事项作出规范。这不能不说是一项缺漏,因为实践中可能出现仲裁员不履职或不能履职的问题,且可能在当事人协议中找不到解决方法。为解决这一问题,境外的仲裁制定法普遍地包含了与本条第 1 款内容相同的规范,如 1985 年版和 2006 年版《示范法》第 14 条第 1 款、德国 1998 年《民事程序法典》第 1038 条第 1 款、日本 2003 年《仲裁法》第 20 条、中国香港地区 2010 年《仲裁条例》第 27 条第 1 款、法国 2011 年《民事程序法典》第 1457 条等。

同时,为保全回避仲裁员的声誉,以上的境外仲裁制定法大多在同一条文中作出了如本条第 2 款内容的规定。[①] 应该说,这种保全声誉的规范是正当的,因为要求回避的理由对仲裁员个人而言往往具有负面性,在其终止任职而不再能以该案中裁判者身份损害任何当事人或其他人利益的情况下,实在没有必要认定这些理由确实成立。否则,既劳民伤财,又可能会使以后的被指定者产生顾虑而不愿意担任仲裁员。

第 24 条 替代仲裁员的指定

仲裁员因回避或者其他原因终止履行职责的,应当依照指定被替换的仲裁员时所适用的规则指定替代仲裁员。

根据情况指定替代仲裁员后,除非当事人另有约定,仲裁庭在

---

① 不过,日本 2003 年《仲裁法》和法国 2011 年《民事程序法典》中无类似本款的规定。

征求各方当事人意见后可以决定已进行的仲裁程序是否重新进行。

[说明]

本条与我国现行《仲裁法》第37条①规范的事项相同，未完全保留后者内容的原因是其存在缺陷。

首先，该条第1款第一小句中的"不能"一词可能会被解释为仲裁员客观上的"不能"，从而使仲裁员有能力但主观上拒绝履行职责等情况不被涵盖。用本条中的"终止"一词替代则能破除以上解释。

其次，该条第1款第二小句中的"本法规定"一语不够明确，用"指定所被替换的仲裁员时适用的规则"替代会更明确。

最后，该条第2款关于是否重新进行仲裁程序完全由仲裁庭说了算的规定，用两句话表达根本没必要；更为糟糕的是，它背离国际惯例②而对当事人的共同意愿未赋予任何效力。至今没有中外学者论证当事人一致决定是否重新进行仲裁程序的共同意愿应被尊重。因此，该条第2款被修改成本条第2款。

第25条 调解员担任仲裁员

如果当事人的仲裁协议规定任命某调解员，并进一步地规定在调解程序中没有达成各方当事人接受的和解情况下由该调解员担任仲裁员，则任何当事人不得以先前参与提交仲裁争议的全部或部分调解为由反对该调解员担任仲裁员。

前款中的调解员如果同意担任仲裁员，则应当将其认为一方当

---

① 我国《仲裁法》第37条原文是：仲裁员因回避或者其他原因不能履行职责的，应当依照本法规定重新选定或者指定仲裁员。因回避而重新选定或者指定仲裁员后，当事人可以请求已进行的仲裁程序重新进行，是否准许，由仲裁庭决定；仲裁庭也可以自行决定已进行的仲裁程序是否重新进行。

② 尊重一致决定是否重新进行仲裁程序的共同意愿的国际惯例规则体现于奥地利2006年《民事程序法典》第591条第2款、亚美尼亚2006年《商事仲裁法》第15条第2款等。不过，1985年版和2006年版《示范法》第15条中仅以与本条第1款内容相同的一段文字构成，从而未宣示该国际惯例。

事人调解过程中提供的资料中对仲裁程序和裁决有关键性影响的信息向所有其他当事人披露。

除非当事人另有协议,本条第 1 款中的调解员如果拒绝担任仲裁员,任何当事人不得要求其他被任命的仲裁员先行担任调解员。

[**本条、下一条及本建议稿第 52 条规范的合并说明**]

这三条内容的依据及位置选择等详见本书第九部分第五篇论文。这里进一步说明如下:

我国自古就提倡和重视发挥调解在争议解决中的作用,发展至今,调解已常见地被用于仲裁及诉讼等方式之中。就与仲裁的结合方式而言,可表现为"先调解后仲裁""影子调解""仲裁中调解"等多种形式。① 在这一结合过程中,如果由同一调解员出任仲裁员或由同一仲裁员出任调解员的利弊在国外学者中有很大的争论,②从境外仲裁制定法的实践来看,弊端论占了上风,其体现是多数国家或地区的仲裁制定法对仲裁员和调解员在解决同一争议过程中是否可以身份互换或在什么条件下可以互换的问题不作明确规定,以显示对这种身份互换行为的不提倡,且使仲裁实践中的身份互换行为受制于仲裁员应当披露影响中立性的情形、特定情况下回避、平等对待当事人等规则。当然,这些国家或地区的仲裁制定法如联合国 1985 年版和 2006 年版《示范法》第 31 条一样,也允许当事人在仲裁过程中自主地达成和解协议,并授权仲裁庭在当事人一致请求的情况下酌情以仲裁裁决书形式记录和解协议,同时使该种仲裁裁决书与其他类型的仲裁裁决书具有同等效力。③

此外值得注意的是,境外有少部分国家或地区对仲裁员和调解

---

① 参见杜新丽:《国际商事仲裁理论与实践专题研究》,中国政法大学出版社 2009 年版,第 201—207 页。

② 参见邓杰:《商事仲裁法理论与实务》,兰州大学出版社 2005 年版,第 170—173 页。

③ 如英国 1996 年《仲裁法》第 51 条、德国 1998 年《民事程序法典》第 1053 条、瑞典 1999 年《仲裁法》第 27 条、韩国 1999 年《仲裁法》第 31 条、克罗地亚 2001 年《仲裁法》第 29 条、挪威 2004 年《仲裁法》第 35 条、柬埔寨 2006 年《商事仲裁法》第 38 条、奥地利 2006 年《民事程序法典》第 605 条等。

员在解决同一争议过程中是否可以身份互换或在什么条件下可以互换的问题作出了明文规定,如印度1996年《仲裁和调解法》第30条第1款、新加坡2002年《仲裁法》第62—63条和2012年《国际仲裁法》第16—17条、日本2003年《仲裁法》第38条第3—4款、加拿大2009年修订的《仲裁法》第35条、2010年澳大利亚新南威尔士《商事仲裁法》第27条D款、中国香港地区2010年《仲裁条例》第32—33条。其中,加拿大2009年修订的《仲裁法》第35条关于仲裁员不得将损害或显示损害仲裁庭公正裁决争议能力的调解、调停或其他类似程序作为仲裁任何部分的规定,可谓是对原先立场的一种背离。此外,有学者认为,荷兰继续全面保留在2015年《民事程序法典》第1043条中的规范,是授权仲裁员可以尝试调解。① 笔才不同意这种看法。荷兰《民事程序法典》中该条的确切中文意思是:"为提供信息或尝试和解之目的,仲裁庭可以在程序的任何阶段指令当事人亲自出庭(At any stage of the proceedings the arbitral tribunal may order the parties to appear in person for the purpose of providing information or attempting to arrive at a settlement)。"不可否认的是,上述印度等六个国家或地区的仲裁法与荷兰《民事程序法典》中的该条都含有"和解"(settlement)一词,但是,前六者都有条文明确提及仲裁员担任"调解员"(mediator)或参与"调解程序"(mediation proceeding/ process),后者的其他条文中却没有任何同样或类似的用语。因此,前六者中的"和解"(settlement)包括了仲裁员通过私自接触一方当事人的调解方式促成了所有当事人达成的和解,后者中的"和解"(a settlement)则仅是指当事人自行达成谅解,而不是指称仲裁员可以私下接触一方当事人的调解(a mediation)。我国现行《仲裁法》第49条与第50条、联合国《示范法》第30条、瑞典1999年《仲裁法》第27条等中的"和解"一词与后者一样,都是在这一意义上使用的。顺便指出的是,不提倡仲裁员在仲

---

① 加拿大《仲裁法》的原先立场及对荷兰《民事程序法典》第1043条的这种学术观点可参见邓杰:《商事仲裁法理论与实务》,兰州大学出版社2005年版,第169页。

裁中调解的国家或地区倒是不反对当事人在仲裁中和解,也不禁止仲裁员建议当事人和解。

我国大陆多数学者对同一调解员出任仲裁员或由同一仲裁员出任调解员的利弊及现行《仲裁法》第49条至第52条中涉及调解的规则问题没有多少争论,他们趋于一致的观点是:这两种身份的互换没有国外学者所声称的那些弊端,反而有众多的好处,包括克服仲裁管辖权方面的缺陷,有效解决"仲裁第三人"问题,节省费用,成功率高,维持当事人之间的友好关系等,①现行《仲裁法》的调解规则没有缺陷或没有大的缺陷,无须改动或大改。② 然而,我国也有个别学者承认仲裁员与调解员身份互换可能存在的诸多弊端,并提出了解决这些弊端的原则和策略等。③ 同时,还有少部分学者直接地指出了现行《仲裁法》中有关调解条文存在着简单、粗糙、不明确等问题,并提出了十多个法条的立法建议。④

笔者赞同以上学者关于仲裁员与调解员身份互换可能存在很多弊端且需要操作妥当才能克服这些弊端的观点。不过,笔者认为,仲裁基本法律中调解规则的适当性是"操作妥当"的重要前提或组成部分。就作为我国仲裁基本法律的现行《仲裁法》而言,其中第51条和第52条共两个条款涉及"仲裁与调解"的结合及其结果的规定,除已有的学术成果指出存在的问题外,还有其他问题。这些问题的详细情况可参见本书第九部分第五篇论文。

本条规范的是前述我国现行《仲裁法》中尚未考虑的先行调解与仲裁程序的结合问题,也就是在同一争议中调解员转换为仲裁员

---

① 参见高菲:《仲裁理论与实务》(下),方正出版社2006年版,第589—590页。同时参见刘晓红主编:《国际商事仲裁专题研究》,法律出版社2009年版,第365—368页。

② 参见武汉大学国际法研究所"《仲裁法》修改"课题组:《中华人民共和国仲裁法(建议修改稿)》(第9条),载《仲裁研究》(第8辑),法律出版社2006年版,第55页。同时参见马占军:《1994年中国〈仲裁法〉修改及论证》,载《仲裁研究》(第8辑),法律出版社2006年版,第88页等。

③ 参见杜新丽:《国际商事仲裁理论与实践专题研究》,中国政法大学出版社2009年版,第213—224、242—249页。

④ 参见刘晓红主编:《国际商事仲裁专题研究》,法律出版社2009年版,第387—392页。

的问题。下一建议条文则是为了解决仲裁程序开始以后与调解的结合,或曰由仲裁员转变为调解员的问题。

在具体内容取舍的过程中,笔者参考了操作性很强且适用于这两类调解与仲裁结合方式的新加坡2002年《仲裁法》第62—63条和2012年《国际仲裁法》第16—17条、澳大利亚新南威尔士2010年《商事仲裁法》第27条D款和中国香港地区2010年《仲裁条例》第32—33条。最后,如本书第九部分第五篇论文所述,本条与下一建议条文吸收了这三个国家或地区仲裁制定法中这些条款的共有内容。

第26条 仲裁员担任调解员

经当事人各方书面同意,仲裁员可以进行调解,暂停仲裁程序。但是,任何一方当事人书面要求停止调解的,仲裁员应当终止调解。

仲裁员在调解过程中可以与当事人全体或单方会晤与通信。除非一方当事人同意或存在本条第6款情形,仲裁员不应将调解过程中获取的该方当事人资料向其他当事人透露。

在当事人没有书面协议表示同意的情况下,在被终止的调解程序中担任调解员的仲裁员不可参加随后的仲裁程序。

如果当事人根据本条第3款达成了一致,任何一方当事人不得仅以参加了调解为由对仲裁员参加以后的仲裁程序提出异议。

如果当事人未能根据本条第3款达成了一致,则仲裁员的使命即告终止,应当根据本法第24条任命同等数量的替代仲裁员。

如果调解在没有达成各方当事人接受的和解下终止,仲裁员在恢复仲裁程序前应当将其认为一方当事人提供的信息中对仲裁程序和裁决有实质性影响的信息向所有其他当事人披露。

任何一方当事人不得仅以参加了调解为由对仲裁员参加以后的仲裁程序提出异议。

[说明]

详见上一条之后的[合并说明]及本书第九部分的第五篇论文。

第 27 条　仲裁员的豁免

当事人对仲裁员履行仲裁职责中的非故意行为或不行为造成的损害不得追究赔偿责任。

当事人对任何机构或个人履行任命仲裁员职责中的非故意行为或不行为造成的损害不得追究赔偿责任。

[说明]

1985 年版和 2006 年版《示范法》、德国 1998 年《民事程序法典》等[①]仲裁制定法对仲裁员或其任命机构是否承担法律责任或享有的豁免等没有明确的规定。但是,很多其他国家或地区的仲裁制定法[②]中有明确的规定,只是其放置的位置与内容各异。

就放置的位置而言,放在"仲裁员"之类章或部分的国家或地区有英国(1996 年《仲裁法》第 29 条)[③]、新加坡(2002 年《仲裁法》第 20 条)、意大利(2006 年《民事程序法典》第 813ter 条)、迪拜(2008 年《仲裁法》第 22 条)等。放在其他章或部分的国家或地区有尼泊尔(1999 年《仲裁法》第 6 章"杂项"第 36 条)、日本(2003 年《仲裁法》第 10 章"罚则"第 50—55 条)、阿富汗(2005 年《商事仲裁法》第 1 章"总则"第 11 条)、马来西亚(2005 年《仲裁法》最后一部分"杂项"第

---

① 不过,一些学者考察后认为,在德国等国,仲裁员可能要根据合同法的故意或(重大)过失损害赔偿原则对其故意或过失行为造成的损害负赔偿责任。See Susan D. Franck, The Liability of International Arbitrators: A Comparative Analysis and Proposal for Qualified Immunity, *New York Law School Journal of International and Comparative Law*, 2000, p. 36. See also Stefan Riegler, Is Austria Any Different? The New Austrian Arbitration Law in Comparison with the Uncitral Model Law and the German Arbitration Law, *International Arbitration Law Review*, 2006, p. 73.

② 除了下文提及的国家或地区的仲裁法外,再如美国 2000 年修订的《统一仲裁法》第 14 条、澳大利亚 2010 年《国际仲裁法》第 28 条、美国佛罗里达州 2010 年《国际仲裁法》第 45 条。

③ 该条的有条件豁免规范对仲裁员的雇员或代理人也适用。此外,该法将关于仲裁员的任命者豁免的规范放在 12 部分"杂项"标题下的第 74 条。

47—48条)、奥地利(2006年《民事程序法典》第5章"仲裁程序"第594条第(4)款)、澳大利亚(2010年《国际仲裁法》第3部分"杂项"第28条)、苏格兰(2010年《仲裁法》第9部分"杂项"规则73—74)、中国香港地区(2010年《仲裁条例》第12部分"杂项"第104—105条)、澳大利亚新南威尔士(2010年《商事仲裁法》第9部分"杂项"第39条)。以上第一类国家或地区放置的位置,以及我国现行《仲裁法》第38条涉及仲裁员责任的规则与关于仲裁员的其他规则规定合在一起的情况,便是本条放在此处的理由。

再从内容情况来看,少数国家或地区的仲裁制定法明确给予仲裁员及其指定者不附条件的豁免,如爱尔兰2010年《仲裁法》第22条、美国2000年修订的《统一仲裁法》第14条。但是,更多的国家或地区给予有条件的豁免或施加有条件的责任,只是具体的条件有所差别,如意大利2006年《民事程序法典》第813ter条施加责任的条件是仲裁员欺诈或重大疏忽的行为或不行为,新西兰2007年《仲裁法》第13条将豁免的对象限于仲裁员的疏忽行为。据考察,另一些国家或地区对仲裁员施加无限的责任。①

不过,除上述奥地利2006年《民事程序法典》第594条第(4)款②外,境外专门的仲裁制定法中关于仲裁员及其任命者责任的规定大多有个共同的表象,即一般未提及追究仲裁员责任的主体及仲裁员责任的类型。据境外学者在论著中或研讨会上发表的观点,境外的仲裁制定法中未特别指明的仲裁员及其任命机构的责任应当被理解为民事赔偿责任,追究仲裁员责任的主体则应当是受损害的当事人。但是,这并不意味着仲裁员及其任命者不承担刑事责任。实际

---

① 参见邓瑞平、易艳:《商事仲裁责任制度简论》,载《重庆大学学报》(社会科学版)2005年第1期,第117—118页。See also Faisal Kutty, The Shari´a Factor in International Commercial Arbitration, *Loyola of Los Angeles International and Comparative Law Review*, Summer 2006, p. 612.

② 该款的英译文内容是: An arbitrator who does not at all or who does not timely fulfil any obligation resulting from the acceptance of his appointment shall be liable to the parties for all damage caused by his culpable refusal or delay.

上,如果仲裁员及其任命者在仲裁或任命过程中与一方当事人勾结欺诈另一方当事人或单独盗窃等,可以依照这些国家相关的刑法条文判诈骗或盗窃罪等刑事责任。① 此外,巴西、日本等少数国家还在仲裁制定法中明确地宣布仲裁员刑事责任的规则。②

我国现行《仲裁法》第38条是关于仲裁员法律责任的规范,它被归入第四章第二节的"仲裁庭的组成"名目下,从以上提及的新加坡、西班牙、意大利、迪拜等国家或地区相应法条的位置摆放情况来看,现行《仲裁法》第38条的被归类名目并非不当,只是它应当根据前述的理由与整个现行《仲裁法》第四章第二节中其他被完善的规范移至本建议稿现在的位置。

在内容方面,我国关于仲裁员法律责任直接的明示规范除了现行《仲裁法》第38条以外,还有2006年通过的《刑法修订案(六)》第399条(对仲裁员规定了一项"枉法仲裁"的罪名)等。这两条规定都引发了广泛的争议。反对派在论著的数量上占多数,这些论著的作者常常将美国等少数国家或地区才有的实际上仅限于民事赔偿方面③的责任豁免制度视为国际惯例,并据此主张对仲裁员免除民事或刑事法律责任。④ 从以上列举的有关国家或地区仲裁制定法的规定情况来看,这种观点显然是不正确的。

---

① 如在2007年在武汉大学举办的国际私法年会上,针对华东政法大学刘晓红教授的提问,一位来访的英国学者就持这种观点。

② 如巴西1996年《仲裁法》第17条、日本2003年《仲裁法》第50—55条等。

③ 美国在禁令等民事责任及其他刑事责任方面,对仲裁员并没有我国一些学者所称的"绝对豁免"。See Michael D. Moberly, Immunizing Arbitrators from Claims for Equitable Relief, *Pepperdine Dispute Resolution Law Journal*, 2005, p.330. See also Maureen A. Weston, Reexamining Arbitral Immunity in an Age of Mandatory and Professional Arbitration, *Minnesota Law Review*, February 2004, pp.493-494.

④ 可参见高菲:《中国海事仲裁的理论与实践》,中国人民大学出版社1998年版,第178页;阎铁毅、梁淑妍:《关于仲裁员责任制度的思考》,载《中国海商法2002年年刊》,第290—292页;徐前权:《仲裁员法律责任之检讨——兼评"枉法仲裁罪"》(上),载《仲裁研究》2006年第3期,第41—42页等。

考虑到现行《仲裁法》第38条涵盖仲裁员行为的不周延性[①]及其对法律责任未具体界定导致我国学者或实务界人士产生分歧[②],追究仲裁员责任的主体不予明确所可能产生的后果,"枉法仲裁"罪责条文的合适性尚无定论[③],境外专门仲裁制定法中关于仲裁员或其任命者刑事责任的明确规范比较少见,以过失或重大过失为责任依据可能遭到理论界与实务界反对,民事赔偿责任完全豁免对仲裁业的严重危害性[④]等,笔者便在本条中作出了如上的表达。

现行《仲裁法》第四章第二节下其他条款的处理说明(无)

[①] 可参见本书第九部分"已发表的阶段性研究成果"之一《仲裁民事责任制度探析》,原载《上海财经大学学报》2009年第1期,第37页。

[②] 此种歧义情况可参见马永才:《仲裁员的责任要论》,载《兰州商学院学报》2000年第1期,第67页。

[③] 笔者主张抛弃该罪名,如果仲裁员或其任命者有极其严重的违法行为,可以采用商业贿赂罪、诈骗罪等刑事规则追究刑事责任。笔者的这种观点与徐前权等学者在前注文中的观点是一致的。但是,根据德国等国的刑法中有同样条文等情况,上海财经大学的赵维加副教授主张仍使用该罪名,只是具体的操作手段应当仔细甄别。后者的详细观点和理由可参见赵维加:《商事仲裁员刑事责任研究》,载《上海财经大学学报》2010年第3期。

[④] 这些情况可参见石现明:《仲裁民事责任绝对豁免批判》,载《仲裁研究》2008年第3期。同时参见韩平:《商事仲裁员刑事责任研究》,载《武汉大学学报》2011年第3期。

四

第四章 保全措施

[总体说明]

我国现行《仲裁法》第 28 条、第 46 条和第 68 条都是涉及仲裁保全措施的规范,其中前两条分别放在第四章"仲裁程序"之中,后一条则放在第七章"涉外仲裁"之中。

正如本书第四部分所指出的,已有不少国家或地区的仲裁制定法都用专章或专门部分对仲裁保全措施多方面的问题作出了规定,且由于这些问题大多不限于发生在仲裁程序阶段,而一般将该专章或专门部分置于"仲裁程序"章或部分之前。比利时 2013 年《司法法典》第 1690—1698 条构成的第四章中只有第 1690 条规定仲裁庭的自裁管辖权,其余 8 条全是关于仲裁保全措施的规定,该章名称却仍是"仲裁庭的管辖权"(jurisdiction of arbitral tribunal)。不过,其位置与作这类专章式规定的国家或地区相同。尚未采用专章或专门部分的国家或地区仲裁制定法一般将这方面的规则与仲裁庭的管辖权规则合并为一章或一个部分,也置于"仲裁程序"章或部分之前,如俄罗斯 1993 年《国际仲裁法》第 17 条、印度 1996 年《仲裁与调解法》第 17 条、韩国 1999 年《仲裁法》第 18 条、比利时 1998 年《司法法典》第 1696 条、德国 1998 年《民事程序法典》第 1041 条、中国澳门地区 1998 年《涉外商事仲裁法规》第 17 条、克罗地亚 2001 年《仲裁法》第 16 条、日本 2003 年《仲裁法》第 24 条、挪威 2004 年《仲裁法》第 19 条、丹麦 2005 年《仲裁法》第 17 条等。

基于本书第五部分关于司法审查法院级别的论述,笔者不赞成对"涉外仲裁"的证据保全适用更高级别法院的规定。基于以上情况,本章规则也列在"仲裁程序"之前。

第 28 条　保全措施的定义

保全措施是指在一项争议作出最后仲裁裁决书之前的任何时候，要求一方当事人实施以下一种或几种行为或者不行为的临时性措施：

（一）作出一定行为；

（二）禁止作出一定行为；

（三）提供一种保全资产以执行后继裁决的手段；

（四）保全对解决争议可能具有相关性和重要性的证据。

[说明]

采用列举的方法定义保全措施的好处是能给仲裁庭或管辖的人民法院提供清晰的指南。为此，除法国 2011 年《民事程序法典》等少数境外仲裁法之外，其他近年来出台的仲裁制定法大多对保全措施进行了明确的列举。笔者认为，这种列举对加强仲裁庭和人民法院对于可发布仲裁保全措施类型的认识是非常必要的，这便是本条存在的正当理由。

然而，本条既没有按照在毛里求斯、卢旺达、澳大利亚、中国香港、美国佛罗里达等国家或地区仲裁制定法中效法的 2006 年版《示范法》第 17 条的表述方法，也没有如新加坡、阿富汗等国家或地区仲裁制定法中更广泛地列举或使用有更广泛意味的"包括"等用语。如此处理的原因在于：

第一，如本书第四部分所论证，仲裁庭和法院都有权发布保全措施的"并存权力"模式是境外仲裁制定法的主流模式和趋势，我国有众多学者提倡采用此种模式且该模式具有正当性等，使得修订的《仲裁法》不可避免地应当选择此模式。如 2006 年版《示范法》第 17 条"仲裁庭下令采取保全措施的权力"之标题及内容，则在借鉴其他境外仲裁制定法拟定我国人民法院发布保全措施的案文时将会存在不可避免的交叉或重复问题。可能正是出于此种考虑，新西兰 2007 年《仲裁法》表 1 第 17 条亦如本条这样采用定义的方式列举了保全措施的类型。

第二，在英国、新西兰等英联邦国家还有"费用担保"等保全措施,但非常不具有普遍性。亦如本书第四部分所述,境内外学者的论述成果及有关的仲裁制定法都表明,2006年版《示范法》第17条列举的四种保全措施涵盖的范围广泛,被公认为仲裁庭和法院都适合发布的保全措施。

第三,亦如本书第四部分所指出的,我国《民事诉讼法》第81条和第100条列举的保全措施类型与2006年版《示范法》第17条的规定实质上是相同的。建议稿中本条这样的行文既与现行《民事诉讼法》相符,也与国际主流规定一致。

第29条 仲裁庭下令采取保全措施的权力和条件

除非当事人另有约定,仲裁庭经一方当事人请求,可以使用裁决书或其他形式准予采取保全措施。

一方当事人请求采取第28条第(一)、第(二)和第(三)项所指保全措施的,应当使仲裁庭确信符合以下两项条件:

(一)情况紧急以至于不下令采取这种措施可能造成最终的裁决不能适当补偿的损害,并且该种损害远远大于准予采取这种措施而可能对其所针对的当事人造成的损害;

(二)根据索赔请求所依据的案情,请求方当事人有合理的胜诉可能性。但是,对这种可能性的判定不影响仲裁庭此后作出任何决定的自由裁量权。

关于对第28条第(四)项所指保全措施的请求,本条前款的要求仅在仲裁庭认为适当的情况下适用。

[说明]

如本条第1款规定仲裁庭具有发布保全措施权力的规则在境外很常见。如1985年版和2006年版《示范法》第17条、新西兰2007年《仲裁法》表1第17A条、文莱2009年《国际仲裁法》第15条第8款和第16条、澳大利亚2010年《国际仲裁法》表2第17条、澳大利亚新南威尔士2010年《商事仲裁法》第17条、美国佛罗里达2010年《国际仲裁法》第18条和第19条、中国香港地区2010年《仲裁条例》第35条和第36条等。

本条第 2 款和第 3 款内容的正当性可参见本书第四部分的论述。

第 30 条　保全措施的修改、中止和终结

仲裁庭可以在任何一方当事人提出申请时修改、中止或终结其已准予采取的保全措施。

［说明］

本条是在删改 2006 年版《示范法》第 17D 条的基础上拟定的，主要是删除了其中的"初步命令"用语及后半句"在非常情况下并事先通知各方当事人后，亦可自行修改、中止或终结其已准予采取的保全措施"。原因在于："初步命令"是前述的单边保全措施，在学界对此有很大的争论，作出相关规定的国家或地区非常少；仲裁庭仅"通知各方当事人"而未听取其意见的情况下就"自行修改、中止或终结其已准予采取的保全措施"会导致有关决定不被法院强制执行。

第 31 条　提供担保

仲裁庭可以要求请求保全措施的一方当事人提供与这种措施有关的适当担保。

［说明］

如本书第四部分所述，此种授权规则在境外仲裁制定法中很常见，且对防止一方当事人滥用保全措施请求权以至于导致对方当事人不应有的损失起着至关重要的作用。因此，我国应当予以吸收。

第 32 条　披露

仲裁庭可以要求任何当事人迅速披露在请求或者准予采取保全措施时而依据的情形所发生的任何重大变化。

[说明]

可参见本书第四部分的论证。

第 33 条　费用与损害赔偿

如果仲裁庭之后裁定根据情形本不应当准予采取保全措施,则请求保全措施的一方当事人应当就该措施对其所针对的当事人造成的任何费用和损害承担赔偿责任。仲裁庭可以在仲裁程序的任何时候判给这种费用和损害赔偿金。

[说明]

与担保功能相同,我国《仲裁法》第 28 条第 2 款的规定已体现了此精神,修订的《仲裁法》当然应当有此条。

第 34 条　仲裁庭发出保全措施的承认和执行

仲裁庭发出的保全措施应当被确认为具有约束力,并且除非仲裁庭另有规定,应当在遵从第 35 条规定的前提下,经向人民法院提出申请后加以执行。

正在寻求或已经获得对某一项保全措施的承认与执行的当事人,应当将该保全措施的任何终结、中止或修改迅速通知人民法院。

受理承认与执行请求的人民法院如果认为情况适当,在仲裁庭尚未就担保作出决定的情况下,或者在这种决定对于保护第三人的权利是必要的情况下,可以裁定请求方当事人提供适当担保。

任何当事人不得对人民法院根据本条作出的裁定提起上诉。

[说明]

可参见本书第四部分的论证。

第 35 条　拒绝承认与执行仲裁庭发出保全措施的理由

应保全措施所针对的当事人的请求,人民法院认定存在下列任何情形之一的,可以裁定拒绝承认与执行保全措施:

（一）出现第 59 条第 1 款第 1 项至第 5 项列举理由的；

（二）未遵守仲裁庭关于与仲裁庭发出的保全措施有关的提供担保的决定的；

（三）该保全措施已被仲裁庭中止或终结。

人民法院法院认定存在下列任何情形之一的，也可以裁定拒绝执行保全措施：

（一）保全措施不符合法律赋予人民法院的权力，除非人民法院决定对保全措施作必要的重新更改，使之为了执行该保全措施的目的而适应自己的权力和程序，但并不修改保全措施的实质内容的；

（二）导致保全措施的争议事项不能通过仲裁解决或保全措施与中华人民共和国公共政策相抵触的。

人民法院根据前两款中所述任何理由作出的任何裁定，效力范围仅限于为了申请承认和执行保全措施。受理承认和执行请求的人民法院不应在作出这一裁定时对保全措施的实质内容进行审查。

任何当事人不得对人民法院根据本条作出的裁定提起上诉。

[说明]

可参见本书第四部分的论证。

第 36 条　人民法院下令采取的保全措施

不论仲裁庭根据第 29 条是否能够行使指令保全措施的权力，人民法院应任何一方的申请，可以就已在或将会在我国境内或境外任何地方进行的任何仲裁程序裁定发布保全措施。

人民法院认为所寻求的保全措施属于正在进行的仲裁程序标的且由仲裁庭处理更为适当的，可以裁定驳回前款中的申请。

人民法院根据本条第 1 款对已在或将会在我国境内或境外任何地方进行的仲裁程序发布保全措施的，应当同时符合下列两项条件：

（一）该仲裁程序能够引起一项可根据本法在中华人民共和国境内强制执行的仲裁裁决；

(二)所寻求的保全措施的类型或种类与第 28 条列举的相同。

任何当事人不得对人民法院根据本条作出的裁定提起上诉。

[说明]

前文已指出,我国现行《仲裁法》第 28 条、第 46 条和第 68 条规定了人民法院具有发布保全措施的权力。但是,除了未赋予仲裁庭发布保全措施的权力以外,以上三条就人民法院具有发布保全措施的权力的规定本身的缺陷是:规定保全措施的类型太少。

弥补以上缺陷的办法只能是废除以上三条规定,在修订的《仲裁法》中代之以合理的规范。可借鉴的先进模式有两种。

第一种模式是借鉴 2006 年版《示范法》第 17J 条以"法院下令采取的保全措施"为标题的规则,笼统地规定:"法院发布与仲裁程序有关的保全措施的权力应当与法院在诉讼程序方面的权力相同,不论仲裁程序的进行地是否在本国境内。法院应当根据自己的程序,在考虑到国际仲裁的具体特征的情况下行使这一权力。"美国佛罗里达 2010 年《国际仲裁法》第 28 条、澳大利亚新南威尔士 2010 年《商事仲裁法》第 17J 条即是采用这种方法。①

第二种模式则是吸收中国香港地区 2010 年《仲裁条例》第 45 条的规定。该条第 1 款宣示 2006 年版《示范法》第 17J 条无效力并以第 2—10 款作出不同的规定。经过认真思考后,笔者还是采用了第二种模式,理由是:该"香港模式"规则能为人民法院针对仲裁纠纷发布的保全措施提供更具操作性的指南;如本书第四部分所述,第 2 款规则便于人民法院在仲裁庭更适合决定是否发布保全措施的情况下自由裁量地"让贤";其中的不允许上诉的规则有助于提高司法审查和决定的效率;该模式规则的部分内容,如宣示法院针对仲裁纠纷可采取保全措施的类型,在印度 1996 年《仲裁与调解法》第 9 条、马来西亚 2005 年《仲裁法》第 11 条第 1 款、新西兰 2007 年《仲裁

---

① 不过,澳大利亚新南威尔士 2010 年《商事仲裁法》第 17J 条分成两款并稍作修改,即将 2006 年版《示范法》同条中的"国际"一词换成了"国内",以适用于国内仲裁。

法》表1第9条第2款、文莱2009年《仲裁法》第31条第1款等中可以找到相同或相似的表述,从而表明其在国际上的代表性。当然,本条没有照抄中国香港地区2010年《仲裁条例》第45条的全部文字,主要原因是:后者共10个款项的排列顺序及文字表达不太符合内地法律使用者的思维习惯;后者中的一些条款如第7、第9款稍显啰唆,用简洁的文字将之合并到其他款后,更便于使用者掌握该规则。

五
第五章 仲裁程序的开始与进行

[总体说明]

  前文已阐述了现行《仲裁法》第四章第二节关于仲裁庭的组成方面的规则应当与第二章下关于仲裁员任职资格的规则等合并为一章并进行增删改的理由。同时,在本建议稿第 15 条的[说明]中,笔者也指出了将现行《仲裁法》第 26 条移走修改的必要性。在这里仅进一步阐释现行《仲裁法》第四章第一节与第三节的其他规则的处置及本章命名的缘由。

  首先,将第三节的裁决方面的部分规则移出至下一章进行增删改。据笔者考察,除我国台湾地区 2009 年修订的"仲裁法"之外,境外其他的现行仲裁制定法一般都没有将仲裁裁决方面的规则与仲裁程序规则混同在一章或部分之中,而是将仲裁裁决方面的规则单独作为一章或部分,或者与仲裁程序终止规则合为一章或部分。属于前一种情况的如法国 2011 年《民事程序法典》等,属于后一种情况的则如 1985 年版和 2006 年版《示范法》、德国 1998 年《民事程序法典》等。我国已有学者认识到将仲裁裁决方面的规则混同在"仲裁程序"章目下不合适,并进而在其建议稿中作出了移出处理。[①] 对此笔者深为赞同。

  其次,在条文排序与内容选择方面,既考虑到了与前几章修改条文的协调性、本章的应有逻辑性、多个国家或地区的先进经验等,也结合了我国的特殊国情,并据此对现行《仲裁法》第四章所剩下的规则进行了较大的改动。具体可见于各条的逐一说明。

---

 ① 参见武汉大学国际法研究所"《仲裁法》修改"课题组:《中华人民共和国仲裁法(建议修改稿)》,载《仲裁研究》2006 年第 2 期,第 54—55 页。

再次,不再对本章分节。原因在于,现行《仲裁法》第四章所剩下的规则增删改后的条文并不多,且基本上属于仲裁程序方面的规则,从而与众多国家或地区的仲裁制定法一样,不必细化成节或分部。

最后,在境外的仲裁制定法中,类似于本章的名称常为"仲裁程序的进行"(如1985年版和2006年版《示范法》第5章及奥地利2006年《民事程序法典》第4篇第5章)、"仲裁程序"(如法国2011年《民事程序法典》第4篇第3章)、"程序"(如意大利2006年《民事程序法典》第4编第3章)等。但是,日本2003年《仲裁法》第5章的名称与本章相同。笔者认为,本章中含有"仲裁程序开始"的条文,如此命名更能清晰地显示其包含的规则类型,并与下一章"裁决与程序终止"章标题衔接呼应。

第37条 当事人平等待遇

当事人应当享受平等待遇,并应当被给予合理机会陈述其案情、提供证据和评论对方当事人的陈述与证据。

当事人可以授权律师或其他人行使前款下的权利。

[说明]

此条第1款宣示的原则为仲裁程序的两大核心原则之一。① 境外的仲裁制定法一般都在"仲裁程序"之类的章或部分下首先或较靠前地宣示此原则。② 如1985年版和2006年版《示范法》第18条、英国1996年《仲裁法》第33条、德国1998年《民事程序法典》第1042条、瑞典1999年《仲裁法》第21条、韩国1999年《仲裁法》第19条、克罗地亚2001年《仲裁法》第17条、孟加拉2001年《仲裁法》第23

---

① 本条应有的原则地位可参见《示范法》第31—33段说明。此外,宣示此规则内容的葡萄牙2012年《自愿仲裁法》第30条标题即含有"仲裁程序的原则",不过,英国1996年《仲裁法》第33条的标题名称为"仲裁庭的一般义务"。

② 苏格兰2010年《仲裁法》标新立异地单独设置了一个标题为"一般义务"的第三部分,并在其下的第一条规则即规则24中宣示了此原则。

条、丹麦 2005 年《仲裁法》第 18 条、奥地利 2006 年《民事程序法典》第 594 条、中国香港地区 2010 年《仲裁条例》第 46 条、澳大利亚新南威尔士 2010 年《商事仲裁法》第 18 条、葡萄牙 2012 年《自愿仲裁法》第 30 条等。① 不过,境外仲裁制定法的以上条款中的"机会"一词前分别使用了"充分"或"合理"两个不同的修饰语。在仲裁实践中,这两个修饰语具有共同的含义,即达到合理程度就被认为已够"充分",或者"充分"只能具有"合理"之意,而不是没完没了的顶级之巅。② 为此,本条便采用了文与意更相符的"合理"一词。

我国现行《仲裁法》第四章仅第 45 条和第 47 条与本条第 1 款中的原则沾点边。这两条不仅在"仲裁程序"章中位置非常靠后,而且只规定了当事人在仲裁过程中有权进行辩论,在开庭时有权质证证据,以及辩论终结时首席仲裁员或者独任仲裁员有义务征询当事人的最后意见。现行《仲裁法》第四章其他条款根本未明确提及当事人在所有的仲裁程序中应当享受平等待遇,也没有要求给予当事人陈述案情和提交证据③等的机会必须达到合理的程度,因此,既应将第 45 条与第 47 条的位置提前,又应弥补其内容上的重大缺陷。我国有不少学者也注意到了此种缺陷,他们提交的建议稿中不仅添加了平等待遇条款,而且给予了突出的位置。④ 本建议稿的此处当然也是如此处理。

同时,需要特别指出的是,上述境外的仲裁法中,只有克罗地

---

① 法国 2011 年《民事程序法典》有些例外,但也是放在较前的位置。

② See Christoph Liebscher, Global Developments: Fair Trial and Challenge of Awards in International Arbitration, *Croatian Arbitration Yearbook*, 1999, pp. 91-93.

③ 如下文所述,现行《仲裁法》第 43 条的举证规则并不是赋予当事人提交证据的权利,而是一种在某些情况下可能很不妥当的义务。

④ 如武汉大学国际法研究所"《仲裁法》修改"课题组的《中华人民共和国仲裁法(建议修改稿)》(载《仲裁研究》第 8 辑/法律出版社 2006 年版,第 51、53 页)分别在两节下的首条即第 26 条和第 46 条中反复宣示(笔者认为反复宣示倒不一定必要)。又如马占军先生的修改建议稿(载《仲裁研究》第 8 辑,法律出版社 2006 年版,第 87 页)虽然将之放在"仲裁程序"章下的第二个条文即第 28 条,但从该条与另一条文放置于该章所有分节之前的情况来看,仍然给予了两大指导原则之一的"礼遇"。

亚、孟加拉和苏格兰等极少数国家或地区的仲裁法额外地添加了"每一方当事人有权回应对方当事人的陈述与主张"[①]或"每一方当事人应有合理的机会研究所有文件和其他相关资料"[②]等文字,其他国家或地区的仲裁法一般都是简洁地规定"当事人应当受到平等待遇,并应当被给予充分(合理)的机会陈述其案情。"但是,这些更简短的规定在仲裁实践中都被解释为包括了"当事人应被给予提供证据与评论对方当事人陈述和证据"的"合理机会"。考虑到我国现行《仲裁法》第 43 条第 1 款中关于"提供证据"为当事人的一项义务而不是权利的宣示既不符合国际惯例,又可能不符合我国其他法律规定的情况,[③]同时鉴于我国协议仲裁发展的时间不长以致简短的"陈述案情"用语可能会使很多仲裁使用者误作狭义的理解,笔者便在该用语之后明确添加了"提供证据和评论对方当事人的陈述与证据"。

此外,1985 年版和 2006 年版《示范法》在"总则"下的第 2 条表达了类似于本条第 2 款的内容。但是,效法该《示范法》的德国 1998 年《民事程序法典》和奥地利 2006 年《民事程序法典》等都没有在"总则"中安排这样的内容,而是在"仲裁程序"章作出与本款相同或相似的规定。[④] 英国 1996 年《仲裁法》第 36 条、尼泊尔 1999 年《仲裁法》第 21 条第 2 款、柬埔寨 2006 年《商事仲裁法》第 26 条、澳大利亚新南威尔士 2010 年《商事仲裁法》第 24A 条、葡萄牙 2011 年《自愿

---

① 克罗地亚 2001 年《仲裁法》第 17 条。苏格兰 2010 年《仲裁法》规则 24 第(2)款后半段也添加了类似意思的文字。该款的英文内容为:Treating the parties fairly includes giving each party a reasonable opportunity to put its case and to deal with the other party's case.

② 孟加拉 2001 年《仲裁法》第 23 条。

③ 如我国一些法律中的倒置举证规则就不是要求提出主张的一方当事人举证,而是要求对方当事人举证反驳主张。我国已有学者发现了该条的这种缺陷,因此建议将该条改为:当事人应当对自己的主张提供证据,但法律另有规定的除外。参见武汉大学国际法研究所"《仲裁法》修改"课题组:《中华人民共和国仲裁法(建议修改稿)》,载《仲裁研究》2006 年第 2 期,第 54 页。

④ 德国 1998 年《民事程序法典》第 1042 条和奥地利 2006 年《民事程序法典》594 条第 3 款。

仲裁法》第30条都体现了相同的理念。笔者认为,仲裁中的代表问题主要发生在仲裁程序阶段,因此放在本章此处加以规定更合适一些。至于其内容所参考的境外仲裁制定法,除以上已提及者外,还包括美国2000年修订的《统一仲裁法》第16条和澳大利亚2010年《国际仲裁法》第29条、荷兰2015年《民事程序法典》第1038条等。

第38条　程序规则的确定

在不违背本法强制性规定的情况下,当事人可以自由约定仲裁庭进行仲裁时所应当遵循的程序。当事人无约定的,仲裁庭应当在不违背本法强制性规定的情况下,采用适合个别案件的程序进行仲裁,避免不必要的拖延或开支。

在符合前款规定的条件下,授予仲裁庭的权力包括对任何证据的可采性、相关性、实质性和重要性的决定权。

[说明]

如本建议稿第4条及其说明所述,包括我国在内的世界上所有国家或地区的仲裁制定法中都有一些强制性规定。在不违背这些强制性规定的情况下,境外的仲裁制定法普遍地规定当事人有约定仲裁庭进行仲裁时所应当遵循的程序的自由,如1985年版和2006年版《示范法》第19条、瑞士1987年《联邦国际私法法规》第182条、英国1996年《仲裁法》第34条、韩国1999年《仲裁法》第20条、丹麦2005《仲裁法》第19条、中国香港地区2010年《仲裁条例》第47条、法国2011年《民事程序法典》第1464条、葡萄牙2012年《自愿仲裁法》第30条、荷兰2015年《民事程序法典》第1036条等。1985年版和2006年版《示范法》的说明将这种规定与前条规则合称为仲裁程序的两大核心原则。缘于此相同的地位,德国《民事程序法典》(第1042条)与奥地利《民事程序法典》(第594条)将它们合并在一条中宣示,并取条标题名称为(仲裁程序)"一般原则"。此外,瑞典1999年《仲裁法》也是在同一条(第21条)中宣示了这两项原则。同时应指出的是,奥地利2006年《民事程序法典》第594条没有将授予仲裁庭的权力列为原则之一,而是将之移到第599条第1款作为一项具体规则宣示。不过,奥地利2006年《民事程序法典》第594条第3至4款还规定了以下两项一般原则:当事人拥有不可剥夺或限制的权利选定代表人或接受其建议;接受任命却不履行或不及时履行任何义务的仲裁员对其可归责的拒绝或延迟造成的所有损害向当事人负责。鉴于大多数国家或地区未赋予这两项规则原则的地位,加上这两项规则在本建议稿中被安排在其他位置具有正当理由,本条便没有借鉴奥地利2006年《民事程序法典》中这两款的额外规定。

我国现行《仲裁法》中没有条文明确规定当事人可以在法律允许的范围内对仲裁程序事项作出自由约定的原则,只是在第39条和第40条规定当事人有协议仲裁不开庭与公开进行的自由。然而,从一些国家或地区仲裁制定法的规定和一些学者的研究成果来看,仲裁程序事项还包括仲裁程序开始时间的决定、申请书和答辩书提交时限、专家的指定及参与仲裁活动的方式等,在符合享受平等待遇和拥有陈述案情的充分机会等强制性法律规定的条件下,当事人也应当在这些程序事项上享有自主决定权。而我国现行《仲裁法》既无具体规定,又未作总体的原则表态,显然是无视当事人的这些程序自治权。

同时还应指出的是,本条既未照搬《示范法》第19条的规定,也未采用德国、奥地利等国仲裁法将之与前条合并宣示的模式。主要原因是:前者的规定太简单,应当借鉴或吸收数个国家或地区的仲裁制定法中更合理的添加规范予以补充,如此一来,再采用德、奥等合并宣示的模式,将会使前条下的重要原则大幅淡化,而采取两条分开规定的方式就可以避免这种弊端。

最后,特别指出的是,本条在1985年版和2006年版《示范法》基础上进一步细化的内容主要参考了英国1996年《仲裁法》第33条第2款(b)项、瑞典1999年《仲裁法》第21条、中国香港地区2010年《仲裁条例》第46条第3款(c)项等。这些制定法中更详细规定的参考价值也已得到了我国一些学者的承认。①

第 39 条　仲裁地

当事人可以自由地约定仲裁地。未达成此种约定的,由仲裁庭根据案件的情况,包括当事人的便利,确定仲裁地。

尽管有前款的规定,除非当事人另有约定,仲裁庭可以在其认为适当的任何地点进行磋商,听取证人、专家或当事人的意见,或者检查货物、其他财产或文件。

[说明]

不少境外的仲裁制定法将"仲裁地"的确定规则放在"仲裁程序"之类章或部分之中,如 1985 年版和 2006 年版《示范法》第 20 条、德国 1998 年《民事程序法典》第 1043 条、瑞典 1999 年《仲裁法》第 22 条、柬埔寨第 2006 年《商事仲裁法》第 28 条、奥地利 2006 年《民事程序法典》第 595 条、意大利 2006 年《民事程序法典》第 816 条、中国台湾地区 2009 年修订的"仲裁法"第 20 条、荷兰 2015 年《民事程序法典》第 1037 条等。当然也有将之放在其他部分的,如英国 1996 年《仲裁法》就将之放在第 1 部分"序言"中的第 3 条。尽管如此,其内容基本上都如本条所示②,可以说,这样的内容因成了国际惯例而具有正当性。同时,考虑到放在"总则"定义条中会使该条太臃肿,因此,本建议稿也将之放在本章内。

---

① 参见武汉大学国际法研究所"《仲裁法》修改"课题组:《中华人民共和国仲裁法(建议修改稿)》第 47 条,载《仲裁研究》2006 年第 2 期,第 53 页。

② 一些境外的仲裁制定法稍稍添加了不同的内容,如意大利 2006 年《民事程序法典》第 816 条第 1 款规定:当事人与仲裁庭都未确定仲裁地的,仲裁协议的签订地为仲裁地。如果该地不是任何国家的领土,罗马为仲裁地(笔者译自该款的英译文,即:If neither the parties nor the arbitrators have determined the seat of the arbitration, the seat shall be in the place where the arbitration agreement was concluded. If such a place is not in the national territory, the seat shall be in Rome.)。

第 40 条　仲裁程序的开始

除非当事人另有约定,解决特定争议的仲裁程序,于被申请人收到将该争议提交仲裁的书面请求之日开始。

前款中的请求应当载明当事人的名称、无条件地明确表明仲裁要求、争议事项以及所援引的仲裁协议。

[说明]

我国现行《仲裁法》第四章第一节第 21 条至第 23 条共三个条文规定了当事人申请仲裁的条件和应当提交的仲裁申请书与仲裁协议及副本。其明显的缺陷为:它们在文字上有相当不必要的重叠,表现之处为第 21 条第(一)项与第 22 条,第 21 条第(二)项与第 23 条第(二)项。

再稍微考察一下,就可以发现其内容上的欠妥之处,如第 21 条和第 22 条要求"有仲裁协议并递交"的规定就没有考虑到申请时没有仲裁协议但是另一方当事人收到申请不反对并主动参加仲裁的情况。再如,第 23 条第(一)项采用"应当"一词,要求身为个人的当事人在其仲裁申请书中载明"职业"和"工作单位"的规定,对没有或不愿意且不必透露"职业"和"工作单位"的个人而言,实在不"应当"适用,因为现行《仲裁法》的其他条款并没有剥夺其仲裁权,连该法中的撤销规则等也没有规定未填写这两事项构成仲裁裁决效力瑕疵的理由。

再进一步分析便能发现以上三个条文另一个更严重的缺陷,即在其他条文无规定的情况下,这三个条文也对仲裁程序何时开始只字不提。实际上,关于仲裁程序何时开始的规定是一项非常重要的法律规则,因为它不仅事关当事人在时效法下的时效是否中断及权益是否丧失等问题,而且涉及约定或法定的仲裁裁决时限的起算时间。正是缘于此种重要性,境外仲裁制定法普遍地对仲裁程序的开始时间问题作出了明确的规定,如 1985 年版和 2006 年版《示范法》第 21 条、瑞士 1987 年《联邦国际私法法规》第 181 条、英国 1996 年《仲裁法》第 14 条、巴西 1996 年《仲裁法》第 19 条、瑞典 1999 年《仲裁法》第 19 条、韩国 1999 年《仲裁法》第 22 条、新加坡 2002 年《仲裁法》第 9 条、日本 2003 年《仲裁法》第 29

条、丹麦 2005 年《仲裁法》第 21 条、柬埔寨 2006 年《商事仲裁法》第 29 条、塞尔维亚 2006 年《仲裁法》第 38 条、中国台湾地区 2009 年修订的"仲裁法"第 18 条、爱尔兰 2010 年《仲裁法》第 7 条、苏格兰 2010 年《仲裁法》规则 1、中国香港地区 2010 年《仲裁条例》第 49 条、荷兰 2015 年《民事程序法典》第 1024—1025 条等。

此外,我国现行《仲裁法》第 21 条与第 22 条中同时出现"仲裁委员会"一词,表明了它们与临时仲裁不具有兼容性。

最后特别指出的是,1985 年版和 2006 年版《示范法》第 21 条过于简单,即使是以该法为蓝本的国家或地区的仲裁法中,也有作出添加的,主要是指明仲裁申请书应当包含当事人的名称、争议事项以及所援引的仲裁协议之类的内容,如德国 1998 年《民事程序法典》第 1044 条后半段、韩国 1999 年《仲裁法》第 22 条第 2 款等。另一些国家或地区的仲裁法则提出了更多的内容要求,如瑞典 1999 年《仲裁法》第 19 条中第 2 款还要求仲裁申请书必须无条件地明确表明仲裁请求。以上国家或地区的仲裁法作出此种添加显然是为了表明:只有符合这些条款中内容要求的仲裁申请书,依照这些条款规定的条件由被申请人收取后,才会发生仲裁程序开始的法律效果。笔者认为,瑞典 1999 年《仲裁法》中的上述添加内容很有必要,否则,一方当事人在仲裁申请书中附了很长时间才能实现的条件,如果裁决时限等自另一方当事人收到这样的申请书时起算就很不合理。为此,本条除了借鉴以上各国家或地区的规范外,也特别注意吸收了瑞典 1999 年《仲裁法》第 19 条第 2 款的内容。

本条如此规定的好处是:(1)弥补了现行第 21 条至第 23 条的上述所有缺陷;(2)导致仲裁程序开始的仲裁申请书内容只需如此简单,以上三条中的其他内容可以之后补充并放在其他条款中规定;(3)使规则体例接近国际主流仲裁法的结构,便于使用者熟悉条文;(4)避免立法者在允许临时仲裁的情况下另行起草条文。

同时,本条也有我国现行《仲裁法》上述三条中的表达痕迹。因此,并不是完全废除它们,而是适当修改后分解为几个部分,其中之一包含于本条第 2 款仲裁申请书的内容要求之中,其他部分放入本建议稿的提交陈述与答辩规则中。

第 41 条　语言

当事人可以自由约定仲裁程序中拟使用的语言。未达成此种约定的,由仲裁庭确定仲裁程序中拟使用的语言。除非仲裁协议中另外指明,这种约定或确定适用于一方当事人的任何书面陈述、仲裁庭的任何开庭、裁决、决定或其他通信。

仲裁庭可以命令任何书面证据附具当事人约定的或仲裁庭确定的语言的译本。

[说明]

新加坡、中国台湾等小国家或小地区的国内或境内没有多语言的问题,因而对国内或境内仲裁程序未规定使用语言的规则。但是,它们对国际仲裁或涉外仲裁程序规定了使用语言的规则,如新加坡 2012 年《国际仲裁法》表 1 第 22 条和中国台湾地区 2009 年修订的"仲裁法"第 25 条等。

我国大陆是个多语言的法域,为在非汉语使用者之间推广仲裁,本条在国内仲裁部分也作出使用语言的规范。同时,本条的内容借鉴了 1985 年版和 2006 年版《示范法》第 22 条、德国 1998 年《民事程序法典》第 1045 条、日本 2003 年《仲裁法》第 30 条、奥地利 2006 年《民事程序法典》第 596 条、意大利 2006 年《民事程序法典》第 816 bis 条等,对以我国为仲裁地的国际或涉外仲裁也是适用的。因此,在"涉外仲裁"的专章中就不必另外规定这样的语言规则。

第 42 条　申请书和答辩书及有关材料提交的时限

除非当事人对申述和答辩的时间和相关事项另有约定,申请人应当在仲裁庭确定的期限内申述支持其请求的各种事实、争议点以及所寻求的救济或补救,被申请人应当逐项作出答辩。当事人可以将其认为相关的文件或者其将提供的其他证据一起提交。但是,仲裁庭可以拒绝接受明显与案件无关的文件或证据。

在不违反当事人约定的条件下,在仲裁程序进行中,任何一方当事人可以修改或补充其请求或答辩,除非仲裁庭考虑到为时已迟,认为不宜允许作此更改。

[说明]

申请书和答辩书及有关材料提交时限的规则在境外仲裁制定法中很常见,如 1985 年版和 2006 年版《示范法》第 23 条、德国 1998 年《民事程序法典》第 1046 条、瑞典 1999 年《仲裁法》第 23 条、日本 2003 年《仲裁法》第 31 条、丹麦 2005 年《仲裁法》第 23 条、奥地利 2006 年《民事程序法典》第 597 条等。

我国现行《仲裁法》第 21 条、第 23 条、第 25 条、第 27 条和第 43 条都包含了与此有关的规则。但是,与境外仲裁制定法相比,其明显缺陷是:(1)规范零散而不集中。(2)没有赋予当事人自由约定申请书和答辩书及有关材料提交时限的权利。(3)没有规定在当事人无约定的情况下由仲裁庭确定有关文件或材料的提交时限,以致根据第 25 条第 2 款适用某些僵死的仲裁规则时限,而使特别个案中的被申请人来不及准备高质量的答辩书。(4)没有对当事人单方变更仲裁请求或反请求与承认与反驳及其支撑这些陈述的证据提交时限作出明确的规定,从而可能严重地影响仲裁效率。

当然,境外仲裁制定法的相关规定等也不是全部完美无缺的,如 1985 年版和 2006 年版《示范法》第 23 条等在"当事人约定的"与"仲裁庭确定的"短语之间用"或"这种具有任选含义的字连接,就可能使人误以为仲裁庭有权无视"当事人约定的时间期限"而可以自作主张地作出不同的决定。不过,瑞典 1999 年《仲裁法》第 23 条第 3 款表明的"当事人的不同约定"优先的规定就不会令人产生如此误解。

尽管如此,由于本条的这种表述方法既能同时避免我国现行《仲裁法》中以上缺陷及《示范法》中的上述小瑕疵,又比瑞典的以上条文规范略为简洁一些,笔者便如此呈现于审阅者。

第43条　开庭和书面审理程序

除非当事人另有约定,仲裁庭应当决定是否开庭审理或者是仅以文件和其他材料为基础进行仲裁程序。如果当事人没有相反约定,一方当事人请求开庭的,仲裁庭应当在进行仲裁程序的适当阶段举行开庭审理。

任何开庭和仲裁庭为了检查货物、其他财产或文件而举行的任何会议,应当提前通知当事人。

一方当事人向仲裁庭提供的一切陈述书、文件或其他资料,应当送交对方当事人。仲裁庭在作出决定时可能依赖的任何专家报告或证据性文件,也应当送交各方当事人。

[说明]

本条涉及仲裁审理方式、各种仲裁活动通知及有关文件的传递等。

境外仲裁制定法普遍地采用1—2个条文对本条中的事项进行规范,如1985年版和2006年版《示范法》第24条、德国1998年《民事程序法典》第1047条、韩国1999年《仲裁法》第25条、瑞典1999年《仲裁法》第24条、克罗地亚2001年《仲裁法》第23条、日本2003年《仲裁法》第32条、丹麦2005年《仲裁法》第24条、奥地利2006年《民事程序法典》第598—599条、中国香港地区2010年《仲裁条例》第52条等。

我国现行《仲裁法》与以上事项相关的条款包括第25条、第39条、第40条、第41条、第43条、第45条和第48条等。除了前文从关联事项角度指出的一些条款缺陷外,就本条事项而言,它们有以下瑕疵:(1)没有规定一方当事人向仲裁庭提供的一切陈述书、文件或其他资料应当送交所有其他当事人。如现行《仲裁法》仅在第25条规定了在当事人之间传递仲裁申请书和答辩书的规则,对证据等其他文件传递再无其他下文作出宣示。实际上,传递这些文件既是贯彻当事人平等待遇原则,也是境外仲裁制定法普遍规定的正当仲裁程序的基本要求之一。① (2)没有明确各方当事人享有得到各种仲裁活动通知的权利。该法只在第41条规定了各方当事人有权获得开庭日期通知,对开庭以外的仲裁活动如现场勘查等是否应当通知各方当事人的问题只字不提。(3)该法第39条意味着在当事人没有约定不开庭且无任何当事人要求不开庭的情况下,即使仲裁庭认为没有必要,也应当开庭。该条本身确实是一项任意性规则,但是,任意性规则也应当合理化,因为绝大多数人认为任意性规则是一种标准,对之背离可能导致负面评价和随之而来的其他负面作用。同时,只有合理的任意性规则才能在实际上节约交易成本。② (4)该法第45条关于"证据应当在开庭时出示"的规定,没有考虑到那些不开庭的案件的情况。

本条不仅解决了我国现行《仲裁法》中的以上缺陷,而且也避免了多条文破碎表达的固有问题。

第44条 一方当事人的不履行

申请人未能依照第42条第1款的规定提交申请书的,仲裁庭应当终止仲裁程序。

被申请人未能依照第42条第1款的规定提交答辩书的,仲裁庭应当继续进行仲裁程序,但不应将此种缺失行为本身视为对申请人主张的认同。

任何一方当事人不出庭、不提供书面证据或不履行任何其他程序行为的,仲裁庭可以继续进行仲裁程序并根据其所收到的证据作出裁决。

在当事人另有约定或仲裁庭认为具有正当理由的情况下,以上

---

① See Hrvoje Sikiric, Arbitration Proceedings and Public Policy, *Croatian Arbitration Yearbook*, 2000, pp. 89-90 & pp. 109-110. See also Mauro, *International Arbitration Law and Practice*, 中信出版社2003年影印版, pp. 339-340.

② See Russell Korobkin, The Status Quo Bias and Contract Default Rules, *Cornell Law Review*, March 1998, pp. 611-623. See also Ian Ayres, Valuing Modern Contract Scholarship, *Yale Law Journal*, January 2003, pp. 890-897.

各款不适用。

[说明]

我国现行《仲裁法》第 25 条第 2 款和第 42 条涉及本条下的事项问题,并因其下列缺陷而使本建议稿改掉了这两条中的很多文字:(1)这两条都未考虑到当事人相反约定的情况。(2)在其他条文无规定的情况下,这两条对当事人不履行其他程序的行为也未规定任何处理办法。(3)这两条涉及关联问题,却不仅距离遥远,而且未显示任何相关性。(4)这两条的内容本身不妥当。如申请人参加了数次旷日持久的开庭,仅有一次未提供正当理由而缺席开庭,或因与其中的某位出庭人员有激烈的情绪冲突而冲动地中途退庭,仲裁庭将此行为视为撤回仲裁申请虽然符合了第 44 条第 1 款的规定,由此可能产生的不公正结果是非常明显的。同时,该款未指出"撤回仲裁申请"是否等于不再许可仲裁程序重新进行的"仲裁程序终止"的情况。再如,当事人只约定书面审理,被申请人不提交答辩书的,仲裁庭是否可以作出缺席裁决的问题,以及仲裁庭是否可以仅凭申请人的陈述作出裁决的问题,这两条和现行《仲裁法》中的其他条款都没有交代。

最后需指出的是,弥补了以上各种缺陷的本条特别地参考了奥地利 2006 年《民事程序法典》第 600 条的规定,因为规定本条下事项的 1985 年版和 2006 年版《示范法》第 25 条、俄罗斯 1993 年《国际仲裁法》第 25 条、德国 1998 年《民事程序法典》第 1048 条、韩国 1999 年《仲裁法》第 26 条、日本 2003 年《仲裁法》第 33 条、丹麦 2005 年《仲裁法》第 25 条等,都没有对一方当事人不履行列举名目以外的其他程序行为作出处置规定。

第 45 条 仲裁庭指定的专家

除非当事人另有约定,仲裁庭可以指定一名或多名专家就待决之特定问题向仲裁庭提出报告,或者要求一方当事人向专家提供任何相关资料、文件、货物等财产以供检验。

根据前款,由仲裁庭指定的专家应当承担与本法第 21 条和第

22条同样的披露和回避义务。

除非当事人另有约定,经一方当事人提出请求或仲裁庭认为有必要的,专家在提出其书面或口头报告后应当参加开庭,各方当事人可以向其提问或要求其就争议问题作证。

[说明]

对仲裁案件中的专业性问题,如果不寻找有关专家作出报告,可能会使仲裁庭无法认清案情和作出公正的裁决。因此,境外仲裁制定法普遍地就仲裁庭是否有权指定专家等相关事项作出规定,如1985年版和2006年版《示范法》第26条、英国1996年《仲裁法》第37条、德国1998年《民事程序法典》第1049条、韩国1999年《仲裁法》第27条、日本2003年《仲裁法》第34条、奥地利2006年《民事程序法典》第601条等。我国现行《仲裁法》倒是在第44条对此事项作出了规定。但是,与境外成熟的仲裁制定法规范相比,该条的不足之处在于:(1)第1款既没有赋予当事人作出相反约定的权利,也在鉴定部门的选择方面将"当事人约定"与"仲裁庭指定"列为平行关系而不是依次关系,从而可能使"当事人约定"被忽视。仲裁的争议属于当事人可自由处分的范畴,基于节约成本等因素,当事人关于请不请专家或请什么样专家的共同约定理应得到优先考虑。(2)第2款同样未将当事人的共同约定置于优先地位,同时,对当事人向鉴定人提问的权利设置了"经仲裁庭许可"的条件,从而使仲裁庭没有义务允许当事人向鉴定人提问。

此外,本条的案文在参考境外其他仲裁法相关规范的同时,特地在第2款吸收了德国1998年《民事程序法典》第1049条第3款、韩国1999年《仲裁法》第27条第3款及奥地利2006年《民事程序法典》第601条第3款等规定。因为笔者认为,仲裁庭指定的专家承担与这些法律对仲裁员要求的相同的披露与回避义务,对确保专家的独立性、公正性及其报告的客观性和据之作出的裁决的可接受性等都是非常重要的。

第 46 条　法院协助取证

仲裁庭或经仲裁庭准许的一方当事人,可以请求人民法院协助取证,包括询问证人或检查财产。

根据前款的请求并根据其取证的规则获得证据后,人民法院应当在十日内将取证记录发送仲裁庭。

［说明］

我国现行《仲裁法》第 46 条和第 68 条对境内或涉外仲裁在证据可能灭失或者以后难以取得的紧急情况下的证据保全问题作出了规定。然而,该法对在仲裁程序期间尚未或一直未出现证据灭失或者以后难以取得的紧急情况,却需要通过人民法院协助才能取证的问题没有任何规定。这种需要通过人民法院协助才能取证的情况,可能是证人为当事人以外的第三人或争议的财产在第三人的掌控之下等。此种情况虽然没有证据保全规则下的那些情况紧急,但是能否获得有关证据可能决定着仲裁裁决的结论。因此,本建议稿包含了此条规则,其内容则参考了体现国际惯例的 1985 年版和 2006 年版《示范法》第 27 条、英国 1996 年《仲裁法》第 43—44 条、韩国 1999 年《仲裁法》第 28 条、瑞典 1999 年《仲裁法》第 26 条、日本 2003 年《仲裁法》第 35 条、丹麦 2005 年《仲裁法》第 27 条、奥地利 2006 年《民事程序法典》第 602 条、澳大利亚新南威尔士 2010 年《商事仲裁法》第 27 条、荷兰 2015 年《民事程序法典》第 1041a 条等。

第 47 条　仲裁程序的合并

当事人可以自由地约定合并不同的仲裁程序。

除非征得所有当事人同意,仲裁庭不可以作出仲裁程序合并的命令。

［说明］

在一些学者的定义中,"仲裁程序的合并"(consolidation of

arbitral proceedings)规范中不能缺少"多方当事人"的字样。① 但是,另一些学者的论述或仲裁机构规则表明,"仲裁程序的合并"在某些情况下可能仅涉及双方当事人之间多合同下不同仲裁程序的合并。② 实际上,支持前者理论的我国一些学者在具体论述中,认为我国现行《仲裁法》第 27 条关于被申请人有权提出仲裁反请求的规定与"仲裁程序的合并"规则有关联,③从而间接地承认了双方当事人之间也可能会发生仲裁程序的合并问题。本条中未提及当事人的多寡,因此,只要是不同的仲裁程序,无论当事人是双方还是多方,都能适用本条。

本条的内容尽管很简洁,却是既充分顾及了仲裁程序的合并对不同当事人的不同意义,又参考了二十多部境外的仲裁制定法。

就仲裁程序的合并对当事人的意义而言,关联的争议或当事人如果只能根据同一仲裁协议进行一项仲裁程序且不能与根据其他协议进行的仲裁程序合并,则前一仲裁程序的一方或几方当事人后来可能不得不向后一仲裁程序中的某一方或某几方当事人再次提出仲裁请求,由此可能会造成某些或所有当事人时间或金钱的浪费,同时也可能因不同仲裁或诉讼程序对同一事实的不同认定而造成有关仲裁裁决之间或仲裁裁决与司法判决的不一致。这些不同的仲裁程序的合并能够有效地消除这种弊端。④但是,不同仲裁程序的合并对另一些当事人而言可能就意味着时间或金钱的浪费、更不利的裁决或仲裁保密性的破坏等。⑤

---

① See Gary B. Born, *International Commercial Arbitration*, Kluwer Law International, 2009, pp. 2068-2069.

② 如于 2012 年 1 月 1 日生效的国际商会(ICC)新仲裁规则的第 10 条。See Thierry Berger & Mark Robertson, The New ICC Rules of Arbitration: A Brief Overview of the Main Changes, *International Arbitration Law Review*, 2011, p. 148-150.

③ 参见李广辉、薛胜利:《合并仲裁法律制度探究——兼论中国合并仲裁制度之构建》,载《河北法学》2006 年第 6 期,第 76 页。

④ 参见李莉:《合并仲裁及其相关问题》,载《求是学刊》2000 年第 5 期,第 74—75 页。

⑤ 参见李广辉、薛胜利:《合并仲裁法律制度探究——兼论中国合并仲裁制度之构建》,载《河北法学》2006 年第 6 期,第 76 页。See also Gary B. Born, *International Commercial Arbitration*, Kluwer Law International, 2009, p. 2070.

境外的仲裁制定法对于仲裁程序合并的规定,大体上可分为四种不同的类型。第一种是予以回避,不作任何规定,如 1985 年版和 2006 年版《示范法》、德国 1998 年《民事程序法典》、韩国 1999 年《仲裁法》、中国澳门地区 1998 年《涉外商事仲裁法规》、瑞典 1999 年《仲裁法》、克罗地亚 2001 年《仲裁法》、日本 2003 年《仲裁法》、挪威 2004 年《仲裁法》、丹麦 2005 年《仲裁法》等都属于此类。第二种为明确规定,其内容虽然要求合并仲裁要满足一方当事人申请、争议源于同一交易等条件,却不以所涉全部当事人同意为条件,如美国 2000 年修订的《统一仲裁法》第 10 条[①]、新西兰 2007 年修订的《仲裁法》第 2 条、毛里求斯 2008 年《国际仲裁法》表 1 第 3 条[②]、澳大利亚 2010 年《国际仲裁法》第 24 条[③]、澳大利亚新南威尔士 2010 年《商事仲裁法》第 27C 条[④]、荷兰 2014 年《民事程序法典》第 1046 条。第三种也是有明确规定,但只是基本上如同本条宣示所涉当事人在此方面的自由约定权,并明文禁止仲裁庭作出非合意的仲裁程序合并决定。属于此种类型的如英国 1996 年《仲裁法》第 35 条、新加坡 2002 年《仲裁法》第 26 条、马来西亚 2005 年《仲裁法》第 40 条、文莱 2009 年《仲裁指令》第 26 条、苏格兰 2010 年《仲裁法》表 1 规则 40 等。诸如阿富汗 2005 年《商事仲裁法》第 9 条之类的规则可被归为第四种,该条第 1 款同于前一类,该条第 2 款却允许法院作出非合意的合并仲裁程序的决定。

本条借鉴以上第三类规定的原因在于:对仲裁程序合并这样的重要问题,还是应当明确规定,以增强当事人的可预见性;合并仲裁应以当事人同意为前提,否则既违背了仲裁的意思自治和合同相对

[①] 美国与荷兰的这两部境外仲裁制定法都规定作出非所有当事人合意的仲裁程序合并决定的主体为法院,同时都允许当事人协议排除该规定的使用。

[②] 新西兰和毛里求斯的仲裁制定法都规定:首先由仲裁庭作为非合意的仲裁程序合并决定的主体,但是,当事人在仲裁庭拒绝作出这种决定的情况下可以寻求法院作出决定。

[③] 该条规定仲裁庭为作出非合意的仲裁程序合并决定的主体。

[④] 该条规定作出非合意的仲裁程序合并决定的主体亦为仲裁庭,同时也允许当事人协议排除其适用。

性的原则，也会导致正统的撤销裁决理由等将发生根本性改变；实践中确实有很大比例的合并仲裁需要①，有此规定后既可以促使我国一些优秀的仲裁机构效法 ICC 2012 年的新规则②第 6 条第 4 款、第 9—10 条等，也可以鼓励那些意图避免多仲裁程序之苦的当事人事先作出周密的约定，从而不用修改正统的仲裁裁决撤销或拒绝执行规则，同时也使我国境内作出的仲裁裁决不违反《纽约公约》的执行规则；此外，实践中荷兰等国家或地区经法院作出的非合意合并仲裁程序决定很少的情况表明，当事人很少有意愿寻求非合意的仲裁程序合并③，借鉴此规则的意义不大。

第 48 条　第三人加入仲裁程序

与仲裁案件有利害关系的第三人或一方当事人可以向仲裁庭请求该第三人参加仲裁程序。

第三人或当事人根据前款作出的请求应采取书面形式。

未经第三人和所有当事人同意，仲裁庭不得作出允许第三人参加仲裁程序的决定。

[说明]

在境外仲裁制定法中，只有比利时 1998 年《司法法典》第 1696 bis 条、意大利 2006 年《民事程序法典》第 816 quinquies 条第 1 款④、毛里求斯 2008 年《国际仲裁法》第 4 条、比利时 2013 年《司法法典》

---

① See Thierry Berger & Mark Robertson, The New ICC Rules of Arbitration: A Brief Overview of the Main Changes, *International Arbitration Law Review*, 2011, pp. 147-148 & n. 32.

② 该新规则的英文本可下载于：http://www.iccwbo.org/products-and-services/arbitration-and-adr/arbitration/icc-rules-of-arbitration/，2012 年 11 月 25 日访问。

③ See Jan Willem Bitter, *Consolidation of Arbitral Proceedings in the Netherlands*, edited by the Court of Permanent Arbitration, Oxford University Press, 2009, p. 235.

④ 该款的英译文是：The voluntary intervention or the joining of a third party in the arbitration is admissible only with the agreement of the third party and the parties and with the arbitrators' consent.

第 1709 条、荷兰 2015 年《民事程序法典》第 1046 条等极少数者含有"第三人"(a third party/ third parties/ third persons)的文字。

本建议稿上一条的适用是以有两个以上的不同仲裁程序为前提的,它们可以用"一仲裁程序"与"其他仲裁程序"分别指称。就"一仲裁程序"的当事人而言,"其他仲裁程序"中的不同当事人可谓是"第三人","一仲裁程序"与"其他仲裁程序"的合并也可以解释为后者中的"第三人"加入"一仲裁程序"。可见,"仲裁程序的合并"规则实际上至少涵盖了一种特别类型的第三人(即"其他仲裁程序"中的"第三人")。

再从字面上来说,无论是本建议稿的上一条,还是其[说明]中所提及的含明示"仲裁程序的合并"规则的境外仲裁制定法,都没有宣示其中的"一仲裁程序"或"其他仲裁程序"是否包括未来潜在发生的仲裁程序。如果广义地解释为有"包括"的意蕴,则本条[说明]第一段中列明的四国法条实际上都可以完全不出现"第三人"字样而采用"仲裁程序的合并"条目标题,且在表述内容上与本建议稿的上一条[说明]中所提及的一些境外仲裁制定法中此类标题下的内容一致,并在最终实践效果上使第三人加入仲裁程序的问题具有法律规则层面的答案。因为:前文所列举的前三国法条的内容与本条一样,要求仲裁庭只有在第三人和仲裁当事人都同意的情况下才能允许前者加入,这可以解释为第三人与仲裁中任一当事人有新的仲裁协议,前者与任一后者由此可能发生另一潜在的仲裁程序,在这种情况下第三人加入一仲裁程序实际上就等于将该另一潜在的仲裁程序合并进来;毛里求斯的以上法条中对第三人加入仲裁程序规定的条件是第三人与申请的当事人必须达成一致。①

尽管如此,本建议稿如毛里求斯 2008 年《国际仲裁法》等一样,

---

① 该条的英文版内容是:On the application of any party to the arbitration, the Supreme Court may in the exercise of its discretion determine that one or more third persons should be joined in the arbitration as a party, provided any such third person and the applicant party have consented thereto in writing.

用了两个条文表达并配上不同名称的标题,原因在于:本段[说明]中的这些原理不便用法条文字予以表达;我国无论是仲裁实践还是学术研究或宣传等,在很长时间内可能不能使大众知悉这些原理,从而只能依靠这两个法条表达,防止对前条中"仲裁程序"的狭义解释而使某些涉及第三人的仲裁纠纷处理缺乏制定法层面上的依据。此外,本条规则内容上的正当性理由可参见前条。

现行《仲裁法》第四章有关仲裁程序的其他条款被删除的说明

1. 第24条(仲裁委员会收到仲裁申请书之日起五日内,认为符合受理条件的,应当受理,并通知当事人;认为不符合受理条件的,应当书面通知当事人不予受理,并说明理由。)

为了不妨碍当事人、仲裁机构的自治权,此条没有必要保留,可由仲裁机构规则规定。

2. 第48条(第1款:仲裁庭应当将开庭情况记入笔录。第2款:当事人和其他仲裁参与人认为对自己陈述的记录有遗漏或者差错的,有权申请补正。如果不予补正,应当记录该申请。)

此条在境外仲裁制定法中找不到任何踪迹,在我国的过去和现在也没有什么法律意义,因为违反此规定不能导致裁决的撤销或追究任何人的任何法律责任。

3. 第43条第2款(仲裁庭认为有必要收集的证据,可以自行收集。)

此款在境外仲裁制定法中找不到任何踪迹。有学者指出,该款规定的弊端是:这种独立的调查权会使仲裁庭的权力超出当事人的预期,由此会产生额外的费用和仲裁程序的延迟。[①] 笔者同意这种看法,并且担心此种规范很可能会为一些仲裁庭作出偏袒性调查提供理由。

---

① See Charles Kenworthey Harer, Arbitration Fails to Reduce Foreign Investors' Risk in China, *Pacific Rim Law and Policy Journal*, March 1999, p. 405.

六

第六章 裁决与仲裁程序的终止

第 49 条 裁决时限

仲裁庭应当在当事人约定的时间内作出裁决。当事人对裁决时限没有约定的,仲裁庭应当在仲裁开始后六个月内作出裁决。

当事人、仲裁庭可以协议延长前款中的约定或法定时限。不能达成协议的,任何一方当事人可向人民法院申请裁定延长时限。

任何当事人不得针对本条第 2 款中的人民法院裁定提起上诉。

[说明]

我国现行《仲裁法》没有规定裁决时限。一些仲裁实务界人士视之为一项缺陷,并基于公正和效率的要求建议增加此规则。[①] 笔者赞成此建议,不过应在参考更多的境外现行仲裁制定法的基础上,结合我国仲裁实践确定该规则的内容。

很多国家或地区的现行仲裁制定法含有此规则。[②] 其中的一些仲裁制定法将其放在与本章标题相同的章或部分下的第 1 条,如巴西 1996 年《仲裁法》第 23 条、意大利 2006 年《民事程序法典》第 820 条、葡萄牙 2012 年《自愿仲裁法》第 43 条等。另一些将其放在此章或部分下较靠前的位置,如英国 1996 年《仲裁法》第 50 条、中国香港地区 2010 年《仲裁条例》第 72 条等。当然,还有一些则将其放在其他位置,如中国台湾地区 2009 年修订的"仲裁法"第 21 条(第 3 章"仲裁程序")、法国

---

① 参见郑金波:《〈中华人民共和国仲裁法〉修改建议稿》(下),载《仲裁研究》2009 年第 4 期,第 53—54 页。

② 除本条[说明]中提及者外,比利时 1998 年《司法法典》第 1696 条、美国佛罗里达 2008 年《仲裁法》第 9 条第 2 款、英国苏格兰 2010 年《仲裁法》规则 43—44、比利时 2013 年《司法法典》等也包含了此类规则。

2011年《民事程序法典》第1463条(第3章"仲裁程序")、荷兰2015年《民事程序法典》第1048条(第2部分"仲裁程序")等。

以上境外仲裁制定法的共同精神是:允许当事人协议约定裁决的时限。笔者认为,这种精神反映了对当事人意思自治原则的尊重,裁决的时限涉及当事人自己的切身利益,因此,当事人的约定应当具有约束力。因此,本条第1款采纳了这种规定。

对于当事人没有约定情况下的裁决时限,境外仲裁制定法的规定并不一致,一般为6个月。但是,尼泊尔1999年《仲裁法》第23条规定为120天。中国香港地区的前述条文规定此种场合下仲裁庭有权力在任何时间作出裁决。此外,中国台湾地区的以上法条仅附加"必要时"能在6个月基础上延长3个月。法国的上述条文却规定在当事人没有一致同意的情况下,必须通过法院才能延长6个月的时限。笔者认为,我国现行《民事诉讼法》第149条规定的普通审理程序时限为6个月,从这次网上公布的该条修正草案来看,该时限是适当的而无修改建议;仲裁审理较类似于诉讼,当事人没有约定的情况下,6个月的时限也应当能满足仲裁庭审毕案件和作出裁决;当然,一些简单案件无须多长时间或少数疑难的仲裁案件需要更长时间等,可由当事人约定或向人民法院救济等方式予以调节。

本条第3款借鉴了中国香港地区2010年《仲裁条例》第72条第3款规则,目的在于:在是否延长裁决时限的裁定本身并不影响当事人实体权利的情况下,提高仲裁纠纷的司法审查效率。

第50条 适用于争议实体的规则

除非当事人明示授权依照公平善意原则或作为友好仲裁庭[①]作

[①] "友好仲裁"是我国学者们常用的一个仲裁术语,是指仲裁庭经争议当事人授权,在认为适用严格的法律规范会导致不公平结果的情况下,不按照严格的法律规范,而依据其认为公平善意的标准进行仲裁并作出对争议当事人有约束力的裁决的一种仲裁方式。参见于文娟、刘惠荣:《试论国际商事仲裁中的友好仲裁制度》,载《仲裁研究》2007年第2期,第36页。同时参见杜焕芳、王吉文:《试论友好仲裁的价值取向及其影响因素》,载《北京仲裁》2004年第2期,第56页。

出裁决,仲裁庭应当根据适用于争议实体的法律作出裁决。

在任何情况下,仲裁庭都应当按照合同条款并考虑到适用于该项交易的贸易惯例作出决定。

[说明]

仲裁裁决实体争议的依据规则很重要,因此,1985年版和2006年版《示范法》第28条、瑞士1987年《联邦国际私法法规》第187条、英国1996年《仲裁法》第46条、德国1998年《民事程序法典》第1051条、马来西亚2005年《仲裁法》第30条、奥地利2006年《民事程序法典》第603条、意大利2006年《民事程序法典》第822条、卢旺达2008年《商事仲裁调解法》第40条、塞尔维亚2006年《仲裁法》第49条、苏格兰2010年《仲裁法》规则47、法国2011年《民事程序法典》第1478条及第1511—1512条、葡萄牙2012年《自愿仲裁法》第39条、荷兰2015年《民事程序法典》第1054条等都在类似本章标题下的首条或较靠前的条款[①]对之作出具体的明确规定。

从内容上说,不少国家或地区仲裁制定法的通常表达如下:(1)仲裁庭应当依照当事人选择的适用于争议实体的法律规则对争议作出决定。除非另有表明,指定适用某一国家的法律或法律制度应认为是直接指该国的实体法而不是其法律冲突规范。(2)当事人没有指定任何适用法律的,仲裁庭应当适用其认为应当适用的法律冲突规范所确定的法律。[②] (3)仲裁庭只有在各方当事人明示授权的情况下,才应当依照公平善意原则或作为友好仲裁庭作出决定。(4)在任何情况下,仲裁庭都应当按照合同条款并考虑到适用于该

[①] 不过,巴西(1996年《仲裁法》第1章"总则"下的第2条)、尼泊尔(1999年《仲裁法》第1章"仲裁程序与仲裁员的权力"下的第17条)等的仲裁制定法在其他章或部分作出了规定。

[②] 瑞士1987年《联邦国际私法法规》第187条第1款和德国1998年《民事程序法典》第1051条第2款规定:当事人如对适用法律规范未作选择,仲裁庭应适用与争议事项有最密切关系的国家的法律。

项交易的贸易惯例作出决定。①对于国内仲裁,法国 2011 年《民事程序法典》(第 1478 条)选择了上述第(3)项内容。对于国际仲裁,法国 2011 年《民事程序法典》(第 1512 条)、马来西亚 2005 年《仲裁法》(第 30 条)将上述所有内容都予以包括。很明显,法国和马来西亚的立法者认为:国内仲裁的当事人不应当有权根据上述第(1)项内容选择境外法律解决争议实体问题,国内仲裁的仲裁庭也不应当根据上述第(2)项内容决定采用某一境外的法律解决争议实体问题。

我国现行《仲裁法》第四章第三节的标题含有"裁决"二字,该节中有数条显示是专门针对"裁决"的规范,却不见任何与实体争议裁决依据有关的痕迹。有学者认为,该法"总则"中的第 7 条提供了解决实体争议的依据,只是存在未接纳友好仲裁或不甚明确的缺陷。②另一些学者则主张,该条并不排斥友好仲裁。③

本书第七部分第三目中已指出了现行《仲裁法》第 7 条数个方面的缺陷,以及应当删除或修改成明确的实体争议裁决依据的规则并放在本处的正当性。将其修改成本条内容的进一步理由如下:

第一,对于境内仲裁,效法上文提及的很多国家或地区仲裁制定法允许当事人或仲裁庭选择境外法律解决争议实体问题是不必要的。境内仲裁的当事人一般很少会协议选择境外法律解决争议实体问题。境内仲裁的当事人即使选择了境外法律,除非违反了境内的公共政策,该境外法律的内容可视为当事人之间有效的合同条款,这样根据该境外法律作出的裁决实际上等于根据本条第 2 款作出的裁决。在境内仲裁的当事人没有相反约定的情况下,仲裁庭一般也很少会采用境外实体法律裁决纠纷,可能的原因包括:对境外的法律不熟悉,按照如最密切联系等合适的国际私法规则使得境外的法律不是适当的适用对象,存在法律适用不当的声誉损失风

---

① 但是,从阿富汗 2005 年《商事仲裁法》第 43 条关于仲裁争议实体法律适用的规则中无本段说明中的第(3)项和第(4)项内容的规定来看,该法不允许友好仲裁。
② 参见郭玉军:《国际商事仲裁中的友好仲裁问题》,载《武汉大学学报》(哲学社会科学版)1999 年第 6 期,第 13 页。
③ 参见贺季敏:《论友好仲裁》,载《司法改革评论》2009 年第 9 辑,第 94 页。

险等。

第二,我国应当明确允许在有当事人明确授权的情况下仲裁庭可以作出友好仲裁裁决,以尊重当事人无害于社会的共同意愿,并使实践中并不鲜见的类似做法得到明确的确认①,同时避免某些法律规则本身适用于特殊个案中所具有的固有缺陷。② 不过,与允许却实际上不提倡友好仲裁的各国家或地区一样,我国修订的《仲裁法》中的友好仲裁规则也应当是以当事人的明确授权为条件的任意法规则。③

第三,本条第3款体现了对当事人意思自治和贸易惯例的尊重,即无论是依法仲裁还是友好仲裁,仲裁庭都应当按照合同条款并考虑到适用于该项交易的贸易惯例作出决定。学者们已经考证,依法仲裁与友好仲裁都不是完美无缺的。前者依据的法律是普遍的,是针对大多数情况而制定的,并不能顾及每个个体的具体需求。法的这种普遍性使其具有自身无法修正的缺陷,即无法考虑案件的特殊性。同时,法律制定以后,在一段时间内必须保持整体内容的不变以维护自身的稳定性,但这种稳定性也带来了法的滞后性,无法适应新的情况。同样,后者依据的公平善意原则过于抽象,没有严格的制定程序,也没有严密的成文形式,给予仲裁员的自由裁量权过大。在具体案件中,由仲裁员根据自己主观的认识进行解释和应用,缺乏统一的标准,使仲裁结果具有不可预见性。因此,无论是依法仲裁还是友好仲裁,仲裁庭都不能无视与公共政策不相违背的合同条款及对具体交易可适用的贸易惯例。④

---

① 参见宋连斌:《枉法裁决罪批判》,载《北京仲裁》2007年第2期,第27页。

② 参见于文娟、刘惠荣:《试论国际商事仲裁中的友好仲裁制度》,载《仲裁研究》2007年第2期,第39页。同时参见贺季敏:《论友好仲裁》,载《司法改革评论》2009年第9辑,第88页。

③ 如前所述,国外有学者考证,当事人通常情况下是不会背离任意法规则的,原因在于:可节约交易成本,避免获得不依法办事的不好名声等(See Russell Korobkin, The Status Quo Bias and Contract Default Rules, *Cornell Law Review*, March 1998, pp. 611-623; Ian Ayres, Valuing Modern Contract Scholarship, *Yale Law Journal*, January 2003, pp. 890-897.)。可见,其他国家或地区中如本条第1款内容的规则,当事人一般是不会采用明示协议方式排除的,这就使得依法仲裁成为常态。

④ 参见于文娟、刘惠荣:《试论国际商事仲裁中的友好仲裁制度》,载《仲裁研究》2007年第2期,第39—40页。

第51条 仲裁庭决定的作出

在有一名以上仲裁员的仲裁程序中,除非当事人另有约定,仲裁庭的任何决定应当按其全体成员的多数作出。但是,经各方当事人或仲裁庭全体成员授权的,首席仲裁员可以就程序问题作出决定。如不能形成多数意见,裁决应当按照首席仲裁员的意见作出。

如果一名或多名仲裁员没有正当理由拒绝参加对决定的表决,则除非当事人另有约定,其他仲裁员可以在其缺席的情况下作出决定。这种决定的多数应当以所有参与和非参与仲裁员的总数为基准计算。仲裁庭拟在拒绝参与表决的仲裁员缺席的情况下对任何实体问题作出裁决,应提前向当事人发出通知。在其他决定的情况下,当事人应在决定作出之后得到有关仲裁员拒绝参与表决的通知。

仲裁庭作出决定的合议过程是秘密的,不必向当事人披露。

[说明]

仲裁庭的决定包括程序和实体两种类型。"仲裁裁决"如本建议稿第2条定义及其[说明]所述,是指其中的实体方面的决定。应该说,一些程序决定如指令当事人出示证据既不是仲裁裁决,也不能导致仲裁程序的终止。但是,由于各种程序决定和仲裁裁决的表决要求一般是相同的,这两种决定在很多境外的仲裁制定法中都放在同一条文,并置于"仲裁裁决"或"裁决与程序的终止"章目标题之下,如1985年版和2006年版《示范法》第29条、瑞士1987年《联邦国际私法法规》第189条、德国1998年《民事程序法典》第1052条、瑞典1999年《仲裁法》第30条、韩国1999年《仲裁法》第30条、克罗地亚2001年《仲裁法》第28条、挪威2004年《仲裁法》第34条、丹麦2005年《仲裁法》第29条、奥地利2006年《民事程序法典》第604条、意大利2006年《民事程序法典》第823条、塞尔维亚2006年《仲裁法》第51条、澳大利亚新南威尔士2010年《商事仲裁法》第29条、中国香港地区2010年《仲裁条例》第65条、法国2011年《民事程序法典》第 1480 条、葡萄牙 2012 年《自愿仲裁法》第 40 条等。①

从内容方面来看,境外仲裁制定法关于由仲裁庭成员多数作出决定的规则一般体现为任意性规则,允许当事人以要求所有仲裁员一致、绝对多数或不低于相对多数比例决定的协议方式背离该规则。此外,一些境外仲裁制定法考虑的情况较周详,如德国、奥地利等国的仲裁制定法都考虑到了缺员仲裁的情况。

我国现行《仲裁法》没有关于仲裁庭程序决定表决的规则,只有体现于该法第 53 条的实体裁决规则。与境外完善的仲裁制定法和促进我国仲裁的公正和效率要求相比,该条的缺陷是:(1)没有考虑到尊重当事人要求所有仲裁员一致、绝对多数或不低于相对多数比例决定的共同意愿;(2)仅规定少数仲裁员的不同意见可以记入笔录,没有明确该意见可以附在裁决书上;(3)非常不妥地无条件授权"首席仲裁员"在"仲裁庭不能形成多数意见时"对实体问题作出裁决。目前,在可查的数十个国家或地区的仲裁制定法中,只有极少数者如瑞士 1987 年《联邦国际私法法规》(第 189 条第 2 款)、瑞典 1999 年《仲裁法》(第 30 条第 2 款)、克罗地亚 2010 年《仲裁法》(第 28 条第 2 款)等含有此种明示授权规则,但都附加了类似于"当事人有相反约定除外"的条件。尽管 1985 年版和 2006 年版《示范法》第 29 条、德国 1998 年《民事程序法典》第 1052 条、法国 2011 年《民事程序法典》第 1480 条等都没有这种附条件的明示授权规定,从其为任意性规则的表述来看,在这些境外的仲裁制定法下,可以由当事人通过明确约定的方式选择在多数表决制遇到僵局时授权首席仲裁员作出裁决。

本条的第 1 款可以弥补我国现行《仲裁法》第 53 条中的上述第(1)和第(3)项缺陷,同时吸收了 1985 年版和 2006 年版《示范法》第 29 条后半段、德国 1998 年《民事程序法典》第 1052 条第 3 款、奥地利 2006 年《民事程序法典》第 604 条第 3 款等中普遍地允许在"当事

---

① 也有个别地区放在其他的章目下,如我国台湾地区 2002 年"仲裁法"关于裁决表决规则的第 32 条就放在第三章"仲裁程序"之下。

各方或仲裁庭全体成员授权"的前提下由"首席仲裁员"作出程序决定以提高仲裁效率。此外,笔者也注意到了一些仲裁人士关于取消我国现行《仲裁法》第 53 条中遇到僵局时由首席仲裁员作出裁决规则的建议与理由,[①]但是最后没有予以采纳,原因是:1985 年版和 2006 年版《示范法》第 29 条等还是不禁止当事人明确约定仲裁裁决由多数仲裁员或首席仲裁员作出;借鉴瑞士、瑞典等惩罚性任意规则表达方法,既尊重了当事人的意思自治权,也可在当事人无明确约定时快速解决仲裁裁决的表决僵局问题,以提高仲裁效率。至于我国现行《仲裁法》第 52 条中的以上第(2)项缺陷,将在本建议稿的下一条(即第 52 条)中予以弥补。

本条第 2 款的目的在于打破缺员仲裁在我国不时出见[②]却无基本制定法层面规范的局面。特定情况下,缺员仲裁具有正当性,宜写入仲裁制定法之中。[③] 从国际视角来看,德国(1998 年《民事程序法典》第 1052 条第 2 款)、瑞典(1999 年《仲裁法》第 30 条第 3 款)、奥地利(2006 年《民事程序法典》第 604 条第 2 款)、苏格兰(2010 年《仲裁法》规则 27 第 2 款)等国家或地区的仲裁制定法都作出了明确的规定。本款主要借鉴了奥地利的规则,原因是该规则的内容清楚合理,不仅总结了其为世界最重要仲裁中心之一[④]的经验,而且也通过附加"正当理由"及对实体和程序问题区别"通知"等避免一些学者

[①] 参见郑金波:《〈中华人民共和国仲裁法〉修改建议稿》(下),载《仲裁研究》2009 年第 4 期,第 53 页。

[②] 参见夏晓红:《论缺员仲裁的限制》,载《法律适用》2010 年第 5 期,第 77 页;卞辉、曾加:《论"跛足仲裁庭"裁决的效力》,载《西北大学学报》(哲学社会科学版)2009 年第 1 期,第 91 页。前一文献提及了马绍尔群岛第一投资公司对英国伦敦临时仲裁庭缺员仲裁裁决承认和执行的申请被我国人民法院拒绝的情况。此外,2005 年《中国国际经济贸易仲裁委员会仲裁规则》第 28 条及其 2012 年修改版第 32 条的"多数仲裁员继续仲裁的程序"的规定也表明了我国实践中会出现缺员仲裁的问题。

[③] 参见邱冬梅:《论缺员仲裁》,载《仲裁研究》2009 年第 1 期,第 24 页。

[④] See Hew R. Dundas, The Arbitration (Scotland) Act 2010: Converting Vision into Reality, *Arbitration*, 76(1), 2010, pp.10-11.

所担心的缺员仲裁的弊端,同时符合其经论证的承认缺员仲裁的条件,①从而实现增进公正和效率的双重功能。

本条的第 3 款则是吸收了我国台湾地区 2009 年修订的"仲裁法"第 32 条第 1 款、英国苏格兰 2010 年《仲裁法》规则 27 第 1 款和法国 2011 年《民事程序法典》第 1479 条,原因在于:尽管合议在实践中对当事人保密,我国《仲裁法》对此却没有规定,本款的内容可以避免或减少这方面的纠纷。

第 52 条　和解

在仲裁程序中,当事人就争议达成和解的,仲裁庭应当终止仲裁程序。经各方当事人提出请求且和解的内容不违反公共政策,仲裁庭还应当按和解的条件以仲裁裁决的形式记录和解。

关于和解条件的裁决应当依照第 54 条的规定作出,并应说明它是一项裁决。此种裁决应当与根据案情作出的其他任何裁决具有同等的地位和效力。

[说明]

本条正当性的其他理由可参见本建议稿第 25 条下的[合并说明]及本书第九部分的第五篇论文。

这里特别说明的是,本条是对我国现行《仲裁法》第 49 条与第 50 条规范的修改结果,如此修改的原因除了本建议稿第 25 条下[合并说明]中提及的应与仲裁员通过调解促成的和解规范合并的原因之外,还基于这两条本身的缺陷:没有明确规定仲裁庭拒绝作出裁决书的权力。实际上,在违反公共政策如损害第三人利益的情况下,仲裁庭不仅有权力而且有义务拒绝作出裁决书。德国 1998 年《民事程序法典》第 1053 条、克罗地亚 2001 年《仲裁法》第 29 条第 2 款、奥地利 2006 年《民事程序法典》第 605 条明确地作出了如此规定。1985 年版和 2006

---

① 关于缺员仲裁的弊端及对之承认条件的较详细论述,可参见夏晓红:《论缺员仲裁的限制》,载《法律适用》2010 年第 5 期,第 75—77 页。

年版《示范法》第 30 条虽然未明确规定,却用"而仲裁庭又无异议的"之短语,赋予了仲裁庭自主决定是否采用裁决书记录的权利。

为了弥补我国现行《仲裁法》第 49 条与第 50 条规范内容方面的上述缺陷,本条参考的条文除了上文已列举的境外制定法条文之外,还考察了英国 1996 年《仲裁法》第 51 条、日本 2003 年《仲裁法》第 38 条、挪威 2004 年《仲裁法》第 35 条、丹麦 2005 年《仲裁法》第 30 条、柬埔寨 2006 年《商事仲裁法》第 38 条、中国香港地区 2010 年《仲裁条例》第 66 条、荷兰 2015 年《民事程序法典》第 1069 条等相关规定。

第 53 条 救济措施

除非各方当事人另有协议或法律另有规定,仲裁庭对某争议可以裁决与民事诉讼中人民法院判决同类争议相同的救济措施,包括命令一方当事人实际履行任何合同。

[说明]

我国现行《仲裁法》中没有关于仲裁庭可裁决的救济措施规则。郭玉军教授十多年前曾发表一篇涉及惩罚性赔偿救济的论文[①]。在 2006 年的第一届"仲裁与司法"年会上,有仲裁人士就一起人民法院以"仲裁庭无权裁决实际履行"为由撤销某仲裁裁决寻求咨询意见时。从现场的反应情况来看,当时我国具备此方面知识的人士非常稀少,数年后的今天也只能找到一篇涉及惩罚性赔偿救济的论文,即齐湘泉教授的《贸仲的惩罚性裁决在美国得到执行》(载《仲裁研究》2010 年第 3 期,第 88—99 页)。

国外有较多针对仲裁庭裁决中作出的各种可采用救济措施的研究成果,如 Amy J. Schmitz, Ending a Mud Bowl: Defining Arbitration's Finality Through Functional Analysis, *Georgia Law Review*, 2002 (pp. 162-164); Stephen L. Hayford & Alan R.

---

① 该论文题目为《国际商事仲裁中的惩罚性赔偿裁决》(载《法学评论》2000 年第 1 期,第 116—122 页)。

Palmiter, Arbitration Federalism: A State Role in Commercial Arbitration, *Florida Law Review*, April 2002 (pp. 213-215); David A. R. Williams & Lauren Lindsay, Recent Developments in Arbitration in New Zealand, *International Arbitration Law Review*, 2006 (p. 140); Edward Brunet & Jennifer J. Johnson, Substantive Fairness in Securities Arbitration, *University of Cincinnati Law Review*, Winter 2008, (pp. 474-485); Sarah R. Cole & Kristen M. Blankley, Empirical Research on Consumer Arbitration: What the Data Reveals, *Penn State Law Review*, Spring 2009 (pp. 1064-1065 & pp. 1099-1100); George K. Walker, Family Law Arbitration: Legislation and Trends, *Journal of the American Academy of Matrimonial Lawyers*, 2008 (pp. 569-571 & p. 619); Thomas J. Stipanowich, Arbitration: The "New Litigation", *University of Illinois Law Review*, 2010 (p. 46); Stephen K. Huber, State Regulation of Arbitration Proceedings: Judicial Review of Arbitration Awards by State Courts, Cardozo Journal of Conflict Resolution, Spring 2009 (pp. 564-571);等等。

就仲裁制定法情况而言,1985年版和2006年版《示范法》等不少境外的仲裁法对仲裁庭可裁决的救济措施问题也未作出明确的规定。但是,也有数个国家或地区的仲裁制定法中包含了明确的救济措施规则,如英国1996年《仲裁法》第48—49条、美国2000年修订的《统一仲裁法》第21条、孟加拉2001年《仲裁法》第38条第6—7款;新加坡2002年《仲裁法》第34—35条、新西兰2007年修订的《仲裁法》第12条、爱尔兰2010年《仲裁法》第18条和第20条、中国香港地区2010年《仲裁条例》第70条和第79—80条、英国苏格兰2010年《仲裁法》规则48—50、澳大利亚新南威尔士2010年《商事仲裁法》第33A条和第33AE-F条等。

上述国家或地区基本上属于英美法系。笔者认为,鉴于前文提及的目前的认知情况,我国修订的《仲裁法》应当借鉴英美法系中涉及本条事项的规范。本条主要采纳了我国香港地区2010年《仲裁条例》第 70 条的较简洁内容,对其他仲裁制定法中使用很长文字进一步详实地规定可裁决惩罚性赔偿等的表达方式未予照搬,原因是:在人民法院对同类可仲裁争议判决利息的情况下,仲裁庭就可以根据本条裁决利息。同样,对食品销售欺诈或其他消费交易欺诈的争议,人民法院可判决惩罚性赔偿,则仲裁庭对同类争议也可以根据本条裁决惩罚性赔偿。

第 54 条 裁决的形式和内容

除非当事人另有约定,裁决应当以书面形式作出,并应当由仲裁员签名。仲裁员在签名时可以附上不同的意见。在有一名以上仲裁员的仲裁程序中,仲裁庭全体成员的多数或首席仲裁员签名即可,但须说明缺漏任何签名的理由。

裁决应当说明其所依据的理由,除非当事人约定不需说明理由或该裁决是第 52 条所指的和解裁决。

裁决书应当载明下列事项:

(一)当事人全名及住所或居所;

(二)有代理人者,其姓名、住所或居所;

(三)仲裁员的姓名;

(四)裁决日期和依照第 39 条确定的仲裁地点,该裁决应视为是在该地点作出的。

裁决作出后,经仲裁员依照本条第 1 款签名的裁决书应送达各方当事人各一份。

[说明]

本条与我国现行《仲裁法》第 54 条规范的对象相同,即都是处理仲裁裁决的形式和内容问题。

我国现行《仲裁法》第 54 条中的一些规定是合理的,其中最为突出的是要求在当事人无相反约定的情况下,应当在裁决书中写明裁决理由。境外的仲裁制定法很普遍地包含了这种规定,如除本段后半部分列举的法条外,还有英国 1996 年《仲裁法》第 51 条、韩国

1999 年《仲裁法》第 32 条、瑞典 1999 年《仲裁法》第 31 条、克罗地亚 2001 年《仲裁法》第 30 条、日本 2003 年《仲裁法》第 39 条、挪威 2004 年《仲裁法》第 36 条、丹麦 2005 年《仲裁法》第 31 条、柬埔寨 2006 年《商事仲裁法》第 39 条、中国台湾地区 2009 年修订的"仲裁法"第 33 条、中国香港地区 2010 年《仲裁条例》第 67 条、英国苏格兰 2010 年《仲裁法》规则 51、葡萄牙 2012 年《自愿仲裁法》第 42 条第 3 款等。①当然,笔者也注意到一些大陆法系国家的仲裁法强制地要求裁决书必须注明裁决理由,如俄罗斯 1993 年《国际仲裁法》第 31 条第 2 款、法国 2011 年《民事程序法典》第 1482 条第 2 款②、葡萄牙 2012 年《自愿仲裁法》第 42 条第 3 款、荷兰 2015 年《民事程序法典》第 1057 条第 4 款③等。荷兰 1986 年《民事程序法典》第 1057 条第 4 款采用了后一模式,但是,该条款中的(e)项同时规定关于货物质量或状况的裁决和和解裁决不需要注明理由。荷兰 2014 年《民事程序法典》改变了此模式,该法第 1057 条第 5 款将以上两类裁决和当事人有书面相反约定情况下的裁决都列入不需要注明理由的裁决范畴。也就是说,该法第 1057 条第 4 款中关于裁决应写明理由的规范已变成了一项任意性规则。本条根据前一模式保留了我国现行《仲裁法》第 54 条中这项规定的原因有:(1)采用后一模式的国家或地区毕竟不是很多;(2)仲裁中极少有当事人约定裁决可以不写明理由,从而使前后两种模式在实际运作中的差别不大;(3)前一模式的规范可以满足极少数当事人对仲裁终局性或节省仲裁成本的极度需求。④

此外,我国现行《仲裁法》第 54 条中关于裁决书应当写明裁决日

---

① 不过,法国 2011 年《民事程序法典》用了 3 个条文,即第 1480—1482 条。
② 本款对法国的国内、国际仲裁都适用。根据该法典第 1483 条,不写明裁决理由的裁决书是无效的,但是,这一规定对国际仲裁不适用。
③ 但是,该条第 5 款中的(a)项同时规定仅仅关于货物质量或状况的裁决和和解裁决不需要注明理由。
④ See Jennifer J. Johnson, Wall Street Meets the Wild West: Bringing Law and Order to Securities Arbitration, *North Carolina Law Review*, December 2005, p. 143. 同时参见郭玉军、裴洋:《附具理由的仲裁裁决问题初探》,载《荆州师范学院学报》(社会科学版)2001 年第 4 期,第 55 页。

期的规定也是适当的。1985年版和2006年版《示范法》第31条第3款、英国1996年《仲裁法》第52条第5款、德国1998年《民事程序法典》第1054条第3款、瑞典1999年《仲裁法》第32条第2款、日本2003年《仲裁法》第39条第3款、丹麦2005年《仲裁法》第31条第3款、奥地利2006年《民事程序法典》第606条第3款、中国台湾地区2009年修订的"仲裁法"第33条第2款第6项、苏格兰2010年《仲裁法》规则51第2款第2项、法国2011年《民事程序法典》第1481条第4款、葡萄牙2012年《自愿仲裁法》第42条第4款、荷兰2015年《民事程序法典》第1057条第4款第3项等都有同样的规定。但是，我国现行《仲裁法》第54条存在着以下各种缺陷：(1)将仲裁员签名、裁决书应当具备的事项、选择具备的事项等不同内容混在一段话中表述，从而使要点不够清晰或是一些用语重复。(2)其中的当事人有约定时可以不写事实的规定仅在中国台湾地区2009年修订的"仲裁法"中能找到踪迹，没有普遍性。(3)怪异地要求裁决书加盖仲裁机构印章。不仅境外的仲裁制定法中无此规定，而且绝大部分世界知名仲裁机构的仲裁规则都没有强制地规定这一点，它们更为看重的是仲裁员本人的亲笔签名。[①] 此外，继续保留此规定将妨碍立法者允许我国引入临时仲裁的决策。(4)尽管没有明确要求裁决必须采取纸质的书面形式，却有对此要求的明显暗示，不利于电子形式裁决的承认。(5)仅要求裁决书由仲裁员签名，却没有规定裁决书至少有多数仲裁员或仲裁庭主席签名，与裁决的表决规则相矛盾。(6)既未规定反对裁决的仲裁员可以在裁决书上附加不同的意见，也未要求必须说明缺漏任何仲裁员签名的理由，不利于当事人了解各个仲裁员的观点及合议等情况，以进一步地通过质疑裁决等方式维护合法权益。(7)没有规定裁决书必须注明仲裁地点，不利于确定裁决是否为涉外裁决及其适用的程序法是否适当，也不利于确定对有关仲裁纠纷的司法审查请求进行受理的人民法院。(8)没有要

---

① 参见金彭年、王莉：《仲裁庭与仲裁机构关系之理论探讨》，载《浙江学刊》2004年第5期，第220页。

求仲裁庭将裁决书送达各方当事人,不利于当事人及时地行使请求执行权或撤销权等。

本条分成数个款项的目的便是弥补上述第(1)种缺陷,本条各款的具体内容则是旨在弥补其余的几种缺陷。这里需进一步说明的是,为了便于承认电子仲裁裁决,英国1996年《仲裁法》第51条第1款规定"当事人可以自由地约定裁决形式",法国2011年《民事程序法典》干脆对仲裁裁决的形式不作特别的要求。鉴于境外的这种立法经验和电子商务在我国的发展情况,本条第1款将裁决的书面形式要求表述成任意性规则的好处是:如前所述,当事人一般情况下不会约定背离这样的任意规则,从而使得裁决不仅为书面形式,而且会是传统的纸质形式;当事人接受了标准的电子仲裁条款并由此产生了电子仲裁裁决,将会根据本条视为形式合格的裁决,从而有利于推广电子仲裁。

此外,很多境外的仲裁制定法除了规定仲裁员签名及裁决理由规则外,一般只要求裁决书再包含仲裁地和时间两项内容。本条第3款突破这两项内容,主要是受到中国台湾地区2009年修订的"仲裁法"第33条第2款第1—3项、法国2011年《民事程序法典》第1481条、葡萄牙2012年《自愿仲裁法》第42条第6款和荷兰2015年《民事程序法典》第1057条第4款等规定的启发,如此列举有利于避免裁决书中这些事项的遗漏或含混而可能引发的纠纷。

第55条 仲裁程序的终止

仲裁程序依终局裁决或仲裁庭按照本条第2款作出的决定宣告终止。

出现下列情况之一的,仲裁庭应当作出终止仲裁程序的决定:

(一)申请人没有正当理由地出现第44条第1款规定的不提交申请书的情形;

(二)申请人撤回其申请,但被申请人对此表示反对且仲裁庭承认最终解决争议对其而言具有正当利益的除外;

(三)各方当事人约定程序终止;

（四）仲裁庭认定仲裁程序因其他任何理由均无必要或不可能继续进行。

仲裁庭之权力随仲裁程序的终止而终止。

本条不影响第56条和第57条第4款规定的实施。

[说明]

我国现行《仲裁法》既未规定仲裁程序的开始，也未规定仲裁程序的终止。

本建议稿的第40条解决了前一问题。本条则是为了解决后一问题。解决该后一问题的境外仲裁制定法规则同样俯拾皆是，如1985年版和2006年版《示范法》第32条、德国1998年《民事程序法典》第1056条、瑞典1999年《仲裁法》第27—28条、韩国1999年《仲裁法》第33条、挪威2004年《仲裁法》第37条、丹麦2005年《仲裁法》第32条、奥地利2006年《民事程序法典》第608条、中国香港地区2010年《仲裁条例》第68条、法国2011年《民事程序法典》第1485条、葡萄牙2012年《仲裁法》第44条等。

正如凡事有始有终一样，已开始的某仲裁程序必然应当以约定或法定的终止理由结束。本条关于仲裁程序终止的规则既借鉴了以上的境外仲裁制定法法条，也参考了我国一些学者的观点等。如我国有学者认为：在被申请人尚未实质答辩之前，被申请人尚无很大的仲裁支出，且事实尚未查清，是非尚未分明，故此时无须经过被申请人同意，仲裁庭即可直接作出终止仲裁程序的决定。[①]

第56条 仲裁费用的裁决

除非当事人另有约定，仲裁庭应在仲裁程序终止时以裁决的形式决定当事人之间分担的仲裁费用，包括当事人因进行合理的请求或答辩而产生的必要费用。

仲裁庭根据前款自由裁量地作出决定时应考虑到案件的具体

---

① 参见岳力：《当事人撤回仲裁申请的程序设计》，载《仲裁研究》2010年第2期，第96页。

情况,特别是仲裁的结果。

本条第1款中的仲裁费用尚未确定或其仅在仲裁程序终止时才可确定的,仲裁庭应当以单独裁决的方式作出决定。

[说明]

我国现行《仲裁法》除了在第54条中要求裁决书应当包含仲裁费用的负担之外,还在第76条中规定当事人应当按照物价管理部门核准的标准交纳仲裁费用。其中前者的缺陷是:夹杂在"裁决内容"的条文中规定,使仲裁费用这一重要事项的规范不够突出;将仲裁费用的负担绑定在处理纠纷实体争议的裁决书之中,使得仲裁庭在实体争议尚未处理仲裁程序就终止的某些情况下难以名正言顺地收取仲裁费用;这样的裁决书中未包含仲裁费用负担内容的后果也不得而知。后者的缺陷也很明显:它只适用于就费用标准事先报经物价管理部门核准的机构仲裁。

在当今众多的境外仲裁制定法中,笔者很难找到类似我国现行《仲裁法》第54条的规则。其他的境外仲裁制定法一般都用专条、专章或专门部分对仲裁费用问题作出规定。属于专条模式的如巴西1996年《仲裁法》第27条、德国1998年《民事程序法典》第1057条、克罗地亚2001年《仲裁法》第35条、奥地利2006年《民事程序法典》第609条、塞尔维亚2006年《仲裁法》第18条等。为了向仲裁强国迈进,葡萄牙2012年的《自愿仲裁法》也用了专门的第17条对仲裁员的费用问题作出规定。属于专章或专门部分模式的则如瑞典1999年《仲裁法》第6部分(第37—41条)、日本2003年《仲裁法》第9章(第47—49条)、挪威2004年《仲裁法》第8章(第39—41条)、丹麦2005年《仲裁法》第7章(第34—36条)、苏格兰2010年《仲裁法》表1第7部分(规则59—66)等。本条重点参考了德国、奥地利等的上述规则。其好处是:避免我国现行《仲裁法》第54条的前述缺陷,同时即使仍继续坚持唯机构仲裁的原则,也能使相隔很远的该法第76条不再有必要,因为我国的仲裁机构规则一般对仲裁费用问题作出规定,在仍实行机构仲裁的情况下,当事人选择的仲裁机构及其规则可视为本条的"当事人另有约定"的范畴。

第 57 条　裁决的更正和解释及补充裁决

在通知对方当事人后,任何一方当事人可以请求仲裁庭:

(一)更正裁决书中的任何计算错误、任何笔误或打印错误或任何类似性质的错误;

(二)根据所有当事人的协议授权对裁决书的具体某一点或某一部分作出解释;

(三)对已在仲裁程序中提出但在裁决书中遗漏的请求事项作出补充裁决。

除非当事人对期限另有约定,上述请求应在收到裁决书后的三十天内提出。

仲裁庭认为此种请求正当合理的,应在三十天内作出更正和解释,在六十天作出补充裁决。在对本条第 1 款的请求作出决定之前,仲裁庭应当给予另一方当事人表达意见的适当机会。

仲裁庭也可以在作出裁决后三十天内主动对其错误作出更正。

裁决的更正或解释应构成裁决的一部分。

第 55 条的规定适用于裁决的更正、解释或补充。

在原仲裁庭不能召集且当事人不能就新仲裁庭达成一致的情况下,由人民法院对裁决作出更正、解释或补充。

[说明]

我国现行《仲裁法》第 56 条规定:"对裁决书中的文字、计算错误或者仲裁庭已经裁决但在裁决书中遗漏的事项,仲裁庭应当补正;当事人自收到裁决书之日起三十日内,可以请求仲裁庭补正。"该条中的"补正"用语可视为对"补充、更正"之意的简称。但是,很明显,该条不仅没有规范裁决的解释问题,而且在补正问题方面的规定还存在以下缺陷:没有将当事人在仲裁程序中已经提出而仲裁庭在裁决中没有处断的事项列入补正裁决的范围;对仲裁庭无法重新组成(比如仲裁员丧失工作能力等)的情况下如何补正等问题没有提供明确的解决办法;①未规定必须通知另一方当事人;未规定仲裁庭在多长的时限内作出补正等。

从国际和区际角度来看,裁决的更正、解释或补充是境外仲裁制定法普遍规范的内容,如 1985 年版和 2006 年版《示范法》第 33 条、比利时 1998 年《司法法典》第 1702 条、德国 1998 年《民事程序法典》第 1058 条、韩国 1999 年《仲裁法》第 34 条、瑞典 1999 年《仲裁法》第 32 条、尼泊尔 1999 年《仲裁法》第 28 条、克罗地亚 2001 年《仲裁法》第 33—34 条、日本 2003 年《仲裁法》第 41—43 条、阿富汗 2005 年《商事仲裁法》第 49—50 条、柬埔寨 2006 年《商事仲裁法》第 41 条、奥地利 2006 年《民事程序法典》第 610 条、塞尔维亚 2006 年《仲裁法》第 56 条、迪拜 2008 年《仲裁法》第 40 条、佛罗里达 2010 年《国际仲裁法》第 44 条、英国苏格兰 2010 年《仲裁法》规则 58、中国香港地区 2010 年《仲裁条例》第 69 条、法国 2011 年《民事程序法典》第 1485—1486 条、比利时 2013 年《司法法典》第 1715 条、荷兰 2015 年《民事程序法典》第 1060—1061 条等。② 这些法律条文中所规定的裁决的解释规则,有利于消除当事人在裁决理解方面的歧见和保证裁决的有效执行,而其中的裁决补充规则更是共同地包含了漏写的已裁决事项和当事人在仲裁程序中已经提出而仲裁庭在裁决中没有处断的事项,从而可促使仲裁庭全面解决当事人所提出的仲裁请求。③ 当然,境外仲裁法关于裁决的更正、解释或补充规范的条文分配和内容表达既不是完全一致的,也不是完美无缺的。

就条文分配而言,日本使用了 3 个条文,克罗地亚、阿富汗、法

---

① 参见李万强:《完善我国涉外仲裁监督机制的类比研究》,载《政法论坛》2000 年第 4 期,第 117—118 页。

② 不过,葡萄牙 2003 年《自愿仲裁法》对裁决的更正、解释和补充问题完全不涉及;在其他法条中广泛采纳 1985 年版《示范法》规则的丹麦 2005 年《仲裁法》没有规范解释问题,该法只是在第 33 条中对裁决的更正与补充作出了规定。此外,中国台湾地区 2002 年"仲裁法"第 35 条、挪威 2004 年《仲裁法》第 38 条、意大利 2006 年《民事程序法典》第 826 条中也没有解释规则。

③ 参见李万强:《完善我国涉外仲裁监督机制的类比研究》,载《政法论坛》2000 年第 4 期,第 117—118 页。

国、荷兰等使用了 2 个条文，其他国家或地区一般仅用 1 个条文。我国现行《仲裁法》中也是用了 1 个条文。为此，笔者认为，修订的《仲裁法》中仍采用 1 个条文也是可以的，关键是内容要妥当。

在内容方面，联合国 1985 年版和 2006 年版《示范法》第 33 条有较大影响，尼日利亚 1990 年《仲裁与调解法》第 28 条、尼泊尔 1999 年《仲裁法》第 28 条、克罗地亚 2001 年《仲裁法》第 33—34 条、新加坡 2002 年《仲裁法》第 43 条、迪拜 2008 年《仲裁法》第 40 条、美国佛罗里达 2010 年《国际仲裁法》第 44 条等可谓是全面照搬了其规定。但是，对于裁决的更正、解释或补充这种常常改变当事人在原裁决书下利益的措施，这两版《示范法》规则却没有明确规定仲裁庭在作出相关的决定前，应当给予非为申请方的当事人陈述的适当机会。有鉴于此，不仅非《示范法》模式的英国 1996 年《仲裁法》第 57 条第 3 款、瑞典 1999 年《仲裁法》第 32 条第 3 款、苏格兰 2010 年《仲裁法》规则 58 第 5 款，而且属于《示范法》模式的奥地利 2006 年《民事程序法典》第 610 条、荷兰 2014 年《民事程序法典》第 1060 条第 5 款和第 1061 条第 3 款等都弥补了这种缺陷。同时，这两版《示范法》规则还有其他弊端，如对原仲裁庭不能召集（比如独任仲裁员死亡）且当事人不能就新仲裁庭达成一致的问题未规定解决办法。意大利（2006 年《民事程序法典》第 826 条）、法国（2011 年《民事程序法典》第 1485 条第 3 款）、比利时（2013 年《司法法典》第 1715 条第 6 款）等国的仲裁制定法对此问题却有较好的答案。如法国 2011 年《民事程序法典》第 1485 条第 3 款规定：出现此问题时，由如同没有仲裁的情况下享有管辖权的法院处理。不过，以上提及的任何一部仲裁制定法一般都能找到可挑剔之处，如法国对国内仲裁裁决更正与解释的决定时限规定为较长的 3 个月，而不是其他国家或地区较普遍采纳的 4 周、30 天或 1 个月等。

本条的内容正是基于解释规则、扩大补正范围的上述意义和采用合适操作规则的逻辑性，修改了现行《仲裁法》第 56 条的规定。应该说，本条的内容既保留了现行《仲裁法》第 56 条中关于当事人应当"自收到裁决书之日起三十日内"提出请求的规定，也尽可能地考虑了境外仲裁法主流规定中的合理部分,并吸收了奥地利、法国等仲裁强国新仲裁制定法中的适当规定。这里需进一步说明的是:境外的一些仲裁制定法仅将裁决的解释视为裁决的一部分,对裁决的更正或补充与裁决的关系未作任何规定,如 1985 年版和 2006 年版《示范法》第 33 条第 1 款、阿富汗 2005 年《商事仲裁法》第 49 条、比利时 2013 年《司法法典》第 1715 条第 3 款等。不过,据西班牙 2003 年《仲裁法》的英文版译者称,《示范法》第 33 条的标题采用了"补充裁决"(additional award)的用语,意味着会使该条下成功的申请人得到两个裁决,即"原始裁决"(the original award)和"补充裁决",而西班牙 2003 年《仲裁法》第 39 条标题中的"裁决的补充"(a supplement to the award)及该条中的具体规定只会导致"(通过补充的)单一裁决"[a single (though supplemented) award]。但是,西班牙 2003 年《仲裁法》第 39 条的具体内容中并无任何文字宣示裁决的更正、解释和补充是裁决的一部分。西班牙 2011 年《仲裁法》对相同事项作出规定的第 39 条中也没有这种宣示。① 限于笔者所掌握的资料,塞尔维亚 2006 年《仲裁法》第 56 条第 4 款明确了裁决的更正、解释和补充都是裁决的一部分。② 在赢得全球法学界赞誉的仲裁制定法中,英国 1996 年《仲裁法》第 57 条第 7 款明确裁决的更正是裁决的一部分,奥地利 2006 年《民事程序法典》第 610 条第 5 款规定"裁决的更正或解释视为裁决的一部分"。这两国的仲裁法及日本(2003 年《仲裁法》第 43 条)、法国(2011 年《民事程序法典》第 1485—1486 条)等很多国家或地区仲裁制定法的英译本都使用了"additional award"即"补充裁决"这一用语。同时,笔者考虑到"对已在仲裁程序中提出但在裁决书中遗漏的请求事项作出补充"的裁决比"原始裁决"产生得晚,将之视为另一份裁决使得撤销时限等比"原始裁决"延后计算

---

① See David J. A. Cairns and Alejandro López Ortiz, Spain's Consolidated Arbitration Law, *Spain Arbitration Review*, Issue 13, 2012, p.65.

② 该款的英文表述为:A decision on amendments, interpretations, and supplements is an integral part of the decision that it refers to.

才是合理的。因此,本条第5款仅规定"裁决的更正或解释应构成裁决的一部分",标题和本条正文的其他部分则使用了较多国家或地区都采纳的"补充裁决"用语,从而使"补充裁决"成为针对漏裁部分的另一个裁决。

第58条 裁决生效时间与约束力

除非当事人另有约定,仲裁庭依仲裁协议作出的裁决属于最终裁决,自作出之日对各方当事人具有约束力。

前款之规定,不影响任何一方当事人根据本法其他规定质疑裁决的权利。

[说明]

本条与我国现行《仲裁法》第57条规定的事项相同。后者的缺陷是:不利于仲裁内部上诉规则的承认,同时未说明其与其他条款的关系。

笔者注意到,我国有学者以裁决书"必须送达双方当事人之后"才能使负有义务的当事人承担履行义务为由,建议将现行《仲裁法》第57条改为"裁决书自送达双方当事人之次日起发生法律效力。"①但是,如此规定会使一部分当事人不急于获知裁决的内容而拖欠仲裁费,也使裁决的撤销时限拖长,从而不利于裁决的稳定性。再从实践来看,很多境外的仲裁制定法也未宣示仲裁裁决送达了才生效。相反,英国1996年《仲裁法》第58条、克罗地亚2001年《仲裁法》第31条和中国香港地区2010年《仲裁条例》第73条等都作出了与本条相同或类似的规定。

---

① 宋朝武:《我国仲裁制度:弊端及其克服》,载《政法论坛》2002年第6期,第94—97页。

七
第七章 裁决的撤销

[总体说明]

《仲裁法》第七章是由我国现行《仲裁法》第五章修改而成的,包含本章规则的必要性及条款的应然分布与内容等可参见本书的第五部分和本章的下文。

第59条 申请撤销裁决的理由

当事人提出证据证明裁决有下列情形之一的,才可以向人民法院申请撤销裁决:

(一)第12条所指仲裁协议的当事人有某种无行为能力情形或者该协议是无效的;

(二)未向提出申请的当事人发出指定仲裁员的适当通知或仲裁程序的适当通知,或由于并非可归咎的原因致使其不能陈述案情;

(三)裁决处理的争议不属于仲裁协议的范围、包含仲裁协议的范围以外事项的决定或者包含对提交仲裁的范围以外事项的决定;如果对提交仲裁的事项所作的决定可以与对未提交仲裁的事项所作的决定相互区分,仅可以撤销含有对未提交仲裁的事项所作的决定的那部分裁决;

(四)仲裁庭的组成或仲裁程序与当事人的合法约定不一致,或者无此种约定时与本法不符以致可能影响案件正确裁决的;

(五)裁决是以欺诈、贿赂或其他不正当的手段获得的。

人民法院经组成合议庭审查核实裁决有前款规定情形之一的,应当裁定撤销。

人民法院认定该裁决针对的争议事项不能通过仲裁解决或该

裁决与中国的公共政策或良好道德相抵触,也应当裁定撤销。

[说明]

本条第1款第1项涉及的事项同于我国现行《仲裁法》第58条第1款第1项。后者的缺陷是只规定了没有仲裁协议这一种情况,却未考虑到另一种有仲裁协议但该协议无效的情况也应成为裁决撤销的理由。如本建议项之修改既可以弥补现行《仲裁法》第58条第1款第1项的缺陷,又与以下的境外仲裁制定法条文所代表的国际主流规定一致:1985年版和2006年版《示范法》第34条第2款第1项第1目、德国1998年《民事程序法典》第1059条第2款第1项第1目、日本2003年《仲裁法》第44条第1款第1—2项、挪威2004年《仲裁法》第43条第1款第1项、丹麦2005年《仲裁法》第37条第2款第1项、奥地利2006年《民事程序法典》第611条第2款第1项、中国香港地区2010年《仲裁条例》第81条第1款第2项第1目等。

本条第1款第2项和第4项涉及的事项同于我国现行《仲裁法》第58条第1款第3项。在境外仲裁制定法中,获得指定仲裁员或仲裁程序的适当通知以及陈述案情的适当机会因其在仲裁正当程序中的核心地位,[①]而将其违反行为明确地列为裁决的撤销理由之一,如1985年版和2006年版《示范法》第34条第2款第1项第2目等。我国现行《仲裁法》对这一理由却只字不提,不能不说是一大缺陷。从我国人民法院对瑞士德高钢铁公司与宁波工艺品进出口有限公司纠纷案等的司法裁定情况来看,由此也导致了一些法官对当事人此类抗辩问题不够重视。[②] 同时,该法第58条第1款第3项的"违反法定程序的"文字表达既未考虑到与当事人约定程序的关系,又无

[①] See Matthias Scherer, Equal Treatment of the Parties, *International Arbitration Law Review*, 2003, p. 47. See also Fernando Mantilla-Serrano, Towards a Transnational Procedural Public Policy, *Arbitration International*, 20(4) 2004, p. 342.

[②] 参见宋连斌、王裙:《国际商会在中国内地仲裁:准入、裁决国籍及执行——由宁波中院的一份裁定谈起》,载《西北大学学报》(哲学社会科学版)2011年第3期,第156页。

进一步的界定,以致我国实践中发生过很荒唐的仲裁裁决被撤销的情况。① 2006年《司法解释》第20条将"违反法定程序"解释为"违反仲裁法规定的仲裁程序和当事人选择的仲裁规则可能影响案件正确裁决的情形",这种更详细的解释确实增强了操作性并可有效避免类似荒唐的司法裁定。但是,该规定与临时仲裁没有兼容性,且其中的"和"表明列举的两种情况为并列关系,这是不妥的;同时还存在因没有上升到基本法律的高度而导致的权威性不够的弊端。为此,本建议项既吸收了2006年《司法解释》第20条"可能影响案件正确裁决的"这一能有效解决我国部分法官对撤销理由精髓认知不足问题,又弥补了本段提及的《仲裁法》中的各种缺陷。

本条第1款第3项涉及的事项同于我国现行《仲裁法》第58条第1款第2项前半句。后者的缺陷是没有考虑到可分性的部分撤销理由仅应当导致部分裁决撤销。很多境外的仲裁制定法普遍地对此作出规定,如1985年版和2006年版《示范法》第34条第2款第1项第3目、比利时1998年《司法法典》第1704条第1款第5项、瑞典1999年《仲裁法》第34条第1款、日本2003年《仲裁法》第44条第7款、挪威2004年《仲裁法》第43条第3款、丹麦2005年《仲裁法》第37条第3款、奥地利2006年《民事程序法典》第611条第2款第3项、荷兰2015年《民事程序法典》第1065条第5款等。我国2006年《司法解释》第19条也作出了部分撤销的规定。

本条第1款第5项涉及的事项同于我国现行《仲裁法》第58条第1款第4至6项。后者中的第4至5项被我国一些学者视为实体

---

① 如在广城印染有限公司诉香港振裕染印织造有限公司案中,"申诉人对增加的请求并未缴纳仲裁费",仲裁庭亦未责令其缴纳就对此进行了审理并作出了裁决的情况,深圳市中级人民法院视为"违反法定程序",遂裁定撤销中国国际经济贸易仲裁委员会深圳分会〔96〕深国仲字第54号裁决。参见叶知年、陈义冠:《国内仲裁裁决司法审查制度研究》,载《福建农林大学学报》(哲学社会科学版)2004年第2期,第72—73页。

性问题而反对成为裁决的撤销理由,①另一些学者则主张这两项至少不是纯粹的实体问题,或者即使是算作实体问题,也已在不少国家或地区无须当事人事先的明示协议而成为裁决的撤销理由之一。② 笔者认为,如本书第五部分所述,在境外不少国家或地区的仲裁制定法明确地将欺诈作为裁决的撤销理由之一,我国现行《仲裁法》未使用"欺诈"这类单凭文字就觉得不应给予司法容忍的词汇,导致了学者们的反对之声。本建议项改并了现行《仲裁法》第58条第1款第6项的原因在于:如此修改清楚、简练,且在其他国家或地区可以找到对应的措辞;③后者文字较啰唆;后者所列举的情况属于并列还是选择关系不明确;后者中"枉法仲裁"用语存在着很多学者批评的弊端。④

本条第2款涉及的事项同于现行《仲裁法》第58条第2款。笔者与其他学者一样,对该款没有指责意见,因而保留。

本条第3款涉及的事项同于我国现行《仲裁法》第58条第1款第2项后半句及第3款。后者第1款第2项后半句采用的"仲裁委员会无权仲裁的"表述,可能有"未获当事人授权仲裁"或"裁决的纠纷依法不具有可仲裁性"两种含义。但是,该项的前半句可涵盖第

---

① 提出这些理论依据的著述可参见陈治东:《我国仲裁裁决撤销程序若干法律问题之剖析——兼谈裁决撤销程序的立法完善》,载《法学》1998年第11期,第40—41页;严红:《论我国商事仲裁裁决撤销事由中存在的问题》,载《江西社会科学》2003年第3期,第195页;陈忠谦:《论仲裁裁决的撤销与不予执行》,载《仲裁研究》(第8辑),法律出版社2006年版,第9页;洪浩:《论新时期我国仲裁司法监督范围的调整——以一组数据为样本的实证分析》,载《法学评论》2007年第1期,第82—83页;赵宝华:《论我国仲裁机制的重构》,载《前沿》2010年第7期,第86页等。此外,有些学者甚至将裁决的事项不属于仲裁协议的范围或者仲裁委员会无权仲裁的这一撤销理由视为实体性理由,可参见谭兵主编:《中国仲裁制度的改革与完善》,人民法院出版社2005年版,第403页。

② 参见陈安:《英、美、德、法等国涉外仲裁监督机制辨析——与肖永平先生商榷》,载《法学评论》1998年第5期,第28—31页。同时参见徐前权:《论我国仲裁监督体制》,载《法学评论》1997年第6期,第38页。

③ 如美国《联邦仲裁法》第10条第1款第1项、新西兰2007年修订的《仲裁法》表1第4条第6款第1项、法国2011年《民事程序法典》第1502条第1款

④ 可参见本建议稿第25条下的[说明]及其注释。

一种含义,为避免后半句无意义,其应被解释为具有第二种含义。其他国家或地区的仲裁法中,"裁决的纠纷不具有可仲裁性"的理由属于法院可以主动认定而当事人无须证明的理由。因此,我国现行《仲裁法》第 58 条第 1 款第 2 项后半句规定加重了当事人的举证责任,应移至本处。此外,境外仲裁法和我国加入的《纽约公约》都使用"公共政策"或"公共秩序"这样的术语,我国司法文书中也出现了此术语。① 考虑到不同的立法措辞表达将造成人们对彼此含义的不尽相同的理解,②与《纽约公约》不同的法律用语容易在适用该公约时发生偏差,③我国经济的世界性影响力日益增长和通用法律术语对使用者的友好性,本建议款将《仲裁法》第 58 条第 3 款中的"社会公共利益"换成了"公共政策"。

第 60 条　重新仲裁

在进行审查撤销裁决请求的程序中,如果一方当事人提出请求且被认为适当或者所有当事人提出请求,人民法院可以在其确定的一段时间内暂时停止进行撤销程序,以便仲裁庭有机会重新进行仲裁程序或采取仲裁庭认为能够消除撤销裁决理由的其他行动。

[说明]

本条与我国现行《仲裁法》第 61 条④规范的都是申请撤销裁决程序中法院决定是否重新仲裁的问题。

从境外的情况来看,一些国家的仲裁制定法中并无重新仲裁的

---

① 参见谢宝朝:《论违反法院地国公共政策的外国仲裁裁决的分割承认与执行研究》,载《仲裁研究》2010 年第 3 期,第 76 页。

② 参见李燕:《试论我国仲裁监督体制的完善》,载《学术界》2009 年第 5 期,第 91 页。

③ 参见杜新丽:《论外国仲裁裁决在我国的承认与执行》,载《比较法研究》2005 年第 4 期,第 107 页。

④ 该条的内容是:人民法院受理撤销裁决的申请后,认为可以由仲裁庭重新仲裁的,通知仲裁庭在一定期限内重新仲裁,并裁定中止撤销程序。仲裁庭拒绝重新仲裁的,人民法院应当裁定恢复撤销程序。

规则,如日本 2003 年《仲裁法》、奥地利 2006 年的《民事程序法典》中的仲裁法规范部分等。但是,另一些国家或地区的仲裁制定法中却有这项规则,如英国 1996 年《仲裁法》第 68 条第 3 款、德国 1998 年《民事程序法典》第 1059 条第 4 款、瑞典 1999 年《仲裁法》第 34 条第 1 款、新加坡 2002 年《仲裁法》第 48 条第 3 款、挪威 2004 年《仲裁法》第 44 条第 2 款、克罗地亚 2001 年《仲裁法》第 37 条第 2 款、阿富汗 2005 年《商事仲裁法》第 55 条、塞尔维亚 2006 年《仲裁法》第 60 条、亚美尼亚 2006 年《商事仲裁法》第 34 条第 4 款、迪拜 2008 年《仲裁法》第 41 条第 4 款、中国香港地区 2010 年《仲裁条例》第 81 条第 1 款等。

境外仲裁制定法关于重新仲裁的上述两种态度可能是因为该种措施因情况不同而有利有弊。在有些情况下,重新仲裁可以避免撤销裁决导致的新诉讼或新仲裁造成的法院或当事人时间、人力和物力等的浪费,由此产生的裁决还可能因《纽约公约》等国际法或相关的国内法而获得执行上的便利。但是,在另一些情况下,如因仲裁员死亡或其他原因而难以召集或因仲裁员不公正而不再被当事人信任等,重新仲裁可能也会造成时间和金钱浪费的结果。①

鉴于允许重新仲裁蕴含着积极支持仲裁的先进理念②,在境外较为常见,在适当的情况下利大于弊及我国现行《仲裁法》第 61 条已有这种规则等,本建议稿也包含了这种规范。但是,本建议稿因现行《仲裁法》第 61 条规则的下列缺陷而与之不同:将是否重新仲裁完全置于人民法院的任意裁量之下,既未要求人民法院只有在适当的情况下才能作出重新仲裁的裁定,也没有考虑到一方或所有当事人的意愿。

如本书第五部分所述,从比较的角度而言,英国、挪威等少数国家或地区的仲裁制定法没有规定法院应当以"一方当事人请求"为

---

① 参见郭玉军、欧海燕:《重新仲裁若干法律问题刍议》,载《中国对外贸易》2001 年第 12 期,第 39—40 页。同时参见朱萍:《涉外仲裁司法审查中重新仲裁之实践检讨与立法完善》,载《法律适用》2011 年第 4 期,第 57 页。

② 参见万鄂湘、于喜富:《我国仲裁司法监督制度的最新发展——评最高人民法院关于适用仲裁法的司法解释》,载《法学评论》2007 年第 1 期,第 77 页。

条件作出重新仲裁的决定，但是，德国、新西兰、新加坡、克罗地亚、阿富汗、塞尔维亚、中国香港等很多国家或地区不仅附加这一条件，而且要求法院经考虑是适当的情况下才能批准这种重新仲裁的请求。本条不仅参考了后面这些国家或地区的规定，而且特别借鉴了瑞典1999年《仲裁法》第34条第1款第2项的规定，即所有当事人都同意的情况下，法院无论如何也可以作出重新仲裁的决定。因为当事人都同意，表明当事人对重新仲裁都有信心，法院一般情况下理应尊重这种共同意愿。

此外，含有重新仲裁规则的境外仲裁制定法大多将其放在裁决撤销理由的条款中一并规定。本建议稿未采取此模式的原因是：分成两条规定易于使各条标题更确切，从而便于使用者查找；我国现行《仲裁法》已分开规定，只是该规定与裁决的撤销理由条相隔得有些远，使人们在思考撤销理由时不容易立即考虑重新仲裁问题，且其内容存在着本书第五部分第四目所指出的缺陷；如本书第七部分所述国内裁决的撤销理由对涉外裁决不完全适合，但这两种裁决撤销中的重新仲裁规则却可以是相同的，据此用单独一条规定重新仲裁也便于被涉外仲裁规范部分所引用。

另外，本条其他方面的正当性可参见本书第五部分第四目的阐述。

第61条　申请撤销裁决的时限

当事人申请撤销裁决的，应当自收到裁决书之日起三个月内提出。

以欺诈、贿赂或其他不正当的手段为理由申请撤销裁决的，前款中的时限自当事人知道或理应知道这些理由时起算。

[说明]

本条涉及的事项同于我国现行《仲裁法》第59条，其内容方面的正当性可参见本书第五部分第一目中的论述。

第 62 条 人民法院处理撤销仲裁裁决纠纷的程序

人民法院应当采用所有当事人有权参加的开庭程序处理撤销仲裁裁决的纠纷。

当事人不服人民法院撤销仲裁裁决的裁定的,有权在裁定书送达之日起十日内向上一级人民法院提起上诉。

[说明]

在境外,一些国家或地区的仲裁制定法采用分散的方式规定其法院审理各种仲裁纠纷的程序,如法国 2011 年《民事程序法典》第 1487 条第 2 款、第 1495 条、第 1516 条第 2 款和第 1527 条第 2 款等。另一些国家或地区的仲裁制定法则使用多款项的一个条文集中地规定了其法院审理各种仲裁纠纷的程序,如德国 1998 年《民事程序法典》第 1063 条等。还有些国家或地区的仲裁制定法对其法院审理的仲裁纠纷未规定任何程序。此外,在含有审理各种仲裁纠纷的程序规定的国家或地区的仲裁制定法中,是否采用开庭或口头审理程序及其条件的表述也不尽相同。如日本 2003 年《仲裁法》的"总则"章中的第 6 条概括地规定"涉及基于本法规则的法院程序决定可以未经口头听证程序作出"①,但是该法第 44 条第 5 款却宣布:"除非举行了当事人能参加的口头审理或口头程序,法院不可就有关第 1 段(即列明所基于的理由而向法院提出撤销仲裁裁决申请的规则)的申请作出决定"②。又如挪威 2004 年《仲裁法》第 6 条第 3 款的部分内容为:法院程序通常应以书面形式;口头程序仅应在使该程序健全和公平的(sound and fair)范围内才进行;口头程序可以被限于特别事项;根据第 9 章,撤销裁决之诉应根据《争议解决法通则》(The General Provisions of the Dispute Act)处理。然而,丹麦 2005

---

① 该条的英译文是:Any decision concerning court proceedings based on the provisions of this Law may be made without an oral hearing.

② 该款的英译文是:A court may not make a decision with respect to the application described in paragraph (1), unless and until an oral hearing or oral proceeding at which the parties can attend was held.

年《仲裁法》第 5 条第 4 款却规定,(对包括撤销裁决在内的所有仲裁纠纷)法院"可以"(may)而不是"应当"举行开庭程序(hearing)。

我国现行《仲裁法》第 58 条第 2 款、第 63 条、第 70 条和第 71 条对内地裁决和涉外裁决的撤销与执行纠纷的审理规定了采用合议庭形式,对该合议庭是否应当采取开庭或口头听证的方式未作任何规定,从而导致了人民法院不同的审理程序。[①] 从以上的境外制定法情况来看,其中的多数对撤销裁决的法院程序作出了特别的要求,如法国 2011 年《民事程序法典》第 1487 条第 2 款和第 1516 条第 2 款对国内与国际裁决的执行明确规定不采用对抗的(adversarial)听证程序,但是其第 1495 条和第 1527 条第 2 款[②]却规定撤销国内与国际裁决之诉必须采用对抗的听证程序。同样,德国 1998 年《民事程序法典》第 1063 条也规定其法院一般通过不需开庭的方式作出决定,但是对撤销裁决、类似的裁决可承认性或可执行性争议,其法院"应裁定进行开庭审理"。结合本书第六部分第四目提及的我国一些学者阐释的情况和建议,本条第 1 款便作出了如上规定。

本条第 2 款的正当性则可参见本书第五部分第四目中的论证。

第 63 条 裁定时限

人民法院应当在受理撤销裁决申请之日起四个月内作出撤销裁决或者驳回申请的裁定。

[说明]

可参见本书第五部分的阐释。

我国现行《仲裁法》第五章中其他条款删除的说明(无)

[①] 参见周资艳:《我国司法审查外国仲裁裁决程序之构想》,载《百色学院学报》2010 年第 5 期,第 60 页。同时参见刘丽珍:《撤销涉外仲裁裁决案件审理程序研究》,载《现代商贸工业》2010 年第 6 期,第 252 页。

[②] 该款对国际裁决执行或拒绝执行的法院指令的上诉也规定必须采用对抗的听证程序。

八
第八章 裁决的执行

[总体说明]

在境外仲裁制定法中,含有与本章下相同或相似的规则并组成专门一章或一部分的很普遍,但是其章或部分的名称则不完全相同,主要差别在于是否包含了"承认"一词。包含了该词的有 1985 年版和 2006 年版《示范法》第 8 章、德国 1998 年《民事程序法典》第 8 章、日本 2003 年《仲裁法》第 8 章、挪威 2004 年《仲裁法》第 10 章和中国香港地区 2010 年《仲裁条例》第 10 部分等。不过,法国 2011 年《民事程序法典》第 1 部分"国内仲裁"的第 5 章则如我国现行《仲裁法》第六章一样,仅命名为"执行"二字。[①] 笔者认为,如同法国 2011 年《民事程序法典》第 1 部分"国内仲裁"的第 4 章中第 1484 条第 1 款[②]关于仲裁裁决既判力的宣示属于裁决承认规则一样,我国现行《仲裁法》第四章第 57 条和本建议稿的第六章第 58 条第 1 款也是裁决的承认规则。因此,就我国现行《仲裁法》第六章和本章各自的命名且都单独规定裁决的执行问题而言,完全是正确的。

第 64 条 裁决强制执行的法律依据和时限

在符合本条和第 65 条的情况下,当事人可以向人民法院提交裁决书和仲裁协议正本或者业经证明的副本,书面申请强制执行仲裁裁决。

人民法院应当组成合议庭在三个月内作出是否予以承认与执

---

① 法国 2011 年《民事程序法典》第 2 部分"国际仲裁"第 3 章的名称中则有"承认"一词。

② 该款的英译文是:As soon as it is made, an arbitral award shall be res judicata with regard to the claims adjudicated in that award.

行的裁定。受理申请的人民法院院长在必要时可决定延长这一时限，但最长不超过一年。

[说明]

本条第 1 款规定的事项与我国现行《仲裁法》第 62 条相同。后者的缺陷是：采用很含混的"依照民事诉讼法的有关规定"措辞，使得承认与执行的依据不明。

本条第 2 款的正当性可参见本书第六部分第三目下的说明。

第 65 条　不予执行的理由

出现下列各种情形之一的，人民法院应当裁定驳回当事人的执行申请：

（一）仲裁裁决的纠纷依法不具有可仲裁性；

（二）仲裁裁决的内容违反公共政策。

当事人不服人民法院驳回其仲裁裁决执行申请的裁定的，有权在裁定书送达之日起十日内向上一级人民法院提起上诉。

[说明]

本条规定的事项同于我国现行《仲裁法》第 63 条。后者的缺陷是：(1)本身未列举裁决不予执行的理由，依赖于所援引的《民事诉讼法》第 213 条第 2 款（在 2013 年 1 月 1 日起施行的《民事诉讼法》下为第 237 条第 2 款），一旦《民事诉讼法》因修改而变化条款序号，将立即导致其援引表述不正确。(2)被援引的《民事诉讼法》第 213 条（在 2013 年 1 月 1 日起施行的《民事诉讼法》下为第 237 条）列举的一些理由不适当，如其中提及的"没有仲裁协议"的这一理由就未考虑到虽有仲裁协议但协议无效的情况也应成为不予执行的理由。再如其中"仲裁机构无权仲裁的"措辞，按理应指"裁决的争议依法不具有可仲裁性"（否则便与前半句重复而没有意义），根据《纽约公约》第 5 条第 2 款与众多国家或地区仲裁法之规定，属于法院主动认定而无须当事人举证证明的理由，我国法律中的该项规定无疑加重了当事人的举证责任。① (3)没有援引《民事诉讼法》第213条第3款(在2013年1月1日起施行的《民事诉讼法》下为第237条),显示了后者所规定的理由很不全面。

对于我国现行《仲裁法》第63条的缺陷弥补问题,我国学者存在不同的观点。一些学者认为,应当去除《民事诉讼法》第237条第2款中的第(4)和第(5)项实体性异议理由或将目前的涉外裁决不予执行的理由推广适用于国内裁决,其理论依据是"国际惯例"。另一些学者则很极端,他们主张废除整个不予执行制度,包括不向当事人提供任何的裁决不予承认和执行的理由,其理由是我国存在裁决撤销制度,在此情况下再实行不予承认与执行制度,将导致对裁决的双重审查,从而严重地损害仲裁的效率。② 不过,也有学者持中间的立场,认为原则上异议的理由应为程序性理由,当事人有特别约定时可以扩大到实体性理由。这些学者也列举了境外的一些情况。③ 此外,还有些理论界或实务界人士提出,裁决不予承认与执行的理由应与裁决撤销理由一致。④

笔者在本书第六部分第二目中已详细阐述了以上学术观点,并论证了需要采纳本条第1款内容的正当性。这里仅进一步说明本条的第2款。

我国仲裁法对国内裁决不予执行的司法裁定未提供上诉的机会,这一直为学者们所诟病:给法官对仲裁裁决的审查造成随意性,对法院作出的错误的司法审查裁定缺乏相应的挽救措施;⑤国内裁

---

① 参见刘想树:《涉外仲裁裁决执行制度之评析》,载《现代法学》2001年第4期,第113页。

② 参见刘武俊:《仲裁业发展存在的问题及对策——对福建、安徽、吉林三省部分仲裁机构调研分析报告》,载《北京仲裁》2007年第2期,第59页。

③ 参见万鄂湘、于喜富:《再论司法与仲裁的关系——关于法院应否监督仲裁实体内容的立法与实践模式及理论思考》,载《法学评论》2004年第3期,第68页。

④ 参见付本超:《仲裁司法审查制度的改革与创新》,载《山东审判》2010年第6期,第47页。

⑤ 参见叶知年、陈义冠:《国内仲裁裁决司法审查制度研究》,载《福建农林大学学报》(哲学社会科学版)2004年第2期,第83页。

决的不予执行问题没有涉外裁决的那种报告制度的优待。① 境外很多国家或地区的仲裁法都允许当事人针对不予执行的司法审查决定提出上诉,如德国1998年《民事程序法典》第1065条第2款、孟加拉2001年《仲裁法》第48条第2款、美国佛罗里达2008年《仲裁法》第20条第1款第3项等。因此,本条第2款明确了这种制度。其中,提起上诉的"十日"建议完全是为了与《民事诉讼法》第164条第2款一致。

第66条 执行中止

一方当事人申请执行裁决,另一方当事人申请撤销裁决或中止执行裁决的,人民法院应当裁定中止执行。经主张执行裁决的一方当事人申请,人民法院也可以裁定对方当事人提供适当的担保。

人民法院裁定撤销裁决的,应当裁定终结执行。撤销裁决的申请被裁定驳回的,人民法院应当裁定恢复执行。

[说明]

本条与我国现行《仲裁法》第64条都是规定当事人之间的裁决撤销程序与执行程序的关系问题。本条第1款不同于后者第1款的原因是:实践中既可能会出现突然面临一方当事人执行裁决申请的另一方当事人因撤销裁决的申请期未满而尚未提出撤销裁决的情况,也可能发生另一方当事人借撤销裁决的程序转移财产等情形。在前一种情况下,显然应当先允许另一方当事人申请中止执行裁决以便为撤销裁决等作准备。在后一种情形下,人民法院当然应经一方当事人申请责令另一方当事人提供适当担保。之所以以"经一方当事人申请"为条件,是因为在请求执行的当事人都觉得没有必要而不申请提供担保的情况下,人民法院也应当认为没有必要要求另

---

① 参见顾维遐:《我们信赖仲裁吗?——关于中国仲裁研究的英文文献综述》,载《北京仲裁》2010年第2期,第16—17页。同时参见张潇剑:《中美两国执行国际商事仲裁裁决比较研究》,载《河北法学》2011年第4期,第33页。

一方当事人提供担保。

在草拟本条第 1 款时,笔者注意到一些学者提出"对方当事人提供适当的担保"是中止执行的必要条件。① 但是,考虑到一些受欺诈裁决之害②的当事人在申请撤销裁决时可能无力提供中止执行的担保,因此,本款赋予人民法院自由裁量权。采用这种缓和方法的包括 1985 年版和 2006 年版《示范法》第 36 条第 2 款、日本 2003 年《仲裁法》第 45 条第 3 款、挪威 2004 年《仲裁法》第 47 条、丹麦 2005 年《仲裁法》第 39 条第 3 款、马来西亚 2005 年《仲裁法》第 39 条第 2 款、阿富汗 2005 年《商事仲裁法》第 58 条、柬埔寨 2006 年《商事仲裁法》第 46 条第 2 款、澳大利亚新南威尔士 2010 年《商事仲裁法》第 36 条第 2 款、中国香港地区 2010 年《仲裁条例》第 86 条第 4 款、荷兰 2015 年《民事程序法典》第 1066 条第 5 款等。

我国现行《仲裁法》第六章中其他条款删除的说明(无)

---

① 参见武汉大学国际法研究所"《仲裁法》修改"课题组:《中华人民共和国仲裁法(建议修改稿)》,载《仲裁研究》2006 年第 2 期,第 56 页。

② 这类案例可参见廖永安、张庆霖:《论仲裁调解书撤销制度的确立》,载《烟台大学学报》(哲学社会科学版)2011 年第 2 期,第 8—9 页。

九

第九章 涉外仲裁的特别规定

[总体说明]

本章存在的理由及其条文分布等可参见本书第七部分的论证。

第 67 条 涉外仲裁的定义

涉外仲裁是指存在下列情况之一的仲裁:

(一)当事人在签订仲裁协议时,各自的营业地位于不同的国家或地区;

(二)法律关系中主要义务将要履行的任何地点或与争议的客体具有最密切联系的地点位于各方当事人营业地国家或地区之外。

前款中的"地区"是指具有独立民商法系统的区域。

一方当事人有一个以上营业地点的,本条第 1 款中的"营业地点"为与仲裁协议关系最密切的营业地点。

一方当事人没有营业地点的,其惯常住所视为本条第 1 款中的"营业地点"。

[说明]

本条第 1 款与第 2 款的拟定理由可参见本书第七部分第三目的阐释。

本条第 3 款至第 4 款则是借鉴了 1985 年版和 2006 年版《示范法》第 1 条第 4 款的规定,目的在于解决一方当事人有多个营业地点或没有营业地点时本条第 1 款中的"营业地点"确定问题。

第 68 条 本法其他规定的适用

在符合本章规定的前提下,除非当事人另有明确约定,本法第

59条、第64条与第65条之外的其他规定也适用于涉外仲裁。

[说明]

本条规范的事项与我国现行《仲裁法》第65条相同。如本书第七部分所述,后者的弊端是:用"适用本法其他有关规定"这样笼统、抽象的短语,可能令人对"其他有关规定"作出无穷多的解释。本条之表达方法则可以避免现行《仲裁法》第65条的这种缺陷。

本条允许当事人排除境内仲裁中有关条款的原因是:本章的撤销或不予执行的理由规则体现了对涉外仲裁的强行法控制,如没有有效的仲裁协议或在仲裁程序中未给予当事人适当的陈述机会等。

第69条 适用于争议实体的规则

仲裁庭应当依照当事人选择的适用于争议实体的法律规则对争议作出决定。除非另有说明,指定适用某一国家或地区的法律或法律制度,应认为是指该国家或地区的实体法,而不是其法律冲突规范。

当事人没有指定任何适用法律的,仲裁庭应当适用其认为适用的法律冲突规范所确定的法律。

[说明]

可参见本建议稿第50条下的[说明]。这里需进一步指出的是,由于第68条未排除该条规范的适用,该条规范对涉外仲裁也是适用的,只是为了避免法国2011年《民事程序法典》中第1478条和第1512条中不必要的内容方面的实质性重复,本条仅列举了这两款的规则。

第70条 在内地作出的涉外仲裁裁决的撤销

当事人提出证据证明裁决有下列情形之一的,才可以向人民法院申请撤销涉外仲裁裁决:

(一)仲裁协议的当事人有某种无行为能力情形,或者根据各方当事人所同意遵守的法律或在未指明法律的情况下根据中国法律该协议是无效的；

（二）未向提出申请的当事人发出指定仲裁员的适当通知或仲裁程序的适当通知，或因不可归咎的原因致使其不能陈述案情；

（三）裁决处理的争议不属于仲裁协议的范围、包含仲裁协议范围以外事项的决定或者包含对提交仲裁的范围以外事项的决定；如果对提交仲裁的事项所作的决定可以与对未提交仲裁的事项所作的决定相互区分，仅可以撤销含有对未提交仲裁的事项所作的决定的那部分裁决；

（四）仲裁庭的组成或仲裁程序与当事人的合法约定不一致，或者无此种约定时与本法不符以致可能影响案件正确裁决的；

（五）裁决是以欺诈、贿赂或其他不正当的手段获得的。

人民法院经组成合议庭审查核实裁决有前款规定情形之一的，应当裁定撤销。

人民法院认定该裁决针对的争议事项不能通过仲裁解决或该裁决与中华人民共和国的涉外公共政策相抵触的，也应当裁定撤销。

[说明]

本条标题限定为"在内地作出的涉外仲裁裁决"的原因可参见本书第七部分第三目的第二点。

本条规定的事项与我国现行《仲裁法》第 70 条相同。后者除了有第七部分第一目中提及的缺陷以外，还有以下一些弊端：(1)与所援引的《民事诉讼法》第 274 条使用的概念不一致，即该第 70 条所使用的为"涉外仲裁裁决"的概念，《民事诉讼法》第 274 条却使用了"涉外仲裁机构作出的裁决"。(2)援引《民事诉讼法》中的条文将可能产生今后修订法律时条款不对应的情况，如前所述，2007—2009 年之间就曾发生过这种情况。

作出如本条之修改则可以弥补上述所有的缺陷。这里进一步作出以下两点说明：

第一,境外不少国家或地区的仲裁法明确地规定当事人有权请求撤销以欺诈、贿赂或其他不正当的手段获得的国内、涉外或国际仲裁裁决,如美国《联邦仲裁法》第10条第1款第1项、英国1996年《仲裁法》第68条第1款第7项、孟加拉2001年《仲裁法》第42条第4款、苏格兰2010年《仲裁法》规则68第2款第6项第2目等。另一些国家或地区则干脆在仲裁制定法中明确宣布"受欺诈影响作成的裁决"属于"与公共政策相冲突的裁决",如马来西亚2005年《仲裁法》第37条第2款第1项、新西兰2007年修订的《仲裁法》表1第34条第6款第1项、澳大利亚2010年《国际仲裁法》第15条第1款第1项等。鉴于我国境内发生的涉外仲裁时有发生仲裁员私自会见当事人、接受当事人请客送礼或接受当事人的贿赂、故意偏袒一方当事人等行为,并导致外国方当事人普遍对我国的涉外仲裁不信任,[①]故本条包含了此项撤销理由。

第二,国内外学者普遍地认为,对涉外或国际仲裁应采用比境内或国内公共政策更窄的"涉外公共政策"或"国际公共政策"。我国学者公认的属于先进仲裁立法之列的法国1981年《民事程序法典》第1054条(通过援引第1052条)和2011年《民事程序法典》第1520条明确地规定"国际公共政策"而不是(国内)"公共政策"为国际仲裁裁决的撤销理由之一。其他国家或地区的仲裁制定法虽然大多没有效法法国作出如此明示的区别对待,但是在这些国家或地区的司法实践中,往往也是采用更窄的"涉外公共政策"或"国际公共政策"而不是(境内或国内)"公共政策"标准确定涉外或国际仲裁裁决是否应被撤销。[②] 尽管我国参加的《纽约公约》使用了"公共政

---

① 参见石现明:《我国涉外商事仲裁错误裁决司法审查救济制度之缺陷及其重构》,载《仲裁研究》2010年第2期,第78页。

② 参见张艾清:《荷兰商事仲裁法律与实践若干问题探究》,载《法学评论》2000年第1期,第159页。See also May Lu, The New York Convention on the Recognition and Enforcement of Foreign Arbitral Awards: Analysis of the Seven Defenses to Oppose Enforcement in the United States and England, *Arizona Journal of International and Comparative Law*, Fall 2006, p. 772.

策"用语,我国的仲裁法制中却代之以"社会公共利益",而且在司法实践中不区分国内、涉外或国际的情况。① 为了与我国参加的条约及其他国家或地区的通行用语一致,而且使我国所有法官注意到涉外仲裁的特殊性,本条大胆地使用了"涉外公共政策"这一用语。笔者认为,如果我国的《仲裁法》如此修订,则至少在这一点上可谓与法国法一样先进。

第71条 在内地作出的涉外仲裁裁决的承认与执行

在中华人民共和国内地作出的涉外仲裁裁决应当根据本条承认具有约束力,且经向人民法院提出书面申请,即应予以强制执行。

援用裁决或申请对其予以执行的一方当事人,应当提供裁决书正本或其副本。裁决书如不是以中文作成的,法院可以要求该方当事人出具该文件的中文译本。

有下列情形之一的,人民法院应当裁定驳回当事人执行涉外仲裁裁决的申请:

(一)裁决的纠纷依法不具有可仲裁性;

(二)裁决的内容违反涉外公共政策。

当事人不服人民法院驳回其涉外仲裁裁决执行申请的裁定的,有权在裁定书送达之日起十日内向上一级人民法院提起上诉。

[说明]

本条规定的事项同于我国现行《仲裁法》第71条。本条第1款与第2款内容的正当性可参考本建议稿第64条[说明]。该两款与现行《仲裁法》第71条的差异完全是因为前者所针对的涉外仲裁裁决有可能以非中文的其他语言作出。

本条第3款与第4款中的关于在内地作出的涉外仲裁裁决不予执行的理由及上诉规则的逻辑原理,基本上同于本建议稿第65条下

---

① 参见杜新丽,《论外国仲裁裁决在我国的承认与执行——兼论〈纽约公约〉在中国的适用》,载《比较法研究》2005年第4期,第107页。

的[说明]。另外需要指出的是:正如本书第七部分所述,对于涉外仲裁裁决,"涉外公共政策"而不是"公共政策"才是人民法院认定其应不予执行的理由之一。

第72条 其他涉外仲裁裁决的承认和执行

在中华人民共和国内地之外作出的涉外仲裁裁决应当根据本条承认具有约束力,经向人民法院提出书面申请,即应予以执行。

申请主张执行裁决的一方当事人,应当提供裁决书正本或其副本。裁决书如不是以中文作成的,人民法院可以要求该方当事人出具该文件的中文译本。

援用裁决所针对的当事人提出证据,证明有下列情况之一的,才可以请求人民法院拒绝予以承认与执行:

(一)仲裁协议的当事人有某种无行为能力情形;或者根据各方当事人所同意遵守的法律或在未指明法律的情况下根据中华人民共和国内地法律,该协议是无效的;

(二)未向所针对的当事人发出指定仲裁员的适当通知或仲裁程序的适当通知,或因不可归咎的原因致使其不能陈述案情的;

(三)裁决处理的争议不属于仲裁协议的范围、包含仲裁协议的范围以外事项的决定或者包含对提交仲裁的范围以外事项的决定;如果对提交仲裁的事项所作的决定可以与对未提交仲裁的事项所作的决定相互区分,仅可以拒绝承认与拒绝执行含有对未提交仲裁的事项所作的那部分裁决;

(四)仲裁庭的组成或仲裁程序与当事人的合法约定不一致,或者无此种约定时与本法不符以致可能影响案件正确裁决的;

(五)裁决对当事人尚无约束力,或者已经由仲裁地或裁决依据法律的所属地法院所撤销或中止执行。

被请求承认与执行的人民法院经组成合议庭,采用所有当事人有权参加的开庭程序审查核实裁决有前款规定情形之一的,应当裁定不予承认与执行。

被请求承认与执行的人民法院认定裁决的事项依中华人民共

和国法律不能通过仲裁解决的,或者裁决的内容违反中华人民共和国涉外公共政策的,也应当裁定不予承认与执行。

在已向本条第3款第5项所指的法院申请撤销或中止执行裁决的情况下,被请求承认与执行的人民法院如认为适当,可以延缓作出裁定,且经主张承认与执行裁决的一方当事人申请,还可以裁定对方当事人提供适当的担保。

当事人不服人民法院驳回其涉外仲裁裁决执行申请的裁定的,有权在裁定书送达之日起十日内向上一级人民法院提起上诉。

本条不影响中华人民共和国参加的国际条约与中华人民共和国内地和香港、澳门、台湾之间区际协议的实施。

[说明]

我国现行《仲裁法》对涉外仲裁裁决既无定义,也未区分为在我国内地作出的涉外仲裁裁决、在我国参加的国际条约(如《纽约公约》)其他缔约国境内作出的涉外仲裁裁决、在与内地之间有区际协议的香港和澳门作出的涉外仲裁裁决、在我国台湾地区作出的涉外仲裁裁决、在非无国际条约关系的外国境内作出的涉外仲裁裁决。实际上,该法关于涉外仲裁裁决的承认、执行或其异议的规范,与我国参加的国际条约或我国内地与港澳之间区际协议中的规定是不一致的。作为仲裁的基本法律规范,现行《仲裁法》未明确这些国际或区际协议的地位,以及未明确境外作出的非国际或区际协议下的涉外仲裁裁决承认、执行或其异议的规范等,无疑是该法的一大疏漏。

上一条文[说明]中已分析了现行《仲裁法》关于涉外仲裁裁决承认、执行或其异议规范内容的各种不妥之处。本条第4款关于人民法院"采用开庭程序"规定的正当性则可参见本书第六部分第三目中的阐述。这里仅进一步阐述本条第3款额外地允许在境外作出的涉外仲裁裁决中处于不利地位的当事人提出5项不予承认与执行理由的缘故。

在境外,很多国家或地区为了保护财产在该国家或地区内的当事人的合法利益,均普遍地在其仲裁制定法中规定:对国外或境外作出的裁决,当事人都可以提出这 5 项或与这 5 项非常相似的不予承认与执行理由,如克罗地亚 2001 年《仲裁法》第 40 条、日本 2003 年《仲裁法》第 45 条第 2 款、挪威 2004 年《仲裁法》第 46 条第 1 款、马来西亚 2005 年《仲裁法》第 39 条第 1 款第 1 项、丹麦 2005 年《仲裁法》第 39 条第 1 款第 1 项、中国台湾地区 2009 年修订的"仲裁法"第 50 条、中国香港地区 2010 年《仲裁法》第 89 条第 2 款等。其中一些国家或地区对国内或境内的裁决也规定了与前 4 项相同或近似的不予执行理由。同时,《纽约公约》、我国内地与港、澳的区际协议等都承认本条列举的不予承认与执行理由。考虑到在我国内地作出的境内或涉外仲裁裁决有撤销制度保护不利裁决的当事人,因此,笔者对这两类裁决不主张适用与本条第 3 款中的 5 项相同或近似的不予执行理由。但是,现行和修订后的我国《仲裁法》都不可能对境外作出的涉外仲裁裁决实行撤销救济制度的控制,有财产在我国内地的当事人在国外或境外采取撤销裁决之诉等救济措施可能成本非常高,或者国外或境外对存在欺诈等情形的裁决没有作出特殊的撤销时限规定,而使其不再能采取撤销裁决之诉等救济措施。显而易见,这 5 项不予承认与执行的理由能对这样的当事人起到适当的保护作用。

我国现行《仲裁法》第七章中其他条款删除的说明

1. 第 66 条(第 1 款:涉外仲裁委员会可以由中国国际商会组织设立。第 2 款:涉外仲裁委员会由主任一人、副主任若干人和委员若干人组成。第 3 款:涉外仲裁委员会的主任、副主任和委员可以由中国国际商会聘任。)

如本书第二部分所述,"涉外仲裁委员会"的概念在我国内地已过时了十多年;同时,与我国现行《仲裁法》第二章下的有关仲裁机构设立的规则应被移出一样,作为基本法律的修订《仲裁法》也不必包含受理涉外仲裁纠纷的仲裁机构的设立规则。

2. 第 67 条(涉外仲裁委员会可以从具有法律、经济贸易、科学技术等专门知识的外籍人士中聘任仲裁员。)

受理涉外仲裁纠纷的仲裁机构是否有权从具有法律、经济贸易、科学技术等专门知识的外籍人士中聘任仲裁员的问题,可由服务市场准入方面的法律、法规规定。至于受理涉外仲裁纠纷的仲裁机构是否愿意或如何聘任外籍仲裁员的问题,可由其仲裁规则规定。

3. 第72条(涉外仲裁委员会作出的发生法律效力的仲裁裁决,当事人请求执行的,如果被执行人或者其财产不在中华人民共和国领域内,应当由当事人直接向有管辖权的外国法院申请承认和执行。)

该条对当事人、仲裁员、我国人民法院或外国法院无任何法律意义。

4. 第73条(涉外仲裁规则可以由中国国际商会依照本法和民事诉讼法的有关规定制定。)

本条如同第66条一样早已过时,且同样没有放置于仲裁基本法律之中的必要性。

十

第十章 附 则

[**总体说明**]

  我国的一些重要的基本法律并无最后一章"附则",而是在其他章名下的各条之后直接增加一条,规定旧法的处理和该法的生效日期,如 2012 年修正的《民事诉讼法》等。但是,我国《海事程序法》的最后一章即第十二章却命名为"附则",且仅有一条,即第 127 条,规定该法的生效日期。同样情况的还有 2010 年 10 月 28 日通过并于 2011 年 4 月 1 日起施行的我国《涉外民事关系法律适用法》等。①

  我国台湾地区 2009 年修订的"仲裁法"的最后一章即第八章也取名为"附则",下有数个条文。其他境外的仲裁制定法最后一章或部分的名称和包含的条款也不尽相同。如我国香港地区 2010 年《仲裁条例》的最后一部分即第 14 部分使用了"相应及相关修订"的标题,其下仅含一个条文,规定其附表 4 中列举的法则修订问题,生效日期规则却放在第 1 部分"导言"的第 1 条。再如亚美尼亚 2006 年《商事仲裁法》,则如我国《民事诉讼法》一样,直接在其最后一章即第八章"裁决的承认与执行"的标题下用最后一条即第 37 条规定该法的生效日期和过渡期安排等。

  鉴于以上境外仲裁制定法的情况,同时考虑到我国现行《仲裁法》以"附则"之名为最后一章,且修订的《仲裁法》在最后一部分仍需包含以下三条规则,故保留了该"附则"的章目。

---

  ① 被命名为"附则"的也是该法的第八章,不过其下有两个条款,即第 51 条和第 52 条。该法可下载于 http://www.gov.cn/flfg/2010-10/28/content_1732970.htm。

第 73 条　时效规则的适用

法律对仲裁时效有规定的,适用该规定。法律对仲裁时效没有规定的,适用诉讼时效的规定。

[说明]

本条完全同于我国现行《仲裁法》第 74 条。保留该条的原因为:至今无人对该条提出异议;已有的其他建议稿都建议完全保留该条;境外有相当一部分仲裁制定法包含了与之相同或类似的规则,如英国 1996 年《仲裁法》第 13 条、瑞典 1999 年《仲裁法》第 45 条、孟加拉 2001 年《仲裁法》第 55 条、新西兰 2007 年《仲裁法》第 29 条、文莱 2009 年《仲裁法令》第 11 条、中国香港地区 2010 年《仲裁条例》第 14 条等。

此外,一些境外的仲裁制定法还进一步规定:如果仲裁裁决被撤销,法院可指令将仲裁开始之日起至作出指令之日的一段时间自诉讼时效中扣除。① 此外,日本 2003 年《仲裁法》第 29 条第 2 款也规定:仲裁程序中提出的索赔可引起时效的中断。本条最后没有作出此类规定的原因是:我国《民法通则》等中的时效规则明示或默示地将之包含。

第 74 条　不一致旧法的废除

本法施行前制定的有关仲裁的规定与本法的规定相抵触的,以本法为准。

[说明]

本条同于我国现行《仲裁法》第 78 条。保留该条的原因在于:如前文所述,我国有很多涉及仲裁的法律、法规,由于这些法律、法规尚未被废除,其中属于本建议稿范围内的仲裁规范当然要由如上条

---

① 含有此种规定的如印度 1996 年《仲裁和调解法》第 43 条第 4 款、加拿大 2009 年修订的《仲裁法》第 52 条第 2 款等。

文宣告其不适用。

第 75 条　本法的施行日期
本法自 XXXX 年 X 月 X 日起施行。

[说明]
本条的必要性不言自明,在此不赘述。

我国现行《仲裁法》第八章中其他条款删除的说明

1. 第 75 条(中国仲裁协会制定仲裁规则前,仲裁委员会依照本法和民事诉讼法的有关规定可以制定仲裁暂行规则。)

该条没有任何保留的价值,因为:现行《仲裁法》中所称的"中国仲裁协会"至今未成立;对于是否要成立及如何成立也没有一致意见;境外仲裁制定法中都没有这种意义上的仲裁协会;我国各仲裁委员会所制定的仲裁规则的名称中都没有"暂行"二字。

2. 第 76 条(第 1 款:当事人应当按照规定交纳仲裁费用。第 2 款:收取仲裁费用的办法,应当报物价管理部门核准。)

该条经修改后放在了本建议稿的"裁决"章下。

3. 第 77 条(劳动争议和农业集体经济组织内部的农业承包合同纠纷的仲裁,另行规定。)

对此,本建议稿在"适用范围"处已明确,无须在本章中保留。

4. 第 79 条(第 1 款:本法施行前在直辖市、省、自治区人民政府所在地的市和其他设区的市设立的仲裁机构,应当依照本法的有关规定重新组建;未重新组建的,自本法施行之日起届满一年时终止。第 2 款:本法施行前设立的不符合本法规定的其他仲裁机构,自本法施行之日起终止。)

废除该条的正当性可参见本书的第二部分。

第九部分
—— **PART 9** ——

已发表的阶段性研究成果

一

仲裁民事责任制度探析[①]

摘要:仲裁民事责任制度可以分为"绝对豁免""有限豁免""有限责任"和"无限责任"四种模式。国外学者们普遍地支持"有限豁免"或"有限责任"的中间模式的仲裁民事责任制度。现行《仲裁法》关于仲裁民事责任制度的内容既不明确,也不周全,我国学者对此问题存在着截然不同的看法。笔者赞同我国实行中间模式的仲裁民事责任制度,建议通过修订现行《仲裁法》第38条及推动人民法院采取积极的措施完善该制度。

关键词:仲裁员;仲裁机构;民事责任

仲裁是现代社会中解决民商事争议的重要手段之一。仲裁民事责任制度是关于仲裁员、仲裁机构或其职员在仲裁活动过程中的违法行为应否承担民事责任或承担何种民事责任以及承担多大程度的民事责任的法律规范的总称。虽然世界各国或地区并不存在内容一致的仲裁民事责任制度,但国外学者的研究成果中已出现了非常趋同的结论。然而,在现行《仲裁法》中仲裁民事责任制度存在较大缺陷而必须于本次修订中一并完善的大背景下,我国学者仍然莫衷一是。有鉴于此,本文在考察各代表性国家或地区仲裁民事责任制度模式、中外学者的相关理论成果的基础上,结合我国现行规范本身的缺陷及其他实际情况,探讨我国仲裁民事责任制度的完善方案。

[①] 本文发表于《上海财经大学学报》2009年第1期,被《社会文摘》2009年第3期转载。在此遗憾地声明:该文在最终付印时将投稿时加注的含有"本项目阶段性成果"之意的文字漏掉了。

(一) 仲裁民事责任制度不同模式的选择

从民事责任轻重的角度,仲裁民事责任制度可以划分为绝对豁免(absolute immunity)、有限豁免(qualified immunity)、有限责任(limited liability)与无限责任(unlimited liability)四种模式。

1. 绝对豁免模式

从字面意义上来说,禁止追究所有形态的仲裁民事责任的制度才能归入绝对豁免模式范畴。

实际上,目前只有国际商会仲裁规则等少数仲裁规则对仲裁民事责任作出字面意义上的绝对豁免规定。① 除此之外,国家或地区制定法或判例法层面上的此种模式规则很难找到。

在美国,仲裁员或仲裁机构并不能当然地豁免衡平法上的民事责任(如禁令)及不履行义务的民事责任,少部分法院还判决过被认为是一方当事人的代理人的仲裁员、超越管辖权的仲裁员和不及时履行义务的仲裁员或仲裁机构承担民事责任。② 然而,美国很多法院通过众多判决形成的判例法给予了仲裁员以下各种行为豁免民事责任的保护:仲裁过程中的恶意偏袒、拒绝提供正当程序、违反仲裁合议要求或其他恶意行为;作成的裁决存在明显的事实错误或法律错误;超出当事人的仲裁决议范围行使管辖权的行为;没有披露丧失仲裁员资格的利益冲突等。③ 同时,美国的一些州制定法通过采纳 2000 年修订的《统一仲裁法》第 14 节中关于仲裁民事责任豁免

---

① See Emmanuela Truli, Liability v. Quasi-Judicial Immunity of the Arbitrator: The Case Against Absolute Arbitral Immunity, *American Review of International Arbitration*, 2006, p. 387 & n. 17.

② See Michael D. Moberly, Immunizing Arbitrators from Claims for Equitable Relief, *Pepperdine Dispute Resolution Law Journal*, 2005, p. 330. See also Maureen A. Weston, Reexamining Arbitral Immunity in an Age of Mandatory and Professional Arbitration, *Minnesota Law Review*, February 2004, pp. 493-494.

③ See Peter B. Rutledge, Towards a Contractual Approach for Arbitral Immunity, *Georgie Law Review*, Fall 2004, p. 152, n. 7, n. 8, n. 74 & n. 19.

制度的方式肯定上述相关判例规则,并在个别方面有所发展。①

另一方面,美国法院通过数起当事人诉有关仲裁机构的著名判决,确立了对后者同样非常广泛的民事责任豁免,其豁免范围包括:仲裁开始之前即发生不法行为;仲裁日程安排不当;没有提供有效的管理服务和未能提供有能力的仲裁员;错误地操作仲裁员任命的行为;处理仲裁员利益冲突过程中存在重大过失;毁坏证据;对听证没有给予适当通知或没有给予提供证据的适当机会之类的各种程序不正常;没有尊重当事人在和解协商期间不发布裁决的指示;违背该机构内部规则规定;超越管辖权范围行事等。②

2. 有限豁免模式

有限豁免模式制度的基本规范方式是:对仲裁员、仲裁机构或其职员宣布免除责任,但是,同时附加了免除责任的限制条件。这种规范方式使得在限制条件满足的情况下,仲裁员、仲裁机构或其职员的民事责任不能被豁免。

英国、新加坡、加拿大和南非③等很多普通法系国家采用了有限豁免模式的制度。如英国 1996 年《仲裁法》第 29 节第 1 款也规定,仲裁员不对在履行或试图履行其职权过程中的任何作为或不作为承担责任,除非该作为或不作为表明其违反诚信责任。同时,尽管该《仲裁法》第 74 节第 1 款对仲裁员的任命机构提供了豁免保护,但是,这种豁免并不延伸至仲裁员的任命机构恶意的作为或不作为。该《仲裁法》第 74 节第 2 段就仲裁员的任何作为和不作为免除了仲裁机构的责任,并对这些情况之外的豁免范围没有规定。④

---

① See Stephen L. Hayford & Alan R. Palmiter, Arbitration Federalism: A State Role in Commercial Arbitrtion, *Florida Law Review*, April 2002, pp. 221-222.

② See Robert A. Holtzman & Jeff Kichaven, Recent Developments in Alternative Dispute Resolution, *Tort Trial & Insurance Practice Law Journal*, Winter 2005, p. 228.

③ See Susan D. Franck, The Role of International Arbitrators, *ILSA Journal of International and Comparative Law*, Spring 2006, p. 517.

④ See Matthew Rasmussen, Overextending Immunity: Arbitral Institutional Liability in the United States, England, and France, *Fordham International Law Journal*, June 2003, pp. 1853-1862.

属于大陆法系的德国、比利时等可以被归入默示采用有限豁免模式的国家。就德国而言,其 1998 年的《民事程序法典》效法 1985 年的联合国《国际商事仲裁示范法》,对仲裁的民事责任问题没有明确规定。德国最高法院却通过判决认定:仲裁员与当事人之间的仲裁服务合同包含了一项赋予前者与国家法官同样豁免特权的协议。但仲裁员所享有的豁免在德国并不是绝对的,汉堡上诉法院曾判决宣布:仲裁员违反合同拒绝签署裁决可以被判承担民事责任。此外,德国的公共政策也禁止包括涉及仲裁员或仲裁机构在内的所有合同有效地排除故意行为所产生的民事责任。比利时等也是通过司法判例确定了默示的有限豁免模式的制度。①

3. 有限责任模式

有限责任模式制度的基本内容是:只对仲裁员的某些行为施加民事责任。

很多大陆法系国家采纳了有限责任模式的制度,其中一些国家实行制定法形式明示有限责任模式的制度,另一些国家则实行默示制度。

属于前一类型的有西班牙、奥地利等。如西班牙 1988 年《仲裁法》第 16 条第 1 款规定,当事人对仲裁员的虚假陈述或过错行为有权提起诉讼。西班牙 2004 年《仲裁法》第 21 条也包含了仲裁员对某些行为必须承担责任的规则,该条第 1 款规定:接受仲裁使仲裁员有义务诚信地履行职责,仲裁员对恶意、鲁莽行为或欺诈导致的损失应当承担责任。② 奥地利 2006 年生效的《民事程序法典》第 584 节

---

① See Susan D. Franck, The Liability of International Arbitrators: A Comparative Analysis and Proposal for Qualified Immunity, *New York Law School Journal of International and Comparative Law*, 2000, p. 36. See also Stefan Riegler, Is Austria any Different? The New Austrian Arbitration Law in Comparison with the Uncitral Model Law and the German Arbitration Law, *International Arbitration Law Review*, 2006, p. 73.

② 西班牙 2011 年《仲裁法》第 21 条仍然保留了此种规则。有学者认为,在西班牙的仲裁员和仲裁机构应投保仲裁险。See Pilar Perales Viscasillas, Arbitration Insurance: An Emerging Market in Spain, http://ezlibrary.sufe.edu.cn:8561/CommonUI/document.aspx?id=kli-ka-1426005-n, visited on 2015-3-31.

第 4 款也规定,在没有正当理由地违法或延迟的情况下,当事人有权要求仲裁员承担责任。奥地利官方的立法说明指出:除非另有明确规定,先前的判例法对 2006 年新法中的相同规则仍然适用。由于该款是照搬了旧法中的第 584 节第 2 款,根据其最高法院 2005 年的一项判决,奥地利仲裁员的民事责任必须受到仲裁裁决被成功撤销的前提条件限制。同时,尽管尚无司法界定,很多学者认为,其制定法中的"过错"限于故意和重大过失。可见,奥地利是采用有限责任模式的仲裁民事责任制度。

实行默示制度的主要为法国、瑞典、瑞士等。如在法国,尽管没有明确的法律规定直接涉及仲裁员的民事责任,法国法院却可能判决仲裁员承担违反合同义务的民事责任。这些违反合同义务而应负民事责任的行为包括接受任命、拒绝裁决、没有在约定的时间内裁决、偏袒、疏忽或违反保密义务。从可获得的资料来看,法国已作出了两起令仲裁员承担民事赔偿责任的判决。仲裁员纯粹地履行其司法职能而对裁决存在不同意见的,则不受任何法律追究。对于仲裁机构,法国最高法院已判决确认其应当对没有提供有效的仲裁手段、对仲裁员行为公正性缺乏适当监督或怠于监督仲裁程序的行为承担民事责任,但是,该法院同时认定仲裁机构并没有义务确保完美的仲裁程序。① 因此,按照法国法,仲裁机构的民事责任也不是无限的。

4. 无限责任模式

选择无限责任模式的国家对仲裁员、仲裁机构或其职员的民事责任没有限制。据学者们的考证,一些伊斯兰传统浓烈的国家以及罗马尼亚、印度尼西亚和秘鲁等实行最广泛的仲裁民事责任制度的国家,可以被归入此类模式。如属于这种模式的沙特阿拉伯,其仲

---

① See Susan D. Franck, The Liability of International Arbitrators: A Comparative Analysis and Proposal for Qualified Immunity, *New York Law School Journal of International and Comparative Law*, 2000, p. 44. See also Philippe Fouchard, Emmanuel Gaillard & Berthold Goldman, *On International Commercial Arbitration*, 中信出版社 2004 年影印版, pp. 594-596, p. 623.

裁员对以下过失可能承担责任：没有注意到重要文件；丢失或损坏重要文件；没有注意到一方当事人所作出的关键性声明。① 又如在罗马尼亚，仲裁员将要对以下四种过失承担民事责任：不正当的辞职；无正当理由没有参与仲裁决策或没有在规定的时间内作成裁决；未经当事人同意公布或披露信息；公然忽视各种约定、法定或暗示义务。

从总体上来看，许多阿拉伯国家的制定法对仲裁员不适当辞职等少数被列举的行为规定了明示责任。如黎巴嫩1983年《民事程序法典》第769条第3款规定：一旦接受任职，仲裁员不得在没有重大理由的情况下随便辞职；否则，仲裁员应当向因此遭受损失的当事人作出赔偿。然而，由于这些国家没有作出任何豁免的规定，也没有民事责任豁免方面的报道判例，它们有可能默示地将仲裁民事责任延伸到所有疏忽行为与其他违反法律义务的行为。不过，与绝对豁免模式的制度一样，无限责任模式的制度也不能从极端意义上去理解。实际上，有些被归入无限责任模式的国家仍然存在着网开一面的规则，如在黎巴嫩和秘鲁，对国际仲裁员就不必然适用上述非常广泛的民事责任制度。②

（二）不同模式仲裁民事责任制度的法理考量

各种模式的仲裁民事责任制度可以追溯至相当长的历史之前。但是，直到20世纪80年代，才陆续地引起较多学者的关注。起初，一些学者强调仲裁的司法性，狭隘地赞同绝对豁免之类的模式。③仅仅数年之后，情况即发生了较大的变化，极端的绝对豁免模式和无限责任模式都遭到了越来越多的学者质疑。目前，对仲裁民事责任制度问题作出了深入研究的学者们实际上已形成了一个共同的

---

① See Faisal Kutty, The Shari'a Factor in International Commercial Arbitration, *Loyola of Los Angeles International and Comparative Law Review*, Summer 2006, p. 612.

② See also David J. A. Cairns, Alejandro Lopez Ortiz, Spain's New Arbitration Act, *International Arbitration Law Review*, 2004, p. 43 & p. 39.

③ See Dennis R. Nolan & Roger I. Abrams, Arbitral Immunity, *Industrial Relations Law Journal*, 1989, pp. 228-265.

结论:有限豁免或有限责任模式(以下合称为"中间模式")才是合理的仲裁民事责任制度模式。达成此项共识的法理依据主要有以下几种:

1. 功能可比说

这种理论依据的基本内容是:仲裁员与法官在功能上具有相似性;如同法官一样,仲裁员也承担着解决当事人之间权利与义务纠纷并作出有约束力的裁决的职能;为了使法官不用担心不满的当事人投诉报复,从而安心地专注于司法审判活动,国家向法官提供了广泛的豁免,同样,为了使仲裁员在仲裁审理中安心地履行职责,国家也必须在仲裁程序期间和仲裁程序结束之后向其提供与法官类似的豁免;仲裁员不是与其裁决争议有关的当事人,在根据任命合同接受其职能时,仲裁员担负着法官的角色,享有与法官相同的权力并承担相同的义务;让与法官具有同样职能的仲裁员在其不是当事人的程序中受到质询是不可能的。但是,不应实行绝对豁免的仲裁民事责任制度,因为就连美国等国的法官,也必须在越权等少数情况下承担民事责任。[①]

2. 契约论

以"契约论"为依据的学者们主张:当事人直接或间接地指定仲裁员或仲裁机构为解决其争议服务,同时为仲裁服务支付费用,在后者接受这种指定时,便形成一种契约关系。仲裁服务的契约性使得国家不宜向仲裁员提供过广的豁免保护,尤其是不应当对仲裁员或仲裁机构的职员任何有意的违法、虚假陈述或欺诈行为提供豁免保护。否则,将会导致当事人与仲裁员或仲裁机构之间合同权利与义务关系的重大失衡,并且这也不利于仲裁质量的提高。

同时,尽管仲裁员的仲裁行为是特殊的专业服务,但是仍然与其他专业服务具有一定的相似性,即服务的提供者皆是依靠自己的

---

① See Matthew Rasmussen, Overextending Immunity: Arbitral Institutional Liability in the United States, England, and France, *Fordham International Law Journal*, June 2003, pp. 1853-1862.

专业知识和经验提供服务。医生、律师、建筑师等其他类专业服务者在从事其专业时,要小心履行职责,如果故意或不小心给当事人造成损失,就要承担民事责任。对仲裁员施加如同这些专业服务者同样广泛的过错民事责任,可能会使仲裁员过分小心,甚至因为害怕承担责任而拒绝接受任命,从而引起仲裁数量和质量的下降,不利于仲裁的发展。此外,国家必须对仲裁员提供一定的豁免保护,以确保仲裁程序和司法程序的完整性。但是,对于少数有意或重大过失的不法行为,引入民事责任制度不仅不会损害仲裁服务业,还会促进其健康发展。①

3. 公共政策说

"公共政策"(public policy)一词在英美法系国家的学者和实务者中广泛使用,而大陆法系国家的学者常常将之表述为"公共秩序"。

支持中间模式的公共政策说的基本内容是:仲裁员在被任命履行其职能时在功能上与法官具有可比性,支撑司法豁免的公共政策同样适用于仲裁员,其目的在于使仲裁员的裁决免受民事责任压力。否则,将会出现大量针对仲裁员的诉讼,仲裁员将被迫应诉或为仲裁程序中的行为出庭作证,从而导致司法讼累和对仲裁程序完整性的损害,同时导致人们不愿意担任仲裁员。为避免出现这种情况,就必须采用和执行给予仲裁员一定范围内豁免的公共政策。同样,过广的民事责任也会使仲裁机构不愿意承接仲裁的管理任务。因此,对仲裁机构同样必须采用给予一定范围内豁免的公共政策,从而避免当事人采用针对仲裁机构的诉讼取代对仲裁裁决瑕疵的诉讼救济。②

---

① See Jesmond Parke & David I. Bristow, The Gathering Storm of Arbitrators' and Mediators' Liability, *International Arbitration Law Review*, 2001, p. 135.

② See Matthew Rasmussen, Overextending Immunity: Arbitral Institutional Liability in the United States, England, and France, *Fordham International Law Journal*, June 2003, pp. 1841-1870. See also Jane Ryland & Jane Ryland, A Comparison of the Liability of Arbitrators, Adjudicators, Experts and Advocates, *Construction Law Journal*, 2005, p. 14.

此外，很多大陆法系国家的学者认为，公共秩序不允许协议免除各类合同履行中故意或重大过失导致损害的民事责任，该原则对仲裁服务合同同样适用。这些学者据此还对国际商会现行规则中的第 34 条的绝对豁免模式规定提出了质疑。他们认为，国际商会的这种立场不仅与美国仲裁协会、伦敦国际仲裁院等众多主流的世界级仲裁机构的规定不一致，而且在效力上与有关国家仲裁民事责任的强行法律制度有抵触，因而对这些国家而言是无效的。法国法院在近年发生的一起针对国际商会的诉讼中，已暗示地支持了这些公共政策论者的观点。[①]

4. 确保仲裁价值论

在当今的争议解决形式多样化、创新性调解或诉讼制度越来越具有效率性、当事人也越来越成熟理性的社会里，仲裁服务实际上面临着非常激烈的行业内外竞争，绝对豁免模式的规则很不利于提高仲裁员或仲裁机构的服务竞争力。同时，由于单靠撤销裁决之类的救济方法并不足以阻止仲裁员或仲裁机构的不公正、非诚信或者无效率等违法或违约行为，只有施加包括民事责任在内的法律责任才能促使仲裁员或仲裁机构自我约束，从而增强仲裁或机构仲裁的吸引力。美国仲裁协会等仲裁机构主动地在其仲裁规则中放弃绝对豁免规定即是有力的例证。另外，国家也应当实行对仲裁员和仲裁机构友好的制度，禁止当事人就获得不利裁决的案子轻易地重新提起针对仲裁员或仲裁机构的诉讼。这种制度的目的并非保护仲裁员或仲裁机构的单方私利，而是确保仲裁的独立性、公平性和有

---

① See Susan D. Franck, The Liability of International Arbitrators: A Comparative Analysis and Proposal for Qualified Immunity, *New York Law School Journal of International and Comparative Law*, 2000, p. 14; Matthew Rasmussen, Overextending Immunity: Arbitral Institutional Liability in the United States, England, and France, *Fordham International Law Journal*, June 2003, pp. 1861-1863. See also Philippe Fouchard, Emmanuel Gaillard & Berthold Goldman, *On International Commercial Arbitration*, 中信出版社 2004 年影印版, pp. 594-596, p. 623.

效性所必需。①

(三) 我国仲裁民事责任制度的完善

1. 关于我国仲裁民事责任制度的争论

我国仲裁民事责任制度的现状是:所有制定法中没有明确地体现。现行《仲裁法》第 38 条规定,存在下列情形之一的,仲裁员应当依法承担法律责任:私自会见当事人、代理人或接受当事人、代理人的请客送礼的;在仲裁案件时有索贿受贿、徇私舞弊及枉法裁判行为的。但是,对于该条中的"法律责任"是否包含民事责任,学者们存在不同的看法。一些学者持肯定性主张,另一些学者却断言该条没有意图对仲裁员施加民事责任。②

除了对现行《仲裁法》第 38 条有上述分歧之外,我国学者就应否追究仲裁员和仲裁机构的民事责任问题也存在着极不相同的认识。

一部分学者主张在任何情况下都不应当追究仲裁员和仲裁机构的民事责任,其主要理由是:仲裁是公民自我选择和自我管理权利的体现,各方当事人在争议发生前后达成协议,自愿将他们之间的争议提交双方所同意的仲裁机构通过仲裁员居中调解、作出判断或裁决,即使有错,甚至是严重损害当事人利益的错误仲裁行为,也是当事人自愿选择的,自然不应受到任何指责,公权力当然要尽可能地超然对待,给予民事和刑事责任的完全豁免;当事人就是遇到了不称职的仲裁员或仲裁机构,对此补救的正确方式也只是通过司法监督程序撤销或者不予执行裁决,而不是将作出错误裁决的仲裁员送进监狱或者追究该仲裁员或相关仲裁机构的民事责任,最多只能通过除名的方式淘汰该仲裁员;我国仲裁业处于初期发展阶段,需要鼓励而非限制,鼓励的办法就是豁免仲裁员或仲裁机构的法律

---

① See Susan D. Franck, The Role of International Arbitrators, *ILSA Journal of International and Comparative Law*, Spring 2006, p. 517.

② 参见高菲:《中国海事仲裁的理论与实践》,中国人民大学出版社 1998 版,第 178 页。同时参见阎铁毅、梁淑妍:《关于仲裁员责任制度的思考》,载《中国海商法研究》2002 年第 1 期。

责任。①

另一部分学者则倡议我国实行中间模式的仲裁民事责任制度。他们认为:现代经济的发展使仲裁所面临的形势越来越复杂以及当事人的需要也越来越趋向多样化,仲裁员或仲裁机构若不能通过承担一定范围内民事责任的方式约束自己,必将遭到商事争议当事人的冷落甚至被淘汰;中间模式的仲裁民事责任制度吸收了豁免和施加民事责任所产生的积极意义,同时对两者进行一定范围的限制也避免了它们绝对化所导致的不合理后果;中间模式的仲裁民事责任制度已为部分国家所接受,经验证其可操作性和现实性兼备,既能保证仲裁员和仲裁机构的独立性,又能保证其尽到审慎注意义务,对减少滥用仲裁职权的可能性、维护仲裁当事人的权益具有重要的意义,是仲裁良性发展的制度基础。②

2. 我国仲裁民事责任制度的完善措施

笔者支持我国实施中间模式仲裁民事责任制度的观点。就该制度的完善措施而言,主要可分为两个方面:

(1)修改现行《仲裁法》第38条的规定

现行《仲裁法》第38条没有明确"法律责任"是否包含民事责任无疑为一大缺陷。2008年10月在北京举办的全国国际私法年会上,中国国际贸易促进委员会国际经济贸易仲裁委员会秘书长披露,我国已有数起针对仲裁员或仲裁机构的民事诉讼案件。但是,我国至今没有公开的资料透露起诉的当事人、被起诉的仲裁员或仲裁机构,也没有关于某法院是否受理或如何处理的报道。可见,现行《仲裁法》第38条中"法律责任"这种含混的概念不仅使一些学者得出了上述无施加民事责任意图的结论,而且已经使得一些法院不敢受理或处理仲裁民事责任纠纷案件。

---

① 参见徐前权:《仲裁员法律责任之检讨——兼评"枉法仲裁罪"》(上),载《仲裁研究》2006年第3期,第41—42页。

② 参见高菲:《中国海事仲裁的理论与实践》,中国人民大学出版社1998版,第178页。同时参见阎铁毅、梁淑妍:《关于仲裁员责任制度的思考》,载《中国海商法研究》2002年第1期。

不过,笔者认为,《仲裁法》第 38 条更大的缺陷是该"法律责任"制度本身很不周全。稍微懂一些法律规范原理的人都清楚,每一项完备的法律规范不仅应当规定其适用条件、具体权利与义务的内容,而且还应当包含违反该规范时应当承担何种法律责任的规定。现行《仲裁法》中的很多条文对仲裁员和仲裁机构规定了明确的法律义务,却仅有第 38 条规定:出现了第 34 条中最后一种不独立性的情形且情节严重以及第 58 条第 6 项的情形时,仲裁员应承担法律责任。这种规定的结果便是:在我国境内提供服务的仲裁员或仲裁机构在违反《仲裁法》其他条文下的义务时,根本没有任何法律依据追究其任何法律责任。

为了消除学者们的分歧及有关法院的顾虑,本着促进我国仲裁业健康发展、提高仲裁员品德与业务素质以及合理地维护仲裁当事人利益之主旨,同时考虑到适当范围的豁免可以使仲裁员和仲裁机构正常地从事仲裁工作和有利于维护仲裁程序的完整性,我国正在承担《仲裁法》修订工作的部门显然一定要意识到该法第 38 条所存在的前述缺陷,应当通过作出内容如下的修改完善该条规则:仲裁员故意或重大过失地违反本法中各项义务应当承担民事责任,情节严重的,依法承担刑事责任,仲裁委员会应当将其除名;仲裁机构的职员故意或重大过失地违反本法中的各项义务,应当与仲裁机构连带承担民事责任,情节严重的,依法承担刑事责任,仲裁委员会应当将其除名。①

这里予以说明的是,对"重大过失地"违反法定义务的仲裁服务行为施加民事责任的原因在于:可以有效地减少仲裁员或仲裁机构的职员的重大过失行为,促进当事人对仲裁行业的信任。实际上,在我国仲裁业十分不景气的今天,仲裁员或仲裁机构职员也需要通过增加责任的方式证明自己的可信性。国外的一些学者研究证明,对律师的过失行为施加民事责任不仅可以增强人们对律师的信任,

---

① 参见张晓玲:《国际商事仲裁协议法律适应问题研究》,载《政治与法律》2007 年第 1 期,第 119 页。

而且会大幅度地减少针对律师玩忽职守的诉讼,由此还会降低律师责任保险的费用,从而也不会实质地提高律师服务的成本。① 对提供同属于法律服务性质的仲裁服务人员采用同样的民事责任规范,无疑也会带来类似的积极效果。

(2)采取积极的司法措施

实际上,在现行《仲裁法》修订之前与之后,人民法院都可以采取一些积极的司法措施完善我国的仲裁民事责任制度。

我国《民事诉讼法》和《仲裁法》等现行的法律和其他法规都没有明示的规则禁止人民法院受理仲裁民事责任纠纷的案件,更没有限定人民法院对仲裁员和仲裁机构追究哪一种民事责任。因此,在现有的法律框架下仲裁民事责任纠纷的案件仍然具有可司法性的特征,人民法院有权予以受理,并且有权决定适当类型的民事责任。各地人民法院进行如此尝试,不仅可能推动最高人民法院作出统一的司法解释,而且会对《仲裁法》的相关修订产生积极的影响。

不过,为了贯彻支持仲裁的立法精神,各地人民法院在目前的情况下,不应当滥用涉及仲裁民事责任案件的审理权,更不应当轻易地对仲裁员、仲裁机构及其职员判决承担民事责任。各地人民法院应当只对极少数情节特别恶劣的故意或重大过失地违反仲裁法律义务的仲裁员、仲裁机构及其职员,判决承担适当类型和适当程度的民事责任。

《仲裁法》修订之后,人民法院在完善我国的仲裁民事责任制度方面也会继续发挥着积极的作用,因为:即使是仲裁制定法非常现代、完善的英国、新加坡、西班牙等国,有关仲裁民事责任的规则依然是非常抽象的,对民事责任的类型和程度等都不作出具体的规定;基于现实案情的无限多样性,在不影响实施效率的情况下,立法本身应当尽可能地简明,我国修订的《仲裁法》关于仲裁民事责任的规则将会至多明确到上述内容的程度。在《仲裁法》修订得如上述

---

① See Louis A. Russo, The Consequences of Arbitrating a Legal Malpractice Claim: Rebuilding Faith in the Legal Profession, *Hofstra Law Review*, Fall 2006, p. 328.

内容简明的情况下，人民法院在具体案件中无疑需要创造一些更具体的制度。如就民事赔偿责任而言，人民法院就需要基于该法的立法精神，结合民法原理和合同法原理，创造出赔偿幅度的具体制度。对此，笔者的建议是，我国的人民法院可以借鉴法国、加拿大、南非等国法院已采取的办法：如果仲裁员或仲裁机构的不能免责行为未给当事人造成其他实际损失，其所承担的民事责任最多应为退还仲裁酬金或案件的服务费；受害当事人通常可索取的最大损害赔偿额限为在诉讼程序中撤销仲裁裁决发生的成本、因撤销仲裁裁决而报废的先前仲裁程序中发生的成本和重新参加仲裁发生的成本，但是，受害当事人获得有利裁决机会的成本则不会计入，因为受害当事人参加重新仲裁仍然会有这种机会；如果其行为造成了延期裁决或一方当事人的延期偿付，则其所承担的民事赔偿责任应加上所涉款项的合理利息损失；只有仲裁员或仲裁机构的不法行为给当事人造成了其他直接经济损失的情况下，才需另行赔偿这些损失。

二

我国仲裁员独立性和公正性及其保障制度的完善[①]

摘要：绝大多数国家均将仲裁员承担独立性与公正性义务规定为法定义务，并采取披露、调查等措施保障该义务的落实。同时，境外也出现了非常具有参考价值的非制定法制度。我国关于仲裁员独立性与公正性及其保障方面的制定法和非制定法制度都存在着重大缺陷，应借鉴仲裁法制发达国家的经验并结合自身情况，通过改进相关制定法和非制定法制度的方式予以完善。

关键词：仲裁员；独立性；公正性

意思自治是仲裁的重要原则之一，然而，世界上绝大多数国家仍然保留着一些强行规则，不允许当事人协议排除，以确保仲裁正义之目标。仲裁员必须具备独立性与公正性的规则即属于这种范畴的强行规则，世界上很多国家的制定法不仅直接明示地确认该规则，而且还采用多种保障制度确保该规则的有效贯彻。与之相比，我国仲裁员独立性与公正性及其保障方面的制定法和非制定法制度都存在着严重缺陷，成为仲裁公信力不高的重要因素之一。为了促进我国仲裁业的健康发展，应当借鉴仲裁法制发达国家的有益经验，结合国情，通过修订《仲裁法》相关条款及改进相关非制定法制度的方式加以完善。

（一）我国制定法明示仲裁员独立性和公正性的必要性

对于仲裁员独立性与公正性的要求，世界各国基本上采用三种

[①] 本文系笔者与张心泉副教授合作完成，发表于《法学》2009 年第 7 期。

模式:第一种模式是在制定法中明确要求仲裁员同时承担独立性和公正性义务。20世纪,德国1998年《仲裁法》与吸收1985年联合国《国际商事仲裁示范法》(以下简称《示范法》)第12条规定的其他近50个国家的仲裁法为采用此模式的代表。21世纪以来值得关注的新仲裁法,如西班牙2011年《仲裁法》第17条、日本2003年《仲裁法》第18条、丹麦2005年《仲裁法》第15条和马来西亚2005年《仲裁法》第11条等更是通行地选用了该模式。第二种模式则是在法条中仅对仲裁员规定独立性或公正性中之一种义务要求。瑞士、英国和瑞典等国为本模式的代表。第三种模式则是美国和法国等国所实行的。这些国家的仲裁法中并没有条文直接规定仲裁员承担独立性和公正性义务,但是利用仲裁法中列举的撤销、拒绝承认和执行仲裁裁决理由的方式体现同样的要求。

Tibor Varady等著名学者认为,制定法中不仅应当明确宣示,而且应当同时要求仲裁员具备独立性和公正性,因为独立性和公正性之间存在着交叉却不吻合的关系。交叉部分的表现为仲裁员既独立又公正,不吻合的情形则是独立的仲裁员不能公正地对待各方当事人或不独立的仲裁员却能公正行事。从字面上说,独立性意味着仲裁员不存在或没有保持事实上或法律上的外部依赖关系。这种依赖关系意味着来自一方当事人、一方当事人的雇员、顾问或咨询人或代理律师、未卷入案件但与一方当事人有联系者及其他仲裁员等外部人因为存在经济上、专业上或个人等方面的密切联系而对某仲裁员产生的影响。该种外部影响或联系在习惯上经常被称为"利益冲突",而"利益冲突"关系的存在可能导致该仲裁员不能公正地对待当事人。确实有极少数仲裁员与一方当事人有持续重要联系却有能力保持公正,但是,任何一方当事人都不应被要求相信不独立于另一方当事人的仲裁员会忘记其不独立的身份而作出公正的裁决。为此,仲裁员独立性的要求无论如何都要坚持。另外,只有同时要求公正性才能使独立身份的仲裁员维持对每一方当事人没有任何偏袒或对案件没有偏见的"独立的思想"状态,从而能公平地进行仲裁程序并只根据相关事实和法律作出裁决。①

　　Christopher Koch 等学者却主张,公正性和独立性的含义没有实质性的不同。如瑞典 1999 年《仲裁法》第 8 条尽管只规定了仲裁员必须保持公正性,但是,该条所列举的第一种和第二种仲裁员不公正形态在其他很多国家却被视为仲裁员不独立的问题。又如瑞士 1987 年《国际私法法典》第 181 条第 1 款(c)项中对仲裁员只作出独立性要求,对公正性只字未提,瑞士法院却经常准予当事人以不公正为由对仲裁员提出质疑。据此,这些学者认为,法条中明确规定独立性或公正性中之一项义务就足够了,同时提出两项要求并无必要,关键是通过扩张解释的方式,使得仲裁员在实践中兼备独立性和公正性。②

　　我国现行法律中也有直接或间接体现对仲裁员独立性或公正性要求的规则规定,如《仲裁法》第 13 条的"公道正派"要求规则、第 34 条的回避规则、第 38 条的法律责任规则和第 58 条的撤销裁决规则等。采用间接模式的法国、美国等国的仲裁业十分发达,我国相关制定法条文在文字上还要更丰富一些,表面上比较起来,似乎不应当说我国的这些规则存在缺陷。然而,从相关法条上下文背景、法律文化传统和行业自律精神等深层因素来看,这些规则不仅缺陷明显,而且构成我国仲裁业发展的严重障碍。主要表现在以下几个方面:

　　首先,在相关法条的上下文背景方面,即使是美国、法国等,其间接的法律规则都是针对具体个案仲裁员的。我国《仲裁法》第 13 条中"公道正派"要求却是针对仲裁员人选仲裁委员会名册而言的,

---

① See Tibor Vardy, International Commercial Arbitratim, *West Group*, 2003, pp. 131-132. See also Leon Trakman, The Impartiality and Indeparence of Arbitrators Reconsidered, *International Arbitratim Law Review*, 2007, p. 127.

② See Christopher Koch, Standards and Procedures for Disqualifying Arbitrators, *Journal of International Arbitration*, 20(4), 2003, p. 332. See also Audley Sheppard, Mandatory Rules in International Commercial Arbitration—An English Law Perspective, *American Review of International Arbitration*, 2007, pp. 137-138.

对以前一向"公道正派"却在某个具体案件中意外地纯粹偏袒的仲裁员,都不能按照《仲裁法》第34条、第38条、第58条或现行的任何其他法律条文宣告其偏袒行为非法,并因此而不能阻止其继续进行费时费财的仲裁程序。同时,第34条等间接体现局部方面独立性或公正性要求的规则还存在着下文中阐述的其他缺陷。

其次,仲裁员具备公正性和独立性不仅是对所有当事人公平的仲裁程序的重要保证,而且能增加其实体公正的可预见性,符合理性当事人的自然正义理念。数个世纪以来,西方各国一直坚守着这一传统,并视之为仲裁法的一大基石,①美国和法国等也不例外。同时,这些国家的多数仲裁员或法官水平较高,能够有效地贯彻蕴含于仲裁法中的这种精神。由于封建专制时期太长,我国非常缺乏可预见性的法律文化,尤其是新中国成立之后法治历程较短且很不完善,加之西方意义上的仲裁在我国发展的历史并不长等原因,一般的民众、多数仲裁员或法官"现阶段对法律规范的认知更多地是停留在白纸黑字的法律文本上,而非发觉隐藏在法律规范背后的法律原则和法律理念"②。

最后,就行业自律精神而言,我国的仲裁业也逊色得多。包括美国和法国在内的发达国家仲裁机构普遍在其仲裁规则中直接要求仲裁员保持独立性和公正性,并在绝大多数场合下严格执行这一要求。目前我国共有200多家仲裁机构,其中北京仲裁委员会等数家机构确实有先进理念和实践,不仅采用仲裁规则明确地宣布仲裁员应当独立和公正,而且认真地实施。但是,其他仲裁委员会中有

---

① See Gary B. Born, *International Commercial Arbitration*, Kluwer Law International, 2009, p. 1462. See also Ann Ryan Robertson, Evident Partiality Based on Non-Disclosure: Betwixt and Between in the United States, *Vindobona Journal of International Commercial Law & Arbitration*, 2008, p. 113.

② 王成栋:《"正当法律程序"适用的基本问题》,载《法治论丛》2008年第6期。See also Micheal I. Kaplan, Solving Pitfalls Impartiality When Arbitrating in China: How the Lessons of the Soviet Union and Iran Can Provide Solutions to Western Parties Arbitrating China, *Penn State Law Review*, Winter 2006, p. 778. 同时参见陈兴良:《司法解释功过之议》,载《法学》2003年第8期。

很大一部分不仅简单地将上述《仲裁法》的不完善规定抄进其仲裁规则,而且对第 13 条中"公道正派"的一般资格要求也未严格贯彻,更谈不上在个案中严格地要求仲裁员具备独立性和公正性。[①] 一些参加过我国某著名仲裁委员会管理下的仲裁案件的外籍仲裁员、律师和当事人,不时地声称该机构的中国籍仲裁员在公正性和独立性方面比外籍同行差得多,竟然在仲裁期间经常与当事人或当事人的律师私下交流。

当事人自愿选择仲裁,一旦仲裁员失去公正性和独立性外表,不管其裁决实际结果如何,成熟的当事人都将避免选择这样的仲裁员来解决其争议。[②] 不少仲裁机构的工作人员、参加过仲裁的仲裁员和律师们也反映:好不容易争取到当事人前来仲裁委员会仲裁,结果却让当事人发现仲裁员很不公正和独立,从此这些当事人再也不去仲裁了。近年来,我国民商事诉讼案件每年都有数百万起,尽管很多仲裁委员会通过行政领导支持或作其他努力,全国的仲裁案每年也只不过几万件(本数据是由最高人民法院万鄂湘副院长在 2008 年的全国国际私法年会上宣布的),有相当一部分仲裁委员会严重地依赖财政补贴生存,仲裁员缺乏独立性和公正性无疑是造成这种局面的重要原因之一。

可见,在特殊的仲裁法律文化背景下,为了发展仲裁业,我国必须在修订的《仲裁法》中明确规定仲裁员在具体案件中须同时承担独立性和公正性的义务。这种正式的法律规则属于仲裁"使用者(仲裁机构、仲裁员、当事人、代理律师和进行司法审查的法院)友好

[①] 参见马永双、赵全龙:《仲裁员制度的现状与改进》,载《河北法学》2005 年第 8 期。同时参见萧凯:《从富士施乐仲裁案看仲裁员的操守与责任》,载《法学》2006 年第 10 期。

[②] See William W. Park, Duty and Discretion in International Arbitration, *American Journal of International Law*, October 1999, p. 805.

型"规范,不仅符合立法透明化的国际进步趋势,①而且与效力层次较低、有限的少数仲裁机构只在该机构管辖范围内自行实施的内容相同的规定相比,具有全国范围内强制施行的巨大优势,能够大大地推动整体仲裁正义的形塑和整个仲裁业的发展。

(二)完善保障仲裁员独立性和公正性的制定法制度

制定法中规定仲裁员独立性和公正性义务的明示规则如果没有相应的保障制度,就会成为空文。我国现行《仲裁法》和《民事诉讼法》中虽然也有一些对仲裁员独立性和公正性起保障作用的规则,但是,这些保障规则同样也存在着较大的缺陷。因此,改进我国仲裁员独立性和公正性的保障规则也是非常必要的。在《仲裁法》的修改中,立法机关可考虑采取以下改进措施。

1. 应强行规定仲裁员披露义务规则

一般而言,要求仲裁员披露相关情况会便于当事人对其评估有无不独立或不公正的问题,从而确定是否对其进行质疑。可见,规定披露义务对确保当事人信任仲裁员公平审理是至关重要的。该义务规则由此被广泛地认为是保障仲裁员独立性和公正性的首要措施,并被很多国家或地区的仲裁法明确规定为强行规则。②

不过,各国关于披露义务制定法规范的文字表述并不完全一致:一类如《示范法》第 12 条第 1 款规定,某人在得知自己将被任命为仲裁员时,应当披露可能对其公正性或独立性引起正当怀疑的任何情况;仲裁员自其被任命时开始及整个仲裁程序期间,应当毫不

---

① See Lisa Eichorn, Clarity and Federal Rules of Civil Procedure: A Lesson from the Style Project, *Journal of the Associatian of Legal Writing Directors*, Fall 2008; J. Paul Salembier, A Template for Regulatory Rule-Making, *Statute law Review*, 2003; Ruth Sullivan, The Promise of Plain Language Drafting, *McGill Law Journal*, November 2001; Robert B. Seidman, A Pragmatic, Institutionalist Approach to the Memorandum of Law, Legislative Theory, and Practical Reason, *Harvard Journal on Legislatiorn*, Winter 1992.

② See Philippe Fouchard, *On International Commercial Arbitration*,中信出版社 2004 年影印本, p. 578. See also Thomas E. Carbonneau, At the Crossroads of Legitimacy and Arbitral Autonomy, *American Review of International Arbitration*,2005, p. 231.

延迟地披露任何这类情况,但是仲裁员已向当事人告知了这些情况的除外。学界称这种规则为"客观标准"规则,因为仲裁员只需披露在客观理性的第三人看来对其公正性或独立性产生正当怀疑的那些情况。另一类如德国《民事程序法典》第1036条第1款第1项规定,在某人被任命为仲裁员时,他应当披露可能对其独立性和公正性产生怀疑的任何情况。很明显,德国将《示范法》中"怀疑"前面的"正当的"一词删除了。一些学者认为,德国的这种规则如同《国际商会仲裁规则》第7条第2款那样更明确地规定,属于"主观标准"规则,其要旨是要求仲裁员从当事人主观愿望判断并披露对其独立性和公正性可能产生怀疑的情况范围,以进一步促进当事人对仲裁员中立性的信任。然而,主观标准的一大缺陷是可能鼓励当事人的任意质疑和不必要的披露。为弥补该缺陷,德国等国的法院往往将该项的"怀疑"狭义地解释为"合理怀疑",从而在实践中与客观标准规则趋同。出现这种局面的原因是:不应当使披露变得如此烦琐以至于妨碍最适合裁决争议的商界人士担任仲裁员。①

我国《仲裁法》没有规定披露规则,这既不利于维护以我国为仲裁地的当事人的合法利益,也不能对很多仲裁委员会起到约束作用,长期下去将会对这些仲裁委员会的声誉造成影响。如一些仲裁委员会为了迁就当事人,在其仲裁规则中规定,当事人同意将争议交由其仲裁的,视为同意按其规则进行仲裁;当事人约定适用其他仲裁规则,或约定对其规则有关内容进行变更的,从其约定,但其约定无法实施或与仲裁地强制性法律规定相抵触者除外。这种规定意味着在我国境内进行仲裁时,这些仲裁委员会可能会允许当事人排除我国制定法没有为保障独立性和公正性之要求而施加的仲裁员披露义务。国际商会仲裁院等一些世界著名的仲裁机构的现行

---

① 国际商会的该款规定中采用了"在当事人看来"(in the eyes of the parties)的措辞,明确地指出按当事人的主观看法作为仲裁员披露范围的依据。See Annek Hoffmann, Duty of Disclosure and Challenge of Arbitrators: The Standard Applicable Under the New IBA Guidelines, Conflicts of Interest and the German Approach, *Arbitration International*, No. 3, 2005, pp. 429-433.

规则不仅包含有关国家制定法中仲裁员独立性和公正性的要求,而且要求按照其规则选定的仲裁员在世界任何地点进行仲裁时都必须进行披露。在制定法中披露规则空白的情况下,我国这些仲裁委员会的此种一味讨好当事人的规则显然难以帮助其树立起良好的国际竞争形象。

可见,我国必须在修订的《仲裁法》中增加强行的披露规则并选择合适的披露标准。如前所述,根据当事人视角的主观披露标准可以增进当事人对仲裁员公正仲裁行为的信心,严格地贯彻却无助于提高仲裁效率。采用这种标准的国家的有关法律已实行限制解释的办法,使该标准下仲裁员的实际披露范围并不比客观标准宽很多。因此,我国可径直采用客观披露标准规则,在《仲裁法》第34条中增加1款作为第1款,总括性地规定仲裁员必须承担披露对其公正性或独立性引起正当怀疑的任何情况的义务,同时规定仲裁员被任命时及整个仲裁程序期间都必须承担这种义务。

2. 增订仲裁员承担调查义务的规则

在理论上仲裁员不知道潜在利益冲突的存在,但是,是否知道只有仲裁员自己清楚,一旦发生纠纷,他常不会主动地承认,当事人往往也很难举证证明。为了防止这种不公正的局面出现,不少学者主张应当对仲裁员施加调查是否存在潜在利益冲突情况的义务。美国律师协会和美国仲裁协会较早地响应了这一主张,在1977年的《道德法典》"规范B+披露"栏目下的B部分正式确立了仲裁员的调查义务。其后,美国的一些行业仲裁协会的仲裁程序准则中也规定了仲裁员的调查义务。当然这些规则没有强制约束力,当事人可以排除适用。但是,到了20世纪80年代,美国一些州法院开始通过司法判决确立了仲裁员的这一义务。[1] 国际律师协会也在20多年前积极倡导仲裁员承担调查义务,并在其1987年《国际仲裁员道德守则》第5条第1款中明确规定,仲裁员应当充分调查以了解是否有对

---

[1] See Lee Korland, Proposing a New Test for Evident Partiality Under the Federal Arbitration Act, *Western Reserve Law Review*, 2003, pp. 829-830, n. 51.

其公正性或独立性可能产生正当怀疑的情况。美国 2000 年修订的《统一仲裁法》第 12 节以州示范法的形式规定了仲裁员的合理调查义务。美国律师协会与美国仲裁协会 2004 年的《道德法典》第 5 条第 1 款仍保留了仲裁员承担调查义务的规则。此外，瑞士、英国的制定法或判例法也宣告了仲裁员的这一义务。①

鉴于仲裁员具有裁判者的职能，能够决定当事人之间重要的民商事权利和义务，对仲裁员已施加了此种义务的国家，仲裁正义和效率都能兼顾。对此，国际律师协会通过重要文件予以提倡。这表明，只要进行合理的限定，在制定法中引入该义务不会有其他的消极作用。因此，在我国修订的《仲裁法》中规定仲裁员具有调查义务是比较可取的。当然，我国《仲裁法》吸收该制度后，针对有关争议进行审查的人民法院应当根据立法精神将仲裁员的调查义务限于合理的范围内。

3. 完善仲裁员回避义务规则

为了贯彻仲裁员独立性和公正性的强行法原则，各国的仲裁法普遍地确立了回避义务规则，即存在某些利益冲突或其他不公正情况的人士，不得担任仲裁员或不得继续担任仲裁员。

我国《仲裁法》第 34 条规定了确实属于仲裁员承担回避义务方面的规则，但是，该条采用穷尽列举的方式，本身在逻辑上就存在规范不周全的缺陷。显然，这种缺少仲裁员应回避事项的概括性规则的条款，会使很多其他减损仲裁员独立性或公正性的情形被遗漏掉。同时，该条列举事项中数处采用了过于弹性的用语，构成了含混的"灰色法域"。② 对于这些缺陷，立法者应当通盘考虑修改。前已指出，该条需要增加披露规则作为第 1 款，为此应再增加一款作为第 2 款，与第 1 款相呼应，概括地规定当事人对存在不独立或不公正情形的仲裁员提出回避请求的权利。将披露和回避条款并入同一

---

① See Alan Scott Rau, The Culture of American Arbitration and the Lesson of ADR, *Taxes International Law Journal*, Spring 2005, pp. 135-139. See also Catherine A. Rogers, Regulating International Arbitrators: A Functional Approach to Developing Standards of Conduct, *Stanford Journal of International Law*, Winter 2005, n. 152.

② 参见王国锋：《我国仲裁员制度的反思与整合》，载《行政与法》2004 年第 6 期。

条,是由于很多国家的仲裁立法实践证明,披露与回避事项实际上可以且应当一致;两条款规则的主旨都是保障仲裁员的独立性和公正性。增加第 2 款则是因为:该条原文中列举的四项仲裁员必须回避的事项不能很好地涵盖其他减损仲裁员独立性或公正性以至于应当回避的情形,如仲裁员的近亲属或其他密切联系者与本案有利害关系,仲裁员的近亲属或其他密切联系者与本案当事人、代理人有其他关系等也可能影响公正仲裁,却没有列举。在此情况下,单纯添加总括性披露义务显然会使一些仲裁员误以为只有该条文中列举的回避情形才是必须披露的情形。

此外,为了更明确起见,原第 34 条中列举的四项仲裁员必须回避的情形可以保留下来作为第 3 款,但要注意不与第 1 款和第 2 款总括性规则相冲突。因此,原条文中的第 1 句必须修改。实际上,第 3 款可以效法瑞典 1999 年《仲裁法》第 8 条等概括性规定加明确的非穷尽列举措辞,同时也可以借鉴该条中概念的精确表达方法,从而避免原条文中的"有(可能影响公正仲裁的)其他关系"之类的含混概念。

4. 调整关于违反行为不利法律后果的规则

违反独立性与公正性规定产生的不利法律后果包括撤换仲裁员,撤销或拒绝承认和执行仲裁裁决,对仲裁员施加民事责任甚至刑事责任等。调整我国关于违反行为不利法律后果的规则,可主要归纳为以下几个方面。

首先,应完善撤换仲裁员的规则。撤换仲裁员的后果只能发生于仲裁裁决作成之前。如果在裁决作成之后发现了仲裁员违背独立性与公正性之情事,当事人一般只能寻求撤销或拒绝承认和执行仲裁裁决,以及追究仲裁员的民事责任或刑事责任。从很多国家的立法或司法实践来看,[①]对其他仲裁纠纷确实是严格地限制当事人

---

① 如瑞士《国际私法法典》第 180 条第 3 段、意大利《民事诉讼法典》第 836 条及采纳了《示范法》第 13 条的国家等。See Mauro Rubino-Sammartano, *International Arbitration Law and Practice*,中信出版社 2003 年影印本,p. 337. 同时参见杨良宜:《国际商务仲裁》,中国政法大学出版社 1997 年版,第 84-85 页。

的起诉权,但是,对仲裁员违反独立性或公正性的行为,世界上多数国家都提供了司法救济手段。不过,这些国家的法律一般要求当事人就此问题先向仲裁机构请求决定以提高仲裁效率,在对仲裁机构的决定不服时,当事人可以向法院起诉。根据我国《仲裁法》第36条的规定,发现仲裁员不独立或不公正时,当事人可以请求仲裁委员会撤换仲裁员。与上述域外较强的司法保障规则相比,该条的明显缺陷是:未赋予当事人请求人民法院撤换仲裁员的权利。此缺陷对保障仲裁员履行中立性义务是不利的,因为一旦某地某时的仲裁委员会具有偏袒性,当事人将投诉无门。笔者建议修改该条款,具体可分成两款:原文保留为第1款,再增加一款作为第2款,规定在仲裁裁决作成之前,当事人对仲裁委员会决定不服的,可以向有管辖权的法院起诉。

其次,应修改撤销或拒绝承认与执行仲裁裁决的规则。在很多国家,仲裁员具有公正性和独立性义务不仅是强制性规则,而且具有该国国内和国际程序公共政策规则的双重性质。因此,不单是从事国内仲裁的仲裁员违背了此义务,其作成的裁决会被质疑、撤销或拒绝承认与执行,如果承接国际案件的仲裁员出现了违背此规则的情形,《纽约公约》缔约国的当事人同样有权根据该公约第5条第2款(b)项的规定,请求拒绝承认和执行有关的国际仲裁裁决。鉴于《纽约公约》等对撤销裁决的事由无任何限制,该公约或与之类似的其他公约一般也将仲裁员违背公正性和独立性的行为规定为撤销仲裁裁决的理由之一。撤销或拒绝承认和执行有关裁决的后果对仲裁员虽无直接不利的影响,却会严重损害其声誉。

我国《仲裁法》第58条第3项和第6项与第63条规定,可以保障国内仲裁中的当事人对仲裁员不给予辩论机会等违反法定程序或其他枉法裁决的不公正行为,撤销或不予执行裁决的申请权。但是,对仲裁员不独立而当事人未申请回避的情形,仲裁裁决可否被撤销或不予执行的问题却没有明确的规定。对于国际仲裁,该法第70条和第71条同样没有为仲裁员违反公正性或独立性义务作成的国际仲裁裁决提供撤销或拒绝承认与执行的依据。根据《民事诉讼法》第 274 条第 2 款的规定,我国法院在撤销或拒绝承认与执行裁决中,确实可以主动地审查纠纷中的国际仲裁裁决是否违背我国的公共利益,并已出现了司法先例。① 但是,违背公正性或独立性义务的行为大多只损害一方当事人的利益,而与公共利益无涉。对于以上各条中存在的问题,在修订《仲裁法》的过程中,可以引入国际上通用的涵盖了要求仲裁员必须具备公正性或独立性的"公共政策"规则,并将第 58 条或第 63 条中"违反法定程序""徇私舞弊"等行为加以整合,归入违反公共政策的行为中,进而将之添加为撤销或拒绝承认与执行国内或国际仲裁裁决的理由之一。

最后,应改进关于仲裁员法律责任的规则。我国关于仲裁员法律责任的规则主要体现在《仲裁法》第 38 条和《刑法》第 399 条,这两条都很有问题。从法理学角度来看,每一项完备的法律规则应包含违反者承担何种法律责任的内容。目前世界上仅美国等极个别国家鉴于仲裁员的特殊身份而给予其豁免民事赔偿责任的待遇,其他国家一般都有明确的法律规则,对因故意或重大过失违反法定义务的仲裁员施加民事责任,一些国家已出现了对仲裁员实际施加民事赔偿责任的司法判决。此外,包括美国在内的所有国家对违反法定义务达到犯罪程度的仲裁员都规定了刑事责任。② 我国《仲裁法》中有很多条文为仲裁员规定了明确的法律义务,却只在第 38 条中规定:出现了第 34 条中最后一种不独立性情形并且情节严重,以及第 58 条第 6 项的情形时,仲裁员才承担法律责任。特别不妥的是,该条还没有明确承担什么样的法律责任,使得多数学者声称《仲裁法》

---

① 参见李梦圆、宋连斌:《论社会公共利益与商事仲裁的司法监督——对我国法院若干司法实践的分析》,载《北京仲裁》2006 年第 1 期。

② See Philippe Fouchard, Emmanuel Gaillard & Berthold Goldman, *On International Commercial Arbitration*, 中信出版社 2004 年影印版, p. 593, pp. 619-620. See also Peter B. Rutledge, Toward a Contractual Approach for Arbitral Immunit, *Georgia Law Review Association*, University of Georgia, Fall 2004, pp. 152-207.

第 38 条没有意图涉及民事责任问题,①且导致我国至今没有关于仲裁民事责任纠纷司法判决的报道。2006 年《刑法修正案(六)》通过之后,大多数学者不再坚持《仲裁法》第 38 条没有意图对仲裁员施加刑事责任,却对新《刑法》第 399 条"枉法仲裁罪"规定进行了激烈的抨击,主张对仲裁员实行刑事责任豁免。②

笔者认为,仲裁员在仲裁过程中有受贿、欺诈、毁灭证据等行为,情节严重的,应当承担刑事责任,但是,可采用刑法中"商业贿赂罪""诈骗罪"等罪名追究刑事责任,"枉法仲裁"罪名则确实有非法干预仲裁、导致实体审查等弊端,因而应当尽快予以废除。在民事责任方面,因现行《仲裁法》第 38 条没有明确提及而导致如此多的学者产生分歧、司法实践的匮乏和质量低下的仲裁服务行为泛滥,也说明了其明显的缺陷。因此,为了使包括违反独立性或公正性义务在内的所有违法行为都受到法律制裁,以促进我国仲裁业的健康发展,同时为了仲裁程序的整体性,防止当事人将针对仲裁裁决的撤销等诉讼替换成针对仲裁员的民事诉讼所带来的各种消极影响,该条必须进行适当的修改。修订后的第 38 条内容可以不是直接针对而是涵盖违反独立性或公正性义务的行为。其具体内容可以是:仲裁员故意或重大过失地违反本法中各项义务,应当承担民事赔偿责任,情节严重的,应当依法承担刑事责任,仲裁委员会应当将其除名。

(三) 健全相关的非制定法制度

相对于现实中个案的具体性和多样性,任何立法规定都具有抽

---

① 参见高菲:《中国海事仲裁的理论与实践》,中国人民大学出版社 1998 版,第 178 页。同时参见阎铁毅、梁淑妍:《关于仲裁员责任制度的思考》,载《中国海商法》2002 年第 1 期,第 290—292 页。

② 参见宋连斌:《枉法仲裁罪批判》,载《北京仲裁》2007 年第 2 期。同时参见徐前权:《仲裁员法律责任之检讨——兼评"枉法仲裁罪"》(上)(下),分别载《仲裁研究》2006 年第 3 期和 2007 年第 1 期。

象与概括的局限性。① 仲裁员独立性和公正性及其保障方面的制定法制度也不能避免这种情况。根据国内外学者的研究成果和域外的实践经验,我国仲裁员独立性和公正性的时间、义务差别和比照对象等方面的问题,更适合通过健全的仲裁机构或法院等组织的非制定法制度加以解决。

1. 确立合理的独立性和公正性时间标准

在理论上,仲裁员自任职时起到对争议中最后一个事项作出裁决时为止的整个仲裁程序期间都必须保持独立性和公正性,这是毋庸置疑的。问题之一是:任职前不独立或不公正的情况是否影响对仲裁员任职时或任职后中立性的判定?对此,域外的仲裁和司法实践都给出了肯定的回答。

但是,将任职前多长时间纳入考察范围却是一个很主观的问题。如仲裁员曾在5年前的一项与本案标的无关的事务中代表过一方当事人并收取了少量的费用,其后直到接手本案时一直未同该当事人联系过。仲裁员认为自己独立于该当事人,对方当事人却可能会有不同的看法。为防止这种主观判断的任意性,各国司法实践确立的基本原则是:只将任职前的合理时间纳入考察范围。对于"合理时间"的具体确定,各国法院不仅依据下文中的其他方面的标准,而且还紧密地结合案情。为了促进各国实务界认识上的统一,国际律师协会2004年采纳的《国际商事仲裁利益冲突指南》(以下简称《指南》)只将任职前3年内的相关情况纳入决定仲裁员任职期间是否具有独立性或公正性的考察范围。

与时间标准相关的另一个问题是:仲裁员是否还应当在案件裁决后的一段时间内避免与一方当事人建立某种关系?对此,仲裁业发达的美国和法国等国的实践自20世纪90年代以来形成的标准已趋于一致,即仲裁员在案件裁决后的一段时间内仍然要避免与一方当事人建立如合伙人、代理人等类别的密切关系,否则,推定该仲

---

① 参见黄松有:《司法解释权理论逻辑与制度建构》,载《中国法学》2005年第2期。

员在任职期间存在不独立或不公正的行为。①

面对国内外同行激烈竞争的局面,我国个别仲裁机构为了树立仲裁员独立性和公正性的形象,避免仲裁员和当事人的代理律师在不同的案件中相互任命,禁止任何时候的当事人的代理律师在该仲裁机构的具体案件中担任仲裁员。在当前的情况下,如此规范是值得敬重的。但是,这种不界定时间的办法可能会导致很多优秀人才失去担任仲裁员的资格,同时也可能会被有些当事人滥用成拖延仲裁程序或质疑仲裁裁决效力的手段。为此,笔者建议,我国的仲裁机构或法院参照上述《指南》或《道德法典》的规定,即结合具体案情予以解决时间标准纠纷问题,总的原则应当是:一般情况下限为任职前或裁决作成后的3年时间内,极少数特殊情况下,如重大的经济往来关系等,可延长到10年。

2. 构建所有类型仲裁员适用同等义务的标准

在数名仲裁员组成的仲裁庭中,各方当事人通常能单方面地任命自己的仲裁员,这也是当事人选择仲裁的基本动因之一。在这种仲裁庭中,一般情况下还有一名或数名当事人任命的仲裁员属共同指定的仲裁员。对包括当事人单方任命的仲裁员在内的所有仲裁员是否适用同等的独立性和公正性义务标准问题,国际社会曾经采用两种差别较大的方法予以解决。英国、法国等西欧大多数发达国家及很多发展中国家的仲裁机构规则或司法判例一致确定,包括所有当事人直接任命的仲裁员在内的所有仲裁员,都必须承担同样标准的独立性或公正性义务。美国曾一度坚持只有首席仲裁员或独任仲裁员承担绝对的独立性和公正性义务,当事人任命的仲裁员在没有所有当事人协议特别要求的情况下,可以对任命其为仲裁员的当事人具有倾向性。面对这种严重背离国际惯例的做法,一些国家的法院拒绝执行以美国为仲裁地包含了偏袒性仲裁员的仲裁庭裁决。学者们长期以来一直敦促美国的仲裁界和司法界进行改变,美

---

① See Hrvoje Sikiric, Arbitration Proceedings and Public Policy, *Croatian Arbitration Yearbook*, 2000, pp. 96-97.

国一些法院也作出了积极的响应。如美国辛辛那提联邦区法院1991年对Metropolitian Property & Casualty 保险公司诉Penney Casualty 保险公司案的判决，及第11巡回上诉法院1993年对Sunkist Growers 公司诉The Del Monte 公司案的判决等都宣布：即使是当事人一方任命的仲裁员，也不能免除"以公平、诚实和诚信的方式参与仲裁程序"的义务。[①] 2002 年和 2003 年加利福尼亚州率先通过了两项立法,正式规定独立性和公正性义务适用于所有仲裁员。在国际和国内双重因素的推动下,美国律师协会和美国仲裁协会的 2004 年新《道德法典》,对前述《道德法典》作出了修改,规定在当事人没有相反协议的情况下,应当认定所有的仲裁员都必须是中立的。新《道德法典》已被美国众多的仲裁机构明示接受和实施。它虽然仍没有实行强行的独立性和公正性制度,但是由于多数理性的当事人一般不会在协议中写入排除各自任命的仲裁员独立性和公正性的内容。因此,美国主流仲裁机构的现行规则已实际上规定了当事人任命的仲裁员也承担了独立性和公正性义务。

除了美国,瑞士法院的司法判决和学者观点也一致赞同对当事人单方任命的仲裁员比首席仲裁员适用更低的独立性和公正性标准；德国也判决首席仲裁员比其他同案仲裁员适用更严格的独立性和公正性标准。出现这一现象的原因可能是,仲裁中的当事人很难不怀疑对方当事人任命的仲裁员的公正性。在这种情况下,如果对所有仲裁员适用同样的独立性和公正性标准,则很容易导致当事人向对方当事人任命的仲裁员提出质疑,从而拖延仲裁进程。不过,即使是在瑞士和德国,当事人单方任命的仲裁员也不可以以当事人的代理人身份行事,这类仲裁员仍然必须承担独立性和公正性的义务,只是其标准比首席或独任仲裁员稍低而已。另外,瑞士和德国对不同仲裁员适用不同独立性和公正性标准的做法,并没有得到世

[①] See Mauro Rubino-Sammartano, *International Arbitration Law and Practice*, 中信出版社 2003 年影印版, p. 333, p. 348.

界上多数国家的认同。①

从我国实际情况来看,效法历史上的美国或当今属于少数派的德国或瑞士等,对仲裁员进行类别区分并决定是否适用独立性和公正性义务或适用不同标准都是不可取的,因为这将会助长很多当事人单方选定的仲裁员偏袒一方当事人。为了促使我国仲裁员保持独立性和公正性,笔者认为,我国的仲裁机构或法院在处理该种争议时只能适用同一标准。

3. 适用比法官同类义务徽低的标准

仲裁员是法律争议的裁判者,与这一角色最相近者当属法官。对于可否比照法官独立性和公正性的标准要求仲裁员的问题,域外很多国家或地区不仅出现了司法判决,还促成了一些学者或组织的一些结论性认识。如国际律师协会理事会在起草《指南》时发现,瑞典等国对仲裁员适用比法官稍微更严格的独立性和公正性标准,理由是仲裁程序不允许对实体问题进行上诉。而德国等国对仲裁员适用比法官更低的独立性和公正性标准,其理论依据是仲裁员是由当事人选定的。但是,美国、法国等多数国家对仲裁员和法官适用同样的独立性和公正性标准。适用同样标准的理由是,仲裁员与法官有类似的职权,在仲裁裁决的实体问题原则上不受审查的情况下,采用与法官同一标准能确保当事人对仲裁员独立性和公正性的信心。②

不过,有些学者不赞成适用同样的标准,他们认为,仲裁员很少是专职的,因而根本不可能像法官那样无须与外界联系即可以通过专门审案生存和获得经验,某些非正在持续、非重大的关系或非密切的联系不仅是自然的,而且也应当是可以容忍的,否则,严格按照法官的标准将使当事人很难选到能提供优质服务的仲裁员。在司

---

① See Otto L. O. de Witt Wijnen, Nathalie Voser and Neomi Rao, Background Information on the IBA Guidelines on Conflicts of Interest in International Arbitration, *International Business Lawyer*, September 2004, part 2, part 3.

② See Georgios *Petrochilos*, *Procedural Law in International Arbitration*, OUP Oxford, 2004, p. 137.

法实践中,声称适用同样标准的各国法院对具体细节问题大多采用适合仲裁特性的灵活变通办法加以解决。如在英美法系国家,自1852年英国上议院对 Dimes 诉 Grand Junction Canal 案作出判决以来,就有对法官适用自动失格标准的传统,使某法官对当事人、诉讼标的或程序具有直接的经济或财产利益时自动失去任职资格。某法官的合伙人或家庭成员的类似利益与该法官如此密切以致无法区分的情况下,该法官亦自动失去任职资格。但是,英美法院对单纯在一方当事人公司或关联公司中拥有微小利益的仲裁员都不适用自动失格标准。① 再如在英国,仲裁员与法官一样,原则上都必须独立于当事人及其代理律师。但是,这一原则在实践中对仲裁员的适用也没有像对法官那样严格。②

我国尚无关于仲裁员是否适用比照法官标准的公开判决,但是笔者相信,这类问题在今后的司法实践中肯定会遇到。基于仲裁员所处的外在环境与法官确实有很大的不同及很多仲裁员的专业才能正是在各种关系中获得等情况,对其独立性和公正性标准应当比法官稍低一点。

---

① See Henry Gabriel, Anjanette H. Raymond, Ethics for Commercial Arbitrators: Basic Principles and Emerging Standards, *Wyoming Law Review*, 2005, p. 453.

② See Matthew Gearing, "A Judge in His Own Cause?" —Actual or Unconscious Bias of Arbitrators, *International Arbitration Law Review*, 2000, pp. 46-48. See also R. Travis Jacobs, Should the Arbitrator's Duty to Disclose Include a Duty to Investigate? *Journal of Dispute Resolution*, 1997, p. 136.

三

改革开放三十年的仲裁法制回顾与展望[①]

改革开放三十年以来,我国的商事活动迅猛发展,商事纠纷日趋多样化,解决这类纠纷的法律制度也取得了长足的进步,其中当然也包含了作为重要组成部分的仲裁法制。然而,目前我国的仲裁法制仍然很不完善,因此,我们有必要通过回顾的方式在肯定理论界和实务界对仲裁法制构建和发展做出巨大贡献的同时,反思现存的问题,并采取积极的对策。

(一) 我国仲裁法制的发展回顾

我国仲裁法制的发展基本上可以分为以下三个阶段:

1. 改革开放前的萌芽阶段

中华人民共和国成立之初,国家实行对农业、手工业和资本主义工商业的社会主义改造并于 1956 年基本完成。这一时期一直到改革开放前的总体情况是:企业、经济组织均实行国家经营,丧失了财产、经营管理等方面的自主权,更不能自主地选择通过具有民间性质的仲裁途径解决争议纠纷。当时确实颁布了数个处理国内经济纠纷的行政法规,其中的某些法规明确地规定经济合同纠纷由各级经济委员会"仲裁"。[②] 一些学者认为,这些法规中的"仲裁"不是世界上多数国家公认意义上的仲裁,而是一种行政处理纠纷的方

[①] 本文发表于顾功耘主编的《中国商法评论》,北京大学出版社 2010 年版。
[②] 如 1962 年国务院发布的《关于严格执行基本建设程序、严格执行经济合同的通知》中就要求:"在执行合同中发生的纠纷,由各级经济委员会予以仲裁。各地人民银行或者建设银行,负责执行各级经济委员会的决定,扣付货款。"

式。另一些学者则认为,此种行政处理属于"行政仲裁制度"。①

对于涉外贸易争议纠纷,为了打破少数西方国家对仲裁的垄断,促进中外经贸关系的发展,新中国的政府部门很早便认识到建立涉外仲裁机构的重要性,②分别于1954年和1958年通过两个行政决定,成立了对外贸易仲裁委员会和海事仲裁委员会。这两个涉外仲裁机构的依据为:"双方当事人间签订的有关合同、协议等"。③可见,在涉外仲裁部分,本阶段已创立了遵循当事人意思自治、协议管辖的仲裁国际惯例原则,成为我国现代仲裁制度的雏形。

2. 改革开放后的成长阶段

1978年底实行改革开放以后,我国经济迅速增长,随之而来的经贸纠纷促使仲裁法制更新成长。

本阶段约束国内仲裁的肇始性法制规范为1981年的《经济合同法》以及1983年的《经济合同法仲裁条例》。前者的第48条规定:"经济合同发生纠纷时,当事人应及时协商解决。协商不成时,任何一方均可向国家规定的合同管理机关申请调解或仲裁,也可以直接向人民法院起诉。"后者则进一步地明确:"经济合同仲裁机关是国家工商行政管理局和地方各级工商行政管理局设立的经济合同仲裁委员会……当事人一方或者双方对仲裁不服的,在收到仲裁决定书之日起15天内,向人民法院起诉;期满不起诉的,仲裁决定书即发生法律效力。"1991年的《民事诉讼法》开始要求:当事人在签订经济合同时应规定纠纷发生时应向仲裁机关申请仲裁或是向人民法院起诉;若双方已协议仲裁,事后一方违反协议而直接提起诉讼的,人民法院不得受理;仲裁机关对无仲裁协议的争议作出裁决的,人

---

① 参见全国人大常委会法制工作委员会及中国经济贸易仲裁委员会共同编制:《中华人民共和国仲裁法全书》,法律出版社1995年版,第9页。同时参见袁忠民:《中国仲裁制度》,上海人民出版社1991年版,第1页。

② 参见谭兵主编:《中国仲裁制度研究》,法律出版社1995年版,第262页。

③ 1954年政务院的《关于在中国国际贸易促进委员会内设立对外贸易仲裁委员会的决定》第2条及1958年国务院的《关于在中国国际贸易促进委员会内设立海事仲裁委员会的决定》第2条。

民法院亦不予执行。至此,"当事人自治"的精神在我国国内仲裁制度中获得了确认。同时,由于本阶段的法制扩大了仲裁的主体和客体范围,使得仲裁不再局限于国有企业之间,也不再局限于特定种类的纠纷,加上程序方面简化的规定,在客观上大大地推动了仲裁的发展。据统计,1992 年全国经济合同仲裁委员会共受理经济合同争议案件 279167 件,合同金额 632862 万元,争议金额 275034 万元。但是,本阶段的国内仲裁依然属于典型的行政仲裁,其行政性表现在很多方面:首先,受理案件的机构是行政机构,而非民间机构,仲裁机构的组成人员也是行政人员;第二,仲裁机构的受案依据是法律和行政授权,而非当事人的自愿授权;第三,经济合同仲裁委员会分为不同的行政级别,对案件实行级别管辖。①

鉴于改革开放需要引进外资和扩大对外经贸,约束国内商务的法制尚未健全,为顾及外商信赖,本阶段制定的近百个涉外经济法律及法规中,大多明文宣布可以通过仲裁方式解决涉外济纠纷。如 1979 年的《中外合资经营企业法》第 14 条规定:"合营各方发生纠纷,董事会不能协商解决时,由中国仲裁机构进行调解或仲裁,也可由合营各方协议在其他仲裁机构仲裁。"1982 年的《民事诉讼法(试行)》更是采用专章(第十二章)的形式对涉外仲裁作出较详细的规定,包括实行"协议管辖""或裁或审""一裁终局"等原则。1986 年我国人大常务委员会批准加入 1958 年的《承认和执行外国仲裁裁决公约》(以下简称《纽约公约》),并于 1987 年正式成为其缔约国。总之,本阶段我国的涉外仲裁法制的大部分规定与通行的国际仲裁法制基本一致,并为 1994 年《仲裁法》的制定和实施提供了宝贵经验。②

3.《仲裁法》颁布后的壮大阶段

进入 20 世纪 90 年代,行政性仲裁已明显不适应进一步的改革

---

① 参见康明:《论商事仲裁法的专业服务属性》,对外经济贸易大学 2004 年博士学位论文,第 25 页。

② 参见胡伟良:《两岸仲裁法之修法建议》,中国政法大学 2006 年博士学位论文,第 27 页。

开放需要,在学术界和实务界的共同努力下,《仲裁法》终于在 1994 年 8 月 31 日第八届人大常委第九次会议上获得通过,并于 1995 年 9 月 1 日起开始生效。该法是我国仲裁法制发展史上的里程碑,它不但结束了之前多个部门法、各种行政法规与地方性法规对仲裁规定相冲突的局面,而且提升了仲裁制度规范的法律位阶。该法导致原先 5000 多家行政性经济仲裁机构①全部被撤销。根据该法和按该法颁布的国务院文件的规定,在依法可以设立仲裁机构的城市,国务院法制办和地方政府法制部门牵头重新组建了仲裁机构,使我国的仲裁事业进入了迅速发展的轨道,并取得令人瞩目的成绩。具体而言,10 多年来该法在以下几个方面做出了重要的贡献:

首先,该法顺应了市场经济制度的内在需要,比诉讼等有约束性的争议解决制度更多地尊重当事人的意思自治,更具有灵活性,因而受到了很多经济实力较强的当事人的青睐。根据上述基本原则,目前,全国共设立了约 200 家仲裁委员会,年受理仲裁案件数万件,争议标的额近千亿元人民币。② 这些成绩说明了仲裁在及时解决我国民商事纠纷、维护当事人合法权益、促进国家经济建设和生产力的发展、构建和谐社会方面发挥了积极作用。

其次,《仲裁法》为我国与国际惯例接轨的仲裁制度的建立、发展提供了坚实的法律基础和保障。除了下文中所反思的有关缺陷外,该法所确立的仲裁机构独立的性质、协议仲裁、或裁或审、一裁终局、司法监督等主流的精神与国际通行做法都是一致的。③ 同时,该法的制定使我国能更好地融入国际经济交往,因为我国已是有 130 多个国家参加的《纽约公约》的缔约国,我国现在的所有仲裁机构在该法限定的范围内都可以受理涉外争议案件,其作出的裁决都

---

① 参见张晋兰、张企平:《〈仲裁法〉的实施与存在问题的探讨》,载《兰州大学学报(社会科学版)》2002 年第 6 期。

② 本组数字是笔者通过参加 2012 年的全国国际私法年会、仲裁与司法年会及直接与一些仲裁委员会负责人谈话的方式获得。

③ 参见费宗祎:《仲裁法修改与仲裁体制改革》,载北京仲裁委员会主办:《北京仲裁》(第 62 辑),中国法制出版社 2007 年版。

可以在这些缔约国寻求承认和执行。这些都是我国以前的行政式裁决所不具备的优势,也说明我国仲裁业的发展已经获得了一定范围的国际认同。

最后,该法的颁布打破了我国有约束力的纠纷解决机制单一化的状况,诉讼不再是解决商事纠纷的唯一途径,加上该法中的先进理念和规则,不少地方的人民法院感受到了冲击和压力。这种冲击和压力很快地变成了动力,促进了司法审判工作的迅速改革和完善。[①] 可见,该法对我国的程序正义和程序经济的发展也发挥了重要的作用。

(二) 我国仲裁法制现状的反思

我国仲裁法制的建设已取得了巨大成就,但是,目前仍然有很多问题值得我们反思。主要有以下几个方面:

1. 仲裁机构的性质

目前涉及仲裁机构性质的最权威法制条文为现行《仲裁法》的第6条、第8条、第10条、第14条、第66条等,其内容分别是:仲裁委员会应当由当事人协议选定;仲裁依法独立进行,不受行政机关、社会团体和个人的干涉;仲裁不实行级别管辖和地域管辖;仲裁委员会由符合条件的市的人民政府有关部门和商会统一组建或由中国国际商会组织设立,但是不按行政区划层层设立;仲裁委员会独立于行政机关,与行政机关没有隶属关系;仲裁委员会之间也没有隶属关系。

现行《仲裁法》的主要起草者费宗祎先生在多种场合明确指出:以上条文的原意是确立仲裁及仲裁委员会的民间性,但是,鉴于很多国家的仲裁法中根本没有这种直接指明的措辞规定,同时考虑到

---

① 参见齐树洁:《论我国〈仲裁法〉的修改与完善》,载《山东警察学院学报》2007年第2期。

我国的特殊情况,而只得采用以上的隐喻式的否定措辞。① 令费先生始料未及的是:上述规定的真正含义已变成了目前国内仲裁实务界最大的争论问题。

少数实务界人士则极力地呼吁仲裁委员会的民间化,并得到了学术界的普遍支持。但是,一些仲裁委员会的工作人员、负责人及相关管理部门的负责人认为,《仲裁法》并没有直接明确地规定仲裁委员会为民间组织,很多仲裁委员会的组建及直到目前的业务开展、经费支出等都离不开政府的支持,少数实务界人士关于仲裁委员会为民间组织的主张是出于私利的动机,因此,推动仲裁委员会民间性或民间化不符合我国国情。②

尽管没有取得理论上的优势,挂靠政府部门的仲裁委员会依然在实际数量上占据主流地位,且有扩大数量的趋势。究其原因不外乎是:很多设区的市政府认为它们的市具有《仲裁法》中所称的组建仲裁委员会的条件,因而非常积极地筹建或组建仲裁委员会,一些省政府部门采取下发通知的方式推动设区的市筹建仲裁委员会。③可以说,目前我国已成为世界上拥有仲裁机构最多的国家。在一些学术研讨会上,学者们指出,很多市场经济国家早先也有数十家或近百家仲裁机构,后来优胜劣汰到只有数家或至多20多家。

建立如此多的仲裁委员会并不意味着我国的仲裁机构或其服

---

① 参见费宗祎:《仲裁法修改与仲裁体制改革》,载北京仲裁委员会主办:《北京仲裁》(第62辑),中国法制出版社2007年版。

② 参见王红松:《坚持仲裁民间性、深化仲裁体制改革——论仲裁法修改应重视的问题》,http://www.fsou.com/html/text/art/3355812/335581233.html,2008年7月26日访问。

③ 河南省人民政府办公厅2000年9月25日发布的《关于加快组建仲裁机构在有关经济领域推行仲裁法律制度的通知》(豫政办〔2000〕103号)指出:"依法可以重新组建仲裁机构的15个设区市中已有3个市组建了新的仲裁机构,其他尚未重新组建仲裁机构的设区市政府也在准备组建。但是,由于我省组建工作较慢,仲裁机构较少,致使有的当事人申请省外仲裁机构仲裁,给当事人增加了不必要的负担。"国务院办公厅《关于贯彻实施〈中华人民共和国仲裁法〉需要明确的几个问题的通知》(国办发〔1996〕22号)规定:"请有关行政机关自本通知发布之日起两个月内,对其在《仲裁法》施行前制定的标准(格式)合同、合同示范文本中合同争议解决方式条款依照《仲裁法》的规定予以修订。"

务供不应求。实际上,目前,我国的民商事案件每年有数百万起,仲裁案件却只有几万件,二者之比不到5%;全国3%的仲裁委员会占有全国仲裁服务市场的近一半份额,很多其他的仲裁委员会自成立以来受案量极少,完全依靠国家财政拨款维持生计。[1] 这些仲裁委员会继续通过官方渠道实现自己的诉求,它们不仅促成了一些省份将自己确定为行政支持类事业单位,而且大力支持按照中央四部委联合发布的财综〔2003〕29号,对仲裁委员会实行"收支两条线"的财务管理,结果却严重地妨碍了在数量上居少数的仲裁委员会拓展仲裁业务的积极性及国际竞争力的发挥。[2]

2. 临时仲裁的合法性问题

我国现行《仲裁法》或其他法律、法规并没有直接地禁止临时仲裁,但是,《仲裁法》第16条和第18条规定:仲裁协议应当具有请求仲裁的意思表示、仲裁事项、选定的仲裁委员会三项内容;对仲裁事项或仲裁委员会没有约定或者约定不明确的,当事人可以补充协议,达不成补充协议的,仲裁协议无效。这两条使得将明确选定了仲裁委员会作为认定仲裁协议有效的必要条件之一,从而在实际上否定了临时仲裁在我国境内的有效性,因为一般类型的仲裁管辖权的唯一依据是来源于当事人之间有效的仲裁协议。

在各种有仲裁委员会的工作人员参加的研讨会上,我国是否应当引入临时仲裁制度的问题被尽量地淡化,即使偶尔有学者或律师提及,可能是怕被指责有维护仲裁委员会垄断仲裁服务的私心,与会的其他人员很少给予公开的、较详细的回应。极少数仲裁委员会工作人员通过小声交谈的方式传递出临时仲裁可能会导致国有资产流失的结论。仲裁委员会主管机构的个别官员则主要根据以下理由主张我国应当缓行临时仲裁制度:我国处于由计划经济向市场

---

[1] 参见陈忠谦:《二次创业:中国仲裁发展的必由之路》,载广州仲裁委员会主办:《仲裁研究》(第5辑),法律出版社2005年版。

[2] 参见陈福勇:《模糊化还是明确化——也谈仲裁机构的性质问题》,载北京仲裁委员会主办:《北京仲裁》(第62辑),中国法制出版社2007年版。

经济过渡的新旧体制交替之际,市场经济中的失信将不仅存在于市场行为中,也将会波及社会的方方面面,人们还难以选择像常设仲裁机构拥有的那些足具社会公信力的仲裁员,让国家来承认和执行此种状态下的临时仲裁不够现实;机构仲裁在我国目前尚处于初级发展阶段,较早地确立临时仲裁制度必然对机构仲裁造成冲击;除了具有法律约束力外,临时仲裁类似于我国的民间调解制度和民间劝和方式,而我国是世界上调解制度确立最早且是调解制度最为发达的国家,无论是民间调解还是诉讼中的调解都已十分成熟,临时仲裁实在没有多大的必要性;临时仲裁协议不完善的话会给仲裁进程带来很大的麻烦;临时仲裁不能有效地保护公共利益。①

众多学者却认为,临时仲裁对某些特定类型的纠纷如海事纠纷、小额纠纷和具有成熟经验的当事人之间的纠纷具有很大的优势。②律师界的很多人士也赞同我国引入临时仲裁制度。这些学者或律师从仲裁制度的国外发展历程及临时仲裁制度的各种优势方面论证了自己的观点。但是,从总体上说,目前临时仲裁制度的支持者尚未提出足以驳倒以上反对者言论的更深入细致的理由。

3.《仲裁法》很多其他规则的缺陷问题

除了关于仲裁机构性质的规定及实际上否定临时仲裁外,《仲裁法》的很多其他条文也存在明显的缺陷。如在主体可仲裁性方面,该法没有考虑对消费者进行特别的保护,也没有明确我国中央或地方政府机关及其下属部门或拥有特许权并依附于政府部门的国有企业等所谓的公法法人是否拥有订立仲裁协议的资格。

又如在客体可仲裁性方面,该法第3条的规定同样处不妥之处。

---

① 参见刘茂亮:《临时仲裁应当缓行》,载《北京仲裁》2005年第1期。
② 参见郝海青:《在我国建立临时仲裁制度的法律思考》,载《中国海洋大学学报(社会科学版)》2003年第2期;李乾贵、徐柯柯、林巧:《临时仲裁在中国的法制思考》,载《中国行政管理》2005年第12期;顾微微、许旭:《论在我国建立临时仲裁制度的必要性》,载《广西社会科学》2006年第7期;李爽、陈海涛《论在我国建立临时仲裁制度的必要性》,载《学习论坛》2007年第2期;等等。不过,其中一些学者对临时仲裁仍然存在一定的误解,以为临时仲裁与仲裁机构无任何关系。

首先,该法的第 3 条没有考虑到依法应当由人民法院排他地行使管辖权的争议也是不能仲裁的。其次,同条第 1 款很不妥当。众所周知,婚姻、收养、监护、抚养和继承纠纷中财产权益的大部分是可以私自处分的。从国际层面上来看,我国的国际婚姻、收养、监护、抚养和继承关系及纠纷越来越多,在不损害第三人利益的前提下,赋予其中财产权益纠纷的客体可仲裁性可能会便于纠纷更快地解决。我国的国际经济贸易仲裁委员会已经看到了这种趋势,因此,其 2005 年的新规则删除了《仲裁法》第 3 条第 1 款的规定。如果该仲裁机构此举的宗旨是受理以境外为仲裁地的国际婚姻、收养、监护、抚养或继承关系的财产纠纷,我们则很难评断该规定是否违法。最后,同条第 2 款在明确"依法应由行政机关处理的行政争议"不具有可仲裁性时,没有对"行政争议"作出任何的界定,从而使不精通现代仲裁法理知识的当事人或法官等误以为由行政机关处理的所有争议都属于该条中的"行政争议"且不可提交仲裁。实际上,与人民法院排他地行使管辖权的争议不能提交仲裁的原则一样,只有行政机关排他地行使管辖权的争议(如刑事调查争议)才是不能提交仲裁的。当事人对行政机关处理具有排他管辖权争议的行为具有向人民法院提请司法审查的权利,也不能改变这一原则。很多发达国家的经验已表明,一些特定类型的竞争法争议、工业产权法争议或消费者保护法争议等,既适合行政机关处理,也适合私人仲裁庭处理。我国有关法律对这些争议提供了行政处理的渠道,但在立法原意上并没有禁止私人仲裁庭受理这类争议。另外,很多行政机关依法有权处理的争议在我国通过私人仲裁方式解决,会减轻行政机关的压力,从而取得更好的政治效果。因此,如果将此类行政机关依法有权处理的争议视为该款中的"行政争议",则等于否定仲裁在这方面发挥的所有积极作用。

该法关于仲裁员法律责任方面的规则照样存在很大的缺陷。该法第 38 条规定,存在下列情形之一的,仲裁员应当依法承担法律责任:私自会见当事人、代理人或接受当事人、代理人的请客送礼的;在仲裁案件时有索贿受贿、徇私舞弊及枉法裁判行为的。但是,该条中的"法律责任"究竟意味着何种法律责任的问题,不时地引发学者们的争论。早几年,一些学者认为,该条没有意图对仲裁员施加刑事责任。引入"枉法仲裁罪"法条的2006年《刑法修正案(六)》获得通过后,倒是不再有学者坚持这种观点。但是,关于仲裁民事责任问题,学者们仍然存在两种不同的看法。一些学者持肯定性主张,另一些学者却断言该条没有意图对仲裁员施加民事责任。①

可见,现行《仲裁法》第38条没有明确其中的"法律责任"是否包含民事责任,无疑为一大缺陷。2008年10月在北京举办的全国国际私法年会上,中国国际贸易促进委员会国际经济贸易仲裁委员会秘书长披露,我国已有数起针对仲裁员或仲裁机构的民事诉讼案件。但是,至今没有公开的资料透露起诉的当事人、被起诉的仲裁员或仲裁机构,也没有关于某法院是否受理或如何处理的报道。可见,现行《仲裁法》第38条中"法律责任"这种含混概念不仅使一些学者得出了上述无施加民事责任意图的结论,而且已经使得一些法院不敢受理或处理仲裁民事责任纠纷案件。

不过,笔者认为,该法第38条更大的缺陷却是该"法律责任"制度本身很不周全。稍微懂一些法律规范原理的人都清楚,每一项完备的法律规范不仅应当规定其适用条件、具体权利与义务的内容,而且还应当包含违反该规范时应当承担何种法律责任的规定。现行《仲裁法》中的很多条文对仲裁员和仲裁机构规定了明确的法律义务,却仅有第38条规定:出现了第34条中最后一种不独立性的情形且情节严重以及出现第58条第6项的情形时,仲裁员应承担法律责任。这种规定的结果便是:在我国境内提供服务的仲裁员或仲裁机构在违反《仲裁法》其他条文下的义务时,根本没有任何法律依据追究其任何法律责任。

此外,该法关于仲裁正当程序方面的规则和司法审查方面的规

---

① 参见徐前权:《仲裁员法律责任之检讨——兼评"枉法仲裁罪"》(上),载《仲裁研究》2006年第3期。

则等都存在着很大的缺陷。①

4.《仲裁法》与其他法律的不协调问题

现行《仲裁法》与《公务员法》《民事诉讼法》等法律的确存在着不协调的规定,从而引发了前述的有关问题并妨碍了仲裁的健康发展。

如在涉及仲裁裁决效力方面,《仲裁法》关于撤销裁决的管辖法院和事由申请与不予执行问题的管辖法院和理由不一致。《仲裁法》第62条至第63条规定,受理执行申请的人民法院为被申请人住所地或被申请执行财产所在地基层人民法院,该地法院除认定仲裁裁决违背社会公共利益裁定不予执行外,在审查核实被申请人提供证明仲裁裁决有下列情形之一的证据后,也应当裁定不予执行:(1)当事人在合同中没有订有仲裁条款或者事后没有达成书面仲裁协议的;(2)裁决的事项不属于仲裁协议的范围或者仲裁机构无权仲裁的;(3)仲裁庭的组成或者仲裁的程序违反法定程序的;(4)认定事实的主要证据不足的;(5)适用法律确有错误的;(6)仲裁员在仲裁该案时有贪污受贿、徇私舞弊、枉法裁决行为的。很明显,以上不予执行事由中的第(4)项与第(5)项在条件上宽于现行《仲裁法》第58条第1款中第(4)项与第(5)项列举的撤销事由。

上述的不一致在实践中已导致了数起不合逻辑的案例:仲裁裁决作出后,一方当事人向中级人民法院请求撤销仲裁裁决,该诉讼请求被驳回后,该裁决在执行阶段又被基层人民法院基于前两项事由裁定不予执行。学者们对此已形成共识:这种局面既损害了司法

---

① 具体的缺陷问题可参见弊作《论国际商事仲裁员披露义务规则》和《强行规则对国际商事仲裁的规范》,前者发表于《上海财经大学学报》2007年第3期,后者发表于《法学研究》2008年第3期。同时参见陈小勇:《论我国仲裁发展的障碍》,载《株洲工学院学报》2004年第4期;夏莲翠:《从理念走向规范——谈仲裁业存在的问题以及完善》,载《财经界》2006年第9期。

统一性和权威性,也浪费了司法资源。①

(三) 我国仲裁法制的未来展望

尽管存在着上述诸多问题,我国仲裁法制在改革开放后30年的发展成就仍然是非常值得肯定的,今后的发展前景也是光明的。展望未来,我国的仲裁法制将在以下几个方面取得发展:

1. 明确地规定仲裁委员会为民间组织

我国目前很多仲裁委员会具有很大的行政依赖性或向行政化移动,与《仲裁法》等仲裁法制规范没有直接地明确规定仲裁委员会是民间机构紧密相关。将仲裁机构定位为民间机构是市场经济国家或地区的普遍做法,也被证明适合市场经济纠纷中选择仲裁方式的当事人的需求。坚持走民间化市场发展道路的北京仲裁委员会的受案标的额不时地处于全国之首等,也是很好的例证。②

在当今市场经济全球化、其他多元化争议解决手段激烈加入竞争的时代,各地的仲裁委员会已发展到了应逐渐脱离行政依附的时期,这一点已得到国内很多学者的论证并成为一些仲裁委员会的选择。那些主要或完全依赖政府支持维持生计的仲裁委员会无论愿不愿意,这一不太迅速的、难以割舍的甚至痛苦的"断奶"期总有一天要到来,因为很多被依赖的政府也非常不愿意被继续依赖。③

不过,今后明确地规定仲裁委员会为民间组织的法制条文并不一定非要写入修订的《仲裁法》不可。比较好的办法是:在《公务员法》等法律、法规中作出分散的规定。现行《公务员法》已禁止在任的公务员担任仲裁员,将来修订时可以规定在任的公务员(在离职

---

① 参见肖晗:《建议取消不予执行仲裁裁决的司法监督方式》,载《河北法学》2001年第3期。同时参见张元、黄健峰:《我国仲裁裁决效力阻却制度的缺陷与完善》,载《法律适用》2005年第4期。

② 参见陈福勇:《模糊化还是明确化——也谈仲裁机构的性质问题》,载北京仲裁委员会主办:《北京仲裁》(第62辑),中国法制出版社2007年版。

③ 参见罗绪礼、戴峰:《刍议国内仲裁机构管理体制的改革与完善》,载《中国对外贸易》2002年第8期。

后一定期限内)不得担任仲裁委员会的负责人或管理人员。

2. 并重发展临时仲裁和机构仲裁

未来我国的仲裁法制允许临时仲裁并推动其发展是必然的,因为临时仲裁对某些类型的纠纷解决具有多方面的优点。① 此外,引入或尽早引入临时仲裁制度的反对者的其他观点也是不难批驳的:(1)域外的经验表明,连计划经济都能与临时仲裁制度相融。如早在1917年,苏联就允许对公民之间发生的民事争议通过临时性的仲裁庭以仲裁方式解决。1923年制定和施行的苏俄《民事诉讼法》第199条正式承认劳动争议以外的临时仲裁制度,并通过第201条和第255条承认和执行符合法定条件的临时仲裁庭裁决。② (2)反对者所提出有关现象是在没有临时仲裁制度的情况下出现的,因此,临时仲裁与这些现象没有因果关系。在2012年的全国"仲裁与司法"年会上,一些仲裁委员会的代表人士即宣称:如果政府不给予他们财政贴补,他们将出卖法律! 可见,经济转型或转型完成时期,机构仲裁或其他争议解决活动都可能导致国有资产流失。(3)临时仲裁并不是在无法无天的情况下进行的,临时仲裁员也必须遵循仲裁法中的独立性和公正性规则,遵守平等对待当事人等正当仲裁程序原则,临时仲裁裁决同样不得违反实体或程序方面的公共政策,维护自身合法私利的理性当事人也会懂得或逐步懂得选择高质量的临时仲裁员或选择信誉好的仲裁机构,我们的国家实在没有必要采取家长式的干预态度。(4)若临时仲裁员与某些或所有的当事人勾结,损害国家或其他私人利益,与其他加害行为一样,受害者也可以采取相应的法律救济措施。因此,临时仲裁员并不会导致目前已存在的消极现象进一步恶化。(5)在我国《反垄断法》已经生效的情况

---

① 具体的优点可参见郝海青:《在我国建立临时仲裁制度的法律思考》,载《中国海洋大学学报》(社会科学版)2003年第2期;李乾贵、徐柯柯、林巧:《临时仲裁在中国的法制思考》,载《中国行政管理》2005年第12期;顾微微、许旭:《论在我国建立临时仲裁制度的必要性》,载《广西社会科学》2006年第7期;李爽、陈海涛:《论在我国建立临时仲裁制度的必要性》,载《学习论坛》2007年第2期。

② 参见高菲:《中国海事仲裁的理论与实践》,中国人民大学出版社1998年版,第6页。

下,仲裁委员会名册中的仲裁员没有任何理由垄断地提供仲裁服务。

总之,引入临时仲裁制度具有更多的积极意义,而有关人士所提及的弊端也可以通过改进仲裁员责任、司法审查等制度予以克服。我国的立法者不会无视这些积极意义和有关弊端的解决办法,因此,引入和发展临时仲裁是大势所趋。

今后,我国的机构仲裁同样会得到很大的发展,因为我国领头的仲裁机构不仅拥有丰富的管理经验优势,而且还具有先进的仲裁理念。如在2012年的全国"仲裁与司法"年会上,中国国际经济贸易仲裁会(CIETEC)的秘书长于健龙先生就提出:今后CIETEC将同时注重仲裁的程序公正和实体公正,以促进仲裁的公信力。于先生提出的这种理念与很多市场经济国家的仲裁界人士在当前面临仲裁因实体不公正问题导致公信力下降的情况下形成的普遍共识如出一辙。实际上,尽管有多种原因导致了世界上绝大多数仲裁强国境内机构仲裁和临时仲裁黄金时期的局面不复存在,仲裁实体公正性无切实保障问题却为重要的因素之一。仲裁实体公正性问题已引起了一些国家立法者的注意,如美国即有一位参议员在2007年提出了《公平仲裁法》的议案,并已在众议院获得了通过。在全球化的大环境下,国际社会中的这些动向必然很快地影响我国具有敏感国际意识的仲裁机构,并采取积极的相应措施以保持国际竞争力和国内的领先地位。这部分仲裁机构的行为对其他仲裁委员会将产生很好的示范作用,因此,我国的机构仲裁在总体上仍然具有主导优势。

3. 弥补现有的主要缺陷

关于我国仲裁法制的现有缺陷,我国的很多学者和实务界人士数年前已有深刻认识,并通过参加研讨会或发表著述的方式献言献策,其中的不少观点在今天看来仍然属于真知灼见。我国目前的管理部门也采取了积极的措施,如国务院法制办2005年就开始将《仲裁法》列入了修法日程,并组织了数次研讨会。其后,学者们的成果更如雨后春笋般涌出,涉及某几种问题的一些研究成果已非常细致。如有学者发现现行《仲裁法》第 6 条关于"仲裁委员会应当由当事人协议选定"的规则不科学,因为该条中使用的"选定"一词在实践中容易导致对仲裁协议生效要件的苛刻要求。该学者建议将该条修改为:对仲裁委员会的选择应当由当事人协议决定。①

特别值得一提的是:数个仲裁法修改建议稿已发表,②其中的很多修改建议非常具有科学性。如武汉大学国际法研究所"《仲裁法》修改"课题组的《中华人民共和国仲裁法》(建议修改稿)第 8 条的规定非常有助于促进仲裁的效率。③ 当然,更科学并经更充分论证的修改建议稿及其他相关成果仍然非常急需。

因此,我国仲裁法制中现有的主要缺陷不仅已被发现,而且会很快通过修订《仲裁法》的方式予以弥补。

---

① 参见倪静:《〈中华人民共和国仲裁法〉修改暨中国仲裁协会章程起草研究工作座谈会综述》,载广州仲裁委员会主办:《仲裁研究》(第 8 辑),法律出版社 2006 年版。
② 如马占军的《1994 年中国〈仲裁法〉修改及论证》,载广州仲裁委员会主办:《仲裁研究》(第 8 辑);武汉大学国际法研究所"《仲裁法》修改"课题组:《中华人民共和国仲裁法》(建议修改稿),载广州仲裁委员会主办:《仲裁研究》,法律出版社 2006 年版(第 8 辑),法律出版社 2006 年版。
③ 该条的内容是:当事人一方知道或应该知道本法中各方当事人可以排除的任何规定或仲裁协议的任何要求未得到遵守,但仍继续进行仲裁而没有不过迟延地或不在规定的时限内提出异议,视为已放弃提出异议的权利。

四

论我国临时仲裁制度的构建[①]

摘要: 反对我国引入临时仲裁制度的理由不能成立。我国引入临时仲裁制度具有降低争议解决成本并增加我国外汇收入、提高机构仲裁和法院诉讼质量、减少仲裁造假行为和促进科学民主的法制理念等诸多方面的积极意义,应从修改仲裁协议必备内容及效力确定的法律规则、修订仲裁员资格条件和任职过程中的行为规范、引入任意性的司法任命仲裁员规则和健全仲裁员法律责任制度等方面构建我国临时仲裁制度。

关键词: 临时仲裁;机构仲裁;仲裁制度

仲裁有机构仲裁和临时仲裁两种方式。我国现行法律不允许境内存在临时仲裁。从论文发表和有关研讨会反馈的情况来看,多数学者、律师、非驻会仲裁员、非仲裁委员会领导或专职职员们提倡我国应当引入临时仲裁制度,并有绝对数量优势的论文予以体现。有些学者还在境外刊物上采用英文传达这种观点,[②]认为我国不应当引入或暂缓引入临时仲裁制度的,则主要属于各仲裁机构的专职工作人员或领导者,他们很不愿意使这种观点呈现为公开的论文,从而似乎在理论上处于下风。但是,反对者却有强大的力量,从国务院法制办公室的一位工作人员的公开论文来看,反对者可能得到了领导全国各仲裁委员会的国务院法制办负责人的肯定。

然而,我们深切地感到,在讨论我国仲裁制度的完善时,应当拥

[①] 本文系笔者与张心泉副教授合作完成,发表于《华东政法大学学报》2010年第4期。

[②] See Zhao Xiuwen & Lisa A. Kloppenberg, Reforming Chinese Arbitration Law and Practices in the Global Economy, *University of Dayton Law Review*, Spring 2006, p. 437.

有更宽广的胸怀和更开阔的视野。从中国期刊网搜索到的支持我国临时仲裁的中文论文的注释中可以看出,这些作者几乎未引用外文文献,且其观点未能有力地反驳反对者的主张。为了更好地说服仲裁业的领导者,笔者将借鉴大量的英文文献,在分析我国引入临时仲裁制度的主要理论障碍及其虚幻性的基础上,结合通过实际调研获知的情况探讨我国引入临时仲裁制度的意义,并提出具体的构建思路。

(一) 我国引入临时仲裁制度的主要理论障碍及其虚幻性

构成我国引入临时仲裁制度障碍的主要理论依据是:在仲裁制度的发展史上先有临时仲裁,后有机构仲裁,从今后的发展趋势看,临时仲裁趋于衰落;中国设机构仲裁的历史较短,只有机构仲裁,没有临时仲裁;[①]现今发达的市场经济国家较为成熟的临时仲裁制度是市场经济发展到较高程度的产物,只有在信用制度发展得较为完善,并产生了一些信望素孚的专业人士的法治环境下才可能确立;目前我国市场经济秩序较为混乱,国有资产缺乏明晰的产权界定,地方政府指定贷款和指令破产逃债大量存在,失信成本过低,人们难以择定像常设仲裁机构拥有的那些足具社会公信力的仲裁员,让国家此时承认和执行临时仲裁庭作出的裁决也不现实;机构仲裁在我国目前尚处于初级发展阶段,作为"较高层次"的临时仲裁制度还不具备生存的土壤,且会对机构仲裁造成冲击;临时仲裁类似于我国的民间调解制度和民间劝和方式,我国是世界上调解制度确立最早且最为发达的国家,无论是民间调解还是诉讼中的调解都已十分成熟,调解在我国法院的民商事司法裁判中已被广泛运用,调解观念和方式也被誉为"东方经验",为许多国家所借鉴或采纳;机构仲裁并不失灵活与快捷,临时仲裁的这项优点在机构仲裁中完全可以得以发挥,我国的仲裁机构从一开始就在尝试仲裁中的调解与和解,强调程序的简易与灵活,有许多仲裁案例都是围绕上述特点加以解决的,

---

[①] 这两点来自全国人大常委会法制工作委员会的解释。参见赵健:《国际商事仲裁的司法监督》,法律出版社2000年版,第61页。

并取得了较好的社会效益;临时仲裁的进行几乎完全取决于当事人的合意,如果当事人双方不能充分合作,如不能合意选择仲裁员,仲裁就无法进行;临时仲裁裁决如果涉及侵犯社会公共利益的情况或仲裁员拖延裁决致使当事人付出不必要的费用如何处理,要不要进行实体审查等问题需要研究。① 笔者认为,这些理由都不能成立。

首先,就发展趋势而言,一些学者指出,在瑞典的全部仲裁案件中,以临时仲裁方式解决的约占 50%。瑞士的国内仲裁中,40% 是临时仲裁,60% 是机构仲裁。美国芝加哥大学的一项调查报告显示,在国际贸易商业领域,临时仲裁仍起着重要的作用,贸易出口商中有 45% 的人要求选择临时仲裁处理争议。② 伦敦海事协会的五六名仲裁员每人每年审理的临时仲裁案件高达六七百件之多。③ 从国外学者的一些实证情况来看,近年来已有所不同。④ 但是该组数字说明,临时仲裁并没有出现衰落趋势。

其次,当今西方的临时仲裁制度是"较高层次"的并在有信誉良好的专业人士的情况下确立等观点,既不符合实际情况,也不能拿来作为我国不实行或缓实行临时仲裁制度的理由。一方面,西方众多学者的实证研究表明,西方的临时仲裁一直不全是"较高层次"的,在很多情况下,当事人甚至可能遇上品行不端且无专长的仲裁员。与机构仲裁裁决相比,临时仲裁做成的裁决在法院所受到的尊重程度要低得多。正是由于多数临时仲裁出现这些低层次的问题,才出现机构仲裁制度,也正是由于多数临时仲裁仍然存在这些低层次的问题,才彰显了管理水平高的仲裁机构的优势,并推动大多数

---

① 参见刘茂亮:《临时仲裁应当缓行》,载《北京仲裁》2005 年第 1 期。

② 参见陈志春:《瑞典仲裁制度简介》,载国务院法制局研究室编:《重新组建仲裁机构手册》,中国法制出版社 1995 年版。同时参见李双元、谢石松:《国际民事诉讼法概论》,武汉大学出版社 2001 年版,第 500 页。

③ 参见杨良宜:《国际商务仲裁》,中国政法大学出版社 1997 年版,第 141 页。

④ See Loukas Mistelis, International Arbitration—Corporate Attitudes and Practices—12 Perceptions Tested: Myths, Data and Analysis Research Report, *American Review of International Arbitration*, 2004, pp. 560-561.

当事人选择这些机构仲裁。① 另一方面,发达国家的临时仲裁制度也是从不成熟发展而来的。如果我国一直不引入临时仲裁制度,则永远没有该制度的成熟之时。随着我国市场经济的发展壮大,也会发展出一些好的行规,并培育出注重自己职业形象的专业人士。但是,如果没有临时仲裁制度,我国将永远不会出现这种优秀的临时仲裁员。②

再次,临时仲裁类似民间劝和、我国诉讼和机构仲裁中也广泛使用调解等观点既不符合实际也自相矛盾。如果两种争议解决方式使用相同解决手段,就不应允许其中的一种争议解决方式存在,那么我国有了包含调解手段的诉讼存在,就不应当允许包含同样手段的机构仲裁存在。至于临时仲裁是否都类似民间劝和的问题,就如谚语"仲裁的好坏取决于仲裁员"(Arbitration is only as good as the arbitrator)一样,临时仲裁的好坏在很大程度上取决于仲裁员,而临时仲裁员亦如机构仲裁员,因人因事地有所偏好。③

又次,关于国有资产产权不明晰从而不应有临时仲裁制度的看法也是不经一驳的。如果国家不建立健全国有资产管理制度并切实地贯彻,以上反对者所提及的违法乱纪的地方政府等,根本无须通过临时仲裁制度就能使国有资产继续大量地流失。实际上,这些情况都是在我国没有临时仲裁制度的情况下出现的。从一些已公开的案件来看,我国国有资产流失的情况不仅可能通过机构仲裁的

---

① See Lauren D. Rachlin, A Guide to Efective International Arbitration: Practical Considerations in International Arbitration Proceedings, *International Law Practicum*, Spring 1997, p. 29. See also Joseph L. Daly, Arbitration: The Basics, *Journal of American Arbitration*, 2006, p. 20.

② 这里及以下的"临时仲裁员"皆指在临时仲裁庭中任职的仲裁员,包括不改变临时仲裁性质而由法院、仲裁机构、其他组织或第三人指定的仲裁员。

③ 这里及以下的"机构仲裁员"皆指机构仲裁下由仲裁机构选定的仲裁员。

方式,而且可能通过腐败的司法判决途径而出现。① 其根源在于国有资产管理制度、惩治机构仲裁员或法院枉法裁判等制度存在缺陷。如果国有资产管理制度得到完善,健全的惩治机构仲裁员枉法裁判的法律制度同样适用于临时仲裁员,则临时仲裁导致国有资产流失的概率不会比机构仲裁或诉讼更高。

最后,反对者所提出的其他问题在实践中都有解决方案或研究结论。例如,仲裁员任命无约定问题可以通过法院司法任命的方式解决。再如,仲裁裁决的实体审查问题,中外学者都给出了研究结论:无论是机构仲裁裁决还是临时仲裁裁决,其中的实体争议问题如果具有公共政策性质,没有国家或地区不允许其法院进行审查,我国也不例外。只是我国法院根据《民事诉讼法》等规定采用了"社会公共利益"的用语,而非其他国家或地区常用的"公共政策"。②

当然,我们也能找到反对尽早引入临时仲裁制度的另一原因,即担心我国的机构仲裁"受到冲击"。笔者认为,引入临时仲裁确实会造成某种"冲击",但是在总体上具有积极意义。

(二) 我国引入临时仲裁制度的意义

1. 降低争议解决成本并增加我国外汇收入

在法律允许的情况下,有丰富的仲裁经验的当事人、具有较高诚信水准的当事人,特别是今后仍必须保持交往的当事人,选择临时仲裁作为有约束力的争议解决方式,可以降低大量的仲裁机构服

---

① 参见唐颖等:《仲裁岂能吞财》,载《检察风云》2007 年第 9 期;刘艳华:《如此仲裁将失信于民》,载《科技信息》2007 年第 11 期;何楠楠:《震惊河南商丘的司法腐败案》,载《吉林人大工作》2007 年第 3 期;华怀良、郑洁:《揭开武汉中院腐败窝案"黑匣子"》,载《民主与法制》2004 年第 11 期。

② 参见李梦圆、宋连斌:《论社会公共利益与商事仲裁的司法监督——对我国法院若干司法实践的分析》,载《北京仲裁》2006 年第 1 期。

务管理费,并能节省时间成本等。① 从经济学角度来看,只有交易成本和争议解决成本低廉时,投资和经贸才会繁荣,普通民众的整体福祉由此才会得到提高。正是出于此种考虑,美国甚至有法院判决一些机构仲裁条款为无效的、违背良心的条款,并径直指定临时仲裁员解决当事人之间的争议。② 因此,立法者应当考虑一般民众的利益,允许具有低成本地解决争议可能性的临时仲裁存在,以便于他们选择。

包括临时仲裁在内的所有仲裁活动都是服务贸易的重要对象,它可以为仲裁法制国家带来可观的外汇收入。深刻地认识到这一点的英国、比利时和西班牙等国,无不适时修订其仲裁法,以努力争取成为世界上最具吸引力的仲裁地之一。我国的一些国际著名的仲裁机构一直努力通过低廉的收费等方式争取国际仲裁案源,为我国的创汇做出了显著的贡献。但是,精明的、多次参与临时仲裁的外国当事人及其代理律师或对此有较深研究的学者也会算账,我国这些机构全面管理程序下的仲裁仍然比机构不提供管理服务而只担负任命机构角色的临时仲裁费用高很多。③ 在此情况下,意图通过临时仲裁降低费用的当事人鉴于习惯中形成的"北京仲裁条款" (arbitration in Beijing clause)无效等情况,自然会避免选择我国为临时仲裁地。这样一来,我国应有的外汇收入、培养优秀仲裁员的机会及在我国临时仲裁降低成本的愿望都不翼而飞。目前我国海

---

① 参见陆炯:《对临时仲裁制度的法律思考》,载《仲裁研究》2005 年第 1 期。See also William F. Fox, How to Think About International Commercial Dispute Resolution, American Law Institute—American Bar Association Continuing Legal Education, *ALI-ABA Course of Study*, May 8-10, 2008, § 2.02(a)(4).

② See Nicolas de Witt, Online International Arbitration: Nine Issues Crucial to Its Success, *American Review of International Arbitration*, 2001, p. 454. See also Hans Smit, May an Arbitration Agreement Calling for Institutional Arbitration Be Denied Enforcement Because of the Cost Involved? *American Review of International Arbitration*, 1997, p. 167.

③ See Michael Black QC, Wendy Kennedy Venoit, George J. Pierson, Arbitration of Cross-Border Disputes, *Construction Lawyer*, Spring 2007, p. 7.

事仲裁委员会寒酸的年平均受案量就是一个很好的证明。① 允许临时仲裁之后,我国肯定能吸引一部分国际临时仲裁份额,外汇收入一定会有所增加,同时也有利于减轻我国当事人到国外或境外参加临时仲裁的成本负担。②

2. 促进机构仲裁和法院诉讼质量的提高

临时仲裁、机构仲裁和法院诉讼都能产生具有约束力的争议解决结论,哪一种方式对试图获得此结论的当事人更具有吸引力,则取决于当事人的偏好。国外学者的实证调查发现,意图选择有约束力的解决争议方式的当事人首要看重的是公正性。③

我国允许临时仲裁之后,一些难以完成日常工作量的中西部地区法院的法官和面临案源流失威胁的东部地区法院的法官们,自然会在公正性、快捷性等办案质量上进一步下功夫。处在临时仲裁与法院诉讼之间的我国机构仲裁的管理人则更会在压力下,积极地向国内外具有先进管理经验的同行学习。引进临时仲裁同台竞争之后,我国各仲裁委员会将会有更高的积极性提高机构仲裁质量,这对提高我国机构仲裁的国际竞争力也是非常有益的。

3. 有利于减少仲裁造假行为

由于财政贴补助长的惰性等多种因素,我国目前机构仲裁的整体情况并不十分景气。据最高人民法院副院长万鄂湘在 2008 年全国国际私法年会上介绍,我国每年的民商事诉讼案件有几百万件,全国 200 多家仲裁机构的年受案量却只有几万件。不少仲裁委员会因缺少案源、收入有限,连职员的正常工资都难以按时发出。然而,我国的各仲裁机构都很在意受案量的宣传,一般都将之作为自己广

---

① 参见王岩、宋连斌:《试论临时仲裁及其在我国的现状》,载《北京仲裁》2005 年第 1 期。同时参见刘俊:《临时仲裁应引入我国海事仲裁规则——从我国海仲受案量谈起》,载《中国对外贸易》2002 年第 2 期。

② 参见李剑强:《香港仲裁机构的临时仲裁及其启示》,载《北京仲裁》2006 年第 3 期。

③ See Richard W. Naimark & Stephanie E. Keer, What Do Parties Really Want from International Commercial Arbitration, *Dispute Resolution Journal*, November 2002-January 2003, p. 80.

告的重要内容之一。

据笔者调研,有关受案量中有相当一部分是由仲裁员事先接案和裁决,然后拿到有关的仲裁委员会去盖章。由于能增加受案量,在广告中更加光彩,并且可以收取一定的费用,很多仲裁委员会非常欢迎这种裁决,没有不愿意盖章的。实际上,这些仲裁委员会在盖章前对导致这种裁决的仲裁过程根本未提供过任何服务,这种裁决实质上是一种临时仲裁裁决,只是因为现行法律的不承认而编造成机构仲裁裁决。如果我国继续不允许临时仲裁,这种"假机构仲裁裁决"将有可能越来越多,并更可能被某些不法分子所利用以坑害国家、第三人或一时无知的对方当事人。当然,即使我国引入了临时仲裁制度,上述造假行为仍有可能发生,但至少可以避免或减少目前这种不得已而为之的"假机构仲裁"行为。

4. 有利于推进科学民主的法制理念

毋庸讳言,中外学者和实务工作者均有述及,临时仲裁在很多情况下表现出很多缺点。① 主要包括:大多数当事人不可能对仲裁涉及的全部问题作出约定,一旦程序出现问题,各方又不能充分合作,仲裁程序将难以进行,即使在一些特殊场合能寻求法院协助,纠纷解决的延误和成本增加也将不可避免;当事人在与临时仲裁员协商过程中缺乏讨价还价的经验,更不可能控制仲裁员的很多花费,结果被收取高昂的不合理费用;② 缺乏有经验的机构监督管理,且如

---

① 有关临时仲裁缺点问题的论述,可参见郭寿康、赵秀文:《国际经济贸易仲裁法》,中国法制出版社 1999 年版,第 17 页;郝海青:《在我国建立临时仲裁制度的法律思考》,载《中国海洋大学学报》(社会科学版) 2003 年第 2 期。See also Joyce J. George, The Advantages of Administered Arbitration When Going It Alone Just Won't Do, *Dispute Resolution Journal*, August-October 2002, pp. 68-69; Loukas Mistelis, International Arbitration-Corporate Attitudes and Practices-12 Perceptions Tested: Myths, Data and Analysis Research Report, *American Review of International Arbitration*, 2004, p. 525.

② See James E. Castello, Report on the Uncitral Arbitration Working Group, *Dispute Resolution Journal*, May-July 2008, p. 7. See also Yuval Shany, No Longer a Weak Department Of Power? Reflections on the Emergence of a New International Judiciary, *European Journal of International Law*, February 2009, p. 78.

果所选择的仲裁员不是声誉卓著的资深专业人士,则其裁决的可预见性将被打折扣,更容易被法院撤销或拒绝承认和执行。

历史已证明:科学民主的法制理念应当是在不损害公共利益和基本人权的前提下尽可能地尊重私权和民众的自我选择。① 很多民商事争议只涉及当事人自己的私利,不成熟的当事人即使初次选择临时仲裁时出现上述问题,也会吸取教训,知情的其他人也会引以为戒。他们今后要么设计出更好的临时仲裁条款,要么选择机构仲裁或诉讼。可见,我国的立法者完全不必一直持"法律家长式"的立场,阻碍这些当事人通过选择临时仲裁的方式自我磨炼,而应尽快地引入临时仲裁制度,为推进科学民主的法制理念做出贡献。

(三) 构建我国临时仲裁制度的具体措施

1. 修改仲裁协议必备内容及效力确定的规则

我国关于仲裁协议必备内容的法律规则体现于现行《仲裁法》的第16条第2款。根据该款规定,仲裁协议必须包括请求仲裁的意思表示、仲裁事项和选定的仲裁委员会。该法的第18条还进一步规定:"仲裁协议对仲裁事项或者仲裁委员会没有约定或者约定不明确的,当事人可以补充协议;达不成补充协议的,仲裁协议无效。"现行《仲裁法》的第20条则体现了我国关于仲裁协议效力确定的法律规则,即:当事人对仲裁协议的效力有异议的,可以请求仲裁委员会作出决定或者请求人民法院作出裁定;一方请求仲裁委员会作出决定,另一方请求人民法院作出裁定的,由人民法院裁定。很明显,引入临时仲裁制度之后,以上各条款都应当修改,其中的第18条应当完全删除,第16条的第2款则至少应当删除"选定的仲裁委员会",因为临时仲裁协议同样是一种仲裁协议,不必选定仲裁委员会,且不得以没有约定仲裁委员会为由要求补充协议或宣告协议无效。

对于现行《仲裁法》第20条的修改问题,则需要结合学者们普遍

---

① 参见谭兵主编:《中国仲裁制度研究》,法律出版社1995年版,第62页。同时参见张斌生主编:《仲裁法新论》,厦门大学出版社2004年版,第198页。

倡导的"自裁管辖权原则"的引入一并进行。该条关于仲裁协议效力争议问题可以由仲裁委员会决定的规定,在世界上任何其他国家或地区都难觅踪迹。根据一些学者的考证,世界上很多国家即使对机构仲裁也实行"自裁管辖权原则"或"管辖权与管辖权(Kompetenz-Kompetenz)原则",即仲裁庭有权对仲裁协议效力争议问题作出裁决。① 仲裁庭直接听审包括仲裁协议效力在内的各种争议问题,由其作出裁决符合给当事人陈述案情的机会这一仲裁自然正义理念。同时,临时仲裁很可能与任何仲裁委员会无关联。因此,该条中的"仲裁委员会"应修改成"仲裁庭"。

2. 修订仲裁员资格条件和任职行为规范

世界上绝大多数国家对仲裁员的资格条件不作特别规定,仅要求仲裁员具有完全行为能力即可,对于担任仲裁员的特别条件,当事人可自行决定并得到法律的尊重。我国却非常例外,在现行《仲裁法》第13条中强行地要求仲裁员必须具备"三八两高"条件。

笔者认为,任何能够贯彻仲裁方面法律规则的完全行为能力者,都应当具备仲裁员的任职资格,只要不损害公共道德和第三人利益,当事人可以根据自己的经济状况及特殊的情况需求从以上范围广泛的人群中挑选仲裁员。我国的立法者也应当相信临时仲裁或机构仲裁的当事人一般都具有理性,会基于自己的利益尽可能地选择道德水平高、能力强的仲裁员。不过,为了确保仲裁员的最低道德水准,我国也应当借鉴诸多国家和地区的制定法规则,②禁止有不良记录者担任仲裁员。为此,现行《仲裁法》第13条的内容应当修改为:仲裁员应当具备完全的民事行为能力;有刑事犯罪记录者和破产者不得担任仲裁员,现任公职人员不得担任仲裁员。

为了促进包括临时仲裁在内的所有仲裁的公信力,我国应当吸

---

① 参见[法]菲利普·福盖德、伊曼纽尔·盖拉德、贝托尔德·戈德曼:《国际商事仲裁》,中信出版社2004年影印版,第409页。See also Thomas E. Carbonneau, The Ballad of Transborder Arbitration, *University of Miami Law Review*, July 2002, p.785.

② See Gary B. Born, *International Commercial Arbitration*, Kluwer Law International, 2009, p.1449.

收国际通例,①加强对具体案件中仲裁员任职资格和行为规范的规定。具体而言,我国应当在现行《仲裁法》第 34 条中增加 1 款作为第 1 款,总括性地规定具体案件中的仲裁员应当具备独立性和公正性,在接受任命时及整个仲裁程序期间,应当披露可能对其公正性或独立性产生正当怀疑的任何情况。接着再增加 1 款作为第 2 款,以呼应第 1 款,概括地规定当事人对存在不独立或不公正情形的仲裁员提出回避请求的权利。将披露和回避条款并入同一条,是因为很多国家的仲裁立法实践证明,披露与回避事项实际上可以且应当一致;两条款规则的主旨都是保障仲裁员的独立性和公正性。新第 2 款的必要性则在于该条原文中列举的 4 项仲裁员必须回避的事项不能很好地涵盖其他减损仲裁员独立性或公正性以至于应当回避的情形。如仲裁员的近亲属或其他密切联系者与本案有利害关系,仲裁员的近亲属或其他密切联系者与本案当事人、代理人有其他关系等也可能影响公正仲裁,却没有列举。在此情况下,单纯添加总括性披露义务显然会使一些仲裁员误以为只有该条原文中列举的回避情形才是必须披露的情形。此外,为了更明确起见,第 34 条原文中列举的 4 项仲裁员必须回避的情形可以保留下来作为第 3 款,但要注意不与第 1 款和第 2 款总括性规则相冲突。因此,原条文中的第 1 句必须修改。实际上,第 3 款可以效法瑞典 1999 年《仲裁法》第 8 条等概括规定加明确表明的非穷尽列举措辞,同时也可以借鉴该条中概念的精确表达方法,从而避免原条文中的"有(可能影响公正仲裁的)其他关系"之类的含混表达。

3. 确立任意性的司法任命仲裁员规则

前文已指出,选择临时仲裁的当事人常常对很多仲裁事项没有约定或约定不清。如果当事人对选择仲裁庭成员的方法没有协议或协议的方法不起作用,现代各国的仲裁法制一般都提供任意性的

---

① See Annek Hoffmann, Duty of Disclosure and Challenge of Arbitrators: The Standard Applicable Under the New IBA Guidelines on Conflicts of Interest and the Gennan Approach, *Arbitration International*, No. 3, 2005, pp. 429-433. 同时参见[意]莫鲁·卢比诺-萨马塔诺:《国际仲裁法律与实践》,中信出版社 2003 年影印版,第 335—347 页。

司法任命仲裁员规则协助解决这一问题。在当事人之间的临时仲裁协议没有约定或约定不可行的情况下，经一方当事人的请求，作为司法机关的法院指定临时仲裁员解决当事人之间的纠纷。该规则被赋予任意法性质的原因在于，应当尊重当事人的意思自治。《纽约公约》的有关缔约国都接受了此义务。①

我国允许临时仲裁后，难免会出现同样问题，因此也必须引入任意性的司法任命仲裁员规则。从国外学者的研究情况来看，该规则主要涉及两个方面的内容：一方面是能够提请司法任命仲裁员的情形；另一方面是任命决定的终局性。笔者建议立法者参考大多数国家的做法，允许临时仲裁的当事人在出现以下情况时请求司法任命仲裁员：一是对独任或首席仲裁员的任命机制没有约定；二是当事人没有任命仲裁员；三是当事人协议中规定的仲裁员不愿意或不能提供服务；四是当事人选择的任命机构不愿意或不能任命；五是当事人选择的任命机构非常拖延任命行动；六是当事人协议由法院任命仲裁员。为了避免临时仲裁的过分延误，我国也应效仿大多数国家的规定，不允许当事人对人民法院的任命决定提出上诉。②

4. 健全仲裁员法律责任制度

目前，我国仲裁员法律责任制度很不健全，机构仲裁员的行为未得到有效规范。③ 我国引入临时仲裁制度后，仲裁员的队伍将更为庞杂，健全仲裁员法律责任制度就更为必要。

根据我国《仲裁法》第 38 条的规定，存在下列情形之一的，仲裁员应当依法承担法律责任：私自会见当事人、代理人或接受当事人、代理人的请客送礼的；在仲裁案件时有索贿受贿、徇私舞弊及枉法

---

① See Gary B. Born, *International Commercial Arbitration*, Kluwer Law International, 2009, pp. 1417-1419.

② Ibid., pp. 1425-1430.

③ 参见萧凯：《从富士施乐仲裁案看仲裁员的操守与责任》，载《法学》2006 年第 10 期。See also Michael I. Kaplan, Solving the Pitfalls of Impartiality When Arbitrating in China: How the Lessons of the Soviet Union and Iran Can Provide Solutions to Western Parties Arbitrating in China, *Penn State Law Review*, Winter 2006, p. 785.

裁判行为的。但是,该条中的"法律责任"是否包含民事责任,我国的学者对此有不同看法。一些学者持肯定性主张,另一些学者则断言该条没有意图对仲裁员施加民事责任。① 为了给实践中已经出现的纠纷提供司法判决的依据,基于世界上多数国家对仲裁员有限民事责任的设定,同时鉴于我国现行《仲裁法》第38条本身存在规范不周全的问题,我国显然应当经由该条的修改明确规定:仲裁员因故意或重大过失违反法定或约定义务,应当对此承担民事责任。②

我国也应当完善仲裁员的刑事责任制度。2006年,我国《刑法修正案(六)》通过之后,大多数学者不再坚持我国的制定法并不欲对仲裁员施加刑事责任,然而,对新《刑法》第399条"枉法仲裁罪"规则仍进行激烈的批评,提倡对仲裁员实行刑事责任豁免。③ 笔者认为,尽管世界上极个别的国家或地区在制定法中将"枉法"字样与仲裁员挂钩,并有定罪和量刑的规定,④"枉法仲裁"罪名在我国的存在确实有可能导致非法干预仲裁,导致实体审查,因而应当尽快予以废除。但是,对仲裁员在仲裁过程中受贿、欺诈、毁灭证据等情节严重的行为规定刑事责任既有国际先例,也符合我国的实践需要,⑤对抑制前述机构仲裁员或以后的临时仲裁员严重违法行为具有重大的积极意义。只是,我国应当考虑采用《刑法》中"商业贿赂罪""诈骗罪"等罪名追究实施相关危害行为的仲裁员的刑事责任。

---

① 参见高菲:《中国海事仲裁的理论与实践》,中国人民大学出版社1998版,第178页。同时参见阎铁毅、梁淑妍:《关于仲裁员责任制度的思考》,载《中国海商法研究》2002年第1期。

② 参见张圣翠:《仲裁民事责任制度探析》,载《上海财经大学学报》2009年第1期。

③ 参见宋连斌:《枉法仲裁罪批判》,载《北京仲裁》2007年第2期。同时参见徐前权:《仲裁员法律责任之检讨——兼评"枉法仲裁罪"》(上),载《仲裁研究》2006年第3期;徐前权:《仲裁员法律责任之检讨——兼评"枉法仲裁罪"》(下),载《仲裁研究》2007年第1期。

④ 例如,德国《刑法典》第339条规定:"法官、公务员或仲裁员在领导或裁判案件时,为有利于一方当事人或不利于一方当事人而枉法的,处1年以上5年以下自由刑。"参见《德国刑法典》,徐久生、庄敬华译,中国方正出版社2004年版,第169页。

⑤ 参见刘晓红:《确定仲裁员责任制度的法理思考——兼评述中国仲裁员责任制度》,载《华东政法大学学报》2007年第5期。同时参见张勇、黄晓华:《论枉法仲裁罪与受贿罪的竞合》,载《法学评论》2008年第5期。

五
仲裁员与调解员身份互换规范的比较与借鉴[①]

摘要: 我国内地的仲裁调解长期存在着十分严重的问题,其根本原因在于现行《仲裁法》中有关仲裁员与调解员身份互换的规范很不妥当。境外已有数个国家或地区的仲裁制定法对仲裁员与调解员身份互换作出了操作性强的详细规范,其中的仲裁员与调解员的身份互换必须以当事人书面协议授权为前提、调解员转换为仲裁员参加仲裁程序前应当向所有当事人披露通过调解中单方接触方式获得的对裁决有实质性影响的信息等属于共同规定,且与其他国家或地区的仲裁制定法默示要求一致,因而很值得我国借鉴。

同时,我国还应当效法境外仲裁制定法中关于记录成功调解达成的和解协议的裁决书,在不违反公共政策的条件下才具有法律效力等规范。

关键词: 仲裁员;调解员;身份互换;正当程序

仲裁员与调解员身份互换涉及同一人在同一争议案件的解决程序中扮演两种角色的问题,我国多数学者和实务界人士长期以来一致赞美该种身份互换使得仲裁和调解的众多好处结合起来,包括克服仲裁管辖权方面的缺陷,有效解决"仲裁第三人"问题,节省费用,成功率高,维持当事人之间的友好关系等。[②] 直到香港原讼法院和上诉法院2011年对西安仲裁委关于高海燕等诉Keeneye公司和New Purple公司案裁决的执行争议判决之后,我国的上述一边倒式

---

① 本文发表于《政治与法律》2012年第8期。
② 参见高菲:《仲裁理论与实务》(下),方正出版社2006年版,第589—590页。同时参见岳力:《论仲裁中调解的功能》,载《北京仲裁》2008年第2期。

的赞美立场才有所改变,开始关注仲裁员与调解员身份互换问题的解决方法。① 实际上,境外已有不少学者或实务界人士经常指责我国的仲裁员无视其与调解员身份的区别而随意地变换身份和不当行事。② 同时,我国也有少数学者陆续地指出这种身份互换行为可能造成的问题。③

在总体上,我国因仲裁员与调解员身份互换造成的问题至今仍然十分突出。中国国际经济贸易仲裁委员会等组织意识到解决该问题的重要性,却因境内外其他仲裁机构规则中无特别合适的规定可供参考而十分苦恼,④并在自 2012 年 3 月 1 日生效的最新仲裁规则的第 45 条中未能作出实质上的改进性规定。笔者认为,产生上述严重问题的根本原因在于我国现行《仲裁法》中有关仲裁员与调解员身份互换的规范很不妥当,由此也导致了我国内地的仲裁特别是涉外仲裁非常不景气。⑤ 然而,到目前为止,境内外学者却没有系统地提出针对该法中的仲裁员与调解员身份互换规范的修改意见。

鉴于"比较的方法能丰富问题的解决方案,……并为学者们对其时代或环境下问题的探讨提供较佳机会"⑥,本文拟通过比较境外仲裁员与调解员身份互换的制定法规范的方式,在分析我国现行

---

① 参见闻戈:《案件大逆转———香港上诉法院裁定执行内地一仲裁裁决》,http://www.whac.org.cn/plus/view.php? aid=871,2012 年 2 月 2 日访问。

② See Frances Van Eupen & Sylvia Ko, Hong Kong Court Refuses to Enforce a Foreign Arbitral Award Following "Arb/Med" Procedure, *International Arbitration Law Review*, 14 (4), 2011, n. 27. See also M. Scott Donahey, Seeking Harmony, *Arbitration*, 61(4), 1995, pp. 279-283.

③ 参见康明:《商事仲裁与调解相结合的若干问题》,载《北京仲裁》2007 年第 1 期;朱云慧:《论仲裁与调解相结合制度》,载《甘肃政法学院学报》2009 年第 5 期。

④ See Judy L. Zhu, China's CIETAC Arbitration—New Rules Under Review, *International Arbitration Law Review*, 14(5), 2011, n. 33.

⑤ 参见刘加良:《论仲裁保全程序中的诉讼谦抑》,载《政治与法律》2009 年第 1 期。同时参见王橙澄:《我国应尽快补齐涉外仲裁"短腿"维护中国企业合法权益》,http://news.xinhuanet.com/legal/2011-07/26/c_131011045.htm,2011 年 8 月 2 日访问。

⑥ Koen Lenaerts, Interlocking Legal Orders in the European Union, *International & Comparative Law Quarterly*, October 2003, p. 879.

《仲裁法》中相应规范缺陷的基础上，提出对境外合适规范的借鉴方法，以促进我国仲裁调解活动健康发展。

（一）境外仲裁员与调解员身份互换规范的比较

就发生阶段而言，仲裁前和仲裁过程中的调解员在调解失败时都可能会转换成仲裁员。另外，自仲裁开始至仲裁裁决作出之时（以下称"仲裁过程中"），仲裁员只要采取一些被学者们归纳为以下三种形式之一的调解行为时，①就可以认为其转变成了调解员：(1)面对面调解，即当着所有当事人的面积极地调处矛盾、化解纠纷；(2)背对背调解，即在调解中采用了分别与一方当事人单独谈论案件的所谓"私访"②技巧；(3)监督调解，即所有当事人在仲裁庭规定的期限内为减少或消除分歧自行协商，仲裁员并不实际参与所有当事人的协商过程。

从归类的角度来看，关于仲裁员与调解员身份互换的境外仲裁制定法规范大体上有以下四种模式。

第一种模式可谓间接规范模式。该模式下的仲裁制定法对仲裁前和仲裁过程中的调解员能否转换成仲裁员、仲裁过程中的仲裁员可否转换成调解员以及身份变换后拥有的权力与义务等问题没有作出明确的直接规定。联合国贸易法委员会1985年版和2006年版《国际商事仲裁示范法》（以下简称《示范法》）、中国澳门特别行政区1998年《涉外仲裁法规》、德国1998年《民事程序法典》、瑞典1999年《仲裁法》、克罗地亚2001年《仲裁法》、挪威2004年《仲裁法》、丹麦2005年《仲裁法》、波兰2005年《民事程序法典》、马来西亚2005年《仲裁法》、柬埔寨2006年《商事仲裁法》、亚美尼亚2006年《仲裁法》、奥地利2006年《民事程序法典》、塞尔维亚2006年《仲裁

---

① 参见［日］佐藤安信：《日本新仲裁法：它将引起日本调解仲裁实践的变革吗？》，谢慧译，载《仲裁研究》2006年第4期。

② 参见康明：《商事仲裁与调解相结合的若干问题》，载《北京仲裁》2007年第1期。同时参见朱云慧：《论仲裁与调解相结合制度》，载《甘肃政法学院学报》2009年第5期。

法》、毛里求斯 2008 年《国际仲裁法》、爱尔兰 2010 年《仲裁法》、美国佛罗里达州 2010 年《国际仲裁法》等众多的境外仲裁制定法都采用了这种间接规范模式。

按照法不明文禁止即可为的原理,在采用该模式的国家或地区中,仲裁员与调解员身份在理论上应当是可以互换的。但是,这种"可以"肯定是以满足其仲裁制定法中虽非直接针对却应当涵盖适用条件或承担义务的规范(以下简称"间接规范")为代价的。首先,由调解员转成的仲裁员与一直只有一种身份的仲裁员一样,必须要根据这些法律中的相应条款承担披露影响其独立性与公正性的情况,平等对待所有当事人并给予其陈述案情与评论对方观点和证据的适当机会的义务。[①]除了要披露与当事人一方或几方的经济往来、关系亲仇等利害冲突以外,对于先前担任调解员期间使用过"私访"手段的仲裁员而言,此种义务显然还意味着要披露"私访"期间获得的有可能致使其产生先入为主的裁决观点的信息,[②]并得给予尚不知情的其他当事人评论和质证这些信息的适当机会。其次,根据以上的仲裁制定法,在不违反强制性规范的情况下,仲裁程序的进行、中止或终止等都要尊重当事人的意愿,[③]因此,在无强制调解规范存在的情况下,出现了所有当事人都反对的条件时,仲裁员无疑不可以为转变成调解员的身份进行调解工作而中止仲裁程序。退一步说,在所有当事人协议选择仲裁程序的情况下,出现了一方或几方当事人表示不放弃该协议的条件时,仲裁员也不能为转变成调解员的身份进行调解工作而违反该协议。最后,与当事人自行协商达成和解协议一样,仲裁员在转变成调解员之后成功地促成了和解协议的情况下,应承担按法定标准采用裁决形式记录该和解协议的义务。

[①] 如奥地利 2006 年《民事程序法典》第 588 条、第 594 条等,前段中列举的其他境外仲裁制定法中都有同类规范,限于篇幅而不再注明。以下类似的注释作相同的处理。

[②] 参见康明:《商事仲裁与调解相结合的若干问题》,载《北京仲裁》2007 年第 1 期。同时参见朱云慧:《论仲裁与调解相结合制度》,载《甘肃政法学院学报》2009 年第 5 期。

[③] 体现这种意思自治要求的如丹麦 2005 年《仲裁法》第 19 条等。

第二种模式则如阿富汗2005年《商事仲裁法》第44条的规定。该规定为:在当事人作出请求时,仲裁庭不得对其正在审理的争议进行调解;但是,当事人可以自由地任命第三人为调解员(When requested by the parties, the Arbitral Tribunal shall not engagein Mediation with respect to disputes pending before it. However, theparties are free to appoint a third party as a mediator)。尽管在中国知网和Westlaw期刊网上无法找到关于该法的任何中英文论述,然而,从该法第46条、第53条和第56条等关于和解、撤销裁决及拒绝执行裁决的理由的规范情况来看,"私访"形式的调解才是该法第44条意义上的调解,该法实际上也只是禁止仲裁员与有过"私访"行为的调解员发生身份互换。

第三种为简短的直接规范与其他间接规范混合的模式。其中的直接规范对仲裁员与调解员身份互换条件等问题作出明确、简短的规定。如印度1996年《仲裁和调解法》第30条第1款只是简单地规定了仲裁员向调解员身份转换时须满足"经当事人同意"的条件。又如加拿大2009年修订的《仲裁法》第35条也对这种转换仅附加了"不得损害或显示损害仲裁庭公正裁决争议的能力"的条件。日本2003年《仲裁法》第38条第3款和第4款同样比较简短地规定:除非当事人另有约定,否则,这类的身份互换必须以当事人"书面形式"的同意为条件,该同意的取消也必须采取书面形式。由于这些直接规范过于简洁,仲裁员与调解员身份互换后的很多权利与义务问题都必须依据同一制定法中的其他间接规范进行解决。

第四种则是操作性很强的直接规范模式。新加坡2002年《仲裁法》第62条和第63条和2009年《国际仲裁法》第16条和第17条[①]、文莱2009年《仲裁法令》第62条和第63条及《国际仲裁法令》第26条和第27条、澳大利亚新南威尔士2010年《商事仲裁法》第27D条、香港2010年《仲裁条例》第32条和第33条等都属于这种模式的仲裁制定法条。这些法条中相同的规定主要为:仲裁员与调解员的身

---

① 笔者新注:新加坡2012年《国际仲裁法》用相同的两条规定了实质上相同的规则。

份互换必须以当事人的书面协议授权为前提;变换成调解员身份的仲裁员可以单独接触一方当事人;以调解员的身份私自获得的一方当事人信息应不得向任何其他人透露;调解程序应当在任何一方当事人的书面请求下终止;不得仅以某调解员先前参与提交仲裁争议的全部或部分调解为由反对其担任或继续担任仲裁员;调解员转换为仲裁员参加仲裁程序前,应当向所有当事人披露来自调解程序中获得的对仲裁程序有实质性影响的信息等。

不过,在前面列举的仲裁制定法法条中,也有一些各具特色的规定。例如,澳大利亚新南威尔士2010年《商事仲裁法》第27D条第4款第6项规定,如果当事人没有就担任了调解员的仲裁员是否可以参加被终止调解程序之后的仲裁程序问题达成书面协议,则应按照该法的其他相应条款选任替代仲裁员。再如,新加坡2002年《仲裁法》第62条第4款和2009年《国际仲裁法》第16条第4款规定,当事人未达成一致的情况下,仲裁员变换成调解员身份进行调解程序的最长时限为4个月。

此外,还应指出的是,尽管以上第四种模式的仲裁制定法中的直接规范很详细,却仍有一些问题需要适用其他间接规范才能解决。如仲裁员转换成调解员后成功地促成了当事人和解协议的达成时,是否有义务采用裁决书形式记录该协议的问题,就需要通过适用仲裁制定法中和解条款的方式解决。

(二) 我国《仲裁法》中仲裁员与调解员身份互换的规范及其缺陷

我国《仲裁法》中关于仲裁员与调解员身份互换的直接规范当为第51条和第52条。这两条的主要意旨是:在作出裁决前,仲裁员与调解员可以身份互换;在当事人自愿调解的情况下,仲裁员应当变身为调解员;调解不成的,调解员应当转换为仲裁员并及时作出裁决;仲裁员转换为调解员之后成功促成当事人达成调解协议的,应当根据协议的结果制作裁决书或具有同等法律效力的调解书;调解书经所有当事人签收后,即发生法律效力;在调解书签收前当事人反悔的,调解员应当转换为仲裁员并及时作出裁决。

同时,我国《仲裁法》第 34 条、第 35 条、第 38 条、第 58 条、第 59 条等在理论上应属于对仲裁员与调解员身份互换问题可能具有适用性的间接规范。这些规范的基本内容为:仲裁员有私自会见当事人、代理人等情形的,必须回避,当事人也有权提出回避申请;当事人提出回避申请的,应当说明理由并在首次开庭前提出;回避事由在首次开庭后知道的,可以在最后一次开庭终结前提出;仲裁员有私自会见当事人、代理人等情节严重的情形或枉法裁决行为的,应当依法承担法律责任,仲裁委员会应当将其除名;仲裁员有枉法裁决行为的,裁决应当被撤销。

我国已有学者概要地指出了《仲裁法》第 51 条和第 52 条中的直接规范存在着简单、粗糙、不明确等问题。① 笔者赞成这些看法,同时,从进一步分析的角度来看,还可以发现这些规范存在着其他缺陷。具体而言,这些缺陷可以被归为以下两大类型。

其一是内容不当。首先,这两条没有很妥当地体现当事人和仲裁员的自愿原则。如第 51 条第 1 款第一句允许仲裁员在作出裁决前变为调解员"先行调解",却对这种变换是否要经当事人一致同意只字不提。在前述的香港不予执行裁决案中,一方当事人选定的仲裁员转变成调解员后,仲裁庭并未就此安排询问双方当事人是否同意。② 如果仲裁员在当事人没有一致同意的情况下根据此句规定变换身份强行地进行调解,无疑会拖延时间。该款的第二句规定"当事人自愿调解的,仲裁庭应当调解",不仅对什么情况属于"当事人自愿调解"没有明确规定,而且采用"应当"一词使得变换成调解员的身份成为仲裁员的一项义务。从法理的角度来看,仲裁员应当履行仲裁职责,但是,在没有事先承诺的情况下,即使当事人一致自愿

---

① 参见刘晓红主编:《国际商事仲裁专题研究》,法律出版社 2009 年版,第 387—392 页,第 387—392 页,第 353 页。
② 参见刘茂亮:《仲裁调解程序须灵活而有度——从香港法院对内地仲裁裁决判决不予执行的思考》,http://tyac.org.cn/cfan/2011/1231/525_3.htm,2012 年 3 月 5 日访问。

地请求"调解",仲裁庭所有成员都有权拒绝作为调解员进行调解。其次,该法第 51 条第 2 款第一句规定"调解达成协议的,仲裁庭应当制作调解书或者根据协议的结果制作裁决书"。很明显,该句不仅没有交代仲裁庭制作调解书的依据是否为"调解协议的结果",而且没有明确仲裁庭在什么情况下应当制作调解书,在哪些情况下又应当制作裁决书。特别不妥的是,该款第二句宣示"调解书与裁决书具有同等法律效力",在笔者所查阅到的境外几十部现行的仲裁制定法中,根本找不到任何类似的规定。同时,由于该法第七章"涉外仲裁的特别规定"中没有相应的特别规定,从而使得根据该款产生的涉外仲裁调解书具有了现实的可能性。然而,这种仲裁调解书在《纽约公约》的缔约方境内是无法得到承认和执行的,因为该公约承认和执行的对象只是仲裁协议和仲裁裁决书,而不是所谓的"仲裁调解书"。最后,这些条款没有解决其他问题,如该法不仅没有明确其第 51 条第 1 款的第三句话中"调解不成"的含义,而且对仲裁员变身为调解员后在什么情况下终止调解程序的问题也没有提供解决依据。① 此外,这些条款虽然赋予了仲裁员变身为调解员后作成的调解书以法律效力,却对违法的调解书未提供任何的救济手段,以至于实践中发生了非常多难以救济的极端不公正情况。②

其二为不能与一些间接规范有机地匹配,甚至与一些间接规范存在冲突。如转变成调解员的仲裁员在调解中难免与一方当事人单独会晤或通信。这些直接规范没有申明调解中的仲裁员在什么情况下没有违反该法第 34 条中不得"私自会见当事人、代理人"等间接规范。再如,该法第 51 条允许仲裁庭根据调解协议的结果制作裁决书,却未要求调解协议的结果必须具备符合法律规定的前提条件,而在实践中达成的仲裁调解协议往往是当事人互谅互让的结

---

① 参见刘晓红主编:《国际商事仲裁专题研究》,法律出版社 2009 年版,第 387—392 页,第 387—392 页,第 353 页。

② 此种不公正的事例可参见宋连斌:《从仲裁与调解相结合到单独调解》,载《昆明理工大学学报》(社会科学版)2009 年第 11 期;廖永安、张庆霖:《论仲裁调解书撤销制度的确立》,载《烟台大学学报》(哲学社会科学版)2011 年第 2 期。

果,根本没有依据法律。对于这种未依据法律的仲裁调解协议被记录成裁决的形式之后是否在上述"枉法裁决"规范适用范围之内的问题,这些直接规范根本没有予以明确。

另外,该法中的可能适用于仲裁员和调解员身份互换问题的间接规范本身也存在着很多缺陷。例如,上文提及的当事人提请仲裁员回避以"开庭"为标准的时限规范,就不仅没有顾及只根据书面文件作出裁决的案件情况,而且也没有考虑到仲裁程序较长的一些复杂案件中的当事人利用该规范中"可以在最后一次开庭终结前提出"的规定,将提出回避的请求最大限度地拖延等问题。再如,该法还没有按照国际惯例要求由调解员转换而成的仲裁员与自始至终仅有一个身份的仲裁员一样,承担披露可能影响其独立性和公正性情况的义务。

从形式上看,以上的直接或间接规范的内容归类和放置位置十分不妥。从内容归类角度而言,关于仲裁员和调解员身份互换的规范可以分成三种。第一种规范是涉及仲裁员和调解员身份是否可以或者在什么条件下可以互换、互换之后的权利与义务等问题。第二种规范是关于仲裁员转换为调解员之后,在促成了当事人和解协议的情况下是否有义务以裁决书形式记录该协议及该裁决书效力等问题的。第三种规范则是其他规范,如当事人对由调解员身份转换的仲裁员提出回避的时限规范等。我国《仲裁法》至少对其中的第一种和第二种规范没有适当地归类和安置。就前者而言,在以上列举的第二种、第三种和第四种模式下含有直接规范的 8 个国家或地区的仲裁制定法中,只有澳大利亚新南威尔士 2010 年《商事仲裁法》将其放在第 5 章"仲裁程序的进行"的标题之下,其余的 7 个国家或地区显然认为放在此类标题之下不妥而将其放在其他章或部分的标题之下。我国也有学者认为,仲裁员转换成调解员后进行的任何调解程序本质上仍属于调解,而不是仲裁,[①]因此,关于这种转换后的调解程序规范目前放在我国《仲裁法》第四章"仲裁程序"的标

---

① 参见刘晓红主编:《国际商事仲裁专题研究》,法律出版社 2009 年版,第 387—392、387—392、353 页。

题下是不合适的。至于第二种规范,以上 8 个国家或地区的仲裁制定法都一致地将记录与仲裁结合的调解程序下和解结果的裁决书与记录当事人自行和解结果的裁决书视为同一类裁决书,采用同一条款予以规范,并与关于其他类型裁决书的规范一起放在"仲裁程序"章或部分标题之外的其他章或部分之下。我国《仲裁法》却将这种第二类规范与记录当事人自行和解的裁决书规范分成 4 个条文(即第 49 条至第 52 条),显得较为杂乱,且放在了不合适的第四章"仲裁程序"的标题之下。

(三) 对境外仲裁员与调解员身份互换规范的借鉴

具体而言,有关的借鉴应当主要包括以下几点。

1. 吸收操作性强且有学术共识和采纳者俱多的直接规范

很多境外学者已证明:新加坡、文莱、澳大利亚新南威尔士和中国香港地区的仲裁制定法中前述共同的直接规范,既能使仲裁员与采用了包括"私访"在内各种调解技巧的调解员发生身份互换,又能符合仲裁的意思自治、正当程序和异议权放弃原则等。[①] 再从内容上来看,这些明示的直接规范与前述的第一种模式下众多国家或地区仲裁制定法中间接规范所包含的仲裁员与调解员身份互换时应遵循的默示条件或义务实质上是重合的。因此,按照这些共同的直接规范发生仲裁员与调解员身份互换后作出的裁决书,与其他自始至终仅具有仲裁员身份的人士作出的裁决书一样,能够在撤销、承认与执行争议中得到很多国家或地区管辖法院支持。

当然,笔者也注意到极个别的境外学者担心以上共同规范中的披露要求会使担任过调解员的仲裁员难以判断哪些信息对裁决有"实质性"影响,并可能降低调解成功率。该学者建议采用内容几乎

[①] See A. F. M. Maniruzzaman, The Problems and Challenges Facing Settlement of International Energy Disputes by ADR Methods in Asia: The Way Forward, *I. E. L. T. R.* 6, 2003, pp. 194-198. See also Shahla F. Ali, The Morality of Conciliation: An Empirical Examination of Arbitrator "Role Moralities" in East Asia and the West, *Harvard Negotiation Law Review*, Spring 2011, pp. 12-28.

相同的国际律师协会指南代替立法规范。① 笔者认为,这种观点不具有说服力,也很不适合我国采纳。实践中,理性的当事人都会选择理性的仲裁员,而后者都会清楚哪些信息对其裁决有实质性影响,披露要求本身也未禁止该仲裁员在先前的调解中使用"私访"和其他一切调解技术,因此,"降低调解成功率"之说也是缺乏根据的。同时,正如该协会 2004 年的《国际仲裁中利益冲突指南》对我国至今没有重大影响,以至于当事人未请求调解的情况下仲裁员私自会见当事人的情况都时有所闻,② 即使再有了关于仲裁员与采用过"私访"调解的调解员身份互换的指南,可能对我国也没有多大意义。相反,将以上的境外仲裁制定法规范吸收进修订后的我国《仲裁法》中,就能取得全国统一实施的优势。

至于上文提及的澳大利亚新南威尔士 2010 年《商事仲裁法》第 27D 条第 4 款第 6 项、新加坡 2002 年《仲裁法》第 62 条第 4 款和 2009 年《国际仲裁法》第 16 条第 4 款之类特别的直接规范是否应予借鉴,则要进一步分析。如对于前者,该法的第 15 条规范完全可以解决同样的问题,我国《仲裁法》第 37 条也有同样规范,因此根本没有必要效法。对于后者,4 个月的时限对一些复杂案件而言可能太短,同时,前述的共同规范都允许在任何一方当事人的书面请求下终止调解程序的内容,不作时限规范的情况下也使简单案件中的当事人随时能够防止拖延的调解行为。我国香港地区 2010 年《仲裁条例》对原先的 3 个月时限规范的取消等,也说明还是不宜借鉴之。

此外,笔者还注意到了北京仲裁委员会 2008 年的仲裁规则第 58 条中关于当事人在承担所增费用的情况下有权以避免裁决结果可能受到调解影响为由共同请求更换仲裁员的规定。虽然笔者对北京仲裁委员会为仲裁的公正性所作出的该项规定深表敬意,但认为该项规定不宜大力提倡,更不宜在修改的《仲裁法》中加以吸收,

---

① See Mark Goodrich, Arb-Med: Ideal Solution or Dangerous Heresy? *International Arbitration Law Review*, 2012, pp. 17-19.

② 参见萧凯:《从富士乐仲裁案看仲裁员的操守与责任》,载《法学》2006 年第 10 期。

因为该项规定可能会使当事人误以为任何情况下仲裁员与调解员发生身份互换的行为都将影响裁决结果等,从而不利于引导当事人选择仲裁与调解相结合的适当方式。同时,进行过调解的仲裁员往往只会使一方或几方当事人感到可能产生更不利的结果,并使另一方或另几方当事人感到可能产生更有利的结果。因此,在仲裁员与调解员发生身份互换的实践中,一般只可能是一方或几方当事人请求而不是所有当事人共同请求更换仲裁员。

2. 借鉴妥当的间接规范

对于我国《仲裁法》的直接规范中关于仲裁员转变为调解员成功调解后制作的调解书或裁决书及其效力等方面的前述缺陷,连同其他间接规范的不当性等问题,除了其中的第 34 条不得"私自会见当事人、代理人"之类间接规范因同仲裁员与"私访"过的调解员身份互换应然的直接规范不能相容,而应予以删除或附加调解例外条件之外,一般都可以通过借鉴境外仲裁制定法中适当的间接规范予以补救完善。

例如,从境外仲裁制定法的经验来看,对于仲裁员转变为调解员后通过调解促成当事人达成和解协议与当事人自行达成的和解协议,完全可以采用一个条文规范其记录为裁决书的条件和效力标准。我国现行《仲裁法》用第 50 条和第 52 条两个条文对前一种和解协议采用单独的直接规范方式实在是没有必要的,并且其内容还存在着前文中提及的不能救济或在境外不能执行等缺陷。对此,我国《仲裁法》修订中可以借鉴德国 1998 年《民事程序法典》第 1053 条、克罗地亚 2001 年《仲裁法》第 29 条第 2 款、奥地利 2006 年《民事程序法典》第 605 条等的规范,将这两条中涉及调解协议及其效力等的规定删除,然后将现行《仲裁法》中的第 49 条和第 50 条合并为一个条文,去除其中的"自行"二字,并明确规定只有经各方当事人提出请求且和解的内容不违反公共政策的情况下,仲裁庭才应当按和解的条件以仲裁裁决的形式记录和解。这样借鉴的好处是:既能适用于仲裁员转换成调解员后成功调解促成的和解案件,又与国际主流的规范方式接轨而便于境内或涉外仲裁使用者熟悉,使内容合理化,并且在不影响清晰性的情况下减少了法条的数量。

再如,对于调解员转换而来的仲裁员回避请求适用前述"开庭"标准的时限规范不合理的问题,也可以借鉴 1985 年版和 2006 年版《示范法》第 13 条、日本 2003 年《仲裁法》第 19 条、中国香港地区 2010 年《仲裁条例》第 26 条等的间接规范加以解决。其内容可以为:允许当事人约定对这样的仲裁员提出回避的时限;在没有约定的情况下,当事人应当在知悉该仲裁员回避事由后的一个固定时日(比如"十五日")内提出回避请求。

3. 合理地归类和安置有关规范

就仲裁员与调解员身份互换的直接规范归类和安置方法而言,境外的仲裁制定法并未采用同一模式。比如新加坡 2002 年《仲裁法》将该种直接规范置于末尾的第 10 部分"杂项"标题下的第 62 条和第 63 条,印度、日本的仲裁制定法则在各自第 6 章"仲裁裁决的作出与程序的终止"或"仲裁裁决与程序的终止"的章标题之下,将之与包括记录仲裁调解促成的和解在内的所有和解结果的裁决书规范并列进一个条文。加拿大《仲裁法》将印度、日本的仲裁制定法中的该两种规范分成两个条文,即第 35 条和第 36 条,放在该法的第 6 部分"裁决与仲裁的终止"标题之下。中国香港地区 2010 年《仲裁条例》关于这方面规定的编排却有明显不同,即该法将其中的直接规范置于第 4 部分"仲裁庭的组成"标题之下的第 32 条和第 33 条,将包括记录仲裁调解促成的和解在内的所有和解结果的裁决书规则放在第 8 部分"作出裁决和程序终止"标题下的第 66 条。

相比之下,笔者认为我国香港地区立法者的上述安排更为妥当一些而应当予以借鉴。仲裁员与调解员的直接规范主要涉及的是仲裁员和调解员身份互换的条件、仲裁员转换成调解员后的义务与调解方式、调解程序终止情形及调解员转换为仲裁员所承担的披露义务等问题,这些问题的本身都不是仲裁程序问题,而是属于仲裁员权能或义务问题,因此将针对这些问题的法条放在"仲裁员"或

"仲裁庭的组成"之类的章标题之下具有逻辑性,①且可避免像新加坡 2002 年《仲裁法》那样放在末尾而更容易被人忽视的缺陷。

境外仲裁制定法关于仲裁调解的大部分间接规范的归类安置比较接近。如除了上两段已列举的仲裁制定法之外,1985 年版和 2006 年版《示范法》第 30 条、德国 1998 年《民事程序法典》第 1053 条、克罗地亚 2001 年《仲裁法》第 29 条第 2 款、奥地利 2006 年《民事程序法典》第 605 条、挪威 2004 年《仲裁法》第 35 条、丹麦 2005 年《仲裁法》第 30 条、柬埔寨 2006 年《商事仲裁法》第 38 条也都将包括记录仲裁调解促成的和解在内的所有和解结果的裁决书规则放在"裁决""作出裁决和程序终止"之类的章或部分的标题下。对于这种间接规范和其他处于同样情况的间接规范的归类安置方法,我国也应毫不犹豫地借鉴,以便于境内的仲裁使用者所熟悉。

---

① 修订后的我国《仲裁法》应当有列这样一章的必要,笔者将另行撰文。

附 录

本书所引用境外仲裁制定法的来源

1. 荷兰 2015 年《民事程序法典》仲裁法部分的英译文本①
   http://www.linklaters.com/pdfs/mkt/amsterdam/Dutch_Arbitration_Act_2014.pdf
2. 比利时 2013 年《司法法典》仲裁法部分的英译文本
   Bassiri and Draye (eds.), *Arbitration in Belgium*, Kluwer Law International, 2016, pp. 547-572.
3. 新加坡 2012 年《国际仲裁法》英文本
   http://www.siac.org.sg/images/stories/articles/rules/Singapore_IAA_with_2012_Amendments.pdf
4. 葡萄牙 2012 年《仲裁法》英译文本
   可见于 Tito Arantes Fontes and Sofia Martins, Portuguese Voluntary Arbitration Law, No. 63, December 14, 2011, *Spain Arbitration Review*, Issue 15, 2012, pp. 25-56.
   或 http://ezlibrary.sufe.edu.cn:8561/CommonUI/document.aspx?id=kli-ka-1241503-n
5. 西班牙 2011 年《仲裁法》英译文本
   可见于 David J. A. Cairns and Alejandro López Ortiz, Spain's Consolidated Arbitration Law, *Spain Arbitration Review*, Issue 13, 2012, pp. 49-73.
   或 http://ezlibrary.sufe.edu.cn:8561/CommonUI/document.aspx?id=kli-ka-1207103-n
6. 法国 2011 年《民事程序法典》仲裁法部分的英译文本②
   http://www.iaiparis.com
7. 美国加利福尼亚 2011 年《民事程序法典》仲裁法部分的英文本
   http://www.leginfo.ca.gov/cgi-bin/calawquery?codesection=ccp
8. 香港 2010 年《仲裁条例》中文本
   http://www.legco.gov.hk/yr10-11/chinese/ord/ord017-10-c.pdf
9. 澳大利亚 2010 年《国际仲裁法》英文本
   http://www.comlaw.gov.au/Details/C2010C00470/Download

---

① 该英文本由 The Linklaters Arbitration Group in Amsterdam 翻译。

② 由 Emmanuel Gaillard, Nanou Leleu-Knobil and Daniela Pellarini of Shearman & Sterling LLP 翻译。此外,我国学者也将该法典的仲裁法规范部分译为中文,可参见鲍冠艺译注,宋连斌校:《2011 年新法国仲裁法》,载广州仲裁委员会主办:《仲裁研究》(第 27 辑),法律出版社 2011 年版。

10. 澳大利亚新南威尔士 2010 年《商事仲裁法》英文本
    http://www.austlii.edu.au/au/legis/nsw/consol_act/caa2010219/
11. 爱尔兰 2010 年《仲裁法》英文本
    http://www.irishstatutebook.ie/2010/en/act/pub/0001/print.html
12. 英国苏格兰 2010 年《仲裁法》英文本
    http://www.legislation.gov.uk/asp/2010/1/pdfs/asp_20100001_en.pdf
13. 美国佛罗里达 2010 年《国际仲裁法》英文本
    http://archive.flsenate.gov/Statutes/index.cfm?App_mode=Display_Statute&URL=0600-0699/0684/0684.html
14. 美国佛罗里达 2008 年《仲裁法典》英文本
    http://archive.flsenate.gov/Statutes/index.cfm?App_mode=Display_Statute&URL=0600-0699/0682/0682.html
15. 新加坡 2009 年《国际仲裁法》英文本
    http://statutes.agc.gov.sg/
16. 新加坡 2002 年《仲裁法》英文本
    http://statutes.agc.gov.sg/
17. 文莱 2009 年《国际仲裁法令》英文本
    http://www.agc.gov.bn/agc1/images/LAWS/Gazette_PDF/2009/EN/s035.pdf
18. 文莱 2009 年《仲裁法令》英文本
    http://www.wipo.int/wipolex/en/text.jsp?file_id=207251
19. 加拿大 2009 年修订的《仲裁法》英文本
    http://www.e-laws.gov.on.ca/html/statutes/english/elaws_statutes_91a17_e.htm
20. 中国台湾地区 2009 年修订的"仲裁法"中文本
    http://www.arbitration.org.tw/content/a10_1.htm#1
21. 毛里求斯 2008 年《国际仲裁法》英文本
    http://www.google.com.hk/url?sa=t&rct=j&q=Mauritius+INTERNATIONAL+ARBITRATION+ACT+2008&source=web&cd=3&ved=0CDsQFjAC&url=http%3A%2F%2Fwww.mcci.org%2FPhotos%2F2Finternational_arbitration_act_2008.doc&ei=9SAyT8iYBOKPiAeTmN39BA&usg=AFQjCNFYSmru6mAQWJtPLBHAe2JSdtE85g&cad=rjt
22. 迪拜 2008 年《仲裁法》英文本
    http://www.difc-lcia.org/arbitration/arb_law/index.html

23. 卢旺达 2008 年《商事仲裁与调解法》英文本

    http://www.amategeko.net/display_rubrique.php?ActDo=ShowArt&Information_ID=2080&Parent_ID=30698376&type=public&Langue_ID=An&rubID=30698377

24. 新西兰 2007 年修订的《仲裁法》英文本

    http://www.legislation.govt.nz/act/public/1996/0099/latest/DLM403277.html

25. 塞尔维亚 2006 年《仲裁法》英文本

    http://www.mpravde.gov.rs/images/law_on_arbitration_eng.pdf

26. 亚美尼亚 2006 年《商事仲裁法》亚美尼亚文本及英译文本

    http://law.aua.am/pdf/Law%20of%20the%20RA%20on%20Commercial%20Arbitration.pdf

27. 柬埔寨 2006 年《商事仲裁法》英译文本

    http://www.camcl.org/sub/laws/law_on_commercial_arbitration.pdf

28. 意大利 2006 年《民事程序法典》仲裁法部分的英译文本①

    http://www.camera-arbitrale.it/Documenti/dlgs_2feb2006_eng.pdf

29. 奥地利 2006 年《民事程序法典》仲裁法部分的英译文本

    http://www.cm.arbitration-austria.at/dokumente/CivilProceduralCode.pdf

30. 波兰 2005 年《民事程序法典》仲裁法部分的英译文本

    http://www.arbitrations.ru/userfiles/file/Law/Arbitration%20acts/Polish%20arbitration%20law.PDF

31. 马来西亚 2005 年《仲裁法》英译文本

    http://www.eurasialegalnetwork.com/library/pdfs/nl_ArbitrationAct 2005.pdf

32. 丹麦 2005 年《仲裁法》英译文本

    http://www.voldgiftsinstituttet.dk/en/Materiale/Files/Danish+Arbitration+Act+2005

33. 阿富汗 2005 年《商事仲裁法》英译文本

    http://moci.gov.af/Content/Media/Documents/ARBITRATIONLAW2812201061340159.pdf

34. 挪威 2004 年《仲裁法》英译文本

    http://burns.idium.net/oslohandelskammer.no/admin/filestore/PDF/voldgiftslovpengelsk.pdf

---

① 由 Piero Bernardini 教授翻译。

35. 日本2003年《仲裁法》英译文本

　　http://www.kantei.go.jp/foreign/policy/sihou/arbitrationlaw.pdf

36. 克罗地亚2001年《仲裁法》英译文本

　　http://hgk.biznet.hr/hgk/fileovi/180.pdf

37. 孟加拉2001年《仲裁法》英译文本

　　http://www.businesslaws.boi.gov.bd/index.php?option=com_eregistry&task=lawdetails&law_id=179&controller=law&Itemid=60&lang=en

38. 美国2000年修订的《统一仲裁法》英文本

　　http://www.law.upenn.edu/bll/archives/ulc/uarba/arbitrat1213.htm

39. 尼泊尔1999年《仲裁法》英译文本

　　http://www.law.kuleuven.be/ipr/eng/arbitration/legal%20texts/nepalarbitrationact.html

40. 阿塞拜疆1999年《国际仲裁法》英译文本

　　http://arbitr.az/eng/viewpage.php?page_id=27

41. 韩国1999年《仲裁法》英译文本

　　http://www.gbci.net/south_korea_arbitration.shtml

42. 瑞典1999年《仲裁法》英译文本

　　http://www.chamber.se/?id=23746

43. 德国1998年《民事程序法典》仲裁法部分英译文本

　　www.ccarb.org/news_detail.php?VID=1719

44. 比利时1998年《司法法典》仲裁法部分英译文本

　　http://www.cepani.be/en/Default.aspx?PId=859

45. 中国澳门地区1998年《涉外商事仲裁法规》中文本

　　http://bo.io.gov.mo/bo/i/98/47/declei55_cn.asp

46. 中国澳门地区1996年《（仲裁）法令》中文本

　　http://www.wtc-macau.com/arbitration/gb/statute/29_96_m.htm

47. 印度1996年《仲裁与调解法》英文本

　　http://www.bjac.org.cn/news/view.asp?id=1088&cataid=16

48. 英国1996年《仲裁法》英文本

　　http://www.opsi.gov.uk/ACTS/acts1996/ukpga_19960023_en_1

49. 埃及1994年《民商事仲裁法》英译文本

　　http://www.wipo.int/wipolex/en/text.jsp?file_id=205194

50. 俄罗斯1993年《国际仲裁法》英译文本

http://www.ccarb.org/news_detail.php?VID=1720
51. 尼日利亚1990年《仲裁和调解法》英文本
http://www.nigeria-law.org/ArbitrationAndConciliationAct.htm
52. 瑞士1987年《联邦国际私法法规》英译文本
http://www.umbricht.ch/pdf/SwissPIL.pdf
53. 联合国国际贸易法委员会2006年版《国际商事仲裁示范法》英文本
http://www.uncitral.org/pdf/english/texts/arbitration/ml-arb/07-86998_Ebook.pdf
54. 联合国国际贸易法委员会1985年版《国际商事仲裁示范法》中英文本
http://xjtcn.fyfz.cn/art/439116.htm
55. 美国1925年《联邦仲裁法》英文本
http://www.smany.org/sma/about6-5.html